THE

The Archaeology of Mediterranean Landscapes

Series Editors
Graeme Barker and David Mattingly

General Editors' Introduction: The POPULUS Project

Graeme Barker and David Mattingly

This is one of five volumes being published by the POPULUS project, a European research network funded by the EU Human Capital and Mobility programme (Contract ERB CHRXCT930305) to address a series of methodological issues in Mediterranean landscape archaeology.

THE RESEARCH CONTEXT

Without a long historical perspective, research on changing demographic patterns in modern day Europe can only assess the impact of recurrent or perennial environmental and socio-economic aspects by constructing hypothetical models. The more empirically-based such models are, the greater their relevance to contemporary situations. This is particularly true of the less industrialized regions of Mediterranean Europe, where farming remains the principal economic focus and where the last decades have witnessed considerable migration of population to the cities or other more favoured economic regions. The problems facing these areas of the EU have an historic as well as a contemporary dimension and there is obvious importance in seeking to gain a clearer understanding of their long-term demographic trends.

Long-term demographic changes can be studied from many different perspectives and using many techniques, including history and the natural and social sciences. Numerous factors can be advanced to explain population growth and contraction (economic, environmental, social), but all research is hampered by the absence of detailed census records for much of the pre-modern period. However, landscape archaeology – a constellation of approaches and methodologies bridging the natural and social sciences, applied to both rural and urban contexts – has the potential to provide a major source of new information on the *longue durée* of human settlement in Mediterranean Europe. In recent years advances in field survey and excavation techniques, air photography, remote sensing, GIS (Geographical Information Systems), ceramic

provenancing and dating have led to the accumulation of a wealth of new evidence on past settlement patterns. Potentially, therefore, the techniques of landscape archaeology offer the best opportunity significantly to advance our knowledge of European human demography in pre-industrial times, *c.* 3000 BC–AD 1800.

Despite this potential contribution of landscape archaeology, however, development has been uneven across Europe. In Mediterranean countries in particular, the traditional dominance of art historical approaches in archaeology, compounded by the strength of academic boundaries in other disciplines, has mitigated against the development of an approach to landscape analysis and demographic modelling that by definition demands an inter-disciplinary framework linking the natural and social sciences. Fieldwork in landscape archaeology has been the exception, not the rule. Moreover, where pioneering research has taken place, each team has tended to develop and use its own special methods (often reflecting a particular national tradition of archaeological research), with too little attention being paid to the necessity of achieving greater standardization of data sets. There are also specific problems relating to the interpretation of the status, size and length of occupation of the many sites that have been discovered. Scientific techniques can assist in refining the data so that more reliable demographic assessments can be made, but many interesting and important projects have not been able to make use of the full range of scientific techniques because the appropriate expertise is not available at the regional level. If landscape archaeology is to realize its potential to contribute significantly to debates on long-term demographic trends in Mediterranean Europe, it has to overcome the present lack of agreement on approaches and methods that makes meaningful comparisons between regional data difficult or impossible.

THE POPULUS OBJECTIVES

The aim of the POPULUS project, therefore, was to

investigate the feasibility of establishing a common series of research goals and standards in Mediterranean landscape archaeology so as to advance the study of the ancient demography of the region on a broad comparative front. A research network was established at five EU universities, each hosting a Working Party and training a trans-national Research Fellow in a specific sub-discipline within Landscape Archaeology, as follows:

- Prof Graeme Barker (School of Archaeological Studies, University of Leicester, UK) coordinated the overall project, and his colleague Dr David Mattingly coordinated the work of Working Party 1, and the training of the Research Fellow, in **Geographical Information Systems**;
- Dr John Bintliff (Department of Archaeology, University of Durham, UK) coordinated the work of Working Party 2, and the training of the Research Fellow, in **Demographic Modelling**;
- Prof Philippe Leveau (Centre Camille Julian, Université de Provence, France) coordinated the work of Working Party 3, and the training of the Research Fellow, in **Geoarchaeology**;
- Prof Riccardo Francovich (Dipartimento di Archeologia e Storia delle Arti, Università degli Studi di Siena, Italy) coordinated the work of Working Party 4, and the training of the Research Fellow, in **Field-survey Methodologies**, with particular emphasis on ceramic recording, provenancing and dating;
- Prof Marinella Pasquinucci (Dipartimento di Scienze Storiche del Mondo Antico, Università degli Studi di Pisa, Italy) coordinated the work of Working Party 5, and the training of the Research Fellow, in **Remote Sensing**, with particular emphasis on non-invasive techniques of archaeological survey.

The Working Parties were to bring together relevant expertise to define key issues in the methodologies of their research area, with a particular emphasis on the comparison of different research traditions and methods in different European countries. Each Working Party was to organise a Colloquium that would review methodologies and demonstrate best practice. The Research Fellows were to assist in the organisation of the Colloquia, and also to undertake research within their area of expertise and present their results to the relevant Colloquium. In addition, the Research Fellows and other members of the network were to collaborate in a programme of joint fieldwork to demonstrate the practical integration of improved and standardised methodologies in landscape archaeology. The principal outcome of POPULUS was to be the publication of the five colloquia, including the results of the joint fieldwork, together with a technical manual identifying best practice.

THE WORK PROGRAMME

The project started in January 1994 with the first meeting of the Steering Committee, composed of the coordinators in each of the partner universities. The Research Fellows were appointed through 1994: Leicester in January, Durham in April, Aix-en-Provence in April, Siena from February, and Pisa from June. The Working Parties met through 1994 and 1995, and the Research Fellows' training and field research were also undertaken during 1994 and 1995. In 1995 the project was expanded and strengthened with the addition of a team from the Department of Archaeology at the University of Ljubljana in Slovenia coordinated by Dr Predrag Novaković, under a supplementary EU grant (Contract ERBCIPD940624). The Colloquia took place in the autumn of 1995 and spring of 1996, the papers being revised by their authors through 1996, and then being edited at the five universities by the local coordinators and finally at Leicester (including several that were also translated into English after the main editing) by the General Editors during 1997.

THE WORKING PARTIES

The Working Parties were deliberately set up in terms of personnel from the network and from other universities and institutions to reflect the diversity of Community traditions and methodologies in each of the five main areas addressed. Working Party 1 had members from Britain, France, Greece, Holland, Italy, and Slovenia. Working Party 2 had members from Britain, France, Germany, Greece, Holland, Italy, and Slovenia. Working Party 3 had members from Britain, France, Italy, Spain and Slovenia. Working Party 4 had members from Britain, France, Holland, Italy, Spain and Slovenia. Working Party 5 had members from Britain, France, Greece, Italy and Slovenia.

THE RESEARCH FELLOWS

Under the terms of the Human Capital and Mobility programme, the Research Fellows were to be appointed from EU countries other than the designated place of work. This requirement of the Human Capital and Mobility programme was also seen as an extremely positive contribution to the goals of POPULUS, because the mobility of young archaeologists from one Community country to another was an important part of the process of integrating the different European intellectual and methodological traditions in landscape archaeology. The partner institutions proposed individuals where suitable qualified personnel were available, and the posts were also advertized widely through EU universities, museums and state archaeological services. The Leicester Research Fellow in GIS was Dr Jan van Dalen, a Dutch national with a first and second degree at Leiden University, who was working for the Dutch Archaeological Service on a programme developing GIS for predictive modelling of site distributions to aid their strategies of heritage management. The Durham Research Fellow in Demographic Modelling was Dr Kostas Sbonias, a Greek national with a first degree at Athens University in archaeology, a PhD from Heidelberg University, and extensive postgraduate experience in Greek landscape archaeology projects. The Aix-en-Provence Research Fellow in Geoarchaeology was Dr Kevin Walsh, a British national with a first degree in archaeology and geography at Lampeter University and an MA and a PhD in environmental archaeology at Leicester University. The Siena Research Fellow in Field Survey Methodologies was a British national, Dr Helen Patterson, who had a first degree in archaeology at Reading University and a PhD in ceramic analysis at Sheffield University, the latter with a primary focus on the analysis of medieval ceramics from a field survey and excavation project in Italy. The Pisa Research Fellow in Remote Sensing was a French national, Dr Frédéric Trément, who had a first degree in history and a PhD in landscape archaeology, both at the University of Aix-en-Provence. The Ljubljana Research Fellow was a Greek national, Mrs Helene Simoni, with a first degree in classical archaeology at the University of Athens and an MA in Landscape Studies at the University of Leicester. Her MA had included training in GIS, and she was appointed to Ljubljana to receive further training, and then to undertake research, in GIS.

The Research Fellows prepared discussion documents for each meeting of their respective Working Party. For the first meetings they gathered information about current archaeological research in the Mediterranean relevant to the activities of their Working Party, to help define the key issues for the subsequent Working Party meetings and the themes of the Colloquia, and to suggest names of appropriate speakers. In subsequent meetings they reported further developments in this data-gathering exercise, and also reported on their own field research. Supported by their supervisor (the regional coordinator), they were charged with the primary responsibility for the organization of their respective Colloquia including the soliciting of papers, the circulation of pre-prints to discussants, the running of the Colloquia, and liaison with speakers afterwards to secure finalized versions of papers. They also undertook as much of the preliminary editing of the proceedings as possible before the cessation of their contracts. Dr Trément in particular undertook much of the editing of the Aix as well as the Pisa Colloquia after the Aix Research Fellow left the project before the end of his contract for another post, Dr Trément transfering from Pisa to Leicester from February to June 1995 for this purpose. Each Research Fellow contributed an introductory paper to their Colloqium identifying the major strengths and weakness of current methodologies in their area of specialism, and has provided the supplementary information for the Manual of Best Practice. They also undertook field

research that is published as separate Colloquia contributions and/or in publications on specific projects.

THE POPULUS COLLOQUIA

The five Colloquia took place on 13–16 October (Aix), 6–8 November (Leicester), 25–26 November (Durham), 1–3 December (Siena) and 4–6 December (Pisa) in 1995. Each Working Party coordinator was successful in obtaining limited additional funds locally (university, local administration etc) or nationally to augment the POPULUS budget for the travel and accommodation costs of speakers, and the Project Coordinator also secured a grant of £500 from the British Academy towards the travel costs of a speaker from the US attending the Leicester and Durham Colloquia. The Colloquia were structured to enhance debate amongst the different EU traditions of landscape archaeology. All papers were pre-circulated, and the main focus for each paper at most of the Colloquia was a presentation not by the authors of the paper but by a discussant from another country, followed by a brief response by the author(s) and then an open debate amongst the Colloquium participants. All five colloquia were characterized by vigorous but positive and friendly debate, and the papers were re-written by their authors in the light of the discussions and the general themes and issues that emerged.

THE POPULUS VOLUMES

The five Colloquia are being published as a series by Oxbow Books under the title *Mediterranean Landscapes,* with Graeme Barker and David Mattingly as Series Editors. The five volumes are: *1. Reconstructing Past Population Trends in Mediterranean Europe (3000 BC – AD 1800)* edited by John Bintliff and Kostas Sbonias; *2. Environmental Reconstruction in Mediterranean Land-scape Archaeology* edited by Philippe Leveau, Frédéric Trément, Kevin Walsh and Graeme Barker; *3. Geographical Information Systems and Landscape Archaeology* edited by Mark Gillings, David Mattingly and Jan van Dalen; *4. Non-Destructive Techniques Applied to Landscape Archaeology* edited by Marinella Pasquinucci and Frédéric Trément; and *5. Extracting Meaning from Ploughsoil Assemblages* edited by Riccardo Francovich, Helen Patterson and Graeme Barker. The POPULUS volumes bring together a remarkable array of EU expertise in current approaches to Mediterranean landscape archaeology: the papers present the researches of 30 British, 4 German, 6 Dutch, 27 French, 4 Greek, 35 Italian, 8 Slovenian, and 6 Spanish scholars, as well as those of 11 Canadian/US scholars working in the region. They bridge the disciplinary and national boundaries that have mitigated against the development of a coherent methodology in Mediterranean landscape archaeology. The contents are as follows:

3. Geographical Information Systems and Landscape Archaeology

edited by Mark Gillings, David Mattingly and Jan van Dalen

4. Non-Destructive Techniques Applied to Landscape Archaeology

edited by Marinella Pasquinucci and Frédéric Trément

5. Extracting Meaning from Ploughsoil Assemblages

edited by Riccardo Francovich, Helen Patterson and Graeme Barker

SCIENTIFIC OUTCOMES

All five working groups in the POPULUS network were able to agree on areas of best practice, whilst eschewing the idea of a 'cookbook' approach to methodologies in landscape archaeology, the results of which have been incorporated into the Manual of Best Practice that is currently in the final stages of completion. Its future use by Community archaeologists working in Mediterranean landscape archaeology will be the ultimate test of the effectiveness of the POPULUS project in integrating the best of the diversity of current methodologies in the discipline.

During the discussions of the Working Parties, several alternative views were expressed about the way regional archaeological research and landscape archaeology should be conducted. At one end of the spectrum were some archaeologists who advocated that they (the archaeologists) should enlist a battery of natural scientists and tap into their results for the purpose of understanding the environmental context of an excavation or survey record. At the other end of the spectrum were some geographers who proposed that they (the scientists) should run the regional archaeological projects, the head scientist being partnered by an archaeologist. As Graeme Barker and John Bintliff comment at the end of the Aix-en-Provence volume *Mediterranean Landscape Archaeology 2*, the conclusion from the Colloquia is that both these positions lack one fundamental component: where do we find the interpretative approaches for the human-landscape interaction that constitutes the prime reason that these many specialists are working alongside each other? The work of the POPULUS network has emphasized the enormous potential of effective partnerships between broad-based teams of geoarchaeologists and modern intensive survey teams. Reconstructing the history of Mediterranean landscape change and demography certainly needs natural scientists to analyze the changing forms of the landscape, and archaeologists to analyze changing settlement morphologies and systems. To *understand* that history, however, in terms of the interactions between landscape and people, and the perceptions, choices and adaptations that have underpinned human actions, will need effective partnerships between broad-based teams of archaeologists, geoarchaeologists, historians, and anthropologists. The greatest challenge of inter-disciplinary landscape archaeology in the Mediterranean in the coming years will be how to bridge the divide between the ecological approaches of the natural sciences to past landscapes, on the one hand, and the concerns of social archaeologists on the other with the interface between human actions and landscape.

In terms of modelling major trends in Mediterranean landscape history, one consistent theme for teams working in the eastern and western Mediterranean emerging from the POPULUS network is evidence for settlement shifts, population increase and agricultural intensification in the third millennium BC, and the extent to which these changes coincide with and are related to marked increases in the scale of human impact on sediments and vegetation and/or with climatic change. Regional inter-disciplinary landscape projects are also contributing as profoundly to our understanding of the impact of Roman imperial expansion and subsequent Romanization on the human and natural landscapes of the Mediterranean. Another central concern is the relative impact of climatic fluctuations and human impact in terms of dramatic environmental change: here, one significant weakness of current work is the lack of emphasis on investigating the prehistory and history of Mediterranean uplands. Some of the major landscape changes we can now detect in the Mediterranean region were the result of gradual long-term processes, others may have been caused by catastrophic events of short duration and very long recurrence intervals. The widespread application of dating techniques such as luminescence and palaeomagnetism in the coming years is likely to have an enormous impact in this respect: more refined chronologies seem likely to emphasize different rates of landscape change rather than uniformity, with profound implications for our understanding of human interactions with their landscape.

Non-Destructive Techniques
Applied to Landscape Archaeology

Edited by
Marinella Pasquinucci and Frédéric Trément

Oxbow Books
2000

Published by
Oxbow Books, Park End Place, Oxford OX1 1HN

ISBN 1 900188 74 0

This book is available direct from

Oxbow Books, Park End Place, Oxford OX1 1HN
(Phone: 01865–241249; Fax: 01865–794449)

and

The David Brown Book Company
PO Box 511, Oakville, CT 06779, USA
(Phone: 860–945–9329; Fax: 860–945–9468)

or from our website

www.oxbowbooks.com

Printed in Great Britain at
The Alden Press
Oxford

Contents

List of Figures

LIST OF TABLES

Addresses of Contributors

Alippi, A., Istituto di Acustica 'O. M. Corbino' (CNR), Via Cassia 1216, 00189 Roma (Italy)

Barisano, E., GEOSAT Technology, Antibes (France)

Barker, G., School of Archaeological Studies, University of Leicester, Leicester, LE1 7RH (UK)

Bintliff, J., Department of Archaeology, University of Durham, Dawson Building, Science Site, South Road, Durham DH1 3LE (United Kingdom)

Cammarano, F. R., Institute of Technologies Applied to Cultural Heritage, National Research Council, Rome (Italy)

Cannelli, G.B., Istituto di Acustica 'O. M. Corbino' (CNR), Via del Fossa del Cavoliere, 00133 Roma (Italy)

Cavalli, R.M., CNR Istituto Sperimentale Talassografico, Spianata S. Raineri, 98122 Messina (Italy) – Universita degli studi di Milano, Dipartimento Scienza della Terra

Charraut, D., Laboratoire d'Optique P.M. Duffieux, Université de Franche-Comté – CNRS (URA 214 du CNRS, UFR des Sciences et des Techniques) (France)

Clogg, P., Department of Archaeology, Durham University (United Kingdom)

D'Ottavi, E., Istituto di Acustica 'O. M. Corbino' (CNR), Via Cassia 1216, 00189 Roma (Italy)

Deidda, G.P., Research Engineer of Applied Geophysics at the Faculty of Engineering and Dipartimento di Ingegneria del Territorio, Cagliari University (Italy)

Di Filippo, M., Dipartimento di Scienze della Terra, Università degli Studi 'La Sapienza', Roma (Italy)

Di Maio, R., Department of Geophysics and Volcanology, University 'Federico II', Naples (Italy)

Druelle, P., Equipe de prospection géophysique, Association pour les Fouilles Archéologiques Nationales (France)

Ducomet, G., Ministère de la Culture, responsable de l'équipe de prospection géophysique (France)

Favory, F., Université de Franche-Comté (UFR des Sciences du Langage, de l'Homme et de la Société) (France) and Archéologie de l'espace rural méditerranéen (GDR 954), CNRS (France)

Finzi, E., Dipartimento di Geologia, Paleontologia e Geofisica, Università degli Studi di Padova, via Rudena 3, 35123 Padova (Italy)

Forte, M., NRC, Area della ricerca di Roma, via Saleria km 29, 300, 00016 Monterotondo (Italy)

Grosman, D., Univerza v Ljubljani, Filozofska Fakulteta, Oddelek za arheologijo, 61001 Ljubljana, p.p.580 (Slovenia)

Hesse, A., Centre de Recherches Géophysiques (UMR 7619), CNRS, Garchy 58150 Poilly-sur-Loire (France)

Jones, B., deceased July 1999. Previously of University of Manchester (United Kingdom)

Jordan, D., Terra Nova Ltd, Audley House, Northbridge Road, Berkhamsted HP4 2EF (United Kingdom)

Leveau, Ph., Centre Camille Jullian (Unité Mixte de Recherche 9968 du CNRS) – Maison Méditerranéane des Sciences de l'homme, 5 rue du Chateaux de l'Horloge, BP 647, 13094 Aix-en-Provence Cedex 2 (France)

Marchisio, E., Istituto di Costruzioni Stradali e Trasporti, Università degli Studi di Pisa, via Diotisalvi 2, 56100 Pisa (Italy)

Marcolongo, B., Institute of Applied Geology, Consiglio Nazionale delle Ricerche (CNR), 35127 Padova (Italy)

Mariat, J.-P., Equipe de prospection géophysique, Association pour les Fouilles Archéologiques Nationales (France)

Marino, C.M., Progetto CNR-LARA, Via Monte D'Oro 11, 00040 Pomezia, Roma (Italy) – Università degli Studi di Milano, Dipartimento Scienze della Terra (Italy)

Mattingly, D.J., School of Archaeological Studies, University of Leicester, Leicester, LE1 7RH (UK)

Mauriello, P., Department of Geophysics and Volcanology, University 'Federico II', Naples (Italy)

Millett, M., Department of Archaeology, University of Southampton, Highfield, Southampton, SO17 1BJ (United Kingdom)

Pasquinucci, M., Dipartimento di Scienze Storiche del Mondo Antico, Università degli Studi di Pisa, via Galvani 2, 56100 Pisa (Italy)

Patella, D., Institute of Technologies Applied to Cultural Heritage, National Research Council, Rome (Italy) and Department of Geophysics and Volcanology, University 'Federico II', Naples (Italy)

Pignatti, S., Progetto CNR-LARA, Via Monte D'Oro 11, 00040 Pomezia, Roma (Italy) – CNR Istituto Metodologia Avanzate Analisi: Ambientali, 85050 Tito Scalo (Potenza) (Italy)

Piro, S., Istituto per le Tecnologie Applicate ai Beni Culturali, CNR, c.p.10, 00016 Monterotondo Sc, (Roma) (Italy)

Pranzini, E., Dipartimento di Scienze della Terra, Università degli Studi di Firenze, via La Pira 4, 50121 Firenze (Italy)

Raynaud, C., Sociétés de la Protohistoire et de l'Antiquité en France méditerranéenne (UMR 154) -- GDR 954, CNRS (France)

Rimmington, J.N., Department of Archaeology, University of Durham, Dawson Building, Science Site, South Road, Durham DH1 3LE (United Kingdom)

Ruspandini, T., Dipartimento di Scienze della Terra, Università degli Studi 'La Sapienza', Roma (Italy)

Sambuelli, L., Associate Professor of Applied Geophysics at the Faculty of Engineering, Cagliari University

Tabbagh, J., Centre de Recherches Géophysiques, CNRS, Garchy (France)

Taylor, J., School of Archaeological Studies, University of Leicester, Leicester, LE1 7RH (UK)

Tonelli, A., Studio tecnico di telerilevamento e geofisica, via Miramonti 4, 38068 Rovereto (TN) (Italy)

Toro, B. Dipartimento di Scienze della Terra, Università degli Studi 'La Sapienza', Roma (Italy)

Trément, F., Maître de Conférences, Centre de Recherches sur les Civilisations Antiques, Université de Clermont-Ferrand II – Blaise Pascal (France)

Vaquer, J., CNRS – EHESS (Unité Mixte de Recherche 150), Toulouse (France)

Versino, L., Institute of Technologies Applied to Cultural Heritage, National Research Council, Rome (Italy)

Vigna Guidi, G., CNR, Istituto per la Chimica del Terreno, via Corridoni 78, 56125 Pisa (Italy)

1. L'apport des méthodes non-destructives à l'analyse des sites archéologiques: le point de vue de l'archéologue

Frédéric Trément

PROBLÉMATIQUE

La recherche paléodémographique que le programme POPULUS vise à promouvoir est un domaine encore peu exploré, réservé jusqu'ici aux historiens et aux anthropologues. Avec l'éclosion et l'essor récent d'une archéologie de l'espace et du paysage, le champ des préoccupations de l'archéologue s'est considérablement élargi, les questions de peuplement n'étant plus seulement perçues à travers une succession de phases culturelles selon le schéma rupture/continuité mais aussi dans leur extension spatiale. La multiplication des approches microrégionales, diachroniques et pluridisciplinaires visant à restituer les systèmes agraires anciens a permis d'élargir la problématique traditionnelle des ressources disponibles et de l'approvisionnement (*site catchment analysis*) en posant la question des équilibres successifs entre populations et ressources dans un territoire donné (Trément, 1999a). Du même coup s'est fait jour la nécessité d'évaluer plus précisément les populations anciennes d'un point de vue quantitatif (nombre d'habitants, évolution) et qualitatifs (structure de la population, répartition spatiale) (Trément, 1999b).

La prospection est, avec les documents écrits et les données de l'anthropologie, la source d'informations la plus pertinente puisqu'elle permet de restituer l'évolution de l'occupation du sol dans un secteur donné à travers le recensement (plus ou moins systématique) des vestiges d'implantations humaines. Lorsque la confrontation avec des donnés chiffrées anciennes (recensements) est possible, de relatives les estimations sont susceptibles de devenir absolues. D'autres types de sources peuvent également être mises à contribution, tel que l'étude anthropologique des nécropoles ou, indirectement, les disciplines paléo-écologiques, qui permettent de saisir l'impact de l'homme sur le milieu (crises d'érosion, déséquilibres dans l'approvisionnement). Mais seules les techniques de prospection seront envisagées ici, dans leur éventail le plus large, et d'un point de vue méthodologique.

La question posée au groupe de travail de Pise est celle de la représentivité des données de prospection. Le but est:

- de réfléchir sur l'apport des méthodes d'investigation modernes du sous-sol à partir de la surface (prospection géophysique et géochimique) ou à distance de la terre (prospection aérienne, télédétection);
- de réfléchir sur la possibilité d'évaluer la représentativité des prospections à travers une confrontation systématique des données de surface et de fouilles;
- de réfléchir sur la possibilité de développer des protocoles pour une application plus systématique de ces méthodes à l'archéologie du peuplement.

PROBLÈMES D'ÉCHELLE ET DE RÉSOLUTION

Les techniques utilisables, de plus en plus diversifiées, peuvent être regroupées en cinq catégories principales:

- la télédétection;
- la prospection aérienne;
- les méthodes géophysiques;
- les méthodes géochimiques;
- la prospection au sol.

Deux remarques s'imposent: – d'une part, ces techniques ne peuvent être appliquées aux mêmes ordres de faits; – d'autre part, les informations qu'elles sont susceptibles de fournir sont de nature différente. Le problème est à la fois celui de l'échelle spatiale considérée et celui de la résolution des images fournies par chacune de ces méthodes. D'une manière générale, la superficie étudiée est inversément proportionnelle à la définition de l'image obtenue. Le Tableau 1 rend compte des ordres de grandeur.

Le choix de l'échelle de travail

C'est le choix de l'échelle de travail adoptée qui détermine en premier lieu celui des techniques utilisables. On distinguera deux niveaux de la recherche correspondant à deux échelles spatiales distinctes:

TECHNIQUE DE PROSPECTION	DEFINITION	SUPERFICIE	ECHELLE SPATIALE
Télédétection satellitaire	10 m	Millions km^2	Régionale
Photo satellitaire	3 m	Milliers km^2	Régionale/microrégionale
Radar aéroporté	1–2 m	Centaines km^2	Régionale/microrégionale
Photo-interprétation	1 m	Centaines km^2	Régionale/microrégionale
Thermographie	1–2 m	Centaines km^2	Régionale/microrégionale/locale
Prospection aérienne	0,50 m	Centaines km^2	Régionale/microrégionale/locale
Echantillonnage de surface	1–10 m	Km^2/m^2	Microrégionale/locale
Méthodes sismiques	1–10 m	Milliers m^2	Microrégionale/locale
Géoradar	0,50 m	Milliers m^2	Locale
Prospection électrique	0,25 m	Milliers m^2	Locale
Prospection magnétique	0,50 m	Milliers m^2	Locale
Prospection électromagnétique	0,50 m	Milliers m^2	Locale
Microgravimétrie	0,50–1 m	Dizaines m^2	Locale
Géochimie	0,50 m	Milliers m^2	Locale

Tableau 1.1 : Définition et échelle spatiale des différentes méthodes de prospection.

- l'espace dans lequel s'insèrent les sites et l'activité du prospecteur, qui peut lui même être appréhendé à des échelles différentes (locale, micro-régionale, régionale...), et dont l'étude a pour but de déterminer la densité, la répartition et l'organisation du peuplement;
- le site archéologique dont il convient de déterminer les caractéristiques majeures.

La première approche peut concerner un espace très limité (une unité paysagère réduite tel qu'un vallon, les abords d'un site fouillé), une micro-région (quelques dizaines de km^2) ou une région dans son ensemble (plusieurs centaines ou milliers de km^2). Dans les différents cas, l'intensité de la prospection ne sera pas la même, ni ses modalités (nécessité d'échantillonner pour les grands espaces). Les techniques mises à contribution seront la télédétection, la prospection aérienne et la prospection au sol avec échantillonnage. D'un point de vue paléodémographique, le problème posé à cette échelle est d'évaluer le nombre de sites qui, au regard de la superficie considérée, donnera une idée de la densité du peuplement, par confrontation avec d'autres secteurs d'étude. Il s'agit bien évidemment là d'un point de vue théorique qu'il faut immédiatement nuancer: tous les sites observés ne sont pas contemporains et tous n'ont pas la même importance en terme de peuplement. Il est nécessaire, à ce niveau, de passer à l'échelle inférieure.

Si l'on considère le site lui même, toujours du point de vue paléodémographique, l'objectif est d'appréhender un certain nombre de paramètres significatifs: superficie, organisation, fonction et durée d'occupation. L'éventail des méthodes utilisables englobe la prospection aérienne, les méthodes géophysiques et géochimiques, ainsi que la collecte du matériel de surface. Les problèmes d'échelle ne sont pas évacués pour autant: l'exploration d'une agglomération de plusieurs dizaines d'hectares est évidemment plus complexe que celle d'un petit établissement rural de quelques milliers de m^2. Dans les deux cas, une stratégie doit être définie.

Les contraintes de résolution

Le choix des techniques est également dicté par la résolution des images susceptibles d'être obtenues. Les images fournies par le satellite français Spot ont actuellement une résolution optimale de 10 m, ce qui en limite l'usage à l'étude des sites archéologiques les plus vastes (Marcolongo et Barisano, dans ce volume). Les photographies de la surface de la terre prises depuis la station russe Soyouz KFA 3000 ont en revanche une définition de 3 m, offrant un excellent compromis entre l'échelle spatiale appréhendée et la précision des images obtenues. Mais on est en droit de se demander en quoi, véritablement, celles-ci peuvent apporter plus que les traditionnelles photographies aériennes verticales; d'autre part, elles ne présentent pas toutes les possibilités de traitement offertes par les images radar, en particulier celle de 'voir' à travers les strates supérieures de végétation et de sous-sol.

La prospection aérienne présente le double avantage d'une résolution très fine (celle de l'œil ou de la photographie à basse altitude) et d'une couverture large à faible coût. Mais elle pose des problèmes de représentativité liés à la multiplicité des facteurs conditionnant la production des images de surface (ce qui nécessite une fréquentation prolongée de la zone étudiée, une multiplication des vols et finalement une forte consommation de temps), particulièrement en milieu méditerranéen où les conditions de lecture sont extrêmement variables (topographie accidentée, comblements importants, végétation très diversifiée). C'est ce qui explique que l'avion ait été si inégalement utilisé en Europe méditerranéenne, en comparaison des travaux remarquables effectués en Grande-Bretagne ou dans le Centre, le Nord et l'Ouest de la France. En outre, l'information fournie par ce mode de prospection est limitée à l'aspect morphologique des sites, la prise en compte des autres aspects (tel que la chronologie) nécessitant une vérification systématique au sol (Jones et Vaquer, dans ce volume). Les atlas de *villae*, par exemple, ont fait relativement peu évoluer la problématique des campagnes antiques en donnant de ces dernières une image monolithique, oblitérant les autres formes d'habitat rural.

Les méthodes de prospection géophysiques et géochimiques sont particulièrement adaptées à l'étude des sites invisibles en prospection aérienne. Leur résolution est modulable à volonté en fonction de la superficie à explorer et du type d'information attendue: elle dépend uniquement du pas de mesure adopté. Le problème, pour le prospecteur, est de trouver le meilleur rapport entre finesse de l'image obtenue et temps nécessaire pour couvrir un espace donné. Des procédures d'acquisition et d'enregistrement automatisées ont été développées au cours des dernières années (Hesse, dans ce volume). Le système RATEAU, par exemple, est utilisé de manière systématique sur le tracé du futur TGV-Méditerranée (Trément dir., dans ce volume). La lenteur des analyses géochimiques a également été surmontée grâce à la mise au point de nouveaux protocoles (Taylor, dans ce volume).

Enfin, il est très difficile d'évaluer la résolution des méthodes de ramassage de surface tant les conditions de dépôt et de lecture sont variables d'un site à l'autre (et même d'un endroit à l'autre sur un même site) (Trément dir., dans ce volume).

LES APPROCHES À L'ÉCHELLE RÉGIONALE OU MICRORÉGIONALE

Les méthodes de la télédétection sont parfaitement adaptées aux approches à l'échelle régionale ou microrégionale. La télédétection recouvre toute une série de techniques qui opèrent sur des supports, à des échelles et avec des définitions très variables. On distinguera trois niveaux d'analyse en fonction des techniques utilisées et des objets étudiés: – les recherches portant sur l'environnement actuel, susceptibles de fournir un cadre paysager aux données de prospection, et de faire l'objet d'une approche régressive par confrontation avec les sources historiques, cartographiques ou paléoenvironnementales; – les recherches sur les parcellaires anciens et les centuriations, qui constituent déjà des objets archéologiques en soi; – enfin, les tentatives d'analyse des implantations humaines elles mêmes, qui posent actuellement des problèmes de résolution incontournables.

Les images satellitaires

L'utilisation des images satellitaires à des fins archéologiques demeure encore très embryonnaire. Elle a porté essentiellement sur les zones arides ou semi-arides, telle l'étude d'Y. Poncet sur la région d'Agadez au Niger, visant à préparer une campagne de prospection au sol et à étudier l'environnement actuel (pour le comparer avec les données paléoenvironnementales) dans un secteur du désert sahélo-saharien dépourvu de toute cartographie détaillée (Poncet, 1985).

Parfois, une collaboration s'est nouée avec les archéologues dans le but de reconstituer des territoires. Ainsi les images Landsat MSS et TM ont été utilisées dans la plaine de Grosseto parallèlement à la documentation historique, la cartographie ancienne, les données géologiques et géomorphologiques pour déceler des corrélations et des évolutions (Maselli *et al.*, 1988). Dans la plaine de Pise et dans la vallée de l'Albegna, les géographes ont tenté de corréler spectre et granulométrie des sols en utilisant simultanément les images Landsat TM et des sondages électriques (Gabbani *et al.*, 1992; 1994; Marchisio *et al.*, dans ce volume). Télédétection satellitaire, photo-interprétation, géomorphologie et prospection archéologique ont également été étroitement associées dans la basse vallée du Pô (Barisano *et al.*, 1984; Barisano et Marcolongo, 1987; Marcolongo et Zaffanella, 1987). Pour la France, on citera en dernier lieu l'article de M. Guy et J. Delézir (1993) sur l'*Apport du traitement numérique et des images satellitaires à la connaissance des parcellaires antiques*, qui s'inscrit dans la perspective d'une approche morphologique des paysages.

Les aspects méthodologiques ont été largement développés par les auteurs. R. Cassinis (1991), dans une réflexion sur les possibilités d'intégration de la télédétection et des moyens de prospection géophysique en archéologie, aborde successivement le problème des échelles spatiales, les types de satellites, de spectres (infrarouge photographique, infrarouge thermique, radar...) et aboutit à une double conclusion: – d'une part, le terrain d'application privilégié de ces méthodes se limite pour l'instant strictement aux contextes arides; – d'autre part, il est indispensable d'intégrer images satellitaires et images obtenues à basse altitude. La même conclusion s'impose aux yeux de G. Del Pero et A.M. Tonelli (1990), qui insistent sur la complémentarité des deux éventails de techniques en termes d'échelle: tandis que les images fournies par les satellites peuvent permettre une approche environnementale du potentiel archéologique, la photo-interprétation autorise une approche détaillée de petites superficies de territoire directement accessibles aux prospecteurs.

Les possibilités d'une application directe des images satellitaires à l'analyse des sites archéologiques ne sont toutefois pas exclues, comme le montrent les résultats de recherches effectuées sur des réseaux de canaux en Amérique latine (Renfrew, 1993), sur les temples d'Angkor ou sur des sites préhistoriques d'oasis au Yémen (Cleuziou *et al.*, 1992). L'amélioration considérable de la résolution obtenue grâce à l'antenne SIR-C/X-SAR et aux cartographies interférométriques laisse de grands espoirs. La question est de savoir en quoi l'usage du satellite constitue un apport réel par rapport à la classique photo-interprétation d'images aériennes verticales. Dans le cas des temples d'Angkor, l'intérêt de l'image radar est de passer à travers le filtre constitué par l'épaisse végétation tropicale. Il en va de même pour les temples et les canaux d'Amérique centrale. Mais en milieu méditerranéen, qu'en est-il exactement? La solution pourrait venir, provisoirement, de l'utilisation des photographies à haute résolution (3 m) fournies par la station russe Soyouz KFA 3000. Celles-ci sont exploitées par Br. Marcolongo pour le Turkménistan (Marcolongo et Barisano, dans ce volume).

La photo-interprétation

La photo-interprétation française, auréolée du prestige de l'école de Besançon, est davantage tournée vers l'approche morphologique des paysages que vers des problématiques strictement archéologiques (Chouquer et Favory, 1981). Elle est associée à la mise en évidence de nombreuses centuriations romaines et, plus récemment, de parcellaires protohistoriques et médiévaux (Chouquer, 1985; Chouquer et Klijn, 1989; Guy et Passelac, 1991; Charraut et Favory, dans ce volume). Ce courant de la recherche s'est intensifié dans les régions méditerranéennes (Provence, Languedoc) – voir par exemple la thèse soutenue par A. Pérez (1993) – et connaît actuellement un vif succès en Espagne (travaux de E. Arino-Gil, 1990; P. Saez-Fernandez, 1990; A. Orejas, 1991). G. Chouquer (1993) en dresse le tableau dans la chronique *Parcellaires, cadastres et paysages* de la *Revue Archéologique du Centre de la France*. En outre, la première moitié du numéro 26 de la *Revue Archéologique de Narbonnaise* est consacrée aux cadastres.

Je me limiterai à évoquer trois orientations actuelles de la recherche dans ce domaine, étroitement liées et susceptibles d'intéresser notre problématique: – d'une part, le recours de plus en plus fréquent à la fouille de *limites* (parcellaires antiques et médiévaux de Marne-la-Vallée, de la moyenne vallée de l'Oise, du Finage, du Lyonnais, de Lunel 'Dassargues'); – d'autre part, l'étude de la relation parcellaire-habitat, soit de manière globale dans les approches spatiales (vallée du Rhône, Languedoc), soit par la fouille (vallée de l'Oise, Lunellois, Vaisonnais); – enfin, l'intégration nouvelle de ce type d'approche morphologique du paysage dans les grandes opérations d'archéologie préventive. L'exemple du TGV est sur ce point remarquable. La prolongation de la ligne TGV-Méditerranée au sud de Valence en direction du Languedoc et de la Provence a permis à G. Chouquer de mettre en œuvre un projet d'analyse diachronique des formes du paysage. L'intérêt de ce type d'approche linéaire est de recouper une multitude d'unités de paysage différentes et représentatives à l'échelle interrégionale. Dans le même ordre d'idées, on citera également le projet *Archéologie des autoroutes en Slovénie* (Grosman, dans ce volume).

Les autres techniques de télédétection aéroportées

La télédétection aéroportée ne se résume pas à la seule photo-interprétation. D'autres techniques ont également été utilisées pour le repérage et l'identification de structures archéologiques enfouies sous terre ou immergées et liées à des implantations humaines (infrarouge, thermographie, radar). Je prendrai l'exemple de la thermographie, dont le succès à déceler des anomalies correspondant non seulement à des implantations anciennes, mais aussi à des parcellaires fossiles, a été largement démontré par l'équipe du Centre de Recherches Géophysiques de Garchy (Tabbagh, 1973; 1977; 1978; 1983; Tabbagh et Hesse, 1991; Fourteau et Tabbagh, 1979; Périsset et Tabbagh, 1981). En Italie, la thermographie s'est avérée particulièrement efficace, tant en contexte rural qu'urbain. Les travaux d'A.M. Tonelli sur les nécropoles étrusques sont bien connus. Celui-ci est également intervenu en Toscane (Pise), en Vénétie, à Cunes, dans la région d'Ancône, en Sardaigne (Perfugas) et dans le Nord-Ouest de la Sicile (Del Pero et Tonelli, 1990; Tonelli, dans ce volume). Les recherches d'E. Barisano et Br. Marcolongo sont également exemplaires (voir en dernier lieu Marcolongo et Barisano, dans ce volume). S. Diceglie a appliqué avec succès la thermographie à basse altitude sur l'acropole et le forum d'Egnazia (Brindisi) (Diceglie, 1984; 1989), sur le château de Charles V à Monopoli (Diceglie, 1990), également sur les cercles de pierre de Lampéduse (Diceglie, 1992). A Egnazia, les résultats de la thermographie ont été systématiquement vérifiés par la fouille et les corrélations analysées. A Monopoli, la méthode a permis de mettre en évidence l'état de dégradation de l'édifice médiéval et de proposer des solutions pour sa restauration. A Largo Palmieri, S. Diceglie et A. Tonelli (1994) ont également utilisé simultanément la thermographie à basse altitude et le géoradar pour individualiser des murs, des citernes et des abris enfouis, évaluer l'état de dégradation des structures médiévales et préciser la position des niveaux d'occupation les plus anciens. On peut encore signaler l'application faite par R. Vigliotti (1990) à la détection des cavités directement à partir de la surface et avec un simple appareil photographique.

Les systèmes radar aéroportés peuvent également faire l'objet d'applications archéologiques. Je pense tout particulièrement au système SLAR (Sideways Looking Airborne Radar) (Cavalli *et al.*, dans ce volume). Dans le golfe de Naples, les images multispectrales obtenues avec un Daedalus CZCS ont permis d'individualiser des vestiges romains immergés (Talice et Capraro, 1994).

Il y a donc beaucoup à espérer des développements prochains des différentes techniques de télédétection, dont l'intérêt majeur est le confort d'accès aux données et la souplesse des changements d'échelle.

L'APPROCHE SITOLOGIQUE

L'un des objectifs du groupe de recherche de Pise étant d'examiner la relation entre images de surface et données de fouille, il convient de s'intéresser plus précisément aux sites, de définir en quoi ils sont porteurs d'une information paléodémographique et comment cette information peut être recueillie. Il est clair que l'éventail des techniques considérées n'est susceptible d'apporter une information démographique que si l'analyse porte sur la typologie des sites: en effet, ce n'est pas tant le nombre ou la densité des implantations qui importe que leur nature et leur datation. Or un certain nombre d'informations sont accessibles à partir de la surface. On peut en retenir quatre principales.

La superficie

La superficie apparente des sites prospectés est à la base de la plupart des typologies de l'habitat élaborées jusqu'à ce jour. Mais ce descripteur doit être utilisé avec prudence. Pour des motifs techniques tout d'abord: si la superficie d'un site correspond pour le prospecteur à la distribution spatiale des artefacts qui en signalent la présence en surface, les conditions topographiques, l'activité érosive, l'histoire des façons culturales qui ont affecté ce lieu précis constituent autant de facteurs de distorsion de l'image superficielle. Des phénomènes de colluvionnement peuvent expliquer la dispersion parfois considérable d'artefacts issus d'un même site. L'apport de la photographie aérienne, des méthodes géophysiques et géochimiques est donc du plus grand intérêt pour définir précisément les limites d'un établissement. Une confrontation systématique avec la distribution superficielle des artefacts devrait permettre de relativiser les valeurs de superficie (artificiellement exagérées) sur lesquelles se basent la plupart des découpages typologiques actuels (Trément dir., dans ce volume).

A ces motifs s'ajoute une autre considération d'ordre méthodologique: l'approche de l'habitat par les superficies n'intègre pas le facteur diachronique. Les archéologues anglo-saxons ont tenté de remédier à ce problème en cartographiant séparément, sur un site donné, les artefacts caractéristiques de chaque phase d'occupation, définissant ainsi ce que l'on pourrait commodément appeler des chrono-zones (Bintliff et Snodgrass, 1988a; 1988b). Cette démarche est rarement pratiquée en France; cela s'explique par la lenteur d'une telle procédure. Il faut donc se résigner le plus souvent à considérer l'étendue maximale du site sur la durée totale de son occupation, faute de pouvoir saisir le détail de son évolution topographique.

Enfin, la troisième série de réserves concerne la signification et l'interprétation même du critère de superficie, puisque celui-ci débouche sur l'idée d'une hiérarchie de l'habitat en fonction de sa taille. Or une hiérarchisation ou même une simple classification ne peuvent être valablement fondées sur des critères purement quantitatifs: à la limite, et pour prendre un exemple très schématique, le descripteur serait inapte à déceler la différence entre une grosse ferme de tradition indigène et une petite *villa*. On pressent évidemment le lien qui unit dimension de l'habitat, importance économique et statut social des propriétaires, mais ce lien n'a rien de systématique et il faudrait bien se garder de confondre exploitation (agricole) et propriété (foncière).

Le plan

Le plan des sites constitue un deuxième élément d'interprétation accessible à la plupart des méthodes géophysiques et à la prospection aérienne. Le recours à la typologie des formes de l'habitat (plans orthogonaux ou irréguliers, *villae* ou établissements indigènes) et l'identification de structures caractéristiques (fossés, thermes, péristyles) autorisent une interprétation fonctionnelle permettant non seulement une classification des établissements dans un espace donné, mais aussi une meilleure compréhension de leur organisation interne. D'un point de vue paléodémographique, il est important de savoir, au sein d'une implantation, quels étaient les espaces habités et ceux qui étaient voués aux activités productives.

La (les) fonction(s)

Le critère précédent est étroitement lié à l'aspect fonctionnel du site, qui peut être déduit non seulement du plan mais aussi de l'utilisation d'un certain nombre de techniques géophysiques et géochimiques, ainsi que, bien évidemment, des ramassages de surface. Pour prendre un exemple simple, un atelier de forge se manifestera en surface par 1) une concentration de scories pour le prospecteur, 2) une élévation locale du champ magnétique pour le géophysicien 3) et/ou une augmentation des traces d'éléments ferreux pour le géochimiste. L'étude systématique du mobilier de surface et de sa répartition spatiale permet, lorsqu'il est suffisamment abondant, d'aller assez loin dans l'interprétation: si la présence de vaisselle fine et commune atteste le plus souvent une activité domestique, j'ai pu montrer, dans la région de Saint-Blaise (Bouches-du-Rhône, France), la pertinence des rapports *vaisselle / amphores* et *céramiques fines / céramiques communes* en termes d'activités et de statut social (Trément, 1994). La liste des indicateurs d'activité n'a pas de limites: – pour l'agriculture, les plus fréquents sont les débris de meule, de dolium et d'amphores, auxquels on peut ajouter les tessons roulés dispersés dans les champs en même temps que les fumures; – pour l'artisanat textile, les fusaïoles par exemple; – pour la pêche, les poids de filets... L'apport des méthodes géophysiques se limite pour l'instant à la détection des discontinuités dans le champ magnétique liées aux variations de la teneur en oxydes de fer contenus dans le sous-sol proche. En revanche, on attend beaucoup des méthodes de prospection géochimiques, basées sur le dosage d'éléments-traces dont la liste ne cesse de s'élargir (Taylor et Rimmington, dans ce volume): aux phosphates s'ajoute en effet aujourd'hui un éventail de plus en plus ouvert de métaux lourds dont la présence, en quantité anormale dans le sol, est susceptible de correspondre à des activités spécifiques (dépotoirs, sépultures, artisanat métallurgique, fossés, zones d'épandage de fumures...). Ces méthodes – pourtant couramment utilisées par les préhistoriens et les environnementalistes – n'ont pas encore été appliquées à la prospection archéologique en Europe méditerranéenne, en dehors des récents travaux de J. Bintliff en Béotie (Bintliff *et al.*, 1992; Bintliff, 1992; dans ce volume). La seule exception, à ma connaissance, est en France l'application systématique des dosages de phophate sur le tracé de l'autoroute A71 dans le département du Cher (Fourteau, 1986). Mais le but était seulement de trouver des sites destinés à la fouille dans le cadre d'une opération de sauvetage programmée. Les résultats ont d'ailleurs été décevants en comparaison de ceux obtenus en Hollande dans les polders d'Assendelft (Brandt, 1986). L'intérêt de la prospection géochimique est par ailleurs son aptitude à mettre en évidence des sites complètement détruits (par les labours, l'érosion) ou des activités imperceptibles à la fouille et décelables uniquement par leur signature géochimique.

La chronologie

Enfin, la chronologie des sites repérés en prospection est un aspect fondamental de la recherche paléodémographique. En effet, les calculs de densité du peuplement dans un secteur donné se basent trop souvent sur des datations 'larges' des sites prospectés, qui une fois pointés sur une carte paraissent contemporains alors 1) qu'ils ont pu se succéder dans le temps; 2) ou bien n'avoir fonctionné que de manière saisonnière (en liaison avec certaines pratiques agricoles, la transhumance ou encore la chasse) ou même sporadiquement (refuges). Toutefois, l'approche chronologique des sites prospectés étant en grande partie basée sur la typologie du mobilier céramique, cet aspect de la recherche sera laissé au groupe de Sienne.

J'insisterai seulement sur la nécessité de traiter dans son intégralité l'information chronologique présente à la surface des sites. La prise en compte d'une seule catégorie de mobilier – tel que les céramiques fines par exemple – peut entraîner une sous-représentation de certaines périodes et créer ainsi des biais dangereux pour l'interprétation historique (Roberto *et al.*, 1985; Millett, dans ce volume; Trément, 1999c).

DU SITE À LA TYPOLOGIE

La multiplication des études de terroirs est à l'origine d'une réflexion sur la notion de 'site' et, de manière consécutive, sur les questions de typologie (Leveau, dans ce volume). Cette préoccupation a été clairement exprimée dans les années 80 à travers une série de colloques et de tables rondes, dont la plus importante est assurément, pour la France, la table ronde qui s'est tenue à Paris les 14 et 15 mai 1982, sous la direction conjointe d'A. Ferdière et d'E. Zadora-Rio (1986), sur le thème: *La prospection archéologique. Paysages et peuplement*. La présence d'E. Zadora-Rio – médiéviste – aux côtés d'un antiquiste était déjà révélatrice d'un souci de diachronie. D'autre part, tout l'éventail des méthodes de prospection, d'échantillonnage de surface, d'investigation géophysique et géochimique était représenté. Enfin, la définition même du programme conférait à la prospection un statut en quelque sorte autonome vis-à-vis de la fouille. Les actes de cette table ronde, publiés dans les *Documents d'Archéologie Française*, sont désormais une référence indispensable pour qui s'intéresse de près ou de loin à la prospection. Dès l'introduction, E. Zadora-Rio (1986) aborde la question de *La prospection archéologique et l'évolution de la notion de site*, soulignant la multiplicité des définitions dès lors que l'on passe du champ de la fouille à celui de la prospection.

En 1984, la table ronde organisée à Paris par l'Ecole Française de Rome sur le thème *Structures de l'habitat et occupation du sol dans les paysages méditerranéens: les méthodes et l'apport de l'archéologie extensive* étendait cette problématique non seulement à un espace géographique plus vaste (Italie, Grèce, Espagne, Maroc, Algérie, Syrie, Niger) mais aussi à un cadre chronologique plus large, incluant notamment le Moyen Age. Les aspects méthodologiques y occupent une place majeure, en particulier les questions d'échelle, d'échantillonnage et de technique de ramassage.

La plupart des typologies de l'habitat romain sont encore basées sur les descripteurs utilisés par T.W. Potter (1975; 1980; 1982; 1986; 1992) en Etrurie méridionale. En Gaule méridionale, plusieurs essais de classification de l'habitat rural antique ont été proposés ces dernières années. M. Passelac (1983) – adaptant la typologie de T.W. Potter au Lauragais – distingue ainsi quatre catégories de sites, en fonction de leur superficie et des matériaux mis en œuvre. M. Dodinet (1984) a également adapté le système mis au point en pays falisque au Nord-biterrois, distinguant lui aussi quatre classes de sites, caractérisés à la fois par leur superficie, les matériaux de construction employés et le mobilier recueilli. Dans le cadre de sa thèse, J.-Cl. Meffre (1992) a tenté pour 67 sites antiques du Vaisonnais une classification hiérarchique de l'habitat d'après les matériaux et les superficies. L'auteur y confronte données de fouilles et de prospections et distingue quatre classes de matériaux de construction, dont la corrélation avec la superficie des sites respectifs, très nette, aboutit à la définition de cinq groupes de sites.

L'application des moyens informatiques et des méthodes statistiques à l'archéologie a ouvert de nouveaux horizons à l'analyse spatiale, autorisant des approches plus fines de l'habitat rural, grâce à la multiplication des descripteurs et l'augmentation considérable du volume des bases de données. L'expérience la plus probante est sans conteste celle qui a été développée depuis le milieu des années 80 dans le Midi méditerranéen français et dans la vallée du Rhône, dans le cadre d'une série d'Actions Thématiques Programmées du CNRS et d'une équipe de chercheurs fédérée au sein d'un Groupe de Recherche (GDR 954), puis d'un programme financé par l'Union Européenne (ARCHAEOMEDES). Un millier de sites antiques ont ainsi fait l'objet d'un traitement par analyse factorielle des correspondances (A.F.C) et classification ascendante hiérarchique (C.A.H) de descripteurs archéologiques et environnementaux (Favory *et al.*, 1988; Favory et Fiches dir., 1994). La mise au point des descripteurs environnementaux a été menée avec le concours d'un laboratoire spécialisé dans le traitement de l'imagerie satellitaire (UNISFERE, Université de Besançon) et d'un laboratoire néerlandais qui a développé un système d'Information Géographique spécifique (RAAP, Université d'Amsterdam). Les descripteurs archéologiques, au nombre de dix, sont les suivants: *superficie, matériaux, mobilier, activités, statut, date d'implantation, durée d'occupation, occupation antérieure, pérennité* et *période d'occupation*. Les neuf descripteurs géographiques: *sol, terroir, pente, distance à la voirie, orientation du parcellaire local, paysage, distance à un cours d'eau, distance au réseau viaire actuel, nombre de dessertes aboutissant au site* (Favory et Raynaud, dans ce volume). Pour chaque descripteur, plusieurs classes (entre 2 et 13) ont été définies. Cette méthode permet de 'prendre en compte au mieux les faibles traces que fournit une prospection en utilisant les matériels recueillis à plusieurs niveaux' (Bessac *et al.*, 1987: 94). Il s'agit là assurément du système le plus élaboré qui ait été mis en œuvre non seulement en Gaule du Sud mais dans l'ensemble du monde méditerranéen, témoignant d'une volonté clairement affirmée d'appréhender l'espace de manière globale, dans tous ses aspects. L'intérêt de cette tentative est aussi de prendre en compte la dimension diachronique qui fait défaut à la plupart des typologies précédentes. En outre, la typologie de l'habitat est constamment renouvelée par un retour systématique aux

données de fouilles. La création récente de la revue *HARUR (Habitat rural en Gaule Narbonnaise)*, destinée à publier rapidement et synthétiquement les fouilles d'établissements ruraux gallo-romains, permet déjà une confrontation des typologies de fouilles et de prospections.

LES PROBLÈMES DE TAPHONOMIE

La question de la représentativité des images de surface

Le problème de la représentativité des images de surface en prospection est un lieu commun de la littérature archéologique anglo-saxonne. Il a été abordé de deux manières: – d'une part, à l'échelle des zones prospectées, à travers la question de l'échantillonnage; – d'autre part, au niveau du site, à travers la confrontation des données de prospection et de fouille. C'est ce dernier aspect qui nous intéresse plus particulièrement ici.

Le problème a été essentiellement posé pour la prospection au sol traditionnelle avec ramassage de surface. A. Hesse (1980), qui s'est précocement intéressé à la question pour des sites préhistoriques du Moyen-Orient, préconise une collecte par échantillonnage rigoureusement organisée, accompagnée d'une cartographie systématique des artefacts, en vue d'obtenir des indications sur la chronologie, les limites et l'organisation d'ensemble des implantations prospectées. Il souligne également la nécessité de prendre en compte le contexte géomorphologique et les paramètres géoclimatiques.

E. Zadora-Rio, dans sa réflexion sur la notion de 'site', aborde la question de la 'corrélation de l'image au sol et des structures enfouies' en se demandant 'quel est le degré de fidélité de l'image du site en surface par rapport aux structures enfouies?' (Ferdière et Zadora-Rio, 1986: 12). Elle souligne à cette occasion la nécessité de prendre en compte les phénomènes 'post-dépositionnels' (l'anglicisme est révélateur) en montrant comment la morphogenèse, le couvert végétal, les façons culturales jouent un rôle déterminant sur les conditions de repérage des sites, la répartition et la densité des artefacts à leur surface, et par conséquent leur interprétation en termes chronologiques et fonctionnels. L'auteur pose le problème de la corrélation entre les images d'un même site fournies par des techniques de prospection différentes: anomalies phytologiques ou pédologiques en prospection aérienne, anomalies électriques, magnétiques, thermiques en prospection géophysique, anomalies chimiques... Elle traite ensuite la question de l'interprétation chronologique des vestiges superficiels: la stratigraphie d'un site n'est pas également ni forcément complètement représentée en surface, ce qui induit une sous-représentation des périodes les plus anciennes et un problème de quantification. La question est aussi celle du rapport entre structures visibles et datation: 'Enfin, on ne peut presque jamais être certain de l'exacte contemporanéité des sites, ou même des parties d'un site lorsqu'il est étendu, ce qui impose la plus grande prudence dans les interprétations d'ordre démographique' (p.13). Et l'auteur de conclure: 'Certains auteurs ont essayé, par la fouille, d'établir un système de corrélation entre l'image au sol et les vestiges enterrés [...] et ont suggéré de systématiser cette expérience. Pour toutes les raisons évoquées ci-dessus, il est peu probable qu'il soit jamais possible d'établir des modèles de correspondances dans la mesure où le degré d'adéquation entre la surface et le sous-sol dépend de facteurs multiples dont seule une faible partie est maîtrisable. Cela n'enlève pas, cependant, son intérêt à cette démarche et elle devrait permettre en particulier d'analyser de façon plus sûre les images diverses produites par un même type de site, et de comparer à bon escient les résultats obtenus par des techniques différentes' (p.13).

Ce point de vue a été repris plus récemment par N. Dieudonné dans un article de synthèse bibliographique sur *La prospection au sol*. L'auteur aboutit à cette conclusion: 'Ces résultats montrent que les relations entre la surface et le sous-sol d'un site archéologique sont très complexes. Une certaine adéquation existe, mais elle est plus qualitative que quantitative et varie d'un site à l'autre' (Dieudonné, 1989: 220).

Le filtrage de l'information

La plupart des auteurs cités par E. Zadora-Rio et N. Dieudonné sont anglo-saxons et leurs travaux expérimentaux ne concernent pas toujours l'aire méditerranéenne. Leurs conclusions, toutefois, sont riches d'enseignements pour notre problématique. Deux filtres sont généralement considérés: le sédiment et le couvert végétal, tous deux étroitement dépendants à la fois des conditions bioclimatiques et des pratiques agricoles.

Le filtre sédimentaire
C.L. Redman et P.J. Watson (1970) ont établi à partir de la fouille d'un site en Turquie une relation entre la qualité de l'information recueillie en surface et l'état de dégradation des niveau sous-jacents. Ils fixent à 50 cm la profondeur jusqu'à laquelle la relation entre image de surface et sous-sol est satisfaisante. P. Tolstoy et S. Fish (1975) concluent également à la sur-représentation des niveaux strati-graphiques supérieurs en surface à partir de la fouille d'un site mexicain. Ce phénomène bien connu des prospecteurs travaillant dans les régions méditerranéennes doit être néanmoins nuancé, car si effectivement la dégradation des gisements dans les zones sensibles à l'érosion (plateaux, buttes) favorise une excellente lecture, les colluvionnements corrélatifs et le comblement des zones basses constituent autant de phénomènes perturbateurs (effets de masquage, stratigraphies inversées). Dans ces derniers secteurs, le rôle des pratiques agricoles (labours profonds en particulier) est alors déterminant pour la qualité de l'image de surface. Les mêmes prospecteurs savent, pour avoir fréquenté

régulièrement une zone d'étude déterminée, que la lisibilité d'un même site varie énormément dans le temps. L'expérience conduite par A.J. Ammerman (1985) sur un site artificiel en Calabre montre la fluctuation dans le temps de la relation statistique liant les vestiges visibles aux vestiges enfouis. D'où la nécessité de passages répétés sur un même site à différentes périodes de l'année.

Plus généralement, une prise en compte globale de l'évolution climato-morphologique s'impose pour ces questions de taphonomie, à la lumière des progrès récents de l'archéologie du paysage. T.W. Potter (1976; 1979) proposait déjà de pondérer les résultats des prospections en Etrurie méridionale en montrant que l'alluvionnement intense qui a affecté cette région entre les IIIe et Ve siècles de notre ère rendait impossible la détection des sites antérieurs, recouverts par plusieurs mètres de sédiments. La collaboration des géomorphologues s'avère par conséquent indispensable. Cette remarque vaut autant pour le simple prospecteur que pour le géophysicien ou le géochimiste: c'est en fonction de leur connaissance quantitative et qualitative du sédiment que ces derniers seront en mesure de déterminer un pas de mesure ou d'identifier une anomalie liée à la présence d'un corps étranger dans le sous-sol.

Le filtre végétal
Autre filtre dont l'influence sur la lisibilité des sites est considérable, le couvert végétal a surtout été pris en compte à l'échelle des zones prospectées pour établir des cartes de représentativité. A l'échelle du site, ce type d'étude est beaucoup moins fréquent. Des travaux anglo-saxons ont pourtant montré à quel point le seuil permettant de définir un 'site' à partir de la quantification des artefacts superficiels est variable d'une aire climatique à une autre (aire atlantique/méditerranéenne par exemple) et, au sein d'une aire donnée, en fonction de la nature du couvert végétal. Ce seuil va de quelques tessons à plusieurs milliers par unité de 100 m². L'intérêt croissant porté à la question des épandages liés aux pratiques agricoles (Wilkinson, 1982; 1989) s'est accompagné d'un développement des approches quantitatives permettant d'isoler 'sites' et anciens 'champs' en fonction de la nature et de la densité des artefacts, soulignant par là même la nécessité de cartographier très précisément végétation actuelle et couvertures sédimentaires et pédologiques (Parodi *et al.*, 1987; Bintliff et Snodgrass, 1988b; Favory et Fiches dir., 1994: 180–1, 194–9). Les techniques de la télédétection pourraient apporter une aide précieuse dans ce domaine.

Les filtres culturels
Des facteurs culturels peuvent aussi intervenir dans la sur-sous-représentation de certaines périodes par rapport à d'autres. A partir d'expériences méthodologiques conduites sur trois sites préhistoriques en Turquie, aux U.S.A. et au Mexique, K.W. Flannery (1976) insiste sur le fait que la sur-représentation des niveaux les plus récents n'est pas dûe uniquement aux facteurs post-dépositionnels,

mais aussi au rôle des réoccupations. Dans le même sens, C.M. Baker (1978) explique la sur-représentation des gros objets à la surface de sites préhistoriques américains par le remploi constant qu'en font leurs occupants.

Le filtre de l'échantillonnage
Outre le choix de la (ou des) technique(s) de prospection, qui constitue en soi un filtrage de l'information contenue dans le sous-sol d'un site, les techniques d'échantillonnage opérées en surface (grille de ramassage, pas de mesure) peuvent aussi s'accompagner d'une perte d'information. A.J. Ammerman, D.P. Gifford et A. Voorrips (1978) ont montré, à partir de la simulation d'un plan stratifié réalisée sur un site d'éleveurs Masai (Kenya), qu'il faut recueillir au moins 20% du matériel pour obtenir un échantillon de surface représentatif. L'expérience conduite par C.L. Redman et P.J. Watson (1970) a montré, en revanche, qu'un échantillonnage par quadrats de 5x5 m couvrant 10% de la superficie du site turc dont il a déjà été question était représentatif des 50 premiers centimètres de sous-sol seulement. Au-delà, il n'existe plus selon eux de corrélation statistique entre surface et stratigraphie. Sur le site des Girardes à Lapalud (Vaucluse), une grille d'échantillonnage composée de 54 carrés de 5 m de côté espacés de 20 m a permis, avec seulement 3,4% de la superficie explorée, de restituer très précisément l'organisation et l'évolution d'une zone d'habitat fréquentée sur la longue durée, du fait d'un compromis optimal entre la superficie des quadrats et leur espacement (Trément dir., dans ce volume). Mais là aussi, l'épaisseur du manteau alluvial n'excédait pas 50 cm.

Néanmoins, le point de vue du statisticien Fr. Djindjian sur les stratégies d'échantillonnage sur site est plutôt pessimiste. A la suite d'une réflexion sur l'influence des vestiges de surface dans la conduite de fouille, celui-ci conclut: 'Le seul objectif possible est la tentative de séparation sur une base purement typologique, des différentes occupations. L'utilisation possible des vestiges de surface doit donc se traiter cas par cas, et l'exception dans ce domaine, est l'existence d'une éventuelle corrélation surface/sous-sol' (Djindjian, 1991: 43).

L'optimisation des images de surface

Pour parer aux inconvénients précédents, qui, rappelons-le, n'affectent pas seulement les résultats des ramassages de surface mais également tous les moyens d'investigation du sous-sol, un certain nombre de précautions et de dispositions peuvent être pris, et des techniques spécifiques être mises au point.

La connaissance du terrain: l'apport de la géomorphologie
Tout d'abord, le recours aux compétences du géomorphologue s'impose pour une meilleure connaissance qualitative et quantitative du sédiment qui 'emballe' les vestiges enfouis: son épaisseur, sa texture, sa granulométrie, son hygrométrie déterminent en effet les contrastes physico-chimiques potentiels, et donc le choix des techniques et la production de l'image superficielle. La dynamique géomorphologique, localement, peut éclairer en grande partie ce qu'il est convenu d'appeler les processus 'post-dépositionnels'. Le rôle du géologue (mais surtout du géomorphologue) a été largement souligné lors de la séance SPF-GMPCA du Congrès Préhistorique de France qui s'est tenu à Paris en novembre 1989. L'une des contributions au thème *Quelle stratégie pour une représentativité optimale des structures anciennes?*, intitulée *De la coopération entre partenaires pour les recherches géophysiques de structures archéologiques*, soulignait l'indispensable complémentarité du physicien, de l'archéologue et du géologue dans les choix stratégiques (Martinaud et Colmont, 1989). J'avais développé à cette occasion une réflexion sur l'intérêt de l'archéologie du paysage pour la taphonomie des sites (Trément, 1989). Cette complémentarité n'est d'ailleurs pas à sens unique, comme en témoignent les recherches menées en Italie sur la plaine du Pô (Marcolongo et Zaffanella, 1987), le territoire de Pise (Gabbani *et al.*, 1992), la vallée de l'Albegna (Gabbani *et al.*, 1994) et la plaine de Grosseto (Maselli *et al.*, 1988). L'intégration des données de la télédétection, de la géomorphologie et des sondages électriques de vérification y a permis d'établir de véritables cartes de susceptibilité archéologique.

Un exemple original est fourni par l'expérience de L. Amato et G. Di Maio (1991) à Pompéi, où la réalisation d'un transect de 2000 m avec un géoradar a permis de déceler des structures archéologiques sous 1,50 à 4,50 m de dépôts volcaniques caractérisés par une très forte résistivité. Malgré de très faibles contrastes de résistivité, les vestiges de sépultures, de *villae* suburbaines, le réseau de rues et de tranchées correspondant au niveau d'occupation de l'année 79 de notre ère apparaissent clairement par contraste avec l'orientation horizontale des laves. Seule une connaissance préalable des caractéristiques géo-électriques des dépôts vésuviens autorisait un tel résultat.

Autre exemple, celui de Riez (Var, France), où à l'occasion de la transformation d'un terrain de plusieurs hectares en une réserve archéologique, l'intervention d'E.D.F. dans le cadre du mécénat durant l'été 1994 a permis d'identifier le forum et une partie du complexe monumental de la cité romaine, ainsi que le paléochenal d'une rivière. Des sondages ont permis de vérifier les hypothèses avancées. La collaboration des géophysiciens, d'un géomorphologue et des archéologues responsables de l'opération a permis d'intégrer les différentes approches et de mieux comprendre le processus de production des images obtenues en surface (*inf. or.* M. Jorda et Ph. Borgard).

Le croisement des techniques
Le croisement des techniques de prospection permet en effet de compenser la perte d'information qui résulte de l'usage d'une seule méthode. Télédétection, photo-interprétation, sondages géophysiques et prospection sont couramment associés en diverses régions d'Italie (Cassinis,

1991). Dans le domaine de la géophysique, les recherches s'orientent de plus en plus fréquemment vers la combinaison de techniques différentes et complémentaires. C'est tout particulièrement le cas en Italie, où des résultats très convaincants ont été obtenus ces dernières années. Ceux-ci ont été présentés lors de colloques portant sur l'application des méthodes géophysiques à l'archéologie: – le séminaire de Porano (21–23 septembre 1988) sur la *Geofisica per l'Archeologia* (1991); – le colloque de Sienne (6–8 novembre 1989) sur *Lo Scavo archeologico: dalla Diagnosi all'Edizione* (Francovich et Manacorda dir., 1990); – enfin, le colloque qui s'est tenu également à Sienne (14–26 janvier 1991) sur l'*Archeologia del Paesaggio* (Bernardi dir., 1992). Ces trois rencontres ont été l'occasion de présenter un éventail très large de techniques (Brizzolari *et al.*, 1987; 1991a; 1991b; Alfano, 1991; Bozzo *et al.*, 1991; Bruzzi *et al.*, 1991). La plupart des contributions insistent sur la nécessité de croiser plusieurs méthodes sur un même site. En revanche, très peu décrivent la nature du couvert végétal et de la matrice sédimentaire, pour privilégier les aspects purement techniques (voir Patella *et al.*; Piro, dans ce volume).

Les traitements d'images
Enfin, les traitements d'images permettent de filtrer l'information pour faire ressortir les éléments significatifs ou pour corriger d'éventuelles erreurs de mesure. Ces méthodes ont été précocément utilisées pour le redressement des photographies aériennes obliques (Scollar, 1977; 1978; Palmer, 1976; 1977; Hampton, 1985; Gandon et Langouët, 1992), le traitement des photographies aériennes (Chevallier *et al.*, 1969; Favory, 1980; O'Brien *et al.*, 1982; Chouquer, 1985; Guidazzoli et Forte, 1991) et des images radar (Marcolongo et Mascellani, 1978; Tabbagh, 1983; Guy et Delézir, 1993). Les applications les plus importantes ont porté sur l'identification des parcellaires, d'abord avec la technique du filtrage optique, et plus récemment les traitements numériques.

Les applications ont également porté sur des données de prospection géophysique (Brizzolari *et al.*, 1986; Tabbagh, dans ce volume). A. Hesse et J. Tabbagh ont repris récemment les données de la prospection électrique de M. Daignières sur l'oppidum d'Ambrussum (Gard, France) pour en effectuer un filtrage associant représentation en tons de gris et traitements par délignage et filtrage par la médiane (Hesse *et al.*, 1992). Ces procédés permettent d'éliminer les erreurs de mesure et d'améliorer la lisibilité de l'image obtenue. A Lattes (Hérault, France), la collaboration exemplaire qui s'est nouée entre l'équipe de fouille du chantier-école expérimental et l'*Institut für Geophysik und Meteorologie* de l'Université de Braunschweig a permis, grâce aux divers traitements des résultats d'une prospection électrique et électromagnétique conduite sur une vaste superficie, de faire apparaître très précisément le plan de l'agglomération protohistorique, permettant de gérer au mieux la programmation des

fouilles (Weidelt dir., 1989; Garcia et Weidelt, 1991). Ces dernières ont ensuite confirmé très exactement les hypothèses avancées.

CONCLUSION

Le rapport entre méthodes de prospection géophysique, géochimique, aérienne, la télédétection et la recherche paléodémographique n'est pas *a priori* évident. Il n'est pas question ici de supplanter les méthodes traditionnelles de l'archéologie (l'épigraphie, la prospection, la fouille) par une batterie de techniques dont l'utilisation permettrait de résoudre comme par un coup de baguette magique un aussi vaste problème. Le point de vue est clairement celui de l'archéologue formulant une demande au spécialiste ou au technicien sur son apport réel à la question, et non une présentation théorique, par ce dernier, des possibilités de telle ou telle méthode dans le champ de l'archéologie. Espérons que cet objectif aura été atteint au cours de ce colloque.

BIBLIOGRAPHIE

Alfano, L. (1991) Il metodo geoelettrico continue applicato alle ricerche archeologiche. Atti del seminario 'Geofisica per l'Archeologia'. Porano, 21–23 settembre 1988. Consiglio Nazionale delle Ricerche. Roma. *Quaderni dell'Istituto per le tecnologie applicate ai beni culturali* 1: 33–9.

Amato, L. et Di Maio, G. (1991) Utilizzo del Georadar (GPR: Ground Penetrating Radar) per l'identificazione di anomalie stratigrafico/sedimentologiche all'interno della sequenza vulcanoclastica dell'eruzione vesuviana del 79 A.D. Pompei. Atti del seminario 'Geofisica per l'Archeologia'. Porano, 21–23 settembre 1988. Consiglio Nazionale delle Ricerche. Roma. *Quaderni dell'Istituto per le tecnologie applicate ai beni culturali* 1: 105–16.

Ammerman, A.J. (1985) Plow-zone experiments in Calabria, Italy. *Journal of Field Archaeology* 12: 33–40.

Ammerman, A.J. and Feldman, M.W. (1978) Replicated collection of site surfaces. *American Antiquity* 43: 734–40.

Ammerman, A.J., Gifford, D.P., Voorrips, A. (1978) Towards an evaluation of sampling strategies: simulated excavations of a Kenyan pastoralist site. In I. Hodder (ed.) *Simulation studies in archaeology*. Cambridge, London, New York: Cambridge University Press (New direction in archaeology): 123–32.

Arino-Gil, E. (1990) *Catastros romanos en el Convento juridico Caesaraugustano. La region Aragonesa*. Departamento de Ciencias de la Antigüedad (Arqueologia). Monografias Arqueologicas 33, Universidad de Zaragoza.

Baker, C.M. (1978) The size effect: an explanation of variability in surface artifact assemblage content. *American Antiquity* 43: 288–93.

Bariou, R. (1978) *Manuel de télédétection*. Paris, Sodipes.

Barisano, E., Bartholomé, E., Marcolongo, B. (1984) *Télédétection et archéologie. Interprétation intégrée de données télédétectées – HCMM, LANDSAT, photos aériennes – corrélées avec des aspects physiographiques et archéologiques dans la plaine vénétienne occidentale*. Notes et Monographies Techniques du Centre de Recherches Archéologiques 14.

Barisano, E. et Marcolongo, B. (1987) Méthodes de prospection archéologiques par télédétection. Centro Ricerche Ambientali, Athesia, Roma. *Athesia* 1: 17–28.

Bernabini, M. (1991) Geofisica per l'archeologia: le riposte del geofisico. Atti del seminario 'Geofisica per l'Archeologia'. Porano, 21–23 settembre 1988. Consiglio Nazionale delle Ricerche. Roma. *Quaderni dell'Istituto per le tecnologie applicate ai beni culturali* 1: 11–9.

Bernardi, M. (dir.) (1992) *Archeologia del Paesaggio*. IV Ciclo di Lezioni sulla Ricerca applicata in Archeologia, Certosa di Pontignano (Siena), 14–26 gennaio 1991. Consiglio Nazionale delle Ricerche, Università degli Studi di Siena. Edizioni all'Insegna del Giglio, Firenze, 2 vol.: 876 p.

Bessac, J.-C., Christol, M., Fiches, J.-L., Gasco, Y., Janon, M., Michelozzi, A., Raynaud, C., Roth-Congès, A. et Terrer, D. (1987) *Ugernum, I, Beaucaire et le Beaucairois à l'époque romaine*. A.R.A.L.O. 15.

Bintliff, J. (1992) Appearance and reality: Understanding the buried landscape through new techniques in field survey. In Bernardi, M. (dir.) *Archeologia del Paesaggio*. Vol.1: 89–137.

Bintliff, J. (dans ce volume) *The concepts of 'site' and 'off-site' archaeology in surface artefact survey*.

Bintliff, J. and Snodgrass, A. (1988a) Mediterranean survey and the city. *Antiquity* 62 (234): 57–71.

Bintliff, J. and Snodgrass, A. (1988b) Off-site Pottery Distributions: A Regional and Interregional Perspective. *Current Anthropology* 29 (3): 506–13.

Bintliff, J., Davis, B., Gaffney, C., Snodgrass, A., Waters, A. (1992) Trace metal accumulations in soils on and around ancient settlements in Greece. In P. Spoerry (ed.) *Geoprospection in the archaeological landscape*. Oxbow Monograph 18, Oxbow Books, Oxford: 9–24.

Bozzo, E., Merlanti, F., Saperdi, E. (1991) Indagini geofisiche in alcuni siti archeologici dell'Appennino Ligure e Lunigiana. Atti del seminario 'Geofisica per l'Archeologia'. Porano, 21–23 settembre 1988. Consiglio Nazionale delle Ricerche. Roma. *Quaderni dell'Istituto per le tecnologie applicate ai beni culturali* 1: 117–33.

Brandt, R. (1986) Evolution de l'habitat et de l'environnement dans les polders d'Assendelft (Pays-Bas). Actes de la table ronde des 14 et 15 mai 1982: 'La prospection archéologique, Paysage et peuplement', Paris. *Documents d'Archéologie Française* 3: 47–56.

Brizzolari, E., Orlando, L., Piro, S., Samir, A., Versino, L. (1986) Tecniche di elaborazione per migliorare il rapporto segnale disturbo nei profili di resistività, per la ricerca di anomalie a piccola profondità. *Atti del 5° Convegno del Gruppo Nazionale di Geofisica della Terra Solida, CNR, 17–19 novembre 1986*, 2: 1025–36.

Brizzolari, E., Finzi, E., Orlando, L., Piro, S., Versino, L. (1987) Impiego di prospezioni sismiche, magnetiche ed elettromagnetiche impulsive integrate, per la ricerca di anomalie superficiali. *Atti del 6° Convegno del Gruppo Nazionale di Geofisica della Terra Solida, CNR, Roma*. Roma.

Brizzolari, E., Orlando, L., Piro, S., Versino, L. (1991a) Prospezioni geofisiche integrate nell'area archeologica Acqua Acetosa, Laurentina (Roma). Atti del seminario 'Geofisica per l'Archeologia'. Porano, 21–23 settembre 1988. Consiglio Nazionale delle Ricerche. Roma. *Quaderni dell'Istituto per le tecnologie applicate ai beni culturali* 1: 135–46.

Brizzolari E., Orlando L., Piro S., Versino L. (1991b) Prospezioni geofisiche integrate nella necropoli Sabina Colle del Forno (Montelibretti, Roma). Atti del seminario 'Geofisica per l'Archeologia'. Porano, 21–23 settembre 1988. Consiglio Nazionale delle Ricerche. Roma. *Quaderni dell'Istituto per le tecnologie applicate ai beni culturali* 1: 147–59.

Bruzzi, G., Dall'Aglio, P., De Maria, S. (1991) Prospezioni geofisiche integrate sul sito della città romana di Suasa Senonum

(AN). Atti del seminario 'Geofisica per l'Archeologia'. Porano, 21–23 settembre 1988. Consiglio Nazionale delle Ricerche. Roma. *Quaderni dell'Istituto per le tecnologie applicate ai beni culturali* 1: 161–76.

Cassinis, R. (1991) Integrazione tra telerilevamento da satellite e metodologie geofisiche nelle prospezioni archeologiche. Atti del seminario 'Geofisica per l'Archeologia'. Porano, 21–23 settembre 1988. Consiglio Nazionale delle Ricerche. Roma. *Quaderni dell'Istituto per le tecnologie applicate ai beni culturali* 1: 21–32.

Cavalli, R.M., Marino, C.M., Pignatti, S. (dans ce volume) *Environmental studies through active and passive airborne remote sensing systems*.

Charraut, D. et Favory, F. (dans ce volume) *La restitution des parcellaires anciens et des limitations antiques à partir des techniques de la télédétection et du traitement d'images*.

Chevallier, R., Fontanel, A., Grau, G., Guy, M. (1969) Application du filtrage optique à l'étude des photographies aériennes. *Bulletin de la Société Française de Photogrammétrie* 32: 1–16.

Chouquer, G. (1985) Traitements d'images et paysages médiévaux. *Archéologie Médiévale* 15: 7–30.

Chouquer, G. (1993) Parcellaires, cadastres et paysages. *Revue Archéologique du Centre de la France* 32, chronique, I: 205–30.

Chouquer, G. et Favory, F. (1981) Un outil pour l'analyse des paysages et la recherche de structures antiques: le filtrage optique des photographies aériennes. *Revue d'Archéométrie* 5: 41–50.

Chouquer, G. et Klijn, H. de (1989) Le Finage antique et médiéval. *Gallia* 46: 261–97.

Cleuziou, S., Inizan, M.-L., Marcolongo, M. (1992) Le peuplement pré- et protohistorique du système fluviatile fossile du Jawf-Hadramawy au Yémen (d'après l'interprétation d'images satellite, de photographies aériennes et de prospections). *Paléorient* 18/2.

Darbandi, M. et Guy, M. (1981) La contribution des images spatiales et aériennes à la connaissance des mesures utilisées pour la division des terres dans l'Antiquité. *Pallas* 28: 101–21.

Del Pero, G. et Tonelli, A.M. (1990) Aspetti di Telerilevamento in archeologia. *Atti del Secondo Convegno Nazionale 'Il Telerilevamento per la conoscenza e la salvaguarda delle aree da proteggere, terrestri e marine'. Associazione Italiana di Telerilevamento (A.I.T.), Bolzano, 9–11 novembre 1988*. Giardini, Pisa: 237–46.

Diceglie, S. (1984) La termografia nella ricerca archeologica: applicazioni sull'Acropoli di Egnazia. Estratto da *Convegno Nazionale A.I.T.A.-S.I.T.E. Bari, 9–11 maggio 1984*.

Diceglie, S. (1989) La termografia nella ricerca archeologica (risultati della sperimentazione del nuovo metodo di prospezione dal 1983 al 1987). *Atti del Primo Convegno Nazionale 'Telerilevamento Aerospaziale e Risorce Ambientali'. Inventario, Conservazione e Sviluppo. Associazione Italiana di Telerilevamento (A.I.T.), Parma, 29–30 Settembre e 1–2 Ottobre 1987*. Giardini, Pisa: 147–69.

Diceglie, S. (1990) Il Telerilevamento per la conoscenza e la conservazione di aree archeologiche terrestri e marine. *Atti del Secondo Convegno Nazionale 'Il Telerilevamento per la conoscenza e la salvaguardia delle aree da proteggere, terrestri e marine'. Associazione Italiana di Telerilevamento (A.I.T.), Bolzano, 9–11 novembre 1988*. Giardini, Pisa: 449–70.

Diceglie, S. (1992) I 'cerchi di pietra' di Lampedusa (Telerilevamento archeologico dell'Isola). *Atti del Terzo Convegno Nazionale 'Osservazione dallo spazio dell'Italia e delle sue regioni: metodo, risultati e prospettive'. Associazione Italiana di Telerilevamento (A.I.T.), L'Aquila, 7–10 novembre 1990*. Giardini, Pisa: 421–39.

Diceglie, S. et Tonelli, A. (1994) Termografia e tracciati georadar nello studio di strutture archeologiche. Il caso di Largo Palmieri a Monopoli. *Atti del Sesto Convegno Nazionale 'Il telerileva-mento aerospaziale per l'ambiente e il territorio in Italia: dalla ricerca al servizio'. Associazione Italiana di Telerilevamento (A.I.T.), Roma, 1–4 marzo 1994.* Giardini, Pisa: 155–8.

Dieudonné, N. (1989) La prospection au sol: Etude bibliographique. *Revue d'Archéologie du Centre de la France* 28 (2).

Djindjian, F. (1991) *Méthodes pour l'archéologie.* Armand Colin – Archéologie, Paris.

Dodinet, M. (1984) *Carte archéologique et cadastres romains: l'exemple du Nord-Biterrois.* Thèse de Doctorat, Besançon.

El-Agamy, H. (1984) Exemple de prospection géoélectrique sur le site historique d'Erétrie. *Revue d'Archéométrie* 8: 21–9.

Favory, F. (1980) Détection des cadastres antiques par filtrage optique: Gaule et Campanie. *Mélanges de l'Ecole Française de Rome* 92–1: 347–89.

Favory, F., Fiches, J.-L., Girardot, J.-J. (1988) L'analyse des données appliquée à la typologie des sites gallo-romains dans le Beaucairois (Gard): matériel de prospection et environnement paysager: essai méthodologique. *Gallia* 45, 1987–1988: 67–85.

Favory, F. et Fiches, J.-L. (dir.) (1994) *Les campagnes de la France méditerranéenne dans l'Antiquité et le haut Moyen Age: études microrégionales.* Documents d'Archéologie Française 42.

Favory, F. et Raynaud, C. (dans ce volume) *Définition ou hiér-archisation des sites? Approche intégrée en Gaule médi-terranéenne.*

Ferdière, A. et Zadora-Rio, E. (dir.) (1986) La prospection archéologique. Paysage et peuplement. Actes de la table ronde des 14 et 15 mai 1982, Paris. *Documents d'Archéologie Française* 3: 180 p.

Flannery, K.W. (1976) Sampling by intensive surface collection. In *The early mesoamerican village.* Academic Press, New York: 51–62.

Fourteau, A.-M. (1986) Prospection systématique sur le tracé de l'autoroute A.71, section Bourges-Sud du Cher (France). Actes de la table ronde des 14 et 15 mai 1982, Paris. *Documents d'Archéologie Française* 3: 71–82.

Fourteau, A.-M. et Tabbagh, A. (1979) Parcellaire fossile et prospection thermique. Résultats des recherches à Lion-en-Beauce (Loiret). *Revue d'Archéométrie* 3: 115–23.

Francovich, R. et Manacorda, D. (dir.) (1990). *Lo Scavo Archeologico: dalla Diagnosi all'Edizione.* III Ciclo di Lezioni sulla Ricerca applicata in Archeologia. Certosa di Pontignano (Siena), 6–8 novembre 1989. Consiglio Nazionale delle Ricerche, Università degli Studi di Siena. Edizioni all'Insegna del Giglio, Firenze: 590 p.

Gabbani, G., Pieri, M., Pranzini, E., Pranzini, G. (1992) Indagini geoelettriche per il controllo a terra di dati Landsat TM rilevati sulla pianura di Pisa. *Atti del Terzo Convegno Nazionale 'Osservazione dallo spazio dell'Italia e delle sue regioni: metodo, risultati e prospettive'. Associazione Italiana di Telerilevamento (A.I.T.), L'Aquila, 7–10 novembre 1990.* Giardini, Pisa: 289–99.

Gabbani, G., Pieri, M., Pranzini, E., Santini, C. (1994) Il contributo del telerilevamento nello studio geomorphologico della pianura dell'Albegna. *Atti del Sesto Convegno Nazionale 'Il telerileva-mento aerospaziale per l'ambiente e il territorio in Italia: dalla ricerca al servizio'. Associazione Italiana di Telerilevamento (A.I.T.), Roma, 1–4 marzo 1994.* Giardini, Pisa: 239–42.

Gallant, T.W. (1986) 'Background noise' and site definition: a contribution to survey methodology. *Journal of Field Archae-ology* 13: 403–18.

Gandon, J.F. et Langouët, L. (1992) Un système de redressement informatisé des photographies aériennes obliques. *Revue d'Archéométrie* 16: 21–5.

Garcia, D. et Weidelt, P. (1991) Prospection géophysique et fouilles en extension. In Système d'enregistrement, de gestion et d'exploitation de la documentation issue des fouilles de Lattes. *Lattara* 4: 65–70.

Grosman, D. (dans ce volume) *Two examples of using combined prospecting techniques.*

Guidazzoli, A. et Forte, M. (1991) Digital aerial photograph interpretation and archaeology. *Pixel, Computer Graphics, CAD/CAM, Image processing,* vol.12 (10): 11–4.

Guy, M. et Passelac, M. (1991) Prospection aérienne et télédétection des structures parcellaires. In J. Guilaine (dir.) *Pour une archéologie agraire.* Paris: 103–29.

Guy, M. et Delézir, J. (1993) Apport du traitement numérique et des images satellitaires à la connaissance des parcellaires antiques. *Revue Archéologique de Narbonnaise* 26: 69–85.

Hampton, J.N. (1985) The mapping of archaeological evidence from air photographs. *Aerial Archaeology* 11: 1–30.

Hesse, A. (1971a) Les Tarterets II. Comparaison par le calcul des distributions horizontales des vestiges lithiques. *Gallia Préhistoire* XIV(1): 41–6.

Hesse, A. (1971b) Tentative interpretation of the surface distribution of remains on the upper fort of Mirgissa (Sudanese Nubia). *Mathematics in the archaeological and historical sciences. Anglo-Romanian conference, Mamaia, 1970.* University Press, Edimburgh: 432–44.

Hesse, A. (1980) La prospection des vestiges préhistoriques en milieu proche-oriental: une douzaine d'années d'expériences géophysiques. *Paléorient* 6: 45–54.

Hesse, A. (dans ce volume) *La mesure de la résistivité (ou de la conductivité) électrique du sol en prospection archéologique.*

Hesse, A., Daignières, M., Fiches, J.-L., Tabbagh, J. (1992) Le quartier bas d'Ambrussum: essai de relecture d'une carte de prospection géophysique. *Revue d'Archéométrie* 16: 5–12.

Jones, B. (dans ce volume) *Aerial archaeology around the Mediterranean.*

Leveau, Ph. (dans ce volume) *Du site au réseau. Archéologie, géographie spatiale ou géographie historique.*

Marchisio, E., Pasquinucci, M., Pranzini, E., Vigna Guidi, G. (dans ce volume) *The Pisa territory project.*

Marcolongo, B. et Mascellani, M. (1978) Immagini da satellite e loro elaborazioni applicate alla individuazione del reticolato romano nella pianura veneta. *Archeologia Veneta* 1: 131–45.

Marcolongo, B. et Zaffanella, G.C. (1987) Evoluzione paleogeografica della pianura atesino-padana. Centro Ricerche Ambientali Athesia, Roma. *Athesia* 1: 31–67.

Marcolongo, B. et Barisano, E. (dans ce volume) *Télédétection et archéologie. Concepts fondamentaux, état de l'art et exemples.*

Martinaud, M. et Colmont, G. (1989) De la coopération entre partenaires pour les recherches géophysiques de structures archéologiques. Colloque G.M.P.C.A., Cité des Sciences et de l'Industrie de la Villette, Paris, 5–7 novembre 1989. *Bulletin de la Société Préhistorique Française* 86 (10–12) 301–8.

Maselli, F., Meazzini, D., Pranzini, E. (1988) Studio dell'evoluzione geomorphologica recente della pianura di Grosseto per mezzo di dati Landsat: problemi metodologici e risultati preliminari. *Atti del Secondo Convegno Nazionale 'Il Telerilevamento per la conoscenza e la salvaguarda delle aree da proteggere, terrestri e marine'. Associazione Italiana di Telerilevamento (A.I.T.), Bolzano, 9–11 novembre 1988.* Pisa: 211–26.

Meffre, J.-Cl. (1992) *Vaison et ses campagnes sous le Haut-Empire romain. Essai d'archéologie de l'espace.* Thèse de Doctorat nouveau régime, sous la direction de J.-P. Morel, dactylographiée, Université de Provence, Aix-en-Provence.

Millett, M. (dans ce volume) *The comparison of surface and stratified artefact assemblages.*

O'Brien, M.J., Beets, J.L., Warren, R.E., Hotrabhavananda, T., Barney, T.W., Voigt, E.E. (1982) Digital enhancement and grey-level slicing of aerial photographs: techniques for archaeological analysis of intrasite variability. *World Archaeology* (This issue: Photogrammetry/Miscellany) 14–2: 173–90.

Orejas, A. (1991) Arqueologia del paisaje: historia, problemas y perspectivas. *Archivo Espanol de Arqueologia* 64: 191–230.

Palmer, R. (1976) A method of transcribing archaeological sites from oblique aerial photographs to maps. *Journal of Archaeological Science* 3: 391–4.

Palmer, R. (1977) A computer method for transcribing information graphically from oblique aerial photographs to maps. *Journal of Archaeological Science* 4: 283–90.

Parodi, A., Raynaud, C., Roger, J.-M. (1987) La Vaunage du IIIe siècle au milieu du XIIe siècle. Habitat et occupation du sol. *Archéologie du Midi Médiéval* 4: 3–59.

Passelac, M. (1983) L'occupation des sols en Lauragais à l'Age du Fer et pendant la période gallo-romaine: acquis, problèmes et méthodes. *Le Lauragais. Histoire et archéologie.* Montpellier: 29–63.

Patella, D., Piro, S., Versino, L., Cammarano, F., Di Maio, R., Mauriello, P. (dans ce volume) *The IGAPS Project: Integrated geophysical acquisition and processing system for cultural heritage.*

Pérez, A. (1993) *Les cadastres antiques sur le littoral occidental de la Provincia. Essai de chronologie historique (IIe siècle av. J.-C. – IIe siècle ap. J.-C.). Contribution à l'étude de la politique coloniale romaine en Gaule Transalpine et Narbonnaise.* Thèse, Université de Montpellier III.

Périsset, M.-C. et Tabbagh, A. (1981) Interpretation of thermal prospection on bare soils. *Archaeometry* 23 (2): 169–87.

Piro, S. (dans ce volume) *Integration of high resolution georadar and geoelectrical methods: Detection of subsurface shallow bodies.*

Poncet, Y. (1985) Télédétection et archéologie à échelle régionale: une opération sur les données Landsat. *Revue d'Archéométrie* 9: 7–18.

Potter, T.W. (1975) Recenti ricerche in Etruria meridionale: problemi della transizione dal tardo antico all'alto medioevo. *Archeologia Medievale* 2: 215–36.

Potter, T.W. (1976) Valleys and settlement: some new evidence. *World Archaeology* 8 (2): 207–19.

Potter, T.W. (1979) *The changing landscape of South Etruria.* Paul Elek, London.

Potter, T.W. (1980) Villas in South Etruria: some comments and contexts. In K.S. Painter (dir.) *Roman villas in Italy.* British Museum Occasional Papers: 73–82.

Potter, T.W. (1982) Prospections en surface, théorie et pratique. In P.-A. Février et Ph. Leveau (dir.) *Villes et campagnes dans l'Empire romain.* Colloque de l'Université de Provence, Aix-en-Provence, 1980. Aix-en-Provence: 9–18.

Potter, T.W. (1986) Programme de prospection en Etrurie méridionale: Réflexions sur les méthodes et les techniques. Actes de la table ronde des 14 et 15 mai 1982: 'La prospection archéologique, Paysage et peuplement', Paris. *Documents d'Archéologie Française* 3: 139–43.

Potter, T.W. (1992) Reflection of twenty-five years' fieldwork in the Ager Faliscus. Approaches to landscape archaeology. In M. Bernardi (dir.) *Archeologia del Paesaggio.* Edizioni all'Insegna del Giglio, Firenze, 2: 637–66.

Ranieri, G., Salvi, D., Stefani, G. (1991) Possibilità di applicazione di metodi geofisici nelle ricerche archeologiche sull'acquedotto di Karales (Cagliari). Atti del seminario 'Geofisica per l'Archeologia'. Porano, 21–23 settembre 1988. Consiglio Nazionale delle Ricerche. Roma. *Quaderni dell'Istituto per le tecnologie applicate ai beni culturali* 1: 281–91.

Redman, C. (1987) Surface collection, sampling and research design: a retrospective. *American Antiquity* 52 (2): 249–65.

Redman, C. et Watson, P.J. (1970) Systematic intensive surface collection. *American Antiquity* 35: 279–91.

Regoli, E. et Terrenato, N. (1991) L'apporto della geofisica alla ricognizione archeologica: il caso della valle del Cecina. Atti del seminario 'Geofisica per l'Archeologia'. Porano, 21–23 settembre 1988. Consiglio Nazionale delle Ricerche. Roma. *Quaderni dell'Istituto per le tecnologie applicate ai beni culturali* 1: 293–6.

Renfrew, C. and Bahn, P. (1993) *Archaeology. Theories, Methods and Practice.* London.

Rimmington, J.N. (dans ce volume) *Soil geochemistry and artefact scatters in Boeotia, Greece.*

Roberto, C., Plambeck, J.A., Small, A.M. (1985) The chronology of the sites of the Roman period around San Giovanni: methods of analysis and conclusions. In S. Macready and F.H. Thompson (dir.) *Archaeological Field Survey in Britain and Abroad.* London, Society of Antiquaries Occasional Papers 6: 136–45.

Sabins, F.F. (1978) *Remote Sensing. Principles and Interpretation.* Freeman, San Francisco.

Saez-Fernandez, P. (1990) Estudio sobre una inscripcion catastral colindante con Lacimurga. *Habis* 21: 205–27.

Scollar, I. (1977) Image processing via computer in aerial archaeology. *Computer and the Humanities* 11 (6): 347–51.

Scollar, I. (1978) Computer image processing for archaeological air photographs. *World Archaeology* (This issue: Field Techniques and Research Design) 10 (1): 71–87.

Scollar, I., Tabbagh, A., Hesse, A., Herzog, I. (1990) *Archaeological prospecting and remote sensing.* Cambridge University Press, Cambridge, 2: 674 p.

Tabbagh, A. (1973) Essai sur les conditions d'application des mesures thermiques à la prospection archéologique. *Annales de Géophysique* 29: 179–88.

Tabbagh, A. (1977) Difficultés rencontrées dans la mise en œuvre de la prospection thermique aéroportée. *Revue d'Archéométrie* 1: 91–104.

Tabbagh, A. (1978) Thermal airborne prospection of the Lion-en-Beauce township. *Archaeophysika* 10: 700–9.

Tabbagh, A. (1983) Correction géométrique d'une image par un radiomètre à balayage embarqué. *Revue d'Archéométrie* 7.

Tabbagh, A. et Hesse, A. (1991) Thermal archaeological surveying: comment on research note by Noel and Bellerby. *Archaeometry* 33 (1): 119–20.

Tabbagh, J. (dans ce volume) *Filtrage numérique des données géophysiques.*

Talice, S. et Capraro, A. (1994) Il telerilevamento aereo per l'archeologia subacquea: un'applicazione nel golfo di Napoli. *Atti del Sesto Convegno Nazionale 'Il telerilevamento aerospaziale per l'ambiente e il territorio in Italia: dalla ricerca al servizio'. Associazione Italiana di Telerilevamento (A.I.T.), Roma, 1–4 marzo 1994.* Giardini, Pisa: 207–10.

Taylor, J. (dans ce volume) *Soil phosphate survey.*

Tolstoy, P. et Fish, S. (1975) Surface and subsurface evidence for community size at Coapexco, Mexico. *Journal of Field Archaeology* 2: 97–104.

Tonelli, A.M. (dans ce volume) *Metodi di telerilevamento in archeometria e nella diagnostica non invasiva.*

Trément, F. (1989) La Région des Etangs de Saint-Blaise: Pour une approche archéologique et paléo-écologique d'un milieu de vie. Colloque G.M.P.C.A., Cité des Sciences et de l'Industrie de la Villette, Paris, 5–7 novembre 1989. *Bulletin de la Société Préhistorique Française* 86 (10–12): 441–50.

Trément, F. (1999) *Archéologie d'un paysage: les étangs de Saint-Blaise (Bouches-du-Rhône).* Documents d'Archéologie Française 74, Paris.

Trément, F. (dir.) (en collaboration avec P. Clogg, P. Druelle, G. Ducomet, J.-P. Mariat, J. Taylor) (dans ce volume) *Expérience de croisement de méthodes de prospection sur le site des Girardes à Lapalud (Vaucluse, France).*

Trément, F. (1999a) L'intégration des méthodes de l'archéologie du paysage à l'échelle micro-régionale. In P. Leveau *et al.*, *Environmental Reconstruction in Mediterranean Landscape Archeology*. Oxbow. Oxford: 193–205.

Trément, F. (1999b) Prospection archéologique et démographie en Provence. Approche paléodémographique de la rive occidentale de l'Etang de Berre sur la longue durée. In J. Bintliff and K. Sbonias, *Reconstructing Past Population Trends in Mediterranean* Europe. Oxbow, Oxford: 93–113.

Trément, F. (1999c) Prospection et chronologie: De la quantification du temps au modèle de peuplement. Méthodes appliquées au secteur de Saint-Blaise (Bouches-du-Rhône). In R. Francovich and H. Patterson, *Extracting Meaning from Ploughsoil Assemblages*. Oxbow, Oxford: 77–91.

Vaquer, J. (dans ce volume) *Détection aérienne des camps néolithiques en Languedoc occidental*.

Vigliotti, R. (1990) Metodo sperimentale di applicazione della fotografia all'infrarosso per l'individuazione di cavità artificiali nel tufo. *Atti del Secondo Convegno Nazionale 'Il Telerilevamento per la conoscenza e la salvaguarda delle aree da proteggere, terrestri e marine'. Associazione Italiana di Telerilevamento (A.I.T.), Bolzano, 9–11 novembre 1988.* Giardini, Pisa: 257–67.

Weidelt, P. (dir.) (1989) Geophysikalische Messungen auf dem Ausgrabungsgelände von Lattes (Südfrankreich). Institut für Geophysik und Meteorologie der Technischen Universität Braunschweig. *GAMMA (Geophysikalische Arbeiten sowie Mitteilungen aus Meteorologie und Astrophysik)* 49: 70 p.

Wilkinson, T.J. (1982) The definition of ancient manured zones by means of extensive sherd-sampling techniques. *Journal of Field Archaeology* 9: 323–33.

Wilkinson, T.J. (1989) Extensive sherd scatters and land-use intensity: some recent results. *Journal of Field Archaeology* 16: 31–46.

Zadora-Rio, E. (1986) La prospection archéologique et l'évolution de la notion de site. Actes de la table ronde des 14 et 15 mai 1982: 'La prospection archéologique, Paysage et peuplement', Paris. *Documents d'Archéologie Française* 3: 11–3.

2. Télédétection et archéologie: concepts fondamentaux, état de l'art et exemples

Bruno Marcolongo and Emilio Barisano

INTRODUCTION

Parmi les méthodes d'investigation non destructives en archéologie, la contribution de la télédétection de plate-forme spatiale, depuis les années 70, à l'aube des premiers satellites d'observation de la terre (LANDSAT MSS), donne des éléments d'interprétation très pertinents tant dans l'étude des relations entre ressources naturelles, paléo-environnement et modèle de peuplement ancien, que dans l'identification des structures anthropiques du passé.

D'un point de vue conceptuel, l'approche méthodologique intégrée développée pendant la décennie successive, à laquelle les auteurs ont largement contribué par des travaux et publications scientifiques, n'a pas eu de véritable amélioration jusqu'à la disponibilité de données à plus hautes résolutions spatiales tel que SPOT, LANDSAT TM, SOYOUZ, IRS 1 et des Systèmes d'Information Géographique (SIG), au début des années 90. Ceux-ci ont permis de formaliser et d'optimiser les concepts définis auparavant au niveau théorique et d'approfondir soit la description des structures archéologiques individuelles, soit les analyses spatiales dans une perspective multitemporelle.

L'analyse environnementale de l'organisation spatiale et de l'évolution temporelle des paysages naturels et archéologiques est une des bases principales de toute stratégie de prospection sur le terrain et aussi d'interprétation des données archéologiques classiques.

Dans cette contribution les auteurs présenteront:

- une définition des concepts fondamentaux au niveau théorique et méthodologique;
- une évaluation de l'état de l'art dans ce domaine;
- une description succincte des techniques et méthodes de la télédétection (capteurs, traitements d'images, phases d'interprétation) et des SIG;
- une revue d'exemples concrets issus de leurs expériences illustrant les différents type d'approches et d'applications;
- une perspective future par rapport aux nouvelles technologies d'acquisition des données et de leur traitement numérique.

CONCEPTS FONDAMENTAUX DE LA TÉLÉDÉTECTION

On définit ici la télédétection comme l'ensemble des techniques et des méthodes permettant la description et l'analyse d''objets' ou de 'phénomènes' (interaction entre plusieurs 'objets') physiques ou biologiques de la surface et sub-surface terrestre par des mesures effectuées à distance, à partir de capteurs embarqués sur des plates-formes terrestres, aériennes (ballon, avion) ou spatiales (satellite, navette).

Par son caractère propre, la télédétection est une discipline 'intégrée' et 'interdisciplinaire'. D'une part, elle s'articule à travers différentes phases en cascade, telles que l'acquisition des données télédétectées, leur traitement tant analogique que numérique, le relevé des données de campagne pour l'établissement de la 'vérité terrain', l'interprétation des données sous forme d'images' et enfin le contrôle sur le terrain des 'clés d'interprétation'. D'autre part, elle met en évidence les liens propres et les rapports spécifiques de diverses sciences ou disciplines dans l'étude d'un même phénomène observé, comme par exemple le rapport entre géologie, géomorphologie et archéologie.

L'étude de reconnaissance des formes et des signatures spectrales des 'objets' peut être atteinte à travers des voies tant analogiques (photographique, optique, électronique) que numériques (digitalisation, analyses statistiques, traitements d'images informatisés). Du point de vue des concepts d'interprétation, les deux voies analogique et numérique peuvent être assimilées à deux approches bien distinctes. La première concerne surtout l'analyse des formes et donc des structures, en d'autre termes l'interprétation spatiale des formes; la seconde regarde essentiellement l'analyse des réponses spectrales, c'est à dire du comportement énergétique d'une surface quelconque. En particulier en ce qui concerne l'individualisation et la description des structures ensevelies naturelles autant qu'anthropiques, c'est surtout la première approche qui fournit les résultats les plus significatifs, essentiellement à travers l'interprétation morphologique et morphométrique des indicateurs de surfaces (humidité des sols, végétation, micro-relief) souvent expressions des structures profondes proprement dites.

Dans le cadre du processus interprétatif, caractérisé par des stades logiques d'analyse bien précis – individualisation, identification, classification et déduction – illustré par le diagramme de la Fig. 2.1 et constant pour tous les types d'images, il est nécessaire de privilégier le stade 'déductif' lié aux 'correspondances biunivoques' entre les 'apparences' des objets de surface et les 'anomalies' structurelles profondes. Pour atteindre cet objectif il est nécessaire de s'appuyer sur un échantillonnage de terrain dont la densité et la distribution est fonction tant de la complexité et de l'hétérogénéité des structures à interpréter que de l'échelle du modèle étudié.

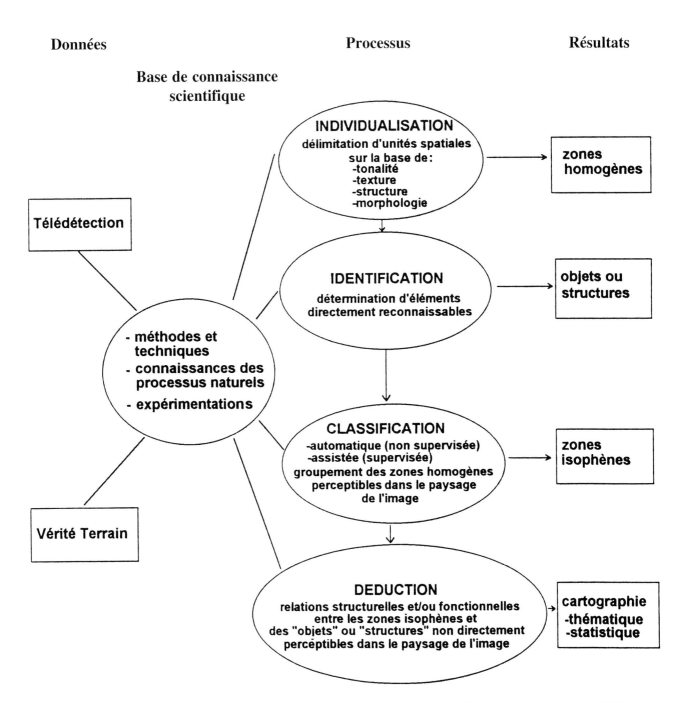

Fig. 2.1 : Schéma fonctionnel du processus interprétatif et de ses résultats (Marcolongo et Barisano, 1987).

APPROCHE THÉORIQUE DE L'APPLICATION DE LA TÉLÉDÉTECTION À L'ARCHÉOLOGIE

Le rapport entre archéologie et télédétection a commencé à s'articuler de façon plus précise avec l'apparition de nouveaux capteurs installés sur des plates-formes différentes et complémentaires d'un point de vue spectral des classiques photographies aériennes, élargissant par là le nombre de voies d'investigation. C'est aussi une évolution de la réflexion scientifique en ce qui concerne les intérêts des archéologues sur les témoignages du passé. En effet ces intérêts ne sont plus exprimés seulement par la recherche de l''objet' (un site archéologique par ex.) unique et beau à étudier pour lui-même mais plutôt et surtout par l'analyse et la compréhension de l''objet' en relation avec une certaine situation paléo-environnementale. C'est pour cette raison que l'on note la nécessité en recherche archéologique de déplacer l'intérêt vers le milieu naturel et les rapports mutuels avec les modèles de peuplement anciens, entendant par 'milieu naturel' tout le 'contenant' du témoignage du passé.

Cette position de l'archéologie spatiale ou pour le moins de certains de ses secteurs, et particulièrement de la préhistoire, trouve des réponses opératives dans la télédétection, qui fournit tant au niveau de l'acquisition des images qu'à celui des traitements et de l'interprétation des données des éléments permettant la reconstruction thématique paléo-géographique et l'évaluation des rapports spatio-temporels entre ressources, éléments du paysage ancien et sites anthropiques antiques.

Dans ce contexte, il faut souligner la nécessité de la cohérence temporelle entre données du milieu naturel et données archéologiques. Ceci implique que l'on doit toujours essayer de reconstruire la situation paléo-environnementale au moment de l'occupation ancienne concernée pour en comprendre leurs relations mutuelles. En effet la seule connaissance des éléments physiographiques actuels conduit à des interprétations totalement erronées, surtout en présence d'une évolution dynamique rapide du milieu naturel, comme par exemple dans toutes les zones de transition côtières et lagunaires, ainsi que dans de nombreuses plaines fluviales.

Le traitement et l'interprétation des données satellitaires permettent, dans une large mesure, de 'reconstruire' la situation paléo-environnementale à travers l'identification des formes paléo-hydrographiques et plus généralement l'analyse de l'évolution géomorphologique des formes du paysage (fluviales, lacustres, marines, éoliennes).

Sur la base de ces concepts fondamentaux on peut synthétiser en trois typologies principales les informations déductibles de l'imagerie satellitaire à des fins archéologiques:

- La première typologie se situe au niveau de la description des divers paramètres paléo-environnementaux; en particulier, leur évolution est mise en rapport avec la typologie et la distribution spatiale des sites archéologiques.

- La deuxième typologie est fondée sur l'identification et la description directe des grandes structures, même partiellement enfouies, plus ou moins complexes et étendues, par exemple les systèmes de 'cadastrations romaines' ou de division du territoire, les systèmes d'irrigation ou de canalisation, les grands complexes urbains, etc., qui sont fonction directement, en réalité, du pouvoir de 'résolution spatiale et spectrale' des données télédétectées.

- La troisième typologie concerne les modèles de prévision de l'existence de sites archéologiques sur la base de certaines situations paléo-environnementales en rapport avec la base de connaissances archéologiques de la zone concernée déjà acquise.

Naturellement, traitant en priorité d'éléments plus ou moins profonds, on doit souligner la nécessité, comme il a été mentionné plus haut, de pousser le processus interprétatif jusqu'à sa phase 'déductive', phase qui est fondée sur l'analyse des relations intercurrentes entre les aspects du paysage au sens large et les structures ensevelies associées par l'utilisation d''indicateurs' spécifiques de surface.

ÉTAT DE L'ART

L'utilisation au sens large des images télédétectées dans le domaine archéologique est déjà ancienne, remontant aux premières années du siècle, vers 1906; elle s'est affirmée progressivement à travers les recherches conduites par divers auteurs tels que MM. Poidebard, Crawford, Bradford, Baradez, Schmiedt et autres, en Europe surtout entre les deux guerres mondiales et dans les années 60 en France grâce MM. Agache, Chevalier, Guy, Goguey, Dassié et autres, qui ont pratiqué ce qu'il est convenu d'appeler 'l'archéologie aérienne'.[1]

La télédétection satellitaire proprement dite n'a été exploitée qu'à partir des années 73–75 avec l'avènement du satellite LANDSAT MSS (résolution spatiale linéaire de 80 m). A partir de cette date on peut classer l'évolution de ses applications en archéologie en trois phases principales: la première couvrant une période d'une dizaine d'années, la seconde commençant vers les années 84–86 avec le lancement des satellites LANDSAT TM et SPOT qui apportent des données avec une plus haute résolution spatiale et spectrale, respectivement de 30 m et de 20 m en multispectral ou 10 m en panchromatique; enfin une troisième période se concrétisant vers le début des années 90 avec d'une part la possibilité d'exploiter les données russes SOYOUZ à très haute résolution spatiale (MK4: 6 à 8 m; KFA1000: 5 m; KFA3000: 3 m) et indiennes (IRS 1A et 1B: 36 m), et d'autre part la disponibilité des Systèmes d'Information Géographique (SIG), permettant l'association de données géographiques et thématiques géo-codées avec des données alphanumériques.

Ces trois périodes correspondent approximativement à autant d'évolutions méthodologiques et applicatives liées à la technologie d'acquisition et au traitement des données télédétectées.

En effet on peut considérer qu'avec les données LANDSAT MSS de la première période on n'a pu en général qu'étudier les correspondances entre les unités isophènes[2] du paysage, surtout en zones de plaines alluviales, avec les unités physiographiques et géomorphologiques, permettant de reconstruire les éléments paléo-hydrographiques auxquels sont associés le plus souvent les sites archéologiques; on a pu également identifier de grandes structures agraires telles que les centuriations romaines ou de vastes systèmes d'irrigation.

La deuxième période, caractérisée surtout par l'augmentation de la résolution spatiale, qui atteint l'ordre de la dizaine de mètres (de 3 à 8 fois la résolution linéaire d'auparavant, c'est à dire de 9 à 64 fois celle de surface) a généré deux évolutions significatives dans les recherches géo-archéologiques:

- l'amélioration de la reconnaissance paléo-environnementale par une description plus fine de toutes les traces de morphogenèse fluviale, permettant une corrélation plus précise tant spatiale que temporelle avec les sites archéologiques concernés;
- une meilleure et plus fréquente identification directe de sites et de structures de taille plus réduite et leur description géométrique.

La troisième période, actuellement en cours de développement, est caractérisé par plusieurs éléments technologiques et méthodologiques:

- la disponibilité sur le marché scientifique occidental de données télédétectées avec une résolution spatiale encore plus détaillée de l'ordre de quelques mètres;
- la disponibilité de nouveaux capteurs dans le visible, comme ceux embarqués sur le satellite indien IRS-1, et dans les micro-ondes (radar) comme celui embarqué sur le satellite européen ERS-1, avec des résolutions spatiales d'une dizaine de mètres;
- l'affirmation de l'exploitation de nouveaux instruments d'analyse spatiale de données géo-codées concernant l'environnement tels que les Systèmes d'Information Géographique (SIG), qui favorise l'exploration des relations entre les éléments du milieu naturel, vus dans leur évolution temporelle, et les modèles de peuplement ancien.

DÉMARCHE MÉTHODOLOGIQUE D'UNE RECHERCHE INTÉGRÉE

Cette démarche méthodologique a été mise au point et exploitée depuis les années 80 par les auteurs. On en trouvera plus bas quelques exemples illustrant les différentes typologies qui viennent d'être décrites.

Le modèle d'analyse proposé permet, en suivant les diverses étapes, de développer une 'recherche type' de télédétection appliquée à l'archéologie. On met particulièrement en évidence dans cette démarche l'intégration avec les autres méthodes d'investigation et l'interdisciplinarité avec les autres disciplines ou sciences de la terre (géologie, géomorphologie, agronomie, géographie). La démarche, symbolisée par le schéma de la Fig. 2.2, souligne surtout le processus de corrélation interactif qui lie, sans solution de continuité, les données environnementales et archéologiques acquises à travers la télédétection et celles des investigations directes de la vérité au sol. Ce processus peut être aujourd'hui appliqué de manière fiable grâce à la puissance d'intégration des données géo-codées dans les Systèmes d'Informations Géographiques (SIG).

Cependant, on attire l'attention sur le fait que, malgré les facilités offertes par les SIG, il reste fondamental avant tout de réaliser sur la base des connaissances spécifiques la dernière phase de l'interprétation, qui est la phase déductive permettant d'extraire le maximum d'informations des images satellites. Dans le cadre de la reconnaissance des 'structures' archéologiques, la démarche est fondée sur le concept d'analyse intégrée mettant en relation les 'objets' individualisés avec les éléments paléo-environnementaux, ce qui permet ensuite de les identifier comme étant des 'objets archéologiques'.

A la fin du processus, il est proposé d'atteindre l'objectif opératif de la programmation des interventions archéologiques sur le terrain (prospections et fouilles), ceci grâce à l'application de modèles de prédiction de la présence de sites archéologiques dans un contexte donné.

TYPOLOGIE DES IMAGES TÉLÉDÉTECTÉES ET UTILISATIONS ARCHÉOLOGIQUES

En fonction de la plate-forme d'acquisition et donc de la résolution spatiale on distingue généralement trois types d'acquisitions télédétectées: les reprises terrestres, les reprises aériennes et les reprises spatiales. Leur exploitation archéologique répond essentiellement à l'échelle envisagée pour l'étude, soit une étude détaillée, soit au niveau local ou régional. On trouvera dans ces différents types d'acquisition des données semblables, elles différeront cependant dans leurs résolutions spatiales.

Les reprises terrestres

Dans les reprises terrestres, on distingue deux principaux types d'acquisition:

Les reprises photogrammétriques

Les reprises photogrammétriques sont effectuées sur support photographique, tant noir et blanc que couleur ou infrarouge fausse-couleur (IRFC). Elles sont réalisées soit à l'aide d'un appareil photographique sur trépied ou

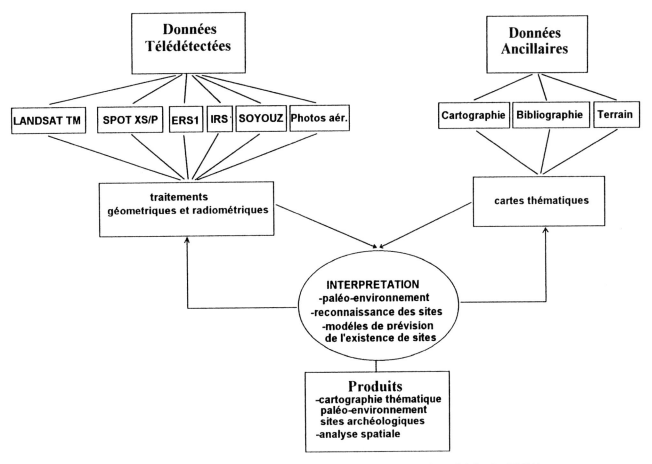

Fig. 2.2 : Système d'Information Géographique appliqué à l'Archéologie (SIGA).

photothéodolite, placé successivement en deux positions distinctes pour obtenir la stéréoscopie nécessaire à la restitution photogrammétrique, soit à l'aide d'une instrumentation spécifique possédant deux chambres photographiques (bicaméra) sur un même support.

Utilisation archéologique: ce type de photographie stéréoscopique permet la cartographie exacte des 'objets' (monuments ou 'coupe de terrain'), sur laquelle on peut superposer les données de la 'vérité-terrain', comme aussi d'autres données télédétectées (image thermographique par exemple), permettant une rigueur accrue de l'identification des 'clés d'interprétation'.

Les reprises à l'infrarouge thermographique

Les reprises à l'infrarouge thermographique dans des bandes spectrales spécifiques sont réalisées grâce à un type particulier de caméra de télévision ou par d'autres types de capteurs appelés radiomètres, sensibles à l'énergie calorifique émise. Elles fournissent des images thermiques appelées thermogrammes des surfaces analysées.

Utilisation archéologique: pour l'analyse d''objets', les thermogrammes permettent de diagnostiquer l'état de conservation, d'identifier les traces laissées par les vicissitudes du temps, de définir la structure et la

constitution de ces objets. On utilise ce type de reprise pour l'analyse de surface à des fins de prospection archéologique non destructive, permettant l'individualisation de structures discontinues dans le proche sous-sol pouvant être archéologiquement interprétées.

Les reprises aériennes

Dans les reprises aériennes, on distingue quatre principaux types d'acquisition:

Les reprises aérophotogrammétriques

Les reprises aérophotogrammétriques sont effectuées sur support photographique noir et blanc ou couleur. Leur principale caractéristique est la stéréoscopie, qui permet de restituer le relief ou de réaliser des orthophotoplans. L'échelle de ce type de document est généralement comprise entre 1:5000 et 1:30000 (parfois jusqu'au 1:60000), suivant la dimension des objets ou des structures à étudier.

Utilisation archéologique: en plus de leur exploitation topographique et cartographique on utilise ces clichés à des fins d'interprétation thématique. L'un des principes d'interprétation étant fondé sur la détection de micro-reliefs comme indicateurs de structures enfouies à faible profondeur, on recommande d'effectuer ce type de reprise dans des conditions d'éclairage rasant, pouvant être obtenues en début de matinée ou en fin de journée.

Les reprises à l'infrarouge fausse-couleur (IRFC) ou infrarouge photographique

Les reprises à l'infrarouge fausse-couleur ou infrarouge photographique (de 0,6 µm à 1,1 µm de longueur d'onde) sur support photographique sont également effectuées avec des méthodes photogrammétriques et donc avec des caractéristiques stéréoscopiques.

Utilisation archéologique: ce type de reprise est particulièrement indiqué pour la recherche archéologique; en effet, il permet de mieux identifier les variations phénologiques de la végétation, qui sont également un important indicateur de surface des structures enfouies. On privilégiera les reprises aux saisons du printemps et d'automne, qui ont la caractéristique d'avoir des conditions phénologiques particulières comme le stress ou la floraison ou bien encore la chute des feuilles.

Les reprises à l'infrarouge thermographique dans les 'fenêtres atmosphériques' du spectre électromagnétique (3–5 µm et 8–14 µm de longueur d'onde)

Elles sont effectuées à l'aide de scanners munis de détecteurs non photographiques de type photovoltaïque. Il est a noter que, quoique non stéréoscopique, la résolution spatiale de ces reprises est nettement inférieure à la résolution photographique.

Utilisation archéologique: les données obtenues par thermographie sont particulièrement indiquées pour l'analyse texturale, pour l'analyse de la distribution et de la variation du contenu d'humidité dans la zone insaturée du sous-sol, ces éléments étant des indicateurs fondamentaux dans l'interprétation archéologique. Tout comme pour l'infrarouge fausse-couleur, on recommande des reprises répétées pour obtenir des informations diachroniques permettant l'analyse de l'évolution des différents paramètres: végétation et humidité du sol particulièrement. On choisira des moments de reprise aux périodes d'abaissement et d'élévation maximum du niveau des aquifères, qui peuvent entraîner des interactions avec les structures enfouies recherchées, ainsi qu'aux périodes à contenu élevé d'humidité du sol après une période pluvieuse. On recommande également les reprises au début ou à la fin de la nuit, ou directement après le midi solaire, ce qui permet d'avoir les conditions maximales d'interaction calorifique des objets avec leur environnement immédiat.

Les reprises radar imageur

Les reprises radar imageur (entre 3 et 30 cm de longueur d'onde) sont fondées sur le principe d'enregistrement, sous forme d'image, de l''écho' radar. Pour réaliser ces images on émet un train d'ondes à partir d'une plate-forme aérienne, ce train d'ondes qui atteint la surface terrestre est rétrodiffusé et enregistré par une antenne réceptrice avec une intensité qui dépend, d'une part, de la rugosité de la surface et, d'autre part, du contenu en eau du sol. En effet, les longueurs d'ondes utilisées ont la particularité de pénétrer le sol et sont perturbées par la quantité de molécules d'eau rencontrées. La mesure de l'onde rétrodiffusée peut fournir des éléments sur le contenu hydrique de la couche superficielle du sol. Ce type de reprise est dit 'actif' et peut être réalisé même par temps nuageux.

Utilisation archéologique: l'application du radar imageur permet la déduction du micro-relief, de l'humidité du sol et l'identification, dans certain, cas, des éléments d'occupation du sol dont certains ont un intérêt comme indicateurs archéologiques.

Les reprises spatiales

L'évolution technologique de la télédétection spatiale à partir des satellites d'observation de la terre est liée à la technologie des systèmes de reprises multispectrales à balayage ou à barrette: les 'capteurs'. Cette technologie permet l'acquisition des données sous forme numérique, dans diverses bandes spectrales (non seulement le visible et l'infrarouge proche, qui est la limite des systèmes analogiques, mais aussi dans l'infrarouge thermique), multipliant ainsi les voies d'investigation.

Il est à signaler qu'à côté de ces vastes possibilités spectrales cette technologie a permis des résolutions spatiales linéaire de l'ordre de 80 m dans la première phase, mais celles-ci se sont améliorées sensiblement, car la deuxième génération de satellites assure des résolutions spatiales linéaire de l'ordre de 30 m pour LANDSAT TM dès 1984, de l'ordre de 10 m pour SPOT dès 1986 et de l'ordre de 25 m pour le satellite européen ERS-1 à radar imageur à partir de 1987. Depuis le début des années 90, on a accès aux données russes SOYOUZ qui peuvent fournir des images avec une résolution de 3 à 8 m, et aux données indiennes IRS-1 (résolution de 36 m).

La prochaine génération de satellites actuellement en construction ou à l'étude permettra d'avoir des données en panchromatique avec des résolutions de 1 à 5 m, et en multispectral de l'ordre de 10 m. Par ailleurs, la stéréoscopie sera très largement proposée et optimisée le long de la 'trace' du satellite.

A côté de l'aspect multispectral et de la résolution spatiale, il faut souligner les aspects concernant la surface de reprise et la répétitivité, qui sont liées au système satellitaire proprement dit. Ces caractéristiques marquent elles aussi une évolution technologique par rapport à la photographie aérienne verticale, qui du fait de sa mise en œuvre, est limitée le plus souvent a un seul passage, à une surface de reprise réduite (quelques kilomètres) et à des conditions climatologiques très strictes. En effet, par rapport à ces contraintes, les systèmes satellitaires ont une grande souplesse d'enregistrement des données, du fait de leur rotation continue autour du globe (ils survolent régulièrement et précisément une même zone) et ont une surface de reprise au sol de plusieurs dizaine de kilomètres d'amplitude.

Utilisation archéologique: voir les trois typologies principales présentées plus haut.

PRINCIPAUX TRAITEMENTS EN TÉLÉDÉTECTION ET S.I.G.

Les traitements analogiques photographiques

On réalise différents traitements à partir des données télédétectées, photographies aériennes ou images satellites, fournies sur films photographiques:

- Amélioration de contraste: expansion de l'intervalle de densités optiques dans lequel sont enregistrées les données, de manière à souligner les contrastes tonals (les zones en clair deviennent plus claires et les zones en foncé deviennent plus foncées).
- Composition fausse couleur: superposition de trois images, en film transparent, correspondant à trois bandes spectrales différentes d'une même zone. Ces trois images sont au préalable colorées chacune dans une des trois couleurs fondamentales. L'assemblage classique montre des teintes correspondant aux photos IRFC; par exemple l'image du canal MSS 4 sera colorée en jaune, celle du MSS 5 en magenta et celle du MSS 7 en cyan. On peut faire varier cet assemblage au gré des besoins. Sur cet assemblage, de mêmes affectations de sol apparaissent dans de mêmes teintes.
- Assemblage de bandes: on peut effectuer tous les assemblages que l'on peut imaginer entre différentes bandes, à travers la superposition de films positifs ou négatifs. Par exemple:
    Rapport: (bande rouge)/(bande infrarouge)
    Somme: [(bande rouge) + (bande infrarouge)]/2
    Soustraction: (bande rouge) – (bande infrarouge)
- Equidensité colorée: si sur une image on constate qu'un petit intervalle de densités correspond à une affectation du sol (par ex. forêts de conifères), on peut ne conserver que cet intervalle, en noir, toutes les autres informations étant supprimées, en blanc. On peut ensuite changer ce noir en une couleur conventionnelle (par exemple le bleu). On peut faire de même pour d'autres affectations et leur attribuer une couleur conventionnelle propre.

La superposition des différents documents fournit une image aux couleurs variées mais arbitraires et correspondant à une légende prédéterminée.

Les traitements numériques

On réalise ces différents traitements soit à partir de films photographiques préalablement digitalisés, soit directement à partir dé données originales numériques (bandes magnétiques ou disques informatiques).

Il existe quatre catégories principales de traitement d'images, suivant le stade d'élaboration souhaité:

- La correction d'image: permet de compenser les erreurs, les bruits et les distorsions introduits lors de la reprise par le système à balayage, lors de l'enregistrement ou bien encore lors de la transmission des données télédétectées.
- L'amélioration d'image (pré-traitements radiométriques): améliore la présentation visuelle des images pour l'interprétation, mettant en évidence leur contenu informatique.
- La correction géométrique (transformations géométriques): permet de mettre les images dans un repère cartographique spécifique dépendant de la zone géographique et superposable aux autres données cartographiques disponibles (géoréférence).
- L'extraction de l'information (traitements thématiques): permet à l'ordinateur, grâce à des tests de décision, de reconnaître et classer les pixels de l'image satellite sur la base de leur signature spectrale. Il existe deux classifications principales:
    - La classification par le maximum de vraisemblance: l'étude du terrain permet de déterminer des zones avec des caractéristiques d'affectation connues que l'on repère sur l'image et dont on détermine les caractéristiques spectrales (moyenne, écart type) dans chaque canal spectral. Ensuite l'ordinateur analyse chaque pixel pour le ranger dans une des classes ainsi déterminées;
    - L'analyse en composantes principales et regroupement: l'ordinateur concentre l'information des différentes bandes spectrales en composantes dont on conserve les deux plus significatives. Après, il détermine des classes représentant des variations de fréquence en même temps dans les deux composantes.

Les Systèmes d'Information Géographique (SIG)

Les Systèmes d'Information Géographique (SIG) sont des systèmes numériques normalisés de saisie d'information cartographique pour la constitution et la gestion de banques de données localisées (géo-codées), complémentaires aux systèmes de télédétection, permettant

- la disponibilité et la mise à jour de l'information environnementale;
- la réponse aux difficultés d'analyse multicritère des données télédétectées et cartographiques, dont le nombre de variables prises an compte et la complexité des relations nécessitent une aide informatique;
- la choix de stratégies de perception du milieu sans contraintes d'échelle;
- les analyses spatiales multicritères et de relation entre données cartographiques et factuelles;
- les traitements cartographiques et graphiques élaborés, tel que les visualisations en trois dimensions (3D).

EXEMPLES D'APPLICATIONS

Paléo-environnement,
distribution et typologies des sites:

Geomorphological and paleoenvironmental observations
related to ancient settlement patterns in the Murghab's
delta and surrounding areas
(B. Marcolongo, with the contribution of P. Mozzi)
This study shows the principal geomorphological features
of the Murghab's inner delta and surroundings (Southern
Turkmenistan), taking aim at a comprehensive
reconstruction of the paleoenvironmental evolution during
Holocene time correlated with ancient settlement patterns.

To recognize landscape forms and to understand
morphogenetic processes behind them in a relatively wide
area at present mostly desertic, various remote sensing
images have been utilized, complementary both for the
spectral characteristics and for the geometrical resolution
(LANDSAT MSS, SPOT, SOYOUZ and panchromatic
aerial photos); their whole interpretation allowed
correlation and expansion of the field observations, carried
out during two surveys in September-October 1990–91,
with a further insertion of these data in a coherent frame
of morphostructural units subjected to specific
morphogenetic processes (fluvial, pluvial, eolian and
neotectonic ones).

Particularly SOYOUZ KFA1000 cosmic photos not
only permitted the acquisition of important thematic
elements (paleoriver beds, dune systems, etc.) but they
also acted, thanks to their high linear resolution (nominal
5 m, real up to 1,8 m), as a geometric support for the
detailed plotting made in the ambit of the survey's activity
of the Italian-Russian Archaeological Mission (Fig. 2.3).

From the distribution pattern of relict meanders and
paleo-channels it has been possible to recognize a Holocene
westward shifting of the whole divergent drainage system
both in Murghab's and Tedzhen's deltas, likely caused by
neotectonic movements (a fault block on the left side of
Amu Dar'ya tilting towards the Turcoman Trough) (Fig.
2.4). Moreover the eolian forms, either relict or active,
testify the existence of two dry phases superimposed to the
long neotectonic trend, divided by a period of wetter climate
lasted at least for the entire II millennium B.C.

Finally, the archaeological sites pattern reveals a tight
correlation with geomorphological units and some of their
specific forms:

- all the Neolithic sites lie on the edges of the great
  morphostructural unit called 'Turcoman trough',
  either Southward on the gently sloping 'glacis' or
  paleoplain strips, or Northward along the Amu Dar'ya
  ancient paleocourse;
- the Chalcolithic sites are almost exclusively localized
  on the 'glacis' and in the Tedzhen paleodelta;
- the Bronze Age sites are prevalently found in the outer
  sectors of the deltaic system of Murghab and on the
  analogy, maybe, of Tedzhen.

From the above considerations arise a comprehensive
settling model shaped in concentric bands of human
occupation, which shifted through the times in centripetal
way from the external belts out of Murghab's delta towards
the core of Merv's oasis (Fig. 2.5).

Modèle de prévision de présence
des sites archéologiques:

Le peuplement pré- et protohistorique du système fluviatile
fossile du Jawf-Hadramawt au Yémen d'après
l'interprétation d'images satellite, de photographies
aériennes et de prospections
(S. Cleuziou, M.-L. Inizan, B. Marcolongo)

Cette recherche reprend et élabore les résultats de
prospections archéologiques et géomorphologiques
effectuées au Yémen en 1988, 1990 et 1992 dans deux
systèmes fluviatiles actuellement indépendants, le Wadi
al-Jawf et le Wadi Hadramawt séparés par la dépression
désertique du Ramlat as-Sab'atayn. Elle a permis de
repérer une occupation paléolithique, de nombreux sites
de surface néolithiques et des villages de l'Age du Bronze.
Les données ont été confrontées aux rares données
archéologiques déjà connues pour l'Arabie du sud et à
l'interprétation d'images satellitaires (LANDSAT TM,
SPOT XS et P), de photographies aériennes et de relevés
de terrain.

Cette   interprétation   physiographique   et
géomorphologique conduit à reconnaître et à traduire avec
précision sur le plan cartographique un réseau complexe
de paléo-cours principaux et secondaires qui souligne
l'existence, lors d'épisodes humides et certainement à
l'Holocène moyen, d'un système hydrographique unique
Jawf-Hadramawt couvrant tout le Yémen intérieur (Figs.
2.6–7). L'unité géographique ainsi mise en évidence
fournit un cadre de recherche cohérent pour orienter ou
guider la reconnaissance archéologique sur le terrain,
étudier l'évolution du peuplement de la région depuis la
préhistoire et enfin pour comprendre la genèse des cultures
urbaines de l'époque sud-arabique.

Exploitation de SIG en archéologie:

Tell Mozan in its geomorphological content
(B. Marcolongo, F. Vangelista)
Resuming and developing the preliminary observations
carried out during the survey mission on the spot in June
1990, this work presents a study of geomorphological and
palaeo-environmental nature in the area around Tell
Mozan (Syria), mainly led by remote sensing data
integrated in a Geographical Information System.

The main aims are description of the environment and
its late-Quaternary evolution in terms of existing natural
resources on the one hand, and comprehension of the
relationships between archaeological site location and
resources themselves on the other one.

Fig. 2.3 : Merv Oasis SOYUZ KFA1000 digitalized image.

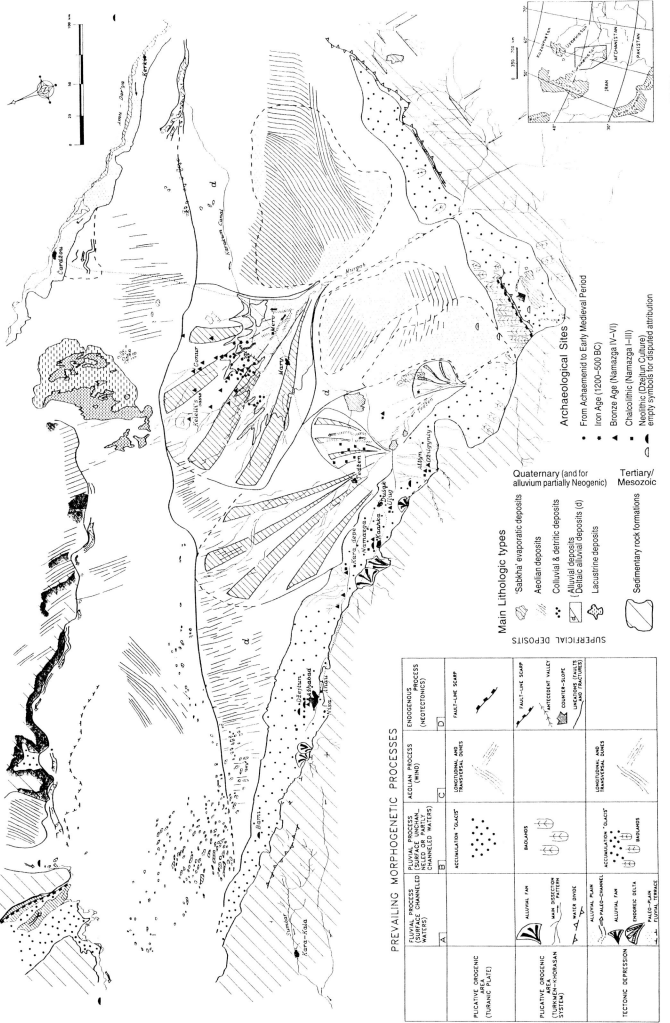

Fig. 2.4 : Geomorphological map of the Murgab's and surrounding areas, from satellite interpretation and ground survey (Marcolongo and Mozzi, 1992).

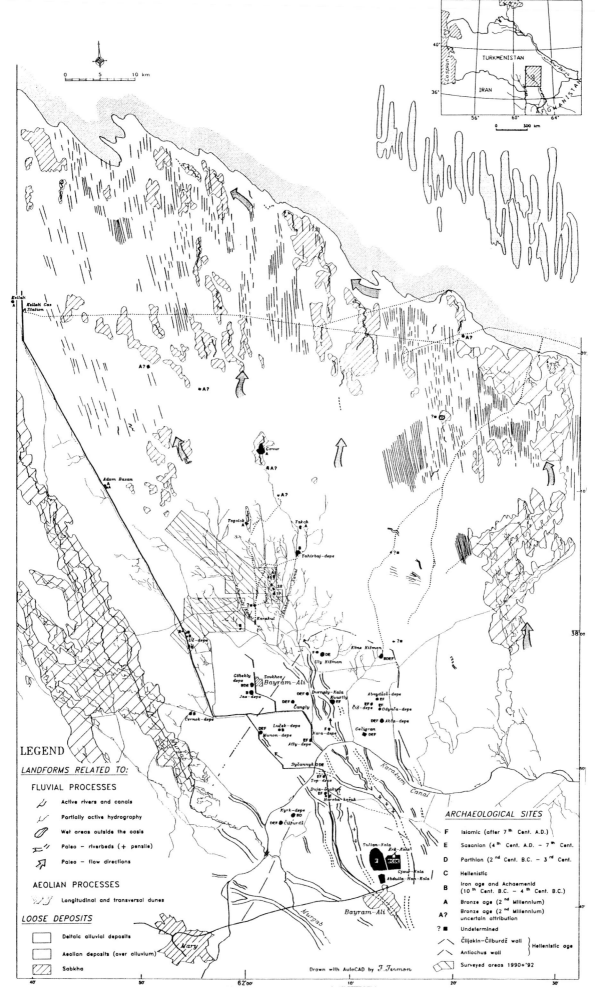

Fig. 2.5 : Holocene paleoenvironmental evolution and ancient settlement patterns in the Merv Oasis, from SOYUZ,
SPOT, aerial photos and ground survey (Marcolongo and Mozzi, 1992).

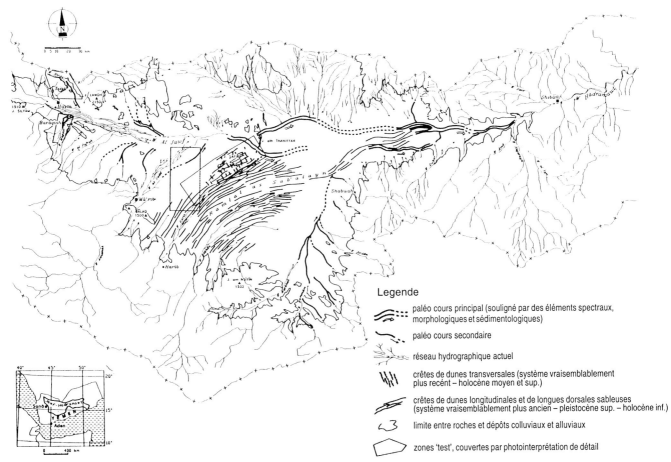

Legende

〜⁓··· paléo cours principal (souligné par des éléments spectraux, morphologiques et sédimentologiques)

〜⁓·· paléo cours secondaire

≈≋ réseau hydrographique actuel

\|\|\| crêtes de dunes transversales (système vraisemblablement plus recént – holocène moyen et sup.)

≈ crêtes de dunes longitudinales et de longues dorsales sableuses (système vraisemblablement plus ancien – pleistocène sup. – holocène inf.)

↙〉 limite entre roches et dépôts colluviaux et alluviaux

▱ zones 'test', couvertes par photointerprétation de détail

Fig. 2.6 : Paléohydrographie du système fluviatile Jawf-Hadramawt au Yémen d'après l'interprétation intégrée de photographies cosmiques SOYOUZ, de photographies aériennes et de prospections.

In order to develop the research, three bands of a SPOT 1 XS image, dated August 13th 1988 and covering the interested zone, were aquired. After having been digitalized by a high resolution scanner, these images were georeferred to topographic grid and treated with various techniques by means of GIS software ('IDRISI').

Particularly, having to recognize and analize influences of availability of some resources, such as fertile soil suitable for agricultural uses, nearness to water-courses and deph of ground-water table from the surface, compared with past models of settlement, with particular care to Tell Mozan, one believed necessary to produce these thematic maps, ordered following methodological steps (Figs. 2.8–10):

- late-Quaternary paleo-hydrographic map, deriving from image interpretation;
- map of land use, from image supervised classification;
- geolithological map with parent materials and 'texture' of derived soils;
- map of ground-water table depth;
- map of the main ancient sites, placed on SPOT XS image false color composite;
- map of the most fitting areas settlements, in relation to natural resources availability.

The compared analysis of all these elements could point out close connections and strong interdependences among models of past settling down, landforms and natural resources; location of Tell Mozan on the border of a wide strip of land is to be considered most proper by the contextual presence of conspicuous shallow ground water resources and fertile soil suitable for agricultural use. Last but no means least, it is not to forget the nearness to palaeoriver-bed strip, likely of middle-Holocene and later age, of Tell-Mozan and many other neighbouring 'tells'; it surely represented a further and important source of water supply for the ancient sites even during dry periods.

COMMENTAIRES ET RECOMMANDATIONS

En conclusion de ce panorama sur l'utilisation de la télédétection en archéologie, il nous semble important de souligner le peu de diffusion et d'application de ces techniques dans le milieu archéologique depuis une dizaine d'année.

Les raisons objectives de ce 'cantonnement' sont difficiles à établir et l'on propose que cette question soit

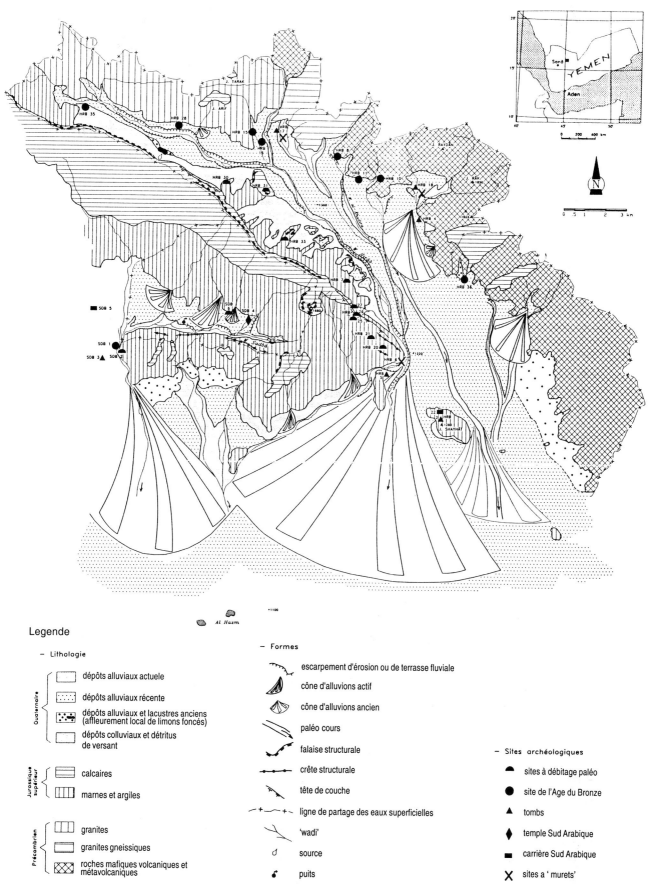

Fig. 2.7 : Géomorphologie et peuplement ancien des bassins versants de W. Hirâb et W. Sadbâ (Marcolongo and Surian, 1992).

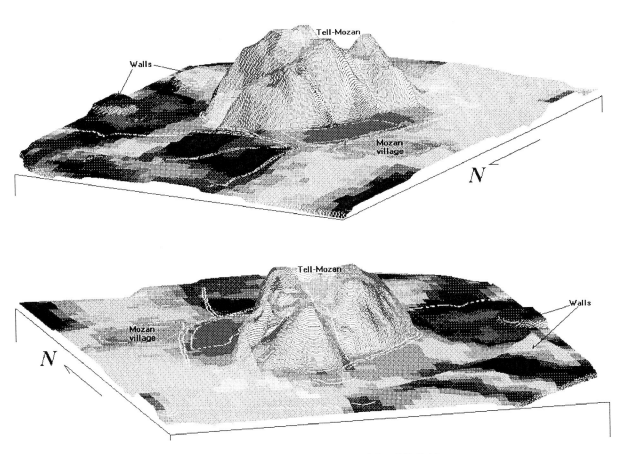

Fig. 2.8 : Digital Elevation Models of Tell-Mozan.

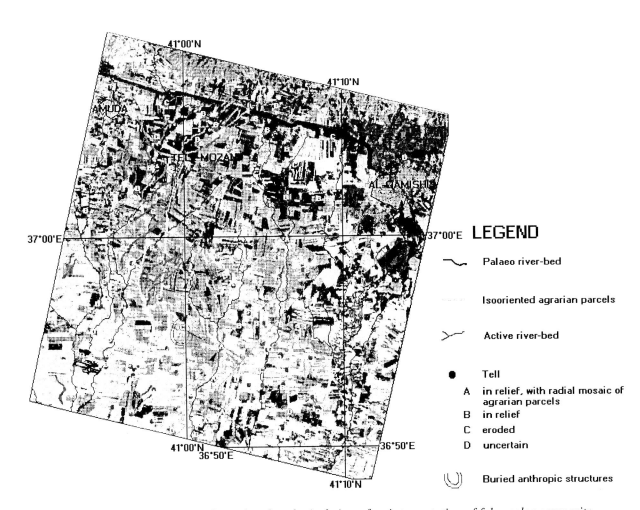

LEGEND

⌇ Palaeo river-bed

    Isooriented agrarian parcels

⌇ Active river-bed

● Tell

A in relief, with radial mosaic of agrarian parcels

B in relief

C eroded

D uncertain

⊍ Buried anthropic structures

Fig. 2.9 : Palaeohydrography and archaeological sites after interpretation of false color composite.

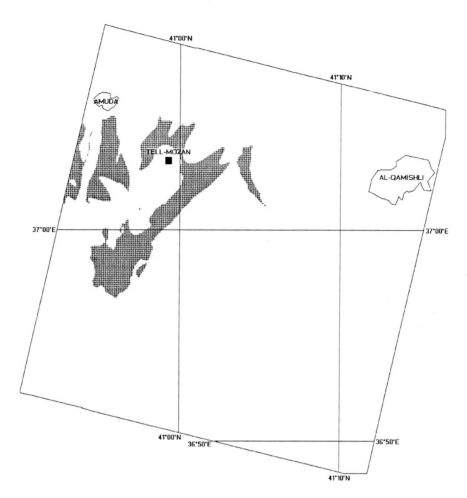

Fig. 2.10 : Concomitance (boolean intersection) of natural resources supporting settlements : • groundwater table less than 10 m; • suitable soil texture for agriculture; • distance from palaeoriver-beds less than 5 km

débattue entre collègues archéologues et spécialistes de la télédétection lors de ce colloque.

Néanmoins, nous proposons les pistes de réflexion suivantes:

- problèmes au niveau de l'information et de la formation des archéologues sur ces méthodes et techniques;
- difficultés, au niveau de l'acceptation par les archéologues 'classiques', de collaborer avec des disciplines scientifiques spécifiques;
- problèmes au niveau des institutions officielles (comités scientifiques des laboratoires, etc.), qui se traduisent souvent dans la difficulté de justifier et faire accepter l'exploitation de données si éloignées du domaine de référence propre (conservatisme au niveau des organes institutionnels de la recherche archéologique).

Pour contribuer à l'évolution de cette situation, il est recommandé:

- au niveau des cours universitaires d'archéologie (en

particulier pré- et protohistorique), d'introduire très rapidement des éléments d'information et de formation sur la télédétection, concernant surtout les traitements, le processus interprétatif et les GIS;
- au niveau européen, de lancer des formations spécifiques et pratiques soutenues dans le temps et reconnues au niveau des diplômes nationaux;
- au niveau européen, de lancer des projets communs démonstratifs pouvant étayer les formations pratiques et diffuser largement les informations.

NOTES

1   L'*archéologie aérienne* est définie comme une méthode de prospection utilisant les moyens aéronautiques et photographiques généralement en vues obliques, pour détecter et enregistrer des sites présumés archéologiques. Il n'y a pas de photographie systématique du terrain mais le site est photographié parce qu'il est repéré à l'œil nu.

2   L'*unité isophène* est une unité spatiale du paysage caractérisée par des paramètres physiques constants qui se

traduisent sur les images par des textures et des tonalités homogènes. En anglais, Mc Phail a établi en 1972 le terme *photomorphic area*.

BIBLIOGRAPHIE

Barisano, E. (1984) Methodological research in connection with the handling of Landsat satellite data for Archaeology. *Proc. Integrated approaches in Remote Sensing, ESA*, Guildford, UK.

Barisano, E., Bartholomé, E., Marcolongo, B. (1984) *Télédétection et archéologie: interprétation intégrée de données télédétectées – HCMM, LANDSAT, photo aériennes – corrélées avec des aspects physiographiques et archéologiques dans la plaine vénitienne*. Notes et Monographies Techniques 14, CNRS, Paris.

Barisano, E., Helly, B. (1985) Remote sensing and archaeological research in Thessaly (Greece): new prospects in archaeological landscape. *Proc. of Earsel/ESA Symposium on 'European remote sensing opportunities'*, Strasbourg.

Barisano, E., Bartholomé, E. (1987) *Photographic processing applied to satellite imagery*. PACT' 16, Paris.

Barisano, E., Bartholomé, E. (1988) *Traitements analogiques photographiques appliqués aux données télédétectées: amélioration de contraste et compositions colorées, exemples archéologiques*. Notes et Monographies Techniques 18, CNRS, Paris.

Barisano, E., Bartholomé, E., Marcolongo, B. (1988) *Interprétation intégrée d'image du satellite LANDSAT et de photos aériennes verticales pour la déduction de paramètres physiographiques et archéologiques (Vallée de l'Adige, Italie du Nord)*. Notes et Monographies Techniques 18, CNRS, Paris.

Barisano, E., Helly, B. (1988) *Archéologie et télédétection: les raisons d'une coopération*. Notes et Monographies Techniques 18, CNRS, Paris.

Bonetta-Lombardi, R., Marcolongo, B. (1981) Fotointerpretazione archeologico-ambientale della laguna di Torcello e zone limitrofe. *Rivista di Archeologia* 5, G. Bretschneider ed., Roma.

Charraut, D., Chouquer, G., Favory, F. (1994) Photographie aérienne: traitement numérique de l'image. *Archéologia* 307.

Charraut, D., Favory, F. (1993) De la carte topographique à l'analyse d'images: méthodologie de l'identification des limitations antiques. *Revue Archéologique de Narbonnaise* 26.

Cleuziou, S., Inizan, M.-L., Marcolongo, M. (1992) Le peuplement pré- et protohistorique du système fluviatile fossile du Jawf-Hadramawy au Yémen (d'après l'interprétation d'images satellite, de photographies aériennes et de prospections). *Paléorient* 18/2, Paris.

Favory, F., Girardot, J.-J., Van der Leeuw, S.E., Tourneux, F.-P.,

Verhagen, P. (1994) L'habitat rural romain en basse vallée du Rhône. De l'utilisation de la télédétection et des SIG en archéologie. *Les Nouvelles de l'Archéologie* 57.

Limp, W.F. (1989) *The use of multispectral Digital Imagery in Archaeological Investigations*. Final Report prepared by the Arkansas Archaeological Survey, under U.S. Corps of Engineers, Southwestern Division, Dallas, Contract DACW 63–84-C-0149.

Marcolongo, M., Mascellani, M. (1977) Satellite images and their treatments applied to the identification of the 'Roman Reticulum' in the venetian plain. *Proc. of the '36th Photogrammetric Week' at Stuttgart University*. Stuttgart.

Marcolongo, M., Mascellani, M. (1978) Immagini da satellite e loro elaborazioni applicate alla individuazione del reticolato romano nella pianura veneta. *Archeologia Veneta* 1, Soc. Archeologica Veneta, Padova.

Marcolongo, M. (1982) *Applicazioni dell'infrarosso fotografico e termico a Idrogeologia e Archeologia*. 1° Corso di Telerilevamento su 'Uso dell'Infrarosso Fotografico e Termico', S.I.Te (Soc. It. Telerilevamento), Milano.

Marcolongo, M., Palmieri, A.M. (1983) Environment, water supply and cultural development at Arslantepe (Malatya, Turkey). *Origini* 12, II parte, Roma.

Marcolongo, M. (1987) *Natural resources and palaeoenvironment in the Tadrart Acacus (Libya): the non climatic factors determining human occupation*. BAR International Series 368, Oxford.

Marcolongo, M. (1988) *Esempi di impiego di immagini da satellite a scopi archeologici. Contenuto semantico delle informazioni ottenute da satellite nelle ricerche archeologiche*. Notes et Monographies Techniques 18, 'Télédétection et Archéologie', CNRS, Paris.

Marcolongo, M., Palmieri, A.M. (1989) Palaeoenvironment and Settlement Pattern of the Tihamah Coastal Plain (Yemen Arab Republic). *Proc. of the 28th Int. Geological Congress, Symposium E 20-Archaeological Geology*, Washington.

Marcolongo, M., Palmieri, A.M. (1992) Paleo-environmental aspects in the Çayonu area. *Proc. of '8th Arkeometri Sonuçlari Toplantisi'*, Ankara.

Piccarretta, F. (1987) Manuale di fotografia aerea. Uso Archeologico. In Bretschneider (ed.) *L'Erma*. Roma.

Scollar, I., Tabbagh, A., Hesse, A., Herzog, I. (1990) *Archaeological Prospecting and Remote Sensing*. Cambridge University Press, Cambridge.

Spoerry, P. (ed.) (1992) *Geoprospection in the Archaeological Landscape*. Oxbow Monograph 18, Oxbow Books, Oxford.

Wilson, D.R. (1982) *Air Photointerpretation for Archaeologists*. BT Batsford Ltd., London.

3. Environmental studies through active and passive airborne remote sensing systems

R. M. Cavalli, C. M. Marino, S. Pignatti

INTRODUCTION

The LARA Project activity, started in the second half of the 1991, is devoted to pursue various aims, between them the principal is to create a support activity in the airborne remote sensing advanced research. To achieve this goal the LARA Project acquired a remote sensing hyperspectral scanner MIVIS AA5000 provided with a data processing ground station MIDAS (Multispectral Interactive Data processing and Analysis System) located, close to Rome, in the town of Pomezia. The other LARA Project objectives are to: coagulate, within the National Research Council of Italy, remote sensing campaign focused on environmental application by using the multi-thematic resources of the Project; place the Project at a level of excellence in the international research community allowing to the CNR a presence of guide, or at least, paritectic in the major international projects; promote and conduct data acquisition campaign on areas of particular interest by means of various airborne instrumentations.

Since 1992 the LARA Project has been promoting and conducting different campaigns using active and passive remote sensing systems.

In 1992, in fact, the Project performed the 'Southern Italy Demonstration of Remote Sensing Application' (SIDERA) programme, with a Synthetic Aperture Radar, and carried on this deployment with the MIVIS (passive remote sensing system) '1994 Sicily Campaign'.

SIDERA PROGRAMME

In September 1992 the INTERA Technologies, leader company in the passive remote sensing sector, carry out for the LARA Project the SIDERA programme by means of SAR instrumentation installed on board a Cesna Conquest C441 (Fig. 3.1).

The electromagnetic data has been acquired with a SAR sensor at a ground resolution of 6x6 m using the X band (3 cm). The selected ground resolution of 6 m has been chosen to allow the integration of the SAR data set with other geophysical and aereomagnetic and airborne surveys allowing the extraction of accurate information on the superficial and sub-superficial element of the territory and the environment.

Fig. 3.1 : Cesna Conquest (C441).

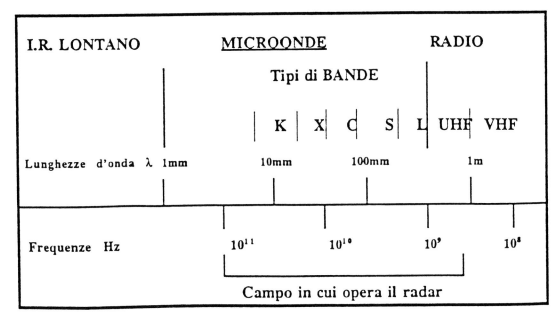

Fig. 3.2 : Radar wavelengths and frequencies.

RADAR – SAR SYSTEM CHARACTERISTIC

In the radar system the antenna illuminates the terrain with an artificial source of electromagnetic energy and detects the energy returning (active remote sensing system). This type of system is defined 'active' in contrary to the 'passive' optic system that detects the naturally available energy from the scene.

The radar sensor operates in the radio and microwave bands of the electromagnetic spectrum ranging from 0,83 cm to 133 cm (Fig. 3.2).

The SAR (Synthetic Aperture Radar) system employs a small directionable antenna that transmits a relatively broad beam. From the SAR system it is possible obtain high azimuth resolution data that can be compared with the resolution of a Real Aperture Radar system (big antenna to produce a narrow angular beam). For these reasons the development of SAR systems has made possible the acquisition of radar images from orbital and airborne platforms.

As mentioned before, the radar system provides its own source of energy, the same antenna transmits the EM pulse and receives the return from terrain.

The intensity of the return beam is a function of the radar system properties and terrain properties.

The radar system characteristics that must be known to interpretate the radar images are: wavelength, depression angle and polarization.

The depression angle is the angle between a horizontal plane and a beam from the antenna to the ground (Fig. 3.3).

The electrical field vector of the transmitted energy pulse may be polarized in either the vertical or horizontal plane. The energy returning from terrain to the antenna

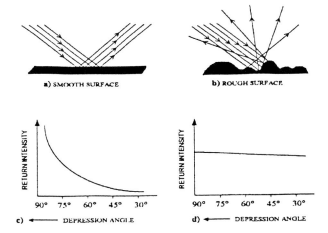

Fig. 3.3 : Smooth surface with specular reflection (a) and rough surface with diffuse scattering (b) and radar return from smooth (c) and rough surfaces (d) as a function of depression angle.

usually has the same polarization as transmitted pulse. Sometimes it can happen that a portion of the returning energy has been depolarized by the terrain surface and vibrates in various directions. The mechanisms responsible for depolarization are not definitely known, but the most accepted theory attributes these phenomena to multiple beam reflections at the surface.

The incident beam interacts with the terrain in function of the dielectric property, the surface roughness and the features orientation of the terrain.

The dielectric property of the terrain is largely determined by water content. Wet soil, for example, will have a high dielectric constant and high backscatter, while dry

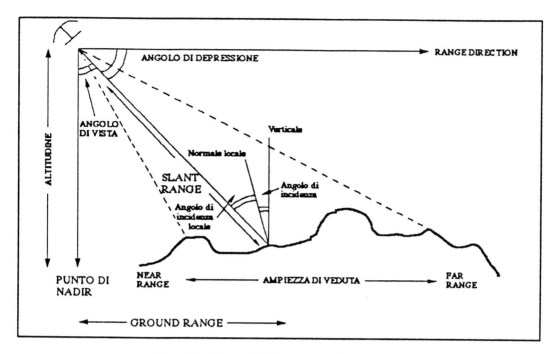

Fig. 3.4 : Schematic illustration of an airborne radar.

sand will have a low dielectric constant and a lower backscatter.

The surface roughness of the terrain strongly influences the intensity of radar return. Smooth surfaces produce a modest backscatter while rough surfaces backscatter more energy depending upon their surface roughness.

The feature orientation represents the angle of the surface to the incident radar beam. Backscatter radiation will be high from those surfaces at right angles to the beam and vice versa (Fig. 3.4).

SIDERA MISSION CHARACTERISTICS

The SIDERA program takes place with two missions of five hours each. Each flight has been executed at an altitude variable between 27000 and 29000 feet over the Sicily and Calabria regions (southern Italy).

All the calibrated radar digital data have been geocoded and mosaiced using the Digital Terrain Model produced on the official 1:100.000 IGM (Italian Military Geographic Institute) maps.

To obtain a high level of accuracy in the positioning of each pixel on the ground the mission planning was scheduled to have the maximum number of satellites available for the GPS acquisition in order to obtain, by a post-processing calibration of the GPS position data (differential GPS), an accuracy of 2 meters. The ground resolution selection, and the sophisticated data calibration and the geocoding applied to the data of the SIDERA make the SAR images produced extremely useful for tectonic and geomorphologic studies.

In particular the SIDERA images can successfully be used for the detection of non consolidated material in high stressed tectonic region, for the outline local depression and erosion areas, to highlight land slides structure on the territory, to map offsets in lithostratigraphic unit, geologic structure, characterisation of crops and forested areas, etc..

It appears evident that the detection of lineaments and structures on the territory, by using images in which there is a strong interaction with the superficial and sub-superficial materials, can be undoubtedly useful for archaeological studies.

In Fig. 3.5 is shown the SAR image of the Selinunte area. The study of the SAR picture allows a precise analysis and description of the morphological elements of the site. From this image it can be noticed that the archaeological site was built over a marine terrace limited by two rivers that probably assured a good defence to the site. Analysing grey tones of the image, the presence of soil materials with an equal water content (excluding the river beds materials) can be identified. The lighter zones represent soils with a higher water content or coarse sand.

THE MIVIS SCANNER:
A PASSIVE REMOTE SENSING SYSTEM

Since 1994 Project LARA by means of a CASA-212 aircraft (Fig. 3.6) carrying the Daedalus AA5000 MIVIS (Multispectral InfraRed and Visible Imaging Spectrometer) can perform on national and European sites and data acquisition campaigns.

MIVIS is a sensor with 4 spectrometers, that

Fig. 3.5 : SIDERA image of the IGM 1:100,000 map n.266 with included the Selinunte archaeological site.

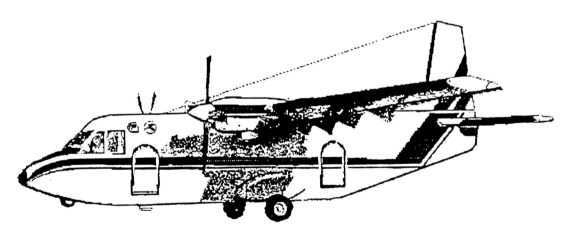

Fig. 3.6 : The CASA C 212/200.

simultaneously sampled and recorded 102 spectral bands. It is designed to collect the reflected radiation from the earth's surface in the Visible (20 channels from 0.43 – 0.83 μm), Near-IR (8 channels from 1.15 – 1.55 μm), Mid-IR (64 channels from 1.985 – 2.479 μm), and the emitted Thermal-IR from the earth (10 channels from 8.21 – 12.7 μm). The 102 MIVIS's channels spectral bandwidths are chosen to meet the needs of scientific research for advanced application of remote sensing data. In such configuration MIVIS can offer significant contributions to problems solving in wide sectors such as archaeology, geologic exploration, agricultural crop studies, land use mapping, hydrogeology, oceanography and others.

Bands #	Lower edge μm	Upper edge μm	Bandwidth μm
1–20	0.43	0.83	0.02
21–28	1.15	1.55	0.05
29–92	1.983	2.478	0.009
93–102	8.18	12.7	0.34–0.54

The MIVIS technical characteristics are:

- 102 spectral bands: simultaneously sampled and recorded
- Two built-in reference sources thermally controlled in the range 15°C below and 45°C above ambient temperature.
- Spatial registration of all spectral bands due to a common field stop optical design (2.0 mrad IFOV).
- Digitized Field of View (FOV): 71.059°.
- Scan rotational speeds: 25, 16.7, 12.5, 8.3 and 6.25 scans/sec.
- Thermally compensated optical-mechanical design.
- Pixels per scan line: 755.
- Computer aided data quality check for all 102 channels in real time.
- Data digitalization at 12 bits.
- Large dynamic range: 1200°C maximum scene temperature.

- Computer interfaced data recording system. VHS cassette media (10.2 Gbytes capacity).
- Built-in aircraft Position and Attitude Sensor (PAS) using a GPS receiver; a roll/pitch gyro and a flux gate compass for aircraft heading sensor. Real time aircraft roll correction (15°).
- Simple operator interface using a touch screen display and menu system.
- Built-in system monitors: Moving Window image on CRT, and oscilloscope.

The complete scanner system consists of an electro-optical sensor assembly (Scan Head/Spectrometer) and four electronics chassis (Moving Window Display and Monitor, Digitizer, VLDS Tape Recorder, Power Distributor) interconnected by electrical cables. Three of these components contain embedded control computers that supervise and monitor operations.

The MIVIS system records all data for post flight analysis by MIDAS system. To efficiently preprocess, analyse and visualise MIVIS data the MIDAS system has been developed under the Application Visualisation System (AVS) graphical programming environment and hosted on a UNIX Silicon Graphics SGI 4D/420VGXT. MIDAS allows the preprocessing of MIVIS data including radiometric calibration, filtering of eventual systematic noises introduced

Fig. 3.7 : Archaeological site of Selinunte (southern Italy) recorded in July 1994 during the 1994 Sicily Campaign from an altitude of 2000 m (ground resolution of 4 m). MIVIS bands 57 (2.216–2.225 µm), 47 (2.136–2.145 µm), 23 (1.25–1.30 µm), in rgb. data.

into MIVIS data during recording, atmospheric and geometric corrections.

An example of passive sensor image application on archaeological areas is shown in Fig. 3.7. The image represents the archaeological site of Selinunte (southern Italy) in a composite colour picture. In this picture it appears evident how the soil, in proximity of the archaeological site of Selinunte, can be deeply analysed by means of the tonal lineaments that can be used to discovery non homogeneous soil sector. In the colour version of Fig. 3.7 the blue tones are connected with the presence of wet materials while dry soils appear with yellow, brown tones. It appears evident that all this tonal lineaments cannot be used to underline buried ruins but can be of aid, to an expert of the archaeological site, to identify restricted zones where to execute other non invasive geophysical measures.

MIVIS DEPLOYMENTS

For every MIVIS deployment, in order to assure data quality, the following operations are performed:

- Test bench scanner calibration and recording of calibration data on the MIVIS hard disk.
- Check of the signal level for each of the four spectrometers.
- MIVIS installation on board the CASA 212.
- Functionality check of the five MIVIS subsystems and signal level check for all the 102 channels.
- MIVIS deployment execution (daily functionality checks are performed for multi-days campaigns).
- MIVIS desinstallation from the airborne platform and repetition of test bench scanner calibration to check the MIVIS performance level after the deployment.

Since July 1994 LARA Project has been intensively operative. A number of MIVIS deployments have been carried out in Italy and Europe in cooperation with national and international institutions on a variety of sites.

The sites surveyed during this first year of activity in Italy, France and Germany included a variety of targets as active volcanoes, lakes, quarries, coastlines and ocean, lagoons, forests, agricultural areas, landslides, river deltas, waste discharges, oil polluted lands, archaeological sites, and urban areas. Major surveyed sites, the proposing institutions, and the scientific objectives are synthetically listed below.

- Garda Lake (Italy) MIVIS test area, water pollution.
- Elba Island (Italy) MIVIS test area.
- Mt. Etna, Vulcano, Stromboli (Italy) Geological mapping and measurement of active volcanic phenomena.
- Mt. Etna slopes (Italy) Beech-wood canopy studies.

- Messina Straits (Italy) Sea currents dynamics and physical characteristics.
- Gela (Italy) Coastline pollution.
- Marsala Lagoon (Italy) Algae bloom studies.
- Acireale, Taormina (Italy) Coastline pollution, waste discharges and archaeological studies.
- Selinunte, Alesa (Italy) Archaeological studies.
- Venice and Orbetello Lagoons (Italy) Lagoon environment quality evaluation.
- Hohenfels (Germany) Environmental impact studies.
- Crau-Camargue (France) Agricultural production forecast studies.

During MIVIS data acquisition contemporaneous ground data acquisition campaigns and passive remote sensing data acquisition have been carried out for most sites. For the surveys on volcanic areas CNR/IIV offered its ground support logistics in making measurements of plume SO2 with its portable COSPEC instruments, while JPL, CNR/CSGDSA, ING, OGUM, and the University of Palermo people launched radiosondes to measure water profiles, used anemometers for wind speeds, a GER portable spectrometer to measure ground radiance, radiation thermometers and thermocouples for measurements of ground temperatures. CNR/IROE deployed by helicopter its FLIDAR instrument contemporaneously with MIVIS on Gela's coastline and on Mt. Etna's beech-woods. CNR/CST and the University of Palermo made sea truthing measurements with scientific boats on the Straits of Messina and inside/outside the Lagoon of Marsala. While CNR/ISDGM made sea truthing measurements with scientific boats inside/outside Venice Lagoon. Also ANL and INRA organised campaigns for ground and atmospheric measurements during the Hohenfels and Crau-Camargue MIVIS deployments.

Concerning the future activity of LARA project new flight requests have been submitted to deploy MIVIS both over sites already surveyed to get multitemporal and multisource data and over new national and European sites. Also extraeuropean sites have been requested to be flown by MIVIS, and at the present contacts between CNR and US scientists are in progress in order to attempt the organisation of a MIVIS US deployment during the 1996 summer.

CONCLUSION

One year of activity has shown that the CNR/LARA Project has been and is operative according to the guidelines that represented the main tasks for the Project institution. The flight requests from the scientific national and international community have been above any initial prevision, and an effort is in progress to guarantee the shortest time for data production and the most opportune reaction towards the future flight requests. Finally, following up one year of LARA project operations and users demands, a feasibility study has been started to try the instrumental integration to simultaneously gather MIVIS data with the FLIDAR developed by CNR/IROE and an ultraviolet sensor that at the present is in project under a financial support of the Italian Space Agency.

REFERENCES

Bianchi, R., Marino, C.M. (1993) Environmental Airborne Remote Sensing in the Mediterranean Area: CNR-LARA Project. *Proceedings of the 13th EARSeL Symposium on Remote Sensing: From Research to Operational Application in the New Europe, Dundee, Scotland (UK), 29 June – 1 July 1993:* 110–2.

Bianchi, R., Marino, C.M. (1994) CNR LARA Project Italy: MIVIS/ MIDAS Environmental Airborne Hyperspectral Remote Sensing System. *Proceedings of the First International Airborne Remote Sensing Conference and Exhibition, Strasbourg (France), 12– 15 September 1994,* Vol. III: 613–9.

Bianchi, R., Ferroni, P., Marino, C.M., Pignatti, S., Sangiorgio, D. (1994) CNR LARA Project Italy: MIDAS Multispectral Inter-active Data Analysis System. *Proceedings of the First International Airborne Remote Sensing Conference and Exhibition, Strasbourg (France), September 1994,* Vol.III: 636, 12–5.

Bianchi, R., Marino, C.M., Pignatti, S. (1994) Airborne Hyperspectral Remote Sensing in Italy. *Proceedings of the European Symposium on Satellite Remote Sensing – EUROPTO, Rome (Italy), 27–29 September 1994:* 2318.

Bianchi, R., Cavalli, R.M., Fiumi, L., Marino, C.M., Pignatti, S. (1995) CNR LARA Project, Italy: Airborne Laboratory for Environmental Research. *Proceedings of the 5th JPL Airborne Earth Science Workshop, Pasadena, CA (USA), 23–27 January 1995,* Vol. I: 15–8.

Bianchi, R., Cavalli, R.M., Marino, C.M., Pignatti, S., Poscolieri, M. (1999) Use of Airborne Hyperspectral Images to Assess the Spatial Distribution of Oil Spilled During the Trecate Blow-out (Northern Italy). *Proceedings of the European Symposium on Satellite Remote Sensing – EUROPTO, Paris (France), 23–28 September 1995,* vol. 2585: 342–51.

Bianchi, R., Castagnoli, A., Cavalli, R.M., Marino, C.M., Pignatti, S., Zilioli, E. (1999) Preliminary Analysis of Aerial Hyper-spectral Data on Shallow Lacustrine Waters. *Proceedings of the European Symposium on Satellite Remote Sensing – EUROPTO, Paris (France), 23–28 September 1995,* vol. 2585: 352–62.

Bianchi, R. (1995) I Programmi di Telerilevamento Iperspettrale da Piattaforma Aerea del CNR. *Proceedings of the VII Convegno Nazionale A.I.T., Chieri, Torino (Italy), 17–20 October 1995:* 539–42.

Bianchi, R., Cavalli, R.M., Fiumi, L., Marino, C.M., Pignatti, S., Pizzaferri, G. (1995) Hyperspectral Remote Sensing: A New Approach to Environmental Problems. *Proceedings of the International Congress on Energy, Environment and Techonological Innovations, Caracas (Venezuela), 5–11 November 1995,* Vol.3: 381–6.

DAEDALUS Enterprises (1994) *AA5000 MIVIS. Operator Manual.* Vol.6.

TASC Company (1993) *MIDAS Data Center. User's Manual.* Vol.2.

Tibaldi, Marino C.M. (1995) *Elementi di telerilevamento e foto-interpretazione.* Editrice Progetti.

4. Metodi di telerilevamento in archeometria e nella diagnostica non invasiva

Arnaldo Tonelli

The paper deals with methods of remote sensing, devoted to non invasive diagnoses in archaeological research applications. The aim of remotely sensed data and relevant processing is the achievement of information on surfaces and subsurface mass. The main vector of information on soils is the water brought at the soil surface by capillarity. On colonized soils, the effect of stable moisture content is a higher herbaceous vegetation density. To show the vegetation density a vegetation index 'D' is used (Fig. 4.1). In the most common case, moisture, and then, permeability, can be related with heat capacity which demonstrates to be, generally, a very useful parameter to reveal the mechanical discontinuities existing inside the subsurface mass. In the most general operative situations, its distribution is achievable by means of a relationship linking three configurations of thermal field during the cooling down phase of the late evening (Fig. 4.2).

In relation to the walls of monuments, some surface properties can be described by remote sensing ground based surveys. They are: colour, polarization, luminescence, roughness. Multitemporal and multipolarization images are collected and processed to reach this goal (Fig. 4.3).

Surfaces roughness can be analyzed by means of spatial contrast of reflected radiance in the visible range (Fig. 4.4).

In the scheme of the Fig. 4.5 a tentative synthesis of the remote sensing contribution to archaeology is shown.

INTRODUZIONE

Il telerilevamento comprende un insieme di tecniche per la raccolta, la gestione e l'interpretazione di informazioni ottenibili per mezzo della radianza che viene riflessa, diffusa, trasmessa, assorbita ed emessa dalle superfici oggetto di investigazione. Con il telerilevamento si attuano diagnosi: attraverso evidenze indirette, si formulano ipotesi sulla natura delle disomogeneità esistenti nel primo spessore delle masse di cui si osserva la superficie.

Il telerilevamento può anche dare un contributo essenziale nell'indirizzare su aree mirate indagini con altri metodi geofisici.

Alle piccole lunghezze d'onda dell'ultravioletto, visibile e infrarosso vicino gli oggetti vengono analizzati sotto il profilo del loro modo di riflettere la radianza proveniente da una sorgente esterna; alle lunghezze d'onda maggiori viene studiata l'emissione spontanea di radiazione, conseguenza dell'energia termica contenuta nella loro massa.

Il telerilevamento studia il comportamento della superficie degli oggetti nel dominio spettrale e nel dominio temporale. Si analizza l'ampiezza della riflessione al variare della lunghezza d'onda e, in alcuni casi, la presenza di fenomeni di polarizzazione, si esaminano eventuali fenomeni di luminescenza, si studiano le variazioni di temperatura legate alla capacità termica. Quest'ultimo aspetto riguarda lo studio delle proprietà della massa dei materiali.

IL TELERILEVAMENTO NELLA RICERCA ARCHEOLOGICA

Generalità

Il telerilevamento trova applicazione in archeometria su direttrici principali:

- l'analisi della fisiografia del territorio e quindi la delimitazione, o l'esclusione, dei siti in cui potrebbero essere fiorite attività antropiche;
- la ricerca dettagliata di strutture sepolte;
- lo studio dello stato di conservazione di monumenti.

La prima direttrice riguarda la descrizione della morfologia del territorio, degli aspetti idrogeologici, della disponibilità di risorse. Si appoggia a tutte quelle tecniche di foto-interpretazione che con l'ausilio di sistemi di elaborazione di immagini permettono di 'vedere' il territorio dal punto di vista delle esigenze della potenziale utenza di un tempo.

La seconda ha per oggetto lo studio dei risentimenti

indotti in superficie dalle discontinuità fisiche esistenti nel primo sottosuolo.

La terza direttrice si occupa della descrizione dei monumenti, sotto il profilo geometrico, dei materiali, dei rifacimenti, dello stato di conservazione.

Qui ci occuperemo sostanzialmente del secondo punto, con un'attenzione particolare rivolta al telerilevamento da postazioni fisse a terra e in particolare ai metodi di indagine basati sull'impiego di rilievi multispettrali e multitemporali.

Veicoli di informazione

La presenza di disomogeneità nel primo sottosuolo è rivelata, in superficie, fondamentalmente dalla disuniforme distribuzione dell'umidità. L'umidità condiziona il colore del terreno nudo, la densità e lo stato fisico della vegetazione, la capacità e conduttività termica, la costante dielettrica e la conduttività elettrica. Finalità del telerilevamento applicato all'archeometria è l'analisi di alcuni di questi aspetti, rappresentati in forma di immagine, per riconoscervi forme regolari. L'attribuzione delle forme ai resti di antichi insediamenti, infine, è il risultato del lavoro di interpretazione dell'archeologo specialista del settore.

Colore del suolo

Il colore del suolo varia con la sua composizione e con il tasso di umidità superficiale. In condizioni non estreme, quindi non al seguito di una recente precipitazione o dopo un lungo periodo di siccità, il colore del suolo spoglio può fornire utili indicazioni sulla presenza di disomogeneità esistenti nel primo spessore. In generale il suolo asciutto tende a diventare sempre più brillante con l'aumentare della lunghezza d'onda dalla regione del blu a quella dell'infrarosso vicino; il suolo più o meno umido in superficie tende invece ad opacizzarsi iniziando dalla regione del rosso verso le lunghezze d'onda maggiori.

Il colore viene esaminato nei suoi aspetti di brillanza, saturazione e tinta. La continuità areale, in forme regolari, dei parametri brillanza, tinta e saturazione, costituisce per il fotointerprete una indicazione, talvolta importantissima, nello studio propedeutico di un'area di potenziale interesse archeologico. Ad esempio, quando tracce di materiale estraneo in forma di polvere vengono fatte affiorare dalla lavorazione meccanica del terreno, in superficie la saturazione del colore naturale del suolo può variare più o meno vistosamente.

La vegetazione come indicatore

Densità e stato fisico della vegetazione erbacea possono fornire indicazioni sulla permeabilità del primo spessore di sottosuolo. La vegetazione in attività fotosintetica riflette intensamente nella banda dell'infrarosso foto-grafico e debolmente nel rosso. Con l'aumento della sua densità si accentua il divario fra riflettività nell'infrarosso prossimo e riflettività nel rosso. Correntemente si mettono a confronto le due ampiezze per mezzo di una relazione

che da come risultato un indice 'D' indicato con il termine di 'indice di densità dell'apparato fogliare' (Fig. 4.1). L'andamento di 'D' sul piano campagna esplorato consente di riconoscere forme regolari di accrescimento della vegetazione erbacea da mettere in relazione con aree a maggiore o minore umidità stabile. In pratica si osserva un accrescimento a densità maggiore in concomitanza di maggior spessore di terreno vegetale e a densità minore, all'opposto, dove si ha uno spessore di terreno vegetale ridotto, come avviene in corrispondenza di mura interrate.

Parametri termici

La superficie del terreno è messa in collegamento con la massa del primo sottosuolo tramite fenomeni di capillarità che portano ad emergere l'acqua accumulata. In superficie l'acqua evapora sottraendo calore al terreno e lasciando quale impronta un abbassamento della temperatura. La presenza di acqua altera altre proprietà della massa dei materiali, la capacità e la conduttività termica, rilevabili per mezzo di misure multitemporali attuate, secondo i casi, in fase di transitorio di raffreddamento o di riscaldamento. La capacità termica può essere utilizzata come indice del contenuto d'acqua del primo sottosuolo e quindi, sempre attraverso una attenta fase di interpretazione, come elemento di discriminazione fra materiali più o meno permeabili.

La distribuzione areale della temperatura, della capacità e della conduttività termica, costituiscono aspetti fondamentali nel campo della ricerca archeologica a carattere non invasivo sia sul terreno che sulle costruzioni.

Altri aspetti delle superfici: luminescenza, polarizzazione, scabrezza

Al colore di una superficie concorre talvolta il fenomeno della luminescenza. Stimolate dalla radiazione ultravioletta alcune superfici reagiscono emettendo radiazioni a lunghezza d'onda maggiore, in particolare nel visibile e infrarosso prossimo. Il fenomeno può avere grande importanza sia sul terreno che su pareti di edifici. Nel primo caso tracce di masse estranee al terreno inglobante (mattoni, materiali lapidei, ecc.), portate in superficie dall'attività agricola recente vengono talvolta evidenziate come luminescenza del terreno. Nel secondo caso possono venire più facilmente riconosciuti i materiali utilizzati per il rifacimento di parti di monumenti. Osservando una superficie in condizioni opportune si potrebbe rilevarne da un lato il colore e dall'altro l'emissione dovuta alla stimolazione di radiazioni a lunghezza d'onda più corta (al buio, usando eccitazione ultravioletta), ottenendo ulteriori informazioni sulle proprietà della superficie. Nella maggior parte delle situazioni, non potendo acquisire i dati nelle condizioni teoriche ottimali, si ricorre all'espediente di sfruttare la differente presenza percentuale di ultravioletto nell'irraggiamento solare al variare dell'ora mettendo a confronto l'intensità della radianza rilevata con riprese multitemporali.

Per il secondo aspetto, la polarizzazione, ricordiamo che le superfici appaiono più o meno lucide oppure opache in funzione del loro modo di riflettere: questa caratteristica aggiunge una informazione utile a descrivere un materiale da costruzione e il suo stato di alterazione.

La scabrezza può essere un indice importante, fra altri, a connotare lo stato di conservazione di una superficie e in particolare per individuare, su costruzioni, la presenza di rifacimenti. La scabrezza viene analizzata impiegando riprese in bande opportune e applicando a queste algoritmi di analisi della tessitura.

Rilievi

Generalità

Viene analizzata un'ampia estensione dello spettro elettromagnetico, da piattaforme diverse e con modalità, caratteristiche e finalità differenti. Da satellite si raccolgono dati che, per la loro risoluzione geometrica, si prestano allo studio di alcuni aspetti di base della ricerca archeologica, quali la fisiografia del territorio e l'idrogeologia.

Da aereo si realizzano riprese verticali e oblique. Le prime, in campo fotografico sono stereoscopiche, hanno ricoprimento relativo fra fotogrammi lungo l'asse della strisciata, superiore o al minimo pari al 60% per garantire la continuità della visione stereoscopica lungo l'asse di volo; una strisciata si sovrappone lateralmente alla contigua per il 20·25%. In campo termografico, solitamente, le riprese verticali sono costituite da una strisciata continua ottenuta dall'accostamento di profili a scansione. Le riprese aeree oblique, chiamate anche panoramiche, sono relativamente poco usate in campo fotografico e meno ancora, forse, in termografia.

Da postazione terrestre fissa si attuano normalmente riprese oblique. Si hanno svantaggi per la mancanza di una visione sinottica verticale e vantaggi per la semplificazione dei rilievi multitemporali e multipolarizzazione. Con riprese da postazione fissa si può coprire un'area di limitate dimensioni e si richiede un punto di osservazione elevato orientato in maniera opportuna rispetto alla posizione del sole.

Dati multispettrali vengono raccolti usando sistemi sia fotografici che a scansione. Le emulsioni usate nella fotografia in bianco-nero e a colori hanno sensibilità elevata nel dominio dell'ultravioletto e del blu e tendono a rispondere debolmente ai margini del visibile dove dal rosso ci si inoltra nella regione dell'infrarosso prossimo. Solo materiali specifici sono resi sensibili alla regione dell'infrarosso riflesso di piccola lunghezza d'onda che, dalla tecnica stessa, prende correntemente anche il nome di 'infrarosso fotografico'. I sensori ad accoppiamento di carica (CCD, charge coupled device) usati nelle telecamere, hanno risposta ad andamento complementare rispetto a quella delle emulsioni fotografiche normali, tendendo a rispondere bene nell'infrarosso riflesso fino ed oltre $1.5\ \mu$ e male nell'ultravioletto.

Nel dominio dell'infrarosso di emissione, l'infrarosso 'termico', operano sistemi di vario tipo a scansione ottico-meccanica o a matrice di rivelatori, ciascuno con caratteristici vantaggi e limiti.

Ultravioletto, visibile, infrarosso riflesso e infrarosso termico descrivono sia proprietà intrinseche delle superfici riprese che risentimenti indotti dalle disomogeneità nella massa subito sottostante.

Infrarosso fotografico e infrarosso termico

Il dominio dell'infrarosso fotografico è quello della riflessione. La sensibilità delle emulsioni in bianco-nero realizzate a questo scopo si estende dai margini dell'ultravioletto al visibile, all'infrarosso riflesso fino intorno a $0.9\ \mu$. Per ottenere immagini nell'intervallo dell'infrarosso occorre quindi usare filtri di reiezione dell'ultravioletto e del visibile che siano trasparenti dal margine esterno del rosso (ad esempio filtri della serie Kodak tipo Wratten 87). Nelle riprese all'infrarosso bianco-nero indirizzate alla ricerca archeologica è importante evitare ambiguità di risposta per cui filtri parzialmente trasparenti al rosso, tipo Wratten 89, anche se più 'luminosi', andrebbero evitati. L'infrarosso a falso colore è un materiale a tre strati sensibile a parte dell'ultravioletto, al visibile e all'infrarosso fotografico. Il materiale reagisce colorandosi di blu sotto la stimolazione della radianza ultravioletta, blu e verde; colorandosi di verde sotto la radianza della luce rossa e colorandosi di rosso sotto la stimolazione della radiazione infrarossa. Per eliminare ambiguità viene posto davanti alla macchina un filtro di reiezione di ultravioletto e blu (tipo Kodak Wratten 12, di aspetto giallo) in modo tale che al termine del processo si ha la conversione

radiazione verde	>>>	colorazione blu
radiazione rossa	>>>	colorazione verde
radiazione infrarossa	>>>	colorazione rossa

da cui il nome di 'infrarosso a falso colore'.

E' importante che le riprese siano realizzate in pieno irraggiamento, indirizzando possibilmente le strisciate secondo l'azimuth del sole per minimizzare le ombre portate al suolo dalla vegetazione. Le riprese devono essere eseguite quando terreno e vegetazione sono asciutti, quindi non immediatamente al seguito di una pioggia, per evitare l'effetto di mascheramento dovuto alle goccioline d'acqua.

Il dominio dell'infrarosso termico è quello della emissione di calore per irraggiamento. La radianza raccolta dal un sistema termografico è legata alla temperatura della superficie rilevata e alla sua emissività. Con riprese eseguite nelle primissime ore del mattino, quando il suolo non è stato ancora riscaldato in maniera significativa ma l'intensità dell'irraggiamento è alta, si ottiene prevalentemente la descrizione della riflettività delle superfici; all'imbrunire, al contrario, il terreno contiene ancora molto calore assorbito dal sole mentre viene a cadere l'intensità dell'illuminazione e si ottiene prevalentemente la descrizione del calore emesso. Nella fase di riscaldamento delle superfici, a mattina avanzata, le informazioni termografiche si prestano allo studio più generale delle anomalie termiche dovute all' evaporazione, alla capacità e alla conduttività termica del primo sottosuolo. Nella fase di raffreddamento che segue al

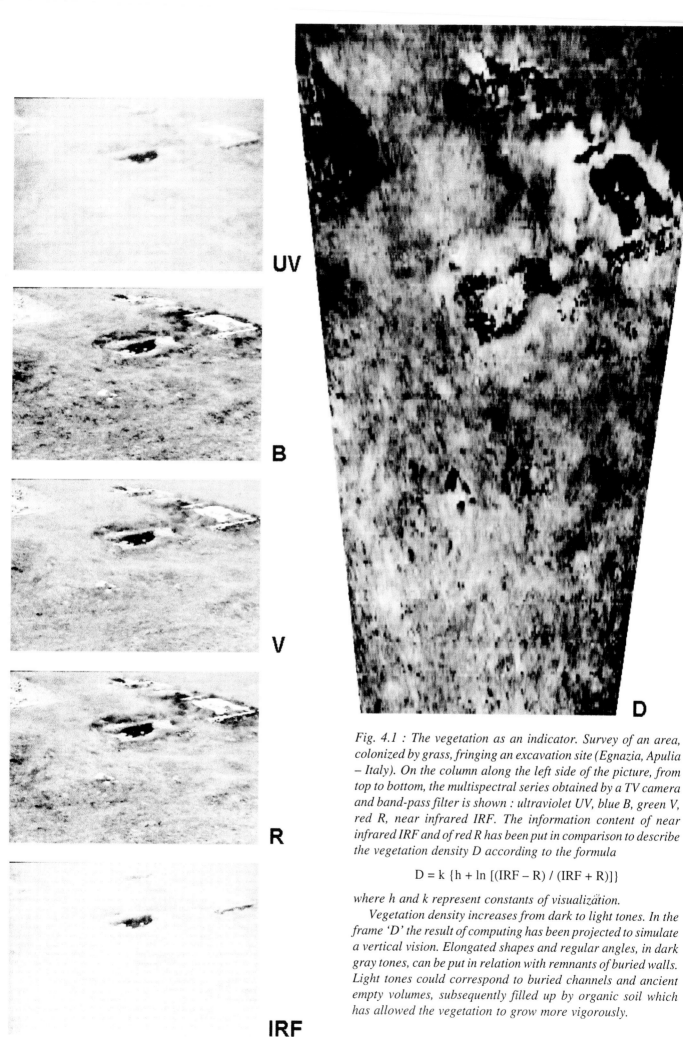

UV

B

V

R

IRF

D

Fig. 4.1 : The vegetation as an indicator. Survey of an area, colonized by grass, fringing an excavation site (Egnazia, Apulia – Italy). On the column along the left side of the picture, from top to bottom, the multispectral series obtained by a TV camera and band-pass filter is shown : ultraviolet UV, blue B, green V, red R, near infrared IRF. The information content of near infrared IRF and of red R has been put in comparison to describe the vegetation density D according to the formula

$$D = k \{h + \ln [(IRF - R) / (IRF + R)]\}$$

where h and k represent constants of visualization.

Vegetation density increases from dark to light tones. In the frame 'D' the result of computing has been projected to simulate a vertical vision. Elongated shapes and regular angles, in dark gray tones, can be put in relation with remnants of buried walls. Light tones could correspond to buried channels and ancient empty volumes, subsequently filled up by organic soil which has allowed the vegetation to grow more vigorously.

tramonto si possono ottenere informazioni sulla capacità termica della massa subsuperficiale dei materiali anche per superfici rivolte a Nord o comunque riscaldate disuniformemente.

Una delle diversità più appariscenti fra dati raccolti nelle bande di riflessione (ultravioletto, visibile, infrarosso fotografico, ecc.) e nell'infrarosso termico è l'aspetto di 'sfocatura' di queste ultime dovuto alla conduttività termica dei materiali.

Procedure di elaborazione

Le immagini rilevate vengono elaborate per rendere più agevole, e in molti casi, possibile, l'indispensabile lavoro di interpretazione. I dati vengono visti come una matrice di aree elementari che contiene l'informazione di interesse sullo sfondo costituito dal campo 'indisturbato'. Nella ricerca archeologica non invasiva è fondamentale mettere in evidenza le alterazioni o 'anomalie' di forma regolare, attribuibili ad attività antropica, connesse a colore, densità della vegetazione, proprietà termiche.

Lo scopo dell'elaborazione di immagini telerilevate si riassume nei punti fondamentali seguenti:

- restituire in forma quantitativa l'informazione;
- classificare;
- estrarre elementi specifici per lo studio in atto, cioè evidenziare 'anomalie';
- assistere la fotointerpretazione adattando i dati-immagine alla fisiologia della visione;
- analizzare con vari algoritmi la risposta spettrale e/o multitemporale delle superfici.

La restituzione dei dati in forma quantitativa consiste correntemente nel mettere in corrispondenza i valori di radianza rilevati, o loro trasformate, con un codice rappresentativo di un intervallo numerico. In archeologia questo approccio ha, di solito, raro impiego.

La classificazione viene attuata, come negli altri campi applicativi del telerilevamento, basandosi sulla riflettività delle superfici; si può aggiungere, in alcuni settori specifici, la proprietà a polarizzare ed a emettere per luminescenza. Sul terreno l'approccio con classificazione

ha importanza limitata; un uso più esteso si ha nella descrizione di costruzioni.

Nelle applicazioni archeologiche il motivo delle elaborazioni è costituito principalmente dalle tecniche di accentuazione delle anomalie e nell'adattamento di porzioni di immagine alle esigenze (ottiche) del fotointerprete.

Fotografie a colori, fotografie all'infrarosso a colori falsati, sintesi additive di immagini multispettrali rilevate con telecamera o scanner si studiano separando i parametri di tinta, saturazione e brillanza e adattando l'informazione alla sensibilità del fotointerprete con la regolazione del contrasto e della luminosità.

Vengono introdotte operazioni algebriche per mettere in relazione l'informazione contenuta in matrici-immagine di bande differenti.

Nella fotointerpretazione in campo archeologico ha grande importanza l'applicazione di filtri sui dati-immagine, destinata ad accentuare le forme in cui si manifestano le anomalie sul piano campagna.

RILIEVI MULTISPETTRALI E MULTITEMPORALI

Generalità

Scorrendo lo spettro elettromagnetico nel verso delle lunghezze d'onda crescenti il 'peso' della riflessione diminuisce e quello della emissione spontanea aumenta. Alle brevi lunghezze d'onda dell'ultravioletto (da meno di $0.2\,\mu$ a $0.4\,\mu$), visibile (da $0.4\,\mu$ a $0.7\,\mu$) e infrarosso prossimo ($0.7 \cdot 1\,\mu$) il fenomeno della riflessione predomina nettamente sulla emissione; nell'intervallo dell'infrarosso termico fra 8 e $14\,\mu$ l'emissione è predominante sulla riflessione. Nella regione di transizione, indicativamente fra 2 e $5\,\mu$, i due fenomeni possono avere entità confrontabile.

Dall'ultravioletto al visibile, dall'infrarosso riflesso all'infrarosso termico

Il campo occupato dall'ultravioletto è estesissimo; ci riferiamo qui solo a quella porzione attigua al blu che si estende da 0.35 a $0.4\,\mu$. A queste lunghezze d'onda

---

Fig. 4.2 (right) : Heat capacity. Thermographic analysis of an area, weeded to be excavated (a site by Coltano, Pisa – Italy). Top left : image of the site. Top right : gray tones rendition of the heat capacity field as obtained comparing three termographic surveys performed subsequently during the cooling down transitory of evening. The value of heat capacity derives from the explicit form of the Newton formula $cm\,(x,y) = B_o\,/\,ln\{[T(x,y,t_1) - T(x,y,t_3)]\,/\,[T(x,y,t_2) - T(x,y,t_3)]\}$ where $cm\,(x,y)$ represents the heat capacity at the (x,y) point; B_o is a constant for a proper data visualization; $T(x,y,t_1)$, $T(x,y,t_2)$, $T(x,y,t_3)$ are the temperature values at the subsequent times t_1, t_2 and t_3 at the (x,y) point. For elements of standard volume (area of pixel x an arbitrary constant thickness) the heat capacity depends on specific heat of material and density of the same. Heat capacity increases from dark to light gray tones. The very high heat capacity of vegetation fringing the excavation area in shown in white while very dark tones accompany the dry grass just along the limits of the area. Intermediate gray tones cover the area of investigation. On the bottom : the thermographies taken in the evening of May 1995 at time t_1 (19.00), t_2 (19.30) and t_3 (20.00) respectively, using an AVIO Probeye TVS 2100 ST thermovision system operating in the region of $4.0 \div 5.4\,\mu$. The thermal images are calibrated according to the reported thermal scale.

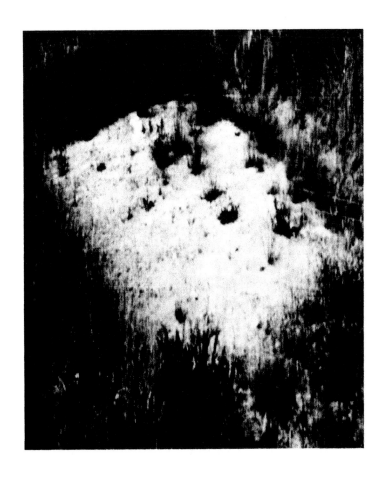

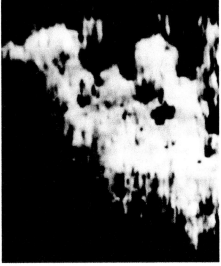

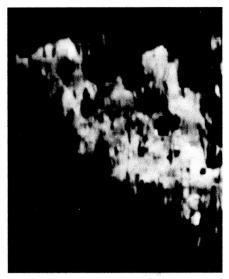

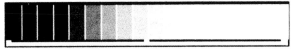

21.85 °C   39.77 °C

l'atmosfera produce una intensa diffusione che tende a mitigare le ombre. Il contrasto fra superfici diverse rimane, di norma, assai contenuto.

Oltrepassando la frontiera di 0.4 μ si entra nel campo del visibile. Per prima si incontra la regione del blu che risente ancora molto dell'interazione con l'atmosfera: il contrasto è molto ridotto. La vegetazione appare molto scura, l'acqua è trasparente, il terreno spoglio, mediamente, chiaro.

Segue l'intervallo del verde, convenzionalmente da 0.5 a 0.6 μ. L'interazione con l'atmosfera si attenua, le ombre si accentuano. è una banda in cui la differenziazione fra superfici naturali è scarsa. L'acqua ha la massima trasparenza intorno a 0.55 μ. Il contrasto fra suoli asciutti e umidi si mantiene basso; la vegetazione è un medio riflettore e contrasta poco col terreno scoperto.

Da 0.6 a 0.7 μ lo spettro è campito dalla radiazione del rosso. La diffusione atmosferica diminuisce e le ombre appaiono marcate. La differenziazione fra superfici naturali aumenta in modo considerevole. La trasparenza dell'acqua diminuisce e i suoli umidi appaiono più scuri di quelli asciutti. Oltre il rosso, varcando la frontiera del visibile, si osservano fenomeni importanti. Nel campo dell'infrarosso fotografico (orientativamente da 0.75 a 0.85 μ) la trasparenza dell'acqua diminuisce bruscamente e la presenza di umidità superficiale viene denunciata da opacità. Fra suoli secchi e umidi si osserva un notevole contrasto destinato ad accentuarsi all'aumentare della lunghezza d'onda fino verso i 2 μ. La vegetazione riflette intensamente.

Oltre i 3 μ si entra nel campo dell'infrarosso di emissione o infrarosso termico.

Analisi del colore

Il colore di una superficie è caratterizzato da intensità, tinta e saturazione. L'intensità è esprimibile con la somma dei contributi alla riflessione di radianza in intervalli definiti, la tinta è data dal colore prevalente, la saturazione dalla percentuale di assenza di grigio. Un aspetto importante, in particolare per lo studio di superfici a morfologia complicata, è che, a parità di sorgente illuminante, i parametri tinta e saturazione non dipendono dall'orientamento della superficie illuminata ma dalla sua natura.

Analisi della tessitura – filtri

Con operazioni di filtraggio sui dati-immagine si esaltano porzioni dell'informazione originaria. Nella ricerca archeologica hanno particolare importanza i filtri che danno continuità spaziale alle forme attraverso l'esaltazione dei loro contorni o l'omogeneità di comportamento al loro interno. Uno di questi è il 'contrasto spaziale' CSR (x,y) della radianza N(x,y) espresso da:

$$\text{CSR}(x,y) = |\ln N(x,y) - \ln N(x+1,y)| + |\ln N(x,y) - \ln N(x,y+1)| +$$
$$|\ln N(x,y) - \ln N(x+1,y+1)| + |\ln N(x,y) - \ln N(x+1,y-1)|$$

Nell'interpretazione di fotografie in campo archeologico il contrasto spaziale è utile a descrivere la scabrezza delle superfici oggetto di studio.

Rilievi multipolarizzazione

Una superficie può riflettere con o senza un piano di polarizzazione preferenziale. Questo fatto viene evidenziato confrontando l'ampiezza della radianza raccolta secondo piani di polarizzazione ortogonali per mezzo della rotazione di un filtro polarizzatore. Un modo consiste nell'integrare su un quarto di giro ($\pi/2$) il rapporto della radianza R(x,y) raccolta con il filtro polarizzatore collocato nella posizione α, con la radianza raccolta nella posizione ortogonale $\alpha + \pi/2$, secondo la formula:

$$A_o \int_0^{\pi/2} |\ln [R(x,y,\alpha) / R(x,y,\alpha+\pi/2)]| \, d\alpha$$

con A_o costante opportuna per la rappresentazione dell'immagine.

Lo studio della polarizzazione viene usato, in archeologia, per l'analisi dei materiali di monumenti (Fig. 4.3).

Fig. 4.3 (right) : Polarization and luminescence. Comparison among the behaviour of a monument surface (S. Nicola, Bari – Italy) as seen in the visible (top) with the polarizing property (center) and luminescent seepages (bottom). In the image P the property of having a predominant plane of reflection is depicted from black to white passing from amorphic to polarizing behaviour. The description of polarizing property P(x,y) is obtained comparing a serie of images taken with the rotation α of a polarizing filter in the series of orthogonal positions α, $\alpha+\pi/2$ and $\alpha+\pi/4$, $\alpha+3\pi/4$, according to the expression $P(x,y) = |\ln R(x,y,\alpha) - \ln R(x,y,\alpha+\pi/2)| + |\ln R(x,y,\alpha+\pi/4) - \ln R(x,y,\alpha+3\pi/4)|$ where $R(x,y,\alpha)$ represents the amplitude of the reflection in the general point (x,y) for the position α of the polarizing filter. Amorphous surfaces are shown in black while light tones are related to surfaces exhibiting a prevailing plane of polarization (see glass plates above the door, image top). The luminescence (L) is derived from a multitemporal comparison of images, collected in the visible range during a transitory of illumination where different percentage of ultraviolet radiation occurs. The images are calibrated to give, on reference points, the same response at time t_1 and t_2. Outside those points the investigated surface can show residuals following the relation $L(x,y) = \gamma [E(x,y,t_2) + c)] – E(x,y,t_1)$ where $L(x,y)$ represents the residuals (luminescence), γ is, in the calibration, the parametre contrast, c is, in the calibration, the parametre offset and $E(x,y,t)$ is the reflected radiance in (x,y) at time t. The areas on the left and right side of the monument door show different behaviour.

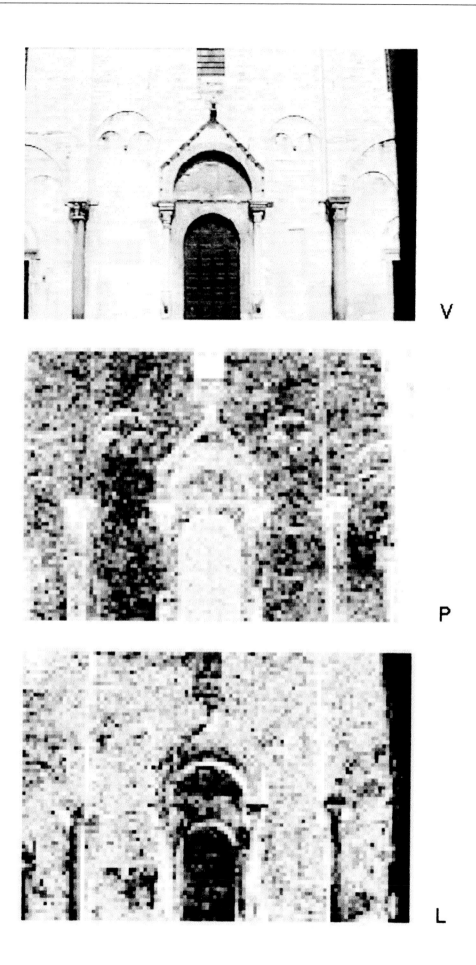

A

B

Fig. 4.4 : Evaluation of surface roughness. Comparison between an image in the visible (A) and the corresponding spatial contrast (B) for a survey on a castle (Drena, Trentino – Italy) performed in the late spring. The spatial contrast CSR(x,y) of reflected radiance N(x,y) is given by CSR (x,y) = |ln N(x,y) – ln N(x+1,y)| + |ln N(x,y) – ln N(x,y+1)| + |ln N(x,y) – ln N(x+1,y+1)| + |ln N(x,y) – ln N(x+1,y–1)|. The spatial contrast can be used to classify the surfaces based on their more or less polished aspect. In the image (B), more polished surfaces appear in dark tones. Note in the middle of the tower a zone where more polished materials, in respect to upper and lower parts, has been employed.

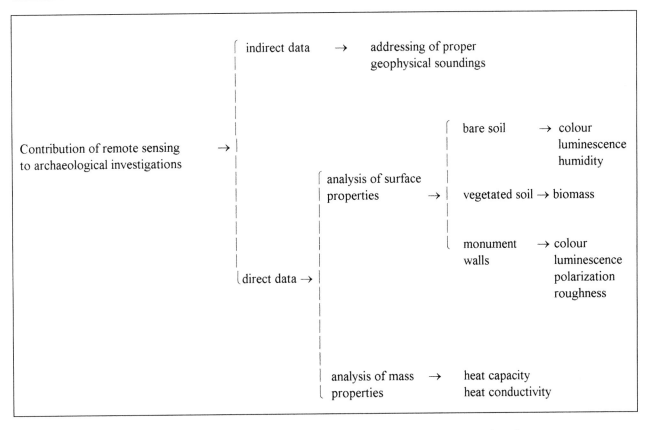

Fig. 4.5 : Tentative synthesis of the remote sensing contribution to archaeology.

Rilievi multitemporali nelle bande della radianza riflessa.

Il confronto fra rilievi multitemporali nel visibile e infrarosso prossimo viene eseguito in alcuni casi particolari allo scopo di evidenziare tracce di luminescenza. Quando operativamente non è attuabile la stimolazione delle superfici da studiare con una sorgente ultravioletta artificiale, si aggira l'ostacolo sfruttando la variazione di composizione della luce solare con l'ora, mettendo a confronto l'intensità della radianza rilevata con riprese multitemporali.

I dati relativi alla singola banda E (x,y) e ai tempi t_1 e t_2 vengono tarati su due caposaldi assunti come invarianti nel tempo ('colore' costante), adattando contrasto γ e luminosità c in modo che sia:

$$E (x,y,t_1) = \gamma [E (x,y,t_2) + c)]$$

In punti-immagine non appartenenti ai caposaldi può accadere che la differenza

$$L (x,y) = \gamma [E (x,y,t_2) + c)] - E (x,y,t_1)$$

sia diversa da zero, denunciando l'emissione di radianza per luminescenza stimolata (Fig. 4.3).

Rilievi multitemporali nell'infrarosso termico

Il confronto fra immagini termografiche riprese in fase di transitorio di riscaldamento o di raffreddamento viene eseguito per rilevare caratteristiche specifiche della massa dei materiali quali la capacità termica. Per individuare il valore della capacità termica, nel transitorio di riscaldamento viene messa in relazione l'energia assorbita dalle superfici con l'incremento termico che subisce la massa immediatamente sottostante. Assorbendo calore la massa di un corpo varia la propria temperatura in ragione inversa alla propria capacità termica.

Quando il bersaglio da rilevare è esposto a Nord o vi sono condizioni di forte disomogeneità di illuminazione è preferibile intervenire sul transitorio di raffreddamento. Il decadimento della temperatura di un sistema nella fase di raffreddamento naturale è di tipo esponenziale negativo. Da questo, con tre rilievi termografici spaziati opportunamente nel tempo, possiamo ricavare la capacità termica:

$$cm (x,y) = B_0 / \ln\{[T(x,y,t_1) - T(x,y,t_3)] / [T(x,y,t_2) - T(x,y,t_3)]\}$$

con cm (x,y): campo della capacità termica; B_0: costante; $T(x,y,t_1)$, $T(x,y,t_2)$, $T(x,y,t_3)$: rilievi termografici agli istanti t_1, t_2, t_3

Proiezioni

Il risultato di elaborazioni su rilievi obliqui, realizzati correntemente da postazione fissa, viene proiettato simulando l'osservazione dall'alto per potervi riconoscere più facilmente eventuali forme regolari, in particolare circoli ed angoli retti.

Se H è l'altezza dal piano orizzontale rilevato e L la distanza del punto rappresentato sul centro immagine dalla verticale del punto di ripresa, α = arctg (H/L) è l'angolo che l'asse dell'immagine forma con la verticale. Per simulare l'osservazione dall'alto occorre deformare l'immagine in senso 'verticale' secondo la legge

1/sen(α+δ)

dove 2φ è il campo angolare 'verticale' dell'immagine.

Occorre poi ripristinare la proporzione delle dimensioni 'orizzontali' dell'area ripresa secondo la funzione

tgφ / sen(α+δ)

dove 2φ è l'apertura 'orizzontale' dell'immagine.

Quindi, in definitiva, assegnato l'asse inclinato di α sulla verticale per una immagine di apertura orizzontale 2φ e verticale 2δ si ottiene una proiezione di forma trapezia che simula l'osservazione dall'alto dell'area coperta dall'immagine (Fig. 4.1).

BIBLIOGRAFIA

The American Society of Photogrammetry. *Manual of Remote Sensing*. A.S.P. 105 N. Virginia Avenue, Falls Church, Va. 22046.

Annoni, A., Tonelli, A. (1982) Studio delle variazioni spazio-temporali su dati termografici. *Atti del IV Congresso Nazionale sul Telerilevamento delle risorse terrestri promosso dalla SITE, Società Italiana per il Telerilevamento*: 29–55.

Gaussorgues, G. (1989) *La thermographie infrarouge. Technique et Documentation*. Ed. Lavoisier, Rue Lavoisier, 11 F-75384 Paris Cedex 08.

Moncada Lo Giudice, G., de Lieto Vollaro, A. (1993) *Illumino-tecnica*. Masson S.pA., Milano Editoriale ESA.

Pajani, D. (1989) *Mesure par thermographie infrarouge*. ADD Editeur. Avenue A. Thomas, 7 F-92290 Chatenay-Malabry.

Tonelli, A. (1978) Surface texture analysis with thermal and near infrared scannings. *Photogrammetric Engineering and Remote Sensing*, vol.44, n°10, ottobre 1978: 1273–8.

Tonelli, A. (1995) Metodi di telerilevamento da postazione fissa nella caratterizzazione di superfici e del primo spessore di massa. *Rivista Italiana di Telerilevamento* 5, ottobre 1995.

5. Aerial archaeology around the Mediterranean

Barri Jones

THE AGE OF DISCOVERY

Most substantive advances in our understanding of the human environment have occurred when new techniques, often derived from a different field, are applied consistently to a set of existing data. Thus, although the principle of air photography had been known from balloon flights for several decades, it was only in the aftermath of the First World War that aerial photography from planes began to produce very substantial advances in man's understanding of the archaeological heritage comprised within the landscape. Like many great discoveries, it can claim effectively to have been applied by more than one party simultaneously (Fig. 5.1). In Britain, Crawford's proselytising zeal across the 1920s transformed him from

Fig. 5.1 : General map showing principal areas of aerial archaeology.

a lone voice as the Archaeology Officer of the Ordnance Survey to a reshaper of the perceived past through the pages of *Antiquity*, the magazine that he founded, and which by 1928 was trumpeting the first fruits of the sometimes spectacular results of aerial photography in Wessex (Crawford and Keiller, 1928).

Yet in Britain we tend to forget that at the same time, thanks to the French Mandate in Syria, the remarkable Jesuit priest, Antoine Poidebard, had already begun to make the pioneer flights across the Syrian Desert to the Euphrates, and beyond to the High Jazireh that were to be immortalised in the pages of his *La Trace de Rome dans le Desert de Syrie* (Poidebard, 1934) published several years after Crawford's and Keillar's *Wessex From the Air* (1928). Both these major publications introduced English and French speaking audiences to novel ways of appreciating the richness of an archaeological heritage. Air photography for archaeology subsequently has remained substantially in the hands of French and British, and latterly German aerial archaeologists. While the British school developed through Allen and St. Joseph, on to the gravels and gained a convert on the limon soils of northern France, through the remarkable achievements of Roger Agache (Agache, 1978; Agache and Bréart, 1975), the French school continued to develop far from its homeland in the desert and semi-desert terrains of Syria and parts of north Africa.

Politics and military sensitivities have always intervened in the development of aerial photography in the Levant, and Kennedy has been instrumental in bringing belated organisation to some of the material in one part of the area, namely Jordan (Kennedy and Gregory, 1985; Kennedy and Riley, 1990). The French contribution in Syria spawned an equally momentous achievement. In 1937, Poidebard paid a visit to Algeria and in his brief stay evidently convinced Jean Baradez of the value of air photography and its potential application in the huge spaces of Algeria. The irony of what followed was not lost on Baradez himself. During the Second World War and afterwards, vertical air photographs taken largely from Mitchell twin-engine light bombers, showed a wholly unsuspected wealth of archaeological material in the marginal desert zone on the southward facing fringes of the Aures mountains between Tebessa and Biskra. In his revolutionary book, *Fossatum Africae*, he set out the locational evidence for the Roman frontier arrangement and the associated watch towers and forts in such areas as the Chott el-Hodna (Baradez, 1949). Equally of importance, Colonel Baradez pointed to the existence of extensive field systems occurring in the infrastructure of the frontier at such places as El-Kantara or Fort Parallélo-gramme (Baradez, 1949).

Yet he faced two problems. The incomplete cover and the effect of the revolutionary movement in Algeria meant that Baradez was unable to proceed to establish the chronological sequence in his discoveries, save at the nodal fort of *Gemellae*. *Gemellae* alone produced (by means of a Hadrianic building inscription in the *principia*) the shaky skeleton for understanding the chronology of the Fossatum

arrangements to the south of the legionary fortress at Lambaesis. Baradez's work, however, remains a beacon for what can be achieved through the application of relatively unsophisticated vertical aerial coverage over extensive areas in Algeria and, arguably, southern Tunisia. Above all he had established two predominant themes for elucidation in North Africa and the Levant, Roman frontier dispositions and their often associated farming systems employing methods of intensive dry farming based on a careful system of hydraulic control of the flash floods, sometimes termed floodwater farming today (Jones, 1988).

CURRENT PROGRESS

Flights into yesterday

In general terms it is not unfair to suggest that the practice of oblique aerial photography for archaeological purposes has reached a series of agreed methodologies in northern Europe where access to the air, particularly in Britain and France, is much easier than in the Mediterranean. Accordingly when we examine progress in the Mediterranean the first element to recognise is the value of not taking to the air, a cheaper option by far. The period of the Second World War and its aftermath, notably in North Africa, provided a still useful data base of material that can be analysed for research purposes today. I have spoken about the value of Baradez's pioneer work in Algeria, where the ultimate problem in analysing that work is the quality of the air photographs as well as the difficulties of on-site inspection. During and after the War, however, the quality of the record had improved with specifically dedicated air photographic cameras employed by the military. German cover of Lepcis Magna, for instance, in 1942, is of value for reconstructing the line of the little known outer wall, but a series of pictures taken by Hunting Air Surveys has been of fundamental importance in reconstructing both the eastern and western suburbs of the great city (Fig. 5.2). I illustrate another example, namely the caravanserai that spread along the coast towards Homs and are now buried beneath the burgeoning suburbs of that town (Fig. 5.3). They attest the great economic importance of the city in the early and middle Imperial period. Neither photograph would be possible to replicate today due to the expansion of the modern town.

The same source also provided cover in 1949 in advance of the telephone installation programme in Cyrenaica and in doing so covered the area of the hinterland of the great Greek colony of Cyrene. Prof. Laronde of the University of Paris Sorbonne published an overall study of the territory of Cyrene (1987) but in certain aspects additional information of a more detailed nature has become available through the survey conducted by Professor Martin Webb, Professor of Geography at the University of Western Australia. The 1949 Hunting Air Survey material which only survives as prints (the negatives have long ago disintegrated chemically) provide us with a fascinating

Fig. 5.2 : High level vertical of Lepcis Magna *showing outer line of the city's defensive circuit c.1947. The sea is to the left and outer rampart now largely destroyed is indicated by arrows.*

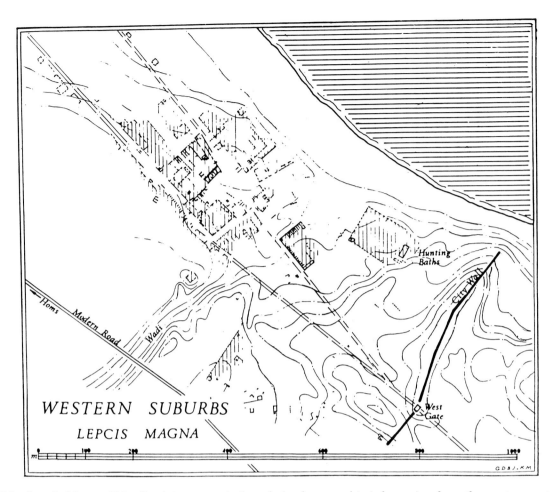

Fig. 5.3 : Lepcis Magna *(Tripolitania) : transcription of air photographic information from the western, extra-mural suburb. All this evidence from c.1947 is now lost beneath the growth of the modern town of Homs.*

plot of the land holdings of the mother city. The plan (Fig. 5.4) is drawn at a scale of 1:5000 as a result of careful work on the ground, not only in 1960 but again in 1963. The resulting plan, of which this is only a fragment, comprises four maps aligned west/east on the axis between Mesa and the area east of El Guba. They show that Greek colonial land units occupied a block of land measuring up to 24 square kilometres. Beyond this what we might call indigenous patterns of occupation towards the ancient sites of Limnias (Lamluda) and Velida (El Guba) recur. In the same area aspects of coastal geomorphology and harbour installations submerged by the occurrence of bradysism have also been studied from early aerial cover (Jones and Little, 1971).

Perhaps the most significant reworking of wartime material, however, concerns the Tavoliere of Apulia. Allied air photography in 1944 was conducted from the area of Lucera, Foggia and San Severo and thanks to the presence of John Bradford important air photographic material was salvaged, albeit only in print form. Before he became ill Bradford published in a couple of articles and also in his fundamental book *Ancient Landscapes* (Bradford, 1957) sufficient material to show the enormous potential for

Neolithic, Roman and Medieval landscape studies in the area. Better quality air photography conducted by the Italian authorities in the late 1950s in connection with land allocation schemes by and large produced only a fraction of the material known to Bradford at the end of the War. Despite the important work of Manfredini and Tine there grew up a resultant feeling that much of the material had been destroyed forever by use of the *ruspa*, the caterpillar tractor which cuts subsoils down to one and a half metres. Tine himself was convinced by his work at the great site of Passo di Corvo that further work on the Neolithic sites was not particularly justified in view of the destructive nature of modern farming. This was always unlikely and it was greatly to the credit of the late Derrick Riley and Otto Braasch that in 1989 they were able to make a flight from Germany into southern Italy which served in part to demonstrate the survival of a fair proportion of the information known from the Second World War. Undoubtedly there has been major destruction but not of the principal Neolithic ditches, for instance, such as those that survive at Santa Cecilia II which Riley reidentified.

The extreme detail that was next recorded in 1944/5 from the Roman farm systems (Jones, 1980) places them

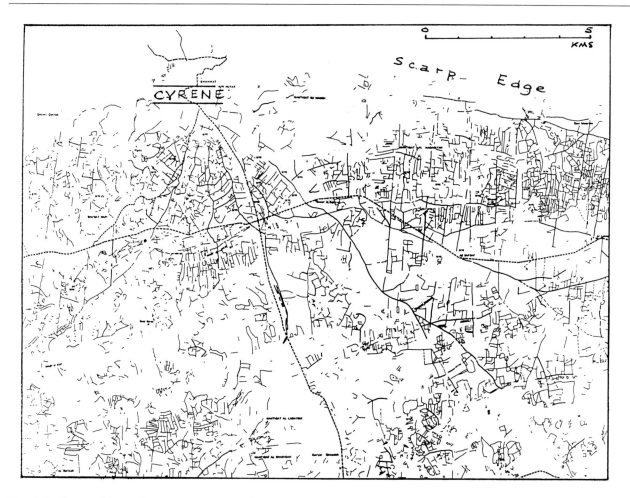

Fig. 5.4 : Cyrene (Cyrenaica) *: transcription showing the layout of ancient field patterns in a sample area south east of the metropolis (based on air photographs transcribed by M. Webb, 1960–63). Note the difference between the more regular field patterns (upper left) and more random developments elsewhere. Scale is 1:2500. Most of the evidence has subsequently been destroyed.*

in a different category from the more obvious remains of the Neolithic settlements with their major ditches (Fig. 5.5). After publication of a monograph on the Neolithic material (Jones, 1987) it became evident that only resurvey would allow publication of the Roman material from the Tavoliere in the detail that it deserved. Again the late Derrick Riley recovered sufficient to demonstrate that re-photography was possible (Riley, 1992). His recording of a previously unknown villa at Troia north was the turning point (Fig. 5.6). The problem, however, was that his flight with Braasch in 1989 for air photographic purposes was potentially difficult. However, changes in the legal basis following integration with EEC regulations has meant that it is now legal for non-nationals to fly, notably in Italy, although the cost of doing so through specialist companies is extremely high. Nonetheless in 1994 work was carried out in the area through the courtesy of Alidaunia S.P.A., with at times spectacular rates of recovery and additions to the previous data base.

The pattern that appeared to emerge is that in an area where previously the norm was to use vertical air photo-

graphs from a considerable height, in contrast low level oblique photography can serve to recover surviving elements of the Roman countryside, where they have not been bulldozed away, in quite extraordinary detail (Figs. 7–8). The process of working on this for publication raised two points. First of all under EEC law it is now possible for non-nationals to take aerial shots in countries other than their own; and secondly the importance of changing the perception of air photography from the high level vertical to the archaeologically dedicated low-level oblique. Greece and Spain are two EEC countries where this is particularly pertinent. Aerial photography for archaeological purposes has taken place to some extent in Greece, but with little recognition to my knowledge of crop mark information (Schoder, 1974). The costs involved are now extremely high and there is a further complication, namely that such projects would have to fall within the approved quota within the head of each Foreign School in Athens. This is not the case in Spain, however, where Dr. Keay of Southampton University regrets the lack of any dedicated air photographic cover,

Fig. 5.5 : Oblique aerial photograph of the Neolithic settlement at La Martora south of the Foggia-Troia road, Apulia, south-east Italy (1994).

other than on some of the mining sites in the North West where some photography has taken place, along with some general photography (Bazzana and Humbert, 1985). The primary reason for the stillborn nature of aerial prospection lies, he informs me, in the decentralisation of finances to the Autonomias that took place in 1991. The provincial archaeological authorities, therefore, have fixed budgets which have yet to extend beyond the purchasing of vertical cover taken originally for other

purposes. Yet matters are being improved in Greece in recent months and it has now become possible for any suitably validated archaeologist to gain study access to a dedicated national cover, albeit vertical.

Satellite imagery

Satellite derived photography has of course been available since the early 1960s, but it is the development and release

Fig. 5.6 : Air photograph of tripartite Roman villa, Troia, south-east Italy (1945).

of false colour infra red imagery in the last decade that has been of greater significance to archaeology. Satellite imagery with a resolution of 20 to 30 metres in the available examples does not contain sufficient detail to be of interest for the development of archaeological remains *per se*. On the other hand development of false colour facilities has enabled archaeologists and geographers to improve their grasp of the environmental patterns of particular zones, or adopt an image led strategy within a particular study zone. Equally the simple presence of remote satellite imagery serves part and parcel of the process of opening contemporary understanding of our environment. I refer in particular to the rather misnamed book by Richard Cleave on *The Holy Land: a unique perspective* (1993) which in fact covers parts of southeast Turkey as well as the Syrian coastline. This was one chink in the armour of an area whose resistance to aerial photography has been total until the Israeli programme of air photography by G. Isaac assisted by Derrick Riley in the period 1991–3.

Early satellite imagery made a major impact both in terms of spatial cover and dramatic effects, first in black and white and subsequently in colour. The problem of resolution led to the slow realisation of archaeological potential. Nonetheless, despite the absence of high resolution material, the involvement of archaeologists of landscape studies at a large scale level up to the regional means that low resolution data formed material that could be incorporated in the study of landscape history. There are many problems still relating to the pricing policy of the various agencies and the availability of cover, but certainly the advent of false colour infra-red imagery in the last decade has added a fresh dimension that the

landscape archaeologist could no longer ignore, particularly in semi arid zones. Moreover the archaeologist – like the geologist but unlike most environmentalists – requires only a single set of cloud free imagery for his purpose. The conditions of the Libyan semi desert and other comparable zones in southern Tunisia and Algeria where there is relatively very little modern environmental disturbance, and a very high percentage of cloud free cover, are therefore well suited to this potential application which has been exploited in publication terms by Allen, Dorset, Gilbertson and Hunt. At its most fundamental early LANDSAT imagery actually provided a useful corrective to existing map cover in parts of the Libyan survey, and at the same time areas where vegetational change hinted at the presence of ancient agriculture. This point became vital with the further advent of false colour imagery. This enabled the archaeologists to pinpoint with considerable accuracy areas of vegetational growth in wadi floors that form a reflection of the still partly functioning cross-wadi flood control walls that are the primary indication of the existence of former agriculture and agricultural structures. In the course of the UNESCO Libyan Valleys Survey by inverting the process it became possible to apply an image led strategy that controlled the topographical distribution of archaeological effort. Such techniques urgently need to be applied in particular to the frontier zones of Algeria where the primary evidence already exists in the cover available from Baradez's *Fossatum Africae*. So far, however, the development of these macrotechniques has been limited to the work of the Libyan Valleys Survey and its associated projects.(Allen, 1985; Allen and Richards, 1983; Dorsett *et al.*, 1984).

Fig. 5.7 : Oblique air photograph of first century B.C. farm with associated decumanus and approach track Lucera, south-east Italy.

CURRENT PRACTICE

Fortunately there is no need in this presentation to set out best practice as established in Britain largely through the work of the Royal Commissions. That has been done in a recent article by C. Musson and R. Whimster on *Air Photography and the Study of Ancient Landscapes in Britain*. This article covers the developments that have been made in one part of northern Europe towards the standardization of best practice and covers access to the air, oblique photography, film types, etc. Particular emphasis is given to the standardized forms of transcription at a series of scales from 1:10,000 to 1:1250. Attention is also paid in the discussion to long term storage and accessibility not only to archaeologists but also to the planners (Musson and Whimster, 1992; Leva and Hus, 1990; Burnside, 1979; Maxwell, 1983; Musson, 1995; Palmer, 1976, 1977, 1984; Riley, 1980, 1987; Whimster, 1989, 1990; Wilson, 1975, 1982; Haigh, 1983; Edis, 1989).

The underlying assumption, however, is reasonably free access to the air space other than designated military flying corridors in the British Isles, and there is the nub of the problem as we have already seen. While best practice is effectively standardized on use of Cessna 150 or 172 high

wing monoplanes (Christlein and Braasch, 1982; Langouët, 1990), the problem in the Mediterranean is so often to secure permission for flying. It appears that the kind of advances that are possible in Italy may be transferable under new EEC legislation to the Iberian peninsula, where previously only one publication has highlighted the potential for air photography. This is in many ways a more fertile potential area than Greece or, under current circumstances, the eastern Adriatic coast or Turkey.

Almost all of the area south of this latitude is effectively barred to academic flying for research purposes, apart from the latest initiative in Israel where all film has to be submitted for inspection. Libya, Algeria and Syria to name the most obvious examples are places where prospects of research led flying are quite remote. Accordingly archaeologists have begun to look in other directions.

Alternative medicines

Archaeologists are nothing if not inventive and one response to the difficulties of finance and lack of aerial access has been the development of a wide variety of experimental solutions. (Deutsches Bergbau Museum, 1987). These include the use of miniaturised aeroplanes or helicopters,

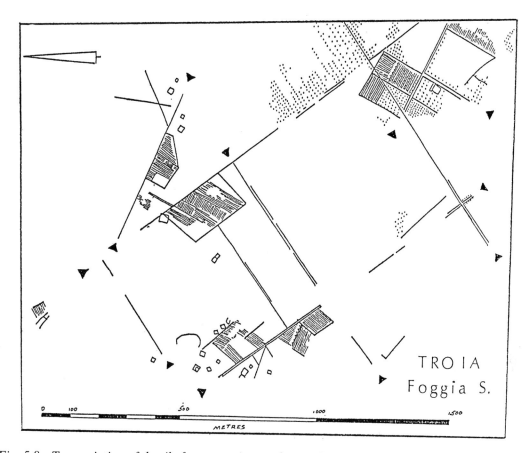

Fig. 5.8 : Transcription of details from superimposed centuriation systems, Foggia south-east Italy.

the use of balloons and, more recently, the application of improved kite technology developed from space research (Fig. 5.9). To these one may perhaps add the increasing use of microlights which have also evolved, notably in the type known as the Coyote, with plane-like configurations offering a stable photographic platform. As an avenue for research microlights appear to have been little exploited where they can operate under relatively few restrictions; their limitations, of course, remain problems of range and weather; in short they are a very suitable and relatively cheap means of recording an area that is limited and whose archaeological content is at least partly known already.

Of the three other methods the use of balloons has the longest pedigree going back to Sir Harry Wellcome who recorded excavations in the Sudan as early as 1911, a method that was repeated in the excavations of the timber-built settlement of Bishkupin in Poland in the 1930s. Various teams have used the method to record harbour sites in the Greek mainland and, more recently, recorded the spectacular palace sites of Minoan Crete. The operational problems remain the same: the need for calm weather and the difficulties of transporting and handling non-explosive gases. Best practice is perhaps demonstrated by the team from the Bergbau Museum of Bochum especially

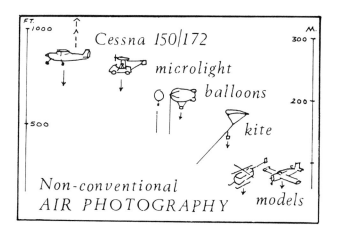

Fig. 5.9 : Non-conventional methods of aerial photography.

with their pioneer work in northern Oman. There is much to admire too in Myers and Cadogan's *Atlas of Ancient Crete* (Deutsches Bergbau Museum, 1987; Myers and Cadogan, 1994).

Remote-controlled cameras have also been successfully placed in model aeroplanes and helicopters, the latter far more expensive to build and difficult to fly safely. A third response to the need for fast plotting of material has been the development of another air photographic recording system again based on an electrically driven 35 mm camera. The camera is held aloft, suspended vertically or obliquely from the line running down from a parascoop kite, the lift from which enables pictures to be taken in even relatively light winds. The camera is triggered by a radio impulse from a ground transmitter and five metre scales on the ground can be used to produce a photogrammetrically controlled plot-out of features at ground level.

The complexity of the operation is not as hazardous as it might sometimes appear. By using a second tethering line, for instance, it is possible to calculate the exact height of the camera and therefore the precise distance between features on the ground, provided one or two measurements are also taken by hand.

Preferably, however, the laying down of five metre tapes or a triangle of fixed points enables scale plans to be produced and a number of sites have been surveyed in this way. One advantage, in academic terms, of this method is that the camera makes no distinction between physically imposing remains, such as the massive walls of the major gasr, and the low lying rubble of its satellite settlement. This kind of recording process, developed in part through

the work of Mr. John Allen in 1979 coincided with one of the major desiderata in the development of detailed settlement survey (Jones, 1989).

The primary recording undertaken by the ULVS in Libya has at times depended heavily on this technique. The procedure can obviously be applied widely both to previously unknown and unimposing sites, and to existing well-known structures (Fig. 5.10). The particular value of this system, yet to be fully exploited, relates to extensive Islamic settlements such as those of the Wadi Merdum in Tripolitania. The upstanding rubble remains can be plotted through this form of low-level aerial photography at a scale appropriate to the spread of the site. Anatolia is a country where the Turkish authorities have yet to allow aerial photography for research purposes, and a recent attempt at a collaborative venture by Dr. Kennedy with a Turkish University came to nothing. Particular credit therefore is owed to Dr. Geoffrey Summers for his work at Kerkenes Dag, a major hillfortress some 120 miles east of Ankara. There he has combined kite photography with recording from a balloon in low shadow conditions with impressive results, but this remains an isolated example in Anatolia and as yet there is little understanding of crop mark development and similar phenomena (Summers, 1994). The problem again is that all the methods we have

Fig. 5.10 : Vertical view of the sand-covered Roman fort of Bu Ngem (Tripolitania) from a height of approximately 200 m taken by a kite-borne air photographic system (1984).

been discussing in this section are only viable if the presence of archaeological remains is known and if these are represented by cropmarks alone then that recognition is likely to be absent.

PROSPECT

The prospects for dedicated air photography in the Mediterranean area, particularly the eastern and southern coastal countries, is not encouraging. Added to this is the conceptual defect still unfortunately embedded in many archaeological authorities which see aerial archaeology, if at all, as simply the application of high level vertical cover taken for non-archaeological purposes. This is, of course, the very material which defence conscious governments are most likely to withhold, even in some cases from one Ministry to another. We can only hope that more tolerant and academically favourable atmospheres develop. We have the technology, we have the methodology; we need the financial and political setting in which archaeology may progress.

REFERENCES

Agache, R. (1978) *La Somme préromaine et romaine*. Société des Antiquaires de Picardie.

Agache, R., Bréart, B. (1975) *Atlas d'Archéologie Aérienne de Picardie*. Société des Antiquaires de Picardie.

Allen, G.W.G. (1984) Discovery from the Air. In J.S.P. Bradford and O.G.S. Crawford eds: *Aerial Archaeology* 10, 1–92.

Allen, J.A. (1985) Remote sensing in archaeological survey. In D.J. Buck and D.J. Mattingly (eds) *Town and Country in Roman Tripolitania: Papers in Honour of Olwen Hackett*: 191–200. BAR Int. Ser. 274 (Society for Libyan Studies Occasional Papers II).

Allen, J.A., Richards, T.S. (1983) The use of satellite imagery in archaeological studies. *Libyan Studies* 14: 4–8.

Baradez, J. (1949) *Vue Aérienne: Fossatum Africae*. Paris.

Bazzana, A., Humbert, A (1985) *Prospections aériennes: Les paysages et leur histoire*. German Inst., Madrid.

Beresford, M.W., Saint-Joseph, J.K. (1979) *Medieval England from the Air*. Cambridge University Press, Cambridge.

Bradford, J.S.P. (1957) *Ancient Landscapes*. Baker ed., London.

Burnside, C.D. (1979), *Mapping from Aerial Photographs*. Granada, London.

Christlein, R., Braasch., O. (1982) *Das Unterirdische Bayern: 7000 Jahre Geschichte und Archäologie im Luftbild*. Konrad Theiss Verlag, Stuttgart.

Cleave, R. (1993) *The Holy Land: A Unique Perspective*. Oxford, Lion Books.

Crawford, O.G.S., Keiller, A. (1928) *Wessex from the Air*. Oxford University Press, Oxford.

Deutsches Bergbau Museum Photogrammetrie (1987) *Luftaufnahmen aus geringer Flughöhe*. Bochum.

Dorsett, J., Gilbertson, D.D., Hunt, C.O., Barker, G.W.W. (1984) The UNESCO Libyan Valleys Survey VIII: Image analysis of landscape satellite data for archaeological environmental surveys. *Libyan Studies* 15: 71–80.

Edis, J. *et al.* (1989) An Archaeologist's Guide to Classification of Cropmarks and Soilmarks. *Antiquity* 63: 112–26.

Frere, S.S., St Joseph, J.K.S. (1983) *Roman Britain from the Air*. Cambridge University Press, Cambridge.

Guy, P.L.O. (1932) Balloon Photography and Archaeological Excavation. *Antiquity* 6: 148–55.

Haigh, J.G.B. (1983) Practical methods for the rectification of oblique aerial photographs. In A. Aspinall and S.E. Warren (eds) *Proceedings of the 22nd Symposium on Archaeometry*: 1–10, University of Bradford, Bradford.

Jones, G.D.B. (1980) Il Tavoliere romano: l'agricultura romana attraverso l'Aerofotografia e lo Scavo. *Archeologia Classica* 32: 85–107.

Jones, G.D.B. (1985) The Libyan Valleys Survey: the development of settlement survey. In D.J. Buck and D.J. Mattingly (eds) *Town and Country in Roman Tripolitania: Papers in Honour of Olwen Hackett*: 263–90. BAR Int. Ser. 274 (Society for Libyan Studies Occasional Papers II).

Jones, G.D.B. (1987) *Neolithic Apulia*. Society of Antiquaries of London, London.

Jones, G.D.B. (1988) The Development of Air Photography in North Africa. In D. Kennedy (ed) *Into the Sun: Essays in Air Photography in Archaeology in Honour of Derrick Riley*. Department of Prehistory and Archaeology, University of Sheffield, Sheffield: 29–47.

Jones, G.D.B., Little, J.H. (1971) The coastal cities of Cyrenaica. *Journal of Roman Studies* 61: 64–79.

Kennedy, D., Gregory, S. (1985) *Sir Aurel Stein's Limes Report*. BAR Int.Ser. Oxford.

Kennedy, D., Riley, D.N (1990) *Rome's Eastern Frontier*. London, Batsford.

Langouët, L. (1990) *Le passé vu d'avion dans le Nord de la Haute Bretagne*. Dossiers du Centre Régional d'Archéologie d'Alet, Saint-Malo.

Laronde, A. (1987) *Cyrène et la Libye Hellénistique*. CNRS, Études d'Antiquités Africaines.

Leva, C., Hus, J. (eds) (1990) *Aerial Photography and Geophysical Prospection in Archaeology*. Proceedings of the 2nd International Symposium, Centre Interdisciplinaire de Recherches Aériennes, Brussels.

Maxwell, G.S. (ed) (1983) *The Impact of Aerial Reconnaisance in Archaeology*. Research Report 49, Council for British Archaeology, London.

Musson, C.R., Whimster, R.P. (1992) Air Photography and the Study of Ancient Landscapes in Britain. In M. Bernardi (ed.) *Archeologia del Paesaggio*, IV Ciclo di Lezione sulla ricerca applicata in Archeologia, Sienna.

Musson, C.R. (1995) *Patterns in the Past*. Royal Commission, Anc. and Hist. Monuments (Wales).

Myers, J.W., Myers, E.E., Cadogan, G. (1992) *The Aerial Atlas of Crete*. Thames and Hudson, London.

Palmer, R. (1976) Interrupted ditch enclosures in Britain: the use of aerial photography for comparative studies. *Proceedings of the Prehistoric Society* 42: 161–86.

Palmer, R. (1977) A computer method for transcribing information graphically from oblique aerial photographs to maps. *Journal of Archaeological Science* 4: 283–90.

Palmer, R. (1984) *Danebury, an Iron Age Hillfort in Hampshire: An Aerial Photographic Interpretation of its Environs*. Royal Commission on the Historical Monument of England Supplementary Series, n.6. Her Majesty's Stationery Officer, London.

Poidebard, A. (1934) *La Trace de Rome dans le Désert de Syrie*. Paris.

Riley, D.N. (1980) *Early Landscapes from the Air: Studies of Crop Marks in South Yorkshire and North Nottinghamshire*. Department of Prehistory and Archaeology, University of Sheffield, Sheffield.

Riley, D.N. (1987) *Air Photography and Archaeology*. Duckworth, London.

Riley, D.N. (1992) *Aerial Reconnaissance in Italy*. Papers British School at Rome: 268.

Riley, D.N. *et al.* (1985) The Mapping of archaeological evidence from air photographs. *Aerial Archaeology*, 11: 1–30.

St Joseph, J.K. (1977) *The Uses of Air Photography* (2nd edn).

Schoder, R.V. (1974) *Ancient Greece from the Air*. Thames and Hudson, London.

Settis, S. (1983) *Misurare la Terra. Centuriazione e colonie nel mondo Romano*. Museo Civico, Modena.

Summers, F., G. (1994) The Mountain Top City of Kerkenes Dag (Yozgat) in Cappadocia. *Arkeologi ve Sanat* 62–3: 3–20.

Whimster, R.P. (1989) *The Emerging Past: Air photography and the Buried Landscape*. Royal Commission on the Historical Monuments of England, London.

Whimster, R.P. (1990) Archaeological air photographic interpretation and mapping: recent work in England. In C. Leva and J. Hus (eds): *Aerial Photography and Geophysical Prospection in Archaeology*. Proceedings 2nd International Symposium: 229–44, Centre Interdisciplinaire de Recherches Aériennes, Brussels.

Whittlesey, J. (1975) *The Balloon Systems in Photography in Archaeological Research*. E. Harp ed, Albuquerque.

Wilson, D.R. (ed) (1975) *Aerial Reconnaissance for Archaeology*. Research Report 12, Council or British Archaeology, London.

Wilson, D.R. (1982) *Air Photo Interpretation for Archaeologists*. Batsford, London.

6. Détection aérienne des camps néolithiques en Languedoc occidental

Jean Vaquer

INTRODUCTION

En Languedoc tout comme dans les autres régions du Midi méditerranéen de la France, les recherches concernant le Néolithique ont pendant longtemps été focalisées sur les grottes et les abris sous roche qui ont permis d'établir les cadres chronologiques et culturels de cette période. Les fouilles extensives des établissements de plein air n'ont pris un réel essor qu'à partir de 1970 dans le cadre d'opérations de sauvetage qui révélèrent les premières enceintes chasséennes. A la lumière des enseignements tirés des fouilles toulousaines notamment de Saint-Michel-du-Touch et de Villeneuve-Tolosane et des résultats spectaculaires obtenus par les prospections aériennes dans le Centre-Ouest et le Nord de la France, lors de la grande sécheresse de 1976, un programme d'archéologie aérienne fut engagé en 1981 principalement dans la vallée de la Garonne et le couloir de l'Aude. Le but était de détecter des structures fossoyées par surveillance à basse altitude de sites déjà connus au sol comme d'importantes stations. Parallèlement des travaux de photo-interprétation des clichés aériens verticaux de l'I.G.N. ou d'autres fonds ont été entrepris. Au départ ces recherches ont porté sur les zones de céréaliculture en marge du vignoble languedocien qui était considéré alors comme impropre à de telles observations. Mais au cours des quinze dernières années la viticulture méridionale a connu une profonde crise structurelle qui s'est traduite par des arrachages massifs de vignes et leur remplacement, soit par des cépages de meilleure qualité, soit par des cultures de céréales non irriguées. On a pu dès lors combiner l'observation de deux grands types d'anomalies révélatrices: les indices pédologiques d'une part et les indices phytographiques d'autre part. Cette stratégie de surveillance de sites dûment attestés s'est révélée la plus rentable à moyen terme, puisqu'elle a permis de repérer ou de mieux connaître plusieurs systèmes fossoyés. Parallèlement des missions de prospection véritable ont été réalisées sur des zones sélectionnées en fonction de leur modelé ou de leur localisation, ce qui a permis de détecter quelques sites inédits. Au total, en dix ans, ces recherches ont porté sur une quinzaine d'enceintes.

LES CONDITIONS DE DÉTECTION

Comme dans de nombreuses autres régions les conditions d'observations des anomalies d'origine pédologiques, hygrométriques ou phytographiques varient fortement en fonction des zones géologiques, des types de cultures ou des conditions météorologiques. Il faut cependant préciser que la plupart des sites préhistoriques surveillés dans le cadre de ce programme se trouvent dans des zones de terrasses alluviales, à recouvrement limoneux ou loessique, qui constituent les terroirs de prédilection de la polyculture et du vignoble languedocien.

L'observation sur sol nu des parcelles replantées en vigne s'est avérée très rentable, malgré la faible surface observable car les défonçages de vigne qui bouleversent le sol sur 0,80 m de profondeur ne peuvent manquer d'éroder, voire de détruire les sites anciens et de la sorte faire apparaître en surface les sédiments noirâtres, qui comblent les fossés ou les fosses. Ces types d'indices sont visibles pendant plusieurs mois, ils apparaissent avec un maximum de netteté lors des survols hivernaux, lorsqu'ils sont rehaussés par les différences d'hygrométrie ou par dégel différé.

L'observation des parcelles cultivées en céréales (blé, orge, sorgho), ou plus rarement d' oléagineux (tournesol) et de plantes fourragères (colza et luzerne) est généralement réduite à des périodes très courtes en été. L'on sait que ces cultures sont très sensibles aux périodes de sécheresse qui perturbent la croissance et la maturation, ce qui a souvent pour conséquence de faire apparaître de façon très nette les anomalies du sous-sol, notamment celles liées à la présence d'anciens fossés ou de trous comblés, qui contiennent un sédiment souvent plus organique et plus humide que le sol naturel. Dans ces conditions, les fossés et les fosses apparaissent nettement dans les cultures, soit par une vigueur plus forte des plantes, soit par un retard de maturation ou de dessiccation. Les meilleures conditions d'observation des anomalies phytographiques sont en fin de journée, avec un éclairage rasant, de façon à les combiner avec les indices sciographiques.

Compte-tenu de la structuration actuelle des terroirs et de la diversité des pratiques agricoles, il n'est pas toujours possible de cerner l'intégralité d'un site au même moment, nous avons donc programmé des missions de surveillance régulières, qui ont au fil des ans apporté de multiples informations complémentaires.

Dans la mesure du possible, les découvertes aériennes ont été suivies de contrôles au sol et de relevés topographiques avec report sur les matrices cadastrales. Des essais de redressements d'images obliques ont été tentés avec le concours du laboratoire d'archéométrie de l'Université de Rennes I. Quelques datations des diverses structures ont pu être proposées à partir de prospections de surface, mais compte tenu du caractère aléatoire de cette démarche, ou de l'absence totale de matériel superficiel sur plusieurs sites majeurs, nous avons tenu à réaliser des sondages probatoires, plusieurs ont débouché sur d'importantes opérations de fouilles programmées ou de sauvetage.

Les résultats de ces prospections ne peuvent se réduire à la simple détection de sites, à des fins de connaissance ou de sauvegarde du patrimoine. Ils ont constitué dès le départ des documents de base, pour dégager des problématiques de recherche, ou des aides à la décision en matière de stratégie de fouille.

LES TYPES D'ENCEINTES

Il ressort des données de fouilles, que les enceintes néolithiques du Languedoc, comme d'ailleurs celles d'autres régions devaient être constituées d'un système double associant un fossé et une levée de terre, parfois contenue par une ou deux palissades. Les témoins des structures en élévation qui constituaient l'essentiel de ces dispositifs ont totalement disparu, il peut subsister dans de rares cas des tranchées de fondation des palissades, mais ces dernières ne sont pas toujours clairement détectables sur les clichés aériens. Le fil directeur de la typologie de ces structures est donc, faute de mieux constitué par le plan des fossés qui sont généralement les seuls éléments conservés.

Les enceintes à fossé unique segmentaire

Ces enceintes caractérisée par des fossés à interruptions multiples ont l'aspect d'un chapelet de grandes fosses allongées et alignées. Elles correspondent à un type largement répandu dans le Néolithique moyen et récent d'Europe Occidentale. La détection aérienne de plusieurs exemplaires en Languedoc occidental n'a pas été une surprise, puisque plusieurs systèmes de ce type étaient dûment attestés sur les grands sites chasséens du

Toulousain, où ils affectent une disposition en barrage d'éperon (Saint-Michel-du-Touch) ou en trapèze appuyé sur un rebord de terrasse (Villeneuve-Tolosane/Cugnaux). Nos prospections ont permis de détecter de nouvelles structures de ce genre sur plusieurs autres sites.

• Saint-Genès à Castelferrus (Tarn-et Garonne)
Le site de Saint-Genès est une butte témoin d'une basse terrasse alluviale qui a été dégagée par la confluence de la Garonne et de la Gimone. D'une superficie d'une trentaine d'hectares, ce petit plateau ovalaire couvert de limon a livré de riches séries de matériel lithique néolithique. La présence d'un fossé chasséen a été prouvée par une fouille de sauvetage sur le flanc est. Les surveillances aériennes et l'analyse des clichés de l'IGN ont permis de repérer, en indice phytographique, un possible prolongement de l'enceinte dans la partie la plus méridionale du site. Un tronçon courbe et interrompu est visible sur 80 m de long, il était peut-être doublé d'une palissade vers l'intérieur.

• La Farguette à Cavanac (Aude)
Le site de La Farguette est un éperon dégagé dans la basse terrasse par la confluence de l'Aude et du Toron (Fig. 6.1, no. 2). Prospecté depuis plus d'un siècle, il a livré de riches collections de haches polies et d'outils en silex de style chasséen. L'abondance de ce matériel, recueilli dans les vignes qui ont longtemps couvert le site laissait présager un mauvais état de conservation. Les clichés obtenus sur les cultures céréalières qui ont remplacé le vignoble à partir de 1988 ont révélé en indice phytographique une très grande densité de structures en creux. C'est ainsi que l'on a pu distinguer à l'extrémité de l'éperon les témoins d'au moins six fossés concentriques, dont plusieurs montrent des interruptions multiples. L'étroitesse de certaines de ces structures laisse penser qu'il s'agit peut-être de tranchées d'implantation de palissades. Ces structures ne sont probablement pas contemporaines. Le reste de la parcelle est littéralement criblé d'indices punctiformes qui doivent correspondre à des silos, à des fosses ou à des caves.

• Poste-Vieille à Pezens et Moussoulens (Aude)
Le site de Poste-Vieille à Pezens (Aude) est un éperon bifide dégagé dans une basse terrasse par la confluence de la Rougeanne et du Fresquel (Fig. 6.1, no. 1). Labouré profondémment en 1979, il a été découvert par M. Passelac en 1982 sur culture de céréales. Dans l'unique parcelle observable alors, il s'agissait d'un tronçon curviligne de fossé à interruptions multiples, qui a pu être retrouvé sur certains clichés verticaux de l'IGN. Une fouille de contrôle effectuée par J. Guilaine en 1989 a confirmé l'âge néolithique de cette structure, qui a livré un matériel de type Chasséo-bizien. Ce site a dès lors fait l'objet d'une surveillance régulière, qui s'est révélée très efficiente puisqu'elle a permis un relevé pratiquement complet de l'enceinte néolithique et de plusieurs structures médiévales pendant l'été 1991, ainsi qu' une nouvelle série de fouilles

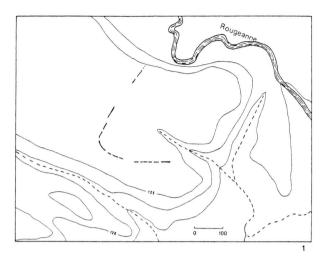

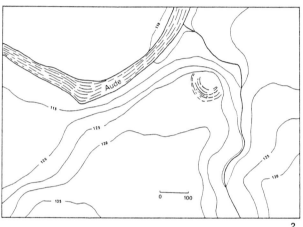

Fig. 6.1 : Relevés d'après clichés aériens d'enceintes à fossés segmentaires du Néolithique moyen languedocien. 1 : Site de Poste-Vieille Pezens et Moussoulens (Aude); 2 : Site de La Farguette à Cavanac (Aude).

de contrôle en 1991 et 1992. D'autres précisions sur le tracé du fossé ont été apportées par de nouveaux clichés obliques pris en 1993. Dans chaque cas les détections aériennes ont été suivies de relevés au sol, quelques essais de redressement informatisé d'images interprétées ont été tentés au laboratoire d'archéométrie de l'Université de Rennes I. Il résulte de ces opérations que le petit tronçon repéré initialement appartient à un très vaste système de fossé à multiples interruptions, de forme très arquée, que l'on a pu détecter sur environ 650 m de long. Il est formé de fosses dont la longueur oscille entre 8 et 48 m, séparées par des passages de 1,50 à 8 m. Il délimite un camp ovalaire établi sur un rebord de terrasse, qui couvre environ 12 hectares. Les diverses fouilles de contrôle réalisées ont révélé qu'il s'agissait d'un fossé très modeste de l'ordre d'1,50 à 2 m de large, probablement peu érodé. La fouille extensive réalisée par P. Barthès a révélé les traces d'une palissade ainsi que diverses structures d'habitat qui n'étaient pas perceptibles sur les clichés aériens.

Les enceintes à fossé unique, peu interrompu ou continu

Ces enceintes qui se caractérisent par de grands fossés ne ménageant qu'un nombre restreint de passages ont un aspect nettement plus défensif que les précédentes. On peut distinguer plusieurs types en fonction de leur adaptation à la topographie des sites qu'elles occupent.

Les fossés en barrage d'éperon

Plusieurs sites de confluence dont les flancs sont bordés de talus abrupts ont été barrés sur le troisième côté par un fossé, qui devait être bordé d'une levée de terre ou d'une palissade voire d'un possible rempart en pierre, comme le suggèrent les fouilles de Roquemengarde à Saint-Pons-de- Mauchiens (Hérault).

• Auriac à Carcassonne (Aude)

La surveillance aérienne de ce site néolithique n'a révélé qu'un petit tronçon d'un grand fossé qui a pu être ensuite totalement dégagé lors des fouilles de sauvetage réalisées en 1987 et 1988. Ce fossé qui barre l'éperon dans son endroit le plus resserré mesure une centaine de mètres de long avec une seule interruption centrale de 5 m de large. Les fouilles ont révélé qu'il mesurait plus de 4 m de large et 2 m de profondeur dans les secteurs les mieux conservés. Il délimitait un camp d'environ 3 hectares et a livré d'abondantes séries de matériel, typique de la phase classique du Chasséen méridional (première moitié du 4e millénaire av. J.C.).

• Saint-Antoine 1 à Caux-et-Sauzens (Aude)

C' est un éperon bifide entaillé dans une vieille terrasse graveleuse du Fresquel. Il recèle de nombreuses traces d'habitats anciens dont un trés net fossé anguleux, mesurant 250 m de long et 6 m de large, qui barre l'éperon en délimitant une superficie d'environ 7 hectares. Cette structure est visible très souvent en indice pédologique et phytographique, son plan précis a pu être relevé à partir de nos photos obliques et des clichés IGN. Elle ne présente pas d'interruption, mais deux coudes aux extrémités pouvant délimiter des passage près des flancs du site. Cette enceinte est mal datée, des vestiges néolithiques (chasséo-biziens) ont été recueillis à son emplacement mais le site a connu aussi des occupations à l'Age du Fer (amphores massaliètes).

• Les Plos à Ventenac-Cabardès (Aude)

Le site des Plos est un éperon très effilé dégagé dans la basse terrasse du Fresquel. Plusieurs défonçages de vigne y ont révélé une anomalie pédologique longiligne barrant la côté nord du site. Les contrôles au sol ont révélé que cette anomalie était créée par une accumulation de pierres calcaires incluses dans un sédiment noirâtre, riche en vestiges lithiques et céramiques attribuables au Chasséen classique.

Les enceintes annulaires à passage unique ou double

Ces enceintes se trouvent sur des terrains plats ou au sommet de petites buttes alluviales. La première structure de ce type a été découverte par hasard, les prospections aériennes systématiques ont permis d'en découvrir plusieurs autres sur des sites généralement inédits. Etant donné la rareté des indices de datation en surface et aussi de leur ressenblance avec des retranchements médiévaux, un programme de sondages et de fouille a été mis en place récemment, pour lever les doutes sur leur datation.

• La Serre à Laure-Minervois (Aude)
Cette petite enceinte établie près du rebord d'une terrasse dominant la cuvette de Laure-Minervois a été découverte sur sol nu à la suite d'une plantation de vigne (Fig. 6.2, no. 1). Elle apparaissait nettement comme un anneau ouvert de terre noire humide, correspondant à un fossé de 2 à 4 m de large décrivant un espace sub-circulaire de 47 à 55 m de diamètre, avec une entrée large de 5 m à l'est. Aucune indice de datation n'est apparu en surface, mais un petit sondage a livré deux petits tessons de céramique modelée et des fragments de lamelles et d'outils en silex.

• Rivoire à Pennautier (Aude)
Une enceinte du même type a été découverte lors d'une surveillance de vignes nouvellement plantées (Fig. 6.2,

no. 2). Elle est apparue en indices pédologique et hygrométrique sombre sur un terrain clair et sec (ancienne terrasse graveleuse). A l'aide de nos clichés et des précieux repères fournis par les rangées et les piquets de vigne, nous avons pu faire un relevé précis de cette enceinte annulaire qui mesure 110 m de diamètre et comporte elle aussi une entrée vers l'est, large d'environ 10 m. Cette enceinte est aussi très bien visible sur les clichés verticaux pris par les forces alliées lors du dernier conflit mondial. Les contrôles au sol n'ont fourni aucun vestige probant.

• Roc d'en Gabit à Carcassonne-Montredon (Aude)
C'est la surveillance systématique de cet important gisement néolithique et chalcolithique qui a permis de détecter l'existence d'une enceinte annulaire, dont on avait pressenti l'existence, au vu des indices pédologiques recensés sur les clichés IGN. Cette structure est apparue très nettement, quoique de façon partielle à la suite d'arrachages de vignes au printemps 1992. Elle a alors été relevée au sol et sondée car les parcelles sont restées en jachère en vue d'une reconversion en champ d'asperges. Le fossé rempli de terre sombre et creusé dans du loess

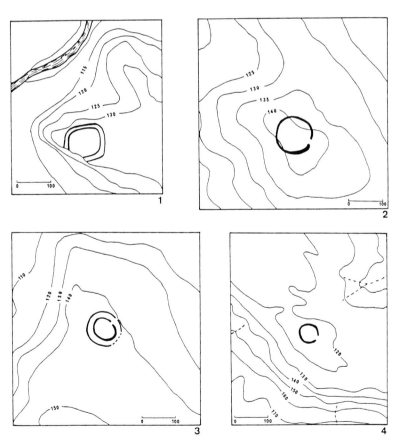

Fig. 6.2 : Relevés d'après clichés aériens d'enceintes du Néolithique final languedocien. 1 : Enceinte à double fossé sub-quadrangulaire de Saint-Antoine 2 à Caux-et-Sauzens (Aude); 2 : Enceinte annulaire simple de Rivoire à Pennautier (Aude); 3 : Enceinte annulaire double de Carsac-Mayrevieille à Carcassonne (Aude); 4 : Enceinte annulaire simple de La Serre à Laure-Minervois (Aude).

jaune était très aisément repérable au sol, il mesure entre 8 et 10 m de large sur la terrasse et s'amincit au nord dans un secteur érodé. Le diamètre de l'enceinte est de l'ordre de 100 mètres avec une interruption d'une quinzaine de mètres à l'ouest. Un sondage de 1,50 m de large a pu être réalisé dans un secteur où le fossé mesurait 8 m de large. Il a montré que le fossé avait une section en U, qu'il mesurait plus de 3 mètres de profondeur et qu'il avait été comblé de terre argileuse brune, plus ou moins sableuse, avec des traces de ruissellement et d'eau stagnante. Toute les couches de comblement ont livré des vestiges épars (restes de faune, un os humain, débris de céramique modelée à cordons et mamelons, silex, galets à cupules, débris de meules) qui appartiennent au Néolithique final ou au Chalcolithique local de type vérazien (vers 3000 av. J.C.).

• Le Mourral- Millegrand à Trèbes (Aude)
Cette enceinte a été détectée à la suite d'un décapage de terrain au sommet d'une gravière (Fig. 6.3). Un tronçon arqué d'un fossé était visible dans une zone en cours d'exploitation, les contrôles au sol ont prouvé son appartenance au Néolithique final. Le site fait depuis l'objet d'une fouille de sauvetage extensive. Cette opération a révélé que le fossé sub-circulaire mesure 65 m de diamètre, 4 m de large et 2 m de profondeur. Il est doublé par une palissade à 4 m vers l'intérieur. L'enceinte comporte deux entrées, la plus grande est située à l'Est avec un passage de 6 m de large au niveau du fossé et de 2 m de large au niveau de la palissade, l'autre accès à l'ouest est plus réduit, 1,30 m au niveau du fossé et 0,6 m au niveau de la palissade, mais il a manifestement été rétréci pendant l'occupation du site. La zone interne recèle des trous de poteaux de deux bâtiments à ossature bois. L'un d'eux mesurait plus de 22 m de long et 9 m de large. Le matériel trouvé sur le site est homogène, il appartient au Néolithique final-Chalcolithique de style vérazien. On note quelques éléments campaniformes dans le comblement supérieur du fossé.

Les enceintes fossés multiples

Ce type est plus délicat à déterminer dans la mesure où son individualisation repose sur un lien de stricte contemporanéāté entre les fossés. On retiendra cette possibilité pour des enceintes dont les fossés sont bien

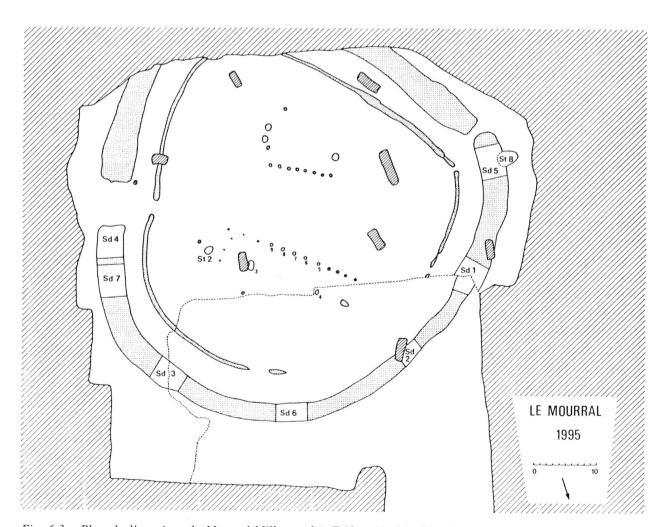

Fig. 6.3 : Plan de l'enceinte de Mourral-Millegrand à Trèbes (Aude), détectée en avion et en cours de fouille.

parallèles ou celles qui ont des entrées concordantes. Cette éventualité est reconnue sur trois exemplaires.

• Rocreuse à Raissac-sur-Lampy
et Saint-Martin le Vieil (Aude)

Ce sont des défonçages de vigne qui ont révélé la présence de deux bandes concentriques de terre noire représentant probablement le tracé partiel de deux fossés hémicirculaires adossés au rebord d'un plateau calcaire. Les contrôles au sol ont permis la collecte d'un abondant matériel (silex, céramique à cordon, plaquette de schiste, meules, perle en talc) qui appartient indubitablement au Néolithique final. A la suite d'autres travaux agricoles et de plusieurs séries de prospections au sol, on a pu repérer les prolongements de cette double enceinte qui délimite un espace d'environ 7 hectares.

• Saint-Antoine 2 à Caux-et-Sauzens (Aude)

Une seconde enceinte a été détectée sur l'un des deux éperons de ce site à la suite de défonçages pour replantation de vignes (Fig. 6.2, no. 1). Deux traces pédologiques sombres et parallèles traduisaient l'existence de fossés, délimitant un espace quadrangulaire à angles arrondis, s'appuyant sur le talus méridional du site. Les relevés effectués au sol à l'aide de nos clichés et des indices relevés sur les clichés IGN ont permis de mesurer cette structure sub-rectangulaire qui mesure 125 m de long, 106 m de large et qui se compose de 2 fossés de 3 m de large séparés par un espace de 6 à 10 mètres. Les nombreux vestiges recueillis à l'emplacement des fossés au moment des contrôles au sol permettent de dater correctement cette enceinte du Néolithique final (lames de silex, grattoirs, haches polies, céramique modelée à cordons lisses).

• Carsac-Mayrevieille à Carcassonne (Aude)

Une enceinte annulaire double été découverte en 1987 lors d'une mission de surveillance de l'important site protohistorique qui s'étend sur 25 hectares au sud de la ville de la Carcassonne (Fig. 6.2, no. 3). Elle est apparue au départ en indice pédologique comme un double anneau de terre sombre, se détachant assez bien par rapport au substratum loessique clair qui couvre le site. Cette structure est apparue à diverses reprises soit sur sol nu, soit dans les diverses cultures annuelles qui ont succédé aux vignes (céréales d'hivers, colza, sorgho, tournesol). Pendant l'hiver 1990–1991 les révélations sur sol nu ont été particulièrement nettes, car les indices pédologiques ont été rehaussés par l'hygrométrie et le dégel superficiel de la terre. De bons clichés ont révélé que les fossés annulaires concentriques présentaient des interruptions sur le même axe. Il fut alors décidé de réaliser un relevé au sol et de tenter des sondages sur ces fossés qui n'avaient livré aucun vestige probant en surface. On a pu déterminer que l'enceinte extérieure sub-circulaire mesure entre 106 et 98 m de diamètre, elle est formée d'un fossé de 4 à 5 m de large avec une interruption de 5 m orientée à 21° au nord-est; l'enceinte intérieure délimite une aire ovalaire de 67

m de long et 55 m de large avec un fossé mesurant 6 à 8 m de large et possédant une orientation dans le même axe que la précédente. Les sondages ont confirmé la grande ampleur de ces fossés, celui de l'intérieur mesure plus de 8 m de large et 3 m de profondeur, celui de l'extérieur mesure 4,50 m de large et 1,60 m. de profondeur. Les deux fossés ont révélé des comblements différenciés suggérant des apports de sédiments venant de l'intérieur du site. Le matériel archéologique trouvé dans les couches de comblement des deux fossés est relativement homogène et typique du Néolithique final-Chalcolithique (écuelles carénées, jarres à cordons lisses et mamelons). Une sépulture disloquée a été trouvée dans le remplissage du fossé interne, elle suggère que ce genre d'aménagement pourrait avoir eu une vocation cultuelle.

CONCLUSION

L'application des méthodes de l'archéologie aérienne en Languedoc occidental a été particulièrement rentable puisque l'on connaît à l'heure actuelle dans cette micro-région un nombre de structures fossoyées bien supérieur à celles détectées par les opérations de sauvetage dans le reste du Midiméditerranéen français (Fig. 6.4–6.5). Dans la zone la mieux prospectée, autour de Carcassonne, ces enceintes ont une densité remarquable (une tous les 5 km en moyenne, en vallée alluviale), ce qui laisse présager de nombreuses découvertes futures dans les zones voisines. On retiendra que ce programme ciblé sur la préhistoire doit son efficience à deux facteurs, la longue durée des surveillances systématiques a permis de cumuler les observations et d'obtenir des relevés presqu'exhaustifs, le couplage avec des interventions de terrain a permis d'apporter les indispensables compléments d'enquête, au sujet de l'attribution culturelle et de la datation des structures. Les clichés aériens ont joué un rôle déterminant dans le renouvellement des problématiques et dans la programmation de la recherche.

Dans certaines zones d'Europe occidentale, le phénomène des camps retranchés apparaît dès les premières phases du Néolithique, dans le domaine des cultures à céramique imprimées méditerranéennes le cas de l'Italie du Sud est flagrant, il en est de même dans certaines régions relevant de la culture Rubanée (Van Berg, 1988). Dans le Midi de la France, en l'état actuel des connaissances aucune structure fossoyée ne peut être attribuée au Néolithique ancien, ce qui ne saurait surprendre, vu le faible nombre de sites répertoriés et fouillés sur une grande surface. On ne peut donc savoir si les premières enceintes connues relèvent d'une éventuelle tradition locale ou si elles sont tributaires d'un modèle exogène.

En Languedoc occidental les plus anciennes enceintes, avec fossés et palissades sont attribuables au Chasséen méridional classique (charnière des 5e et 4e millénaires av. J.C.). Elles appartiennent à deux types fondamentaux.

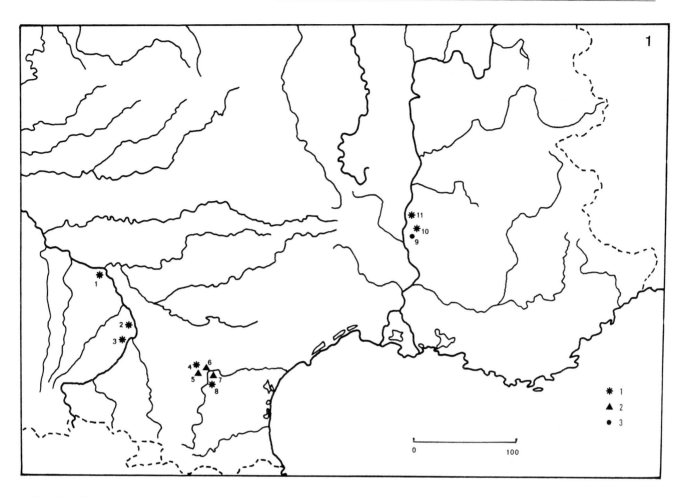

Fig. 6.4 : Carte des enceintes fossoyées du Néolithique moyen chasséen dans le Midi de la France. 1 : Enceintes à fossé segmentaire; 2 : Fossés peu interrompu en barrage d'éperon; 3 : Fossé indéterminé.

N°1 : Saint-Genès à Castelferrus (Tarn-et-Garonne); n°2 : Saint-Michel-du-Touch à Toulouse (Haute-Garonne); n°3 : La Terrasse à Villeneuve-Tolosane (Haute-Garonne); n°4 : Poste-Vieille à Pezens et Moussoulens (Aude); n°5 : Saint-Antoine 1 à Caux-et-Sauzens (Aude); n°6 : Les Plos à Ventenac-Cabardès (Aude); n°7 : Auriac à Carcassonne (Aude); n°8 : La Farguette à Cavanac (Aude); n°9 : Les Moulins à Saint-Paul-Trois-Château (Drôme); n°10 : Clansaye 2 (Drôme); n°11 : La Roberte à Châteuneuf-du-Rhône (Drôme).

Les enceintes à fossé segmentaire sont d'un modèle largement répandu dans le Néolithique moyen et récent de l'Europe tempérée. Le groupe Languedocien est actuellement le plus méridional. quelques relais avec le Centre-Est de la France, où ce type apparaît dès le Cerny par exemple à Balloy (Mordant, 1992) pourraient exister dans la vallée du Rhône. En effet des tronçons de fossés ont été signalés sur plusieurs sites chasséens de la Drôme, soit à partir de fouilles comme aux Moulins à Saint-Paul-Trois-Châteaux, soit à partir de photographies aériennes comme à la Roberte à Châteauneuf-du-Rhône et à Clansayes 2 où le type segmentaire semble attesté (Beeching, 1989). D'autres enceintes avec fossés et palissades à interruptions multiples existent aussi dans le Centre-Ouest de la France notamment dans le Poitou (Joussaume et Pautreau, 1989), la mieux connue est celle de Sandun à Guérande (Loire-Atlantique) qui appartient au Néolithique moyen armoricain (Letterlé, 1990). Le site d'Auriac montre que des fossés à passage unique existent aussi dans le Chasséen méridional, il s'agit dans le cas de ce site d'un barrage d'éperon caractéristique, ce type d'enceinte a une valeur chronologique et culturelle bien moindre, il est largement attesté dans d'autres contextes culturels et chronologiques, par exemple au Néolithique final-Chalcolithique à La Moulinasse à Salles-d'Aude dans l'Aude (Guilaine *et al.*, 1989b), à Roquemengarde, Saint-Pons-de-Mauchiens dans l'Hérault (Guilaine *et al.*, 1989a) ou La Fare, Forcalquier dans les Alpes-de-Haute-Provence (Muller et Lemercier, 1992).

Les enceintes annulaires à large fossé du Languedoc occidental constituent un groupe homogène datable du Néolithique final de style vérazien. Hormis les exemplaires découverts en prospections aériennes, ce type est attesté aussi par des fouilles de sauvetage par exemple à

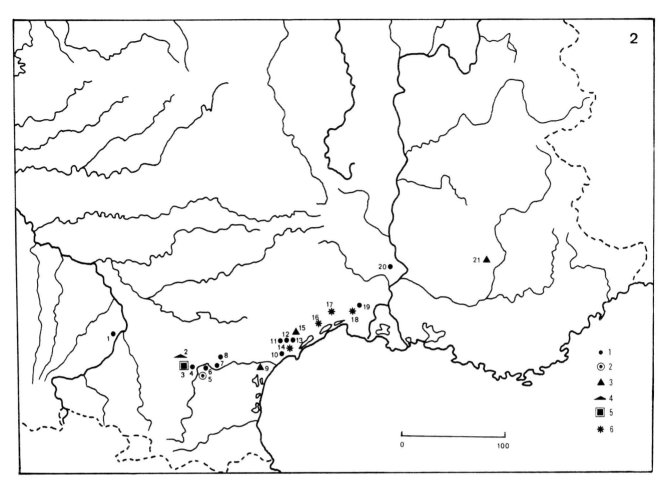

Fig. 6.5 : Carte des enceintes fossoyées du Néolithique final/Chalcolithique dans le Midi de la France. 1 : Enceinte annulaire ou ovalaire simple; 2 : Enceinte annulaire double; 3 : Eperons barrés; 4 : Enceinte hémicirculaire à fossé multiple sur rebord de plateau; 5 : Enceinte sub-quadrangulaire à double fossé; 6 : Enceintes à fossés irréguliers.

N°1 : La Terrasse à Villeneuve-Tolosane (Haute-Garonne); n°2 : Rocreuse à Raissac-sur-Lanpy (Aude); n°3 : Saint-Antoine 2 à Caux-et-Sauzens (Aude); n°4 : Rivoire à Pennautier (Aude); n°5 : Carsac-Mayrevieille à Carcassonne (Aude); n°6 : Roc d'en Gabit à Carcassonne (Aude); n°7 : Le Mourral-Millegrand à Trèbes (Aude); n°8 : La Serre à Laure-Minervois (Aude); n°9 : La Moulinasse à Salles-d'Aude (Aude); n°10 : Les Mourguettes à Portiragnes (Hérault); n°11 : Le Grand Bosc à Lieuran (Hérault); n°12 : La Croix de Fer à Espondeilhan (Hérault); n°13 : Le Pierras de l'Hermitage à Servian (Hérault); n°14 : La Croix Vieille à Montblanc (Hérault); n°15 : Roquemengarde à Saint-Pons-de-Mauchiens (Hérault); n°16 : Richemont à Montpellier (Hérault); n°17 : Le Pesquier à Congénies (Gard); n°18 : Moulin Villard à Caissargues (Gard); n°19 : Peyrouse à Margueritte (Gard); n°20 : Laudun (Gard); n°21 : La Fare à Forcalquier (Alpes-de-Haute-Provence)

Villeneuve-Tolosane où un fossé de ce type était jouxté par deux palissades concentriques. Le caractère imposant des fossés, la taille relativement restreinte de ces aménagements, qui va de 0,2 à 3 hectares, la rareté des témoins d'habitat internes et la présence d'ossements humains dans les comblements ont fait penser à de possibles monuments cultuels à l'instar des *henges* du nord-ouest européen (Guilaine, 1995). En fait la fouille du site bien conservé de Mourral à Trèbes avec sa palissade et les témoins d'au moins deux grands bâtiments en bois suggère plutôt une interprétation dans le sens d'habitats défensifs. La question doit être approfondie, car il est certain que ces enceintes témoignent d'un lourd investissement en travail, sans commune mesure avec ce que l'on peut observer sur les multiples petits habitats ouverts qui sont connus à la même époque en Languedoc. Il est possible que ces enceintes monumentales témoignent d'un phénomène de hiérarchisation sociale, qui transparaît aussi dans le mégalithisme à la même époque. D'autres fossés moins imposants et plus ou moins ovalaires sont attestés dans le Vérazien récent du Biterrois par exemple aux Mourguettes à Portiragnes (Grimal, 1989) ou au Pierras de l'Hermitage à Servian, le Grand Bosc à Lieuran, la Croix de Fer à Espondeilhan (Espérou, 1989). Il existe aussi des enceintes quadrangulaires à angles arrondis et fossé irrégulier comme la Croix Vieille à Montblanc (Espérou et Roques, 1994) qui évoquent les enceintes fontbuxiennes de la plaine du Languedoc oriental. Dans le Gard, quelques enceintes circulaires sont attestées au Néolithique final par exemple à Laudun (Petitot, 1993) ou dans la culture de Fontbouisse par exemple à Peyrouse, Margueritte (fouilles L. Jallot en cours) mais il s'agit là d'exceptions car les autres enceintes fontbuxiennes de la plaine languedocienne sont caractérisées par des fossés irréguliers et sinueux tels que ceux de Richemont à Montpellier dans l'Hérault (Thomas et Galant, 1989), de Moulin Villard à Caissargues (De Freytas *et al.*, 1991) ou du Pesquier à Congénies dans le Gard (Boutié et Roger, 1991).

Les enceintes à fossés doubles ou multiples du Languedoc occidental appartiennent au Néolithique final, elles sont de types divers. Celle de Rocreuse semble hémi-circulaire et de grande ampleur, mais son tracé exact est encore mal connu. Celle de Saint-Antoine est d'un type pour l'instant unique. A Carsac-Mayrevieille la forme annulaire classique est doublée, sans que l'on puisse savoir si les deux fossés ont fonctionné en même temps ou s'ils se sont succédés, seules des fouilles plus étendues et des séries mobilières plus étoffées pourraient résoudre cette question.

BIBLIOGRAPHIE

Beeching, A. (1989) Un essai d'archéologie spatiale. Enceintes et sites perchés dans le Centre-Ouest de la France. In *Enceintes, habitats ceinturés, sites perchés du Néolithique au Bronze ancien*. Mémoire de la Société Languedocienne de Préhistoire 2, Montpellier: 143–63, 10 fig.

Boutié, P., Roger, J.M. (1991) Le gisement chalcolithique-Bronze ancien du Pesquier-Grange de Jaulmes. In *Le Chalcolithique en Languedoc*, Colloque de Saint-Mathieu-de-Tréviers, 1990. Archéologie en Languedoc: 85–93, 8 fig.

Claustre, F., Vaquer, J. (1985) Recherches d'archéologie aérienne en Languedoc. *Archéologia* 198: 34–9, 12 fig.

Espérou, J.L., Roques P. (1994) L'enceinte Chalcolithique de la Croix-Vieille à Montblanc (Hérault). *Bulletin de La Société Préhistorique Française* 91, fasc 6: 422–8, 13 fig.

De Freitas, L., Jallot, L., Pahin-Peytavi, A.C., Senepart, I. (1991) Le site du Moulin Villard (Caissargues, Gard). In *Le Chalcolithique en Languedoc*, Colloque de Saint-Mathieu-de- Tréviers, 1990. Archéologie en Languedoc: 95–108, 7 fig.

Guilaine, J. (1995) Les structures d'habitat dans le Néolithique de la France méditerranéenne. *Symposium Settlement patterns*, Verona-Lazise 1992. Memori Museo Civico Studi Naturali Verona 4: 279–88.

Guilaine, J., Coularou, J., Briois, F., Rivenq, C. (1989a) L'habitat néolithique de Roquemengarde (Saint-Pons-de-Mauchiens, Hérault). In *Enceintes, habitats ceinturés, sites perchés du Néolithique au Bronze ancien*. Mémoire de la Société Languedocienne de Préhistoire 2, Montpellier: 21–9, 7 fig.

Guilaine, J., Vaquer, J., Passelac, P., Coularou, J., Treinen-Claustre, F. (1989b) Médor et les sites à fossés de la protohistoire languedocienne. In *Ornaisons-Médor*. Centre d'Anthropologie Toulouse: 131–41, 4 fig.

Joussaume, R., Pautreau, J.P. (1989) Enceintes et sites perchés dans le Centre-Ouest de la France. In *Enceintes, habitats ceinturés sites perchés du Néolithique au Bronze ancien*. Mémoire de la Société Languedocienne de Préhistoire 2, Montpellier: 31–53, 29 fig.

Letterlé, F. (1990) Le site d'habitat ceinturé du Néolithique moyen armoricain de Sandun à Guérande. In *Rubané et Cardial*, ERAUL 39, Liège: 299–314, 9 fig.

Mordant, D. (1992) *Balloy, Les Réaudins*. Conseil Général de Seine et Marne: 108 p., 52 fig.

Muller, A., Lemercier, O. (1992) Forcalquier, La Fare. *Bilan Scientifique Régional de Provence-Alpes-Côte d'Azur*, Service Régional de l'Archéologie: 30–1, 1 fig.

Petitot, H. (1993) Prospections dans la vallée du Tave (Gard). *Bilan scientifique de la région Languedoc-Roussillon*, Service Régional de l'Archéologie: 157.

Thomas, J., Galant, P. (1989) Le système de fossés du gisement chalcolithique de Richemenont (Montpellier, Hérault). In *Enceintes, habitats ceinturés, sites perchés du Néolithique au Bronze ancien dans le Sud de la France et les régions voisines*. Colloque de Montpellier – Aix-en-Provence, avril 1987. Editions de la Société Languedocienne de Préhistoire 2, Montpellier: 99–110, 11 fig.

Van Berg, P.L. (1988) Géométrie de quelques enceintes fossoyées du Rubané récent rhéno-Mosan. *15e colloque interrégional sur le Néolithique*, Châlons-sur-Marne: 25–32, 14 fig.

Vaquer, J. (1995) Les enceintes du Néolithique final en Languedoc occidental. In *L'habitat Néolithique et protohistorique dans le Sud de la France*. Séminaires du Centre d'Anthropologie, Toulouse: 23–26, 4 fig.

Vaquer, J., Claustre, F. (1987) Prospections aériennes en Midi-Pyrénées. In *Archéologia. Dossier Histoire et Archéologie. Toulouse et sa région* 120: 16, 2 fig.

Vaquer, J., Claustre, F. (1988) Prospections aériennes dans le piedmont pyrénéen oriental: Préhistoire et protohistoire. In *Le point sur la prospection aérienne*. Actes de la journée d'archéologie aérienne, Université de Toulouse le Mirail, 1985. Edité par l'APAMMP: 27–34, 5 fig.

Vaquer, J., Treinen-Claustre, F. (1989) Recherches sur les enceintes du Languedoc occidental. In *Enceintes, habitats ceinturés, sites perchés du Néolithique au Bronze ancien dans le Sud de la France et les régions voisines*. Colloque de Montpellier – Aix-en-Provence, avril 1987. Editions de la Société Languedocienne de Préhistoire 2, Montpellier: 9–20, 9 fig.

Vaquer, J. (1990) *Le Néolithique en Languedoc Occidental*. Editions du CNRS, Paris: 412 p., 202 fig., 14 photos.

7. La restitution des parcellaires anciens et des limitations antiques à partir des techniques de la télédétection et du traitement d'images

Daniel Charraut and François Favory

INTRODUCTION

Nous nous proposons de présenter l'état des recherches entreprises pour créer des outils méthodologiques et techniques capables d'extraire d'images aériennes ou satellitaires et de mesurer les informations relatives à la morphologie agraire héritée de l'Antiquité et du Moyen Age. Nous ne manquerons pas d'évoquer nos propres travaux, fruits d'une collaboration de vingt ans entre historiens-archéologues et physiciens du Laboratoire d'Optique de l'Université de Franche-Comté (Besançon).

On rappellera que la photographie aérienne est venue compléter très tôt le corpus documentaire sollicité par la recherche sur les parcellaires fossiles (Dilke, 1971: 134–7; Attolini, 1984). Tous les résultats inestimables obtenus par les pionniers de la photo-interprétation archéologique ont été acquis dans l'examen de parcellaires remarquablement fossilisés, soigneusement préservés par le contexte naturel et par l'histoire agraire de ces régions, où les communautés rurales successives ont veillé à conserver le cadre viaire et parcellaire hérité de l'Antiquité romaine. La méthode de photo-interprétation a donc pu se structurer et gagner en efficacité grâce à l'évidence même des réseaux pérennisés dans le paysage contemporain. En revanche, le problème se complique dès lors que l'on s'attache à étudier des paysages polymorphes, où une sédimentation parcellaire plus active a contribué à brouiller l'empreinte des réseaux antiques et à dissiper une proportion importante des linéaments qui en assurent l'identité et l'authenticité. C'est le cas, entre autres, des paysages français, singulièrement ceux de l'aire méditerranéenne, où, dès le début des années 50, des travaux pionniers ont identifié des vestiges de centuriation (J. Bradford, M. Guy) et où un ensemble exceptionnel de pierres gravées, retrouvées à Orange, atteste l'existence d'au moins trois centuriations dans la moyenne et basse vallée du Rhône (Piganiol, 1962; Chouquer, 1983 et 1994).

TRAITEMENT ANALOGIQUE DE PHOTOGRAPHIES AÉRIENNES

C'est pour tenter de faciliter, améliorer et accélérer les procédures de lecture et de décryptage de nombreuses missions aériennes que le Centre de Recherches d'Histoire Ancienne de l'Université de Franche-Comté (Besançon) a engagé en 1974, avec le Laboratoire d'Optique de la même université, une collaboration visant à soumettre des quantités importantes de photographies aériennes verticales au filtrage optique en lumière laser. La méthode était connue (Fontanel *et al.*, 1967) et avait déjà fait l'objet d'une présentation par des spécialistes français de photo-interprétation archéologique, qui en avaient souligné l'intérêt pour la détection des parcellaires antiques (Chevallier *et al.*, 1968; Guy, 1973).

L'équipe pluridisciplinaire de Besançon s'est attachée à adapter la méthode à la recherche des limitations grecques et romaines à partir des missions aériennes verticales disponibles et s'est efforcée de faciliter l'accès à la chaîne de traitement en automatisant les procédures de filtrage et de mémorisation des résultats (Baurès, 1977; Chouquer *et al.*, 1980; Favory, 1980).

'Limitation' est la transcription française du latin *limitatio*, qui désigne une forme spécifique de division d'un territoire, opérant par l'implantation de *limites* (pluriel du latin *limes*), axes rectilignes appelés à devenir l'ossature du réseau viaire de l'aire 'délimitée'. Nous désignons par 'limitation', plutôt que par 'cadastre', mal approprié, ou centuriation, qui ne désigne qu'une forme de limitation, tout modèle de division territoriale recourant à un réseau de *limites* parallèles, pouvant, ou non, être croisés (centuriation) ou recoupés obliquement (limitations grecques de Métaponte et d'Héraclée de Tauride), par une autre série d'axes parallèles. Sauf exception, dans la plupart des cas connus, les axes parallèles sont équidistants.

Il a été ainsi possible de traiter en routine des centaines de photographies aériennes représentant des paysages susceptibles de comporter des vestiges de limitation grecque ou romaine, à un coût correspondant aux seuls frais de produits et de prestations photographiques. Les mosaïques de clichés filtrés ont permis de repérer des réseaux orthogonaux de linéaments susceptibles de correspondre à des parcellaires engendrés par une limitation antique. L'intérêt de la méthode est multiple: elle permet de cerner l'extension du phénomène sur toute la région concernée, en examinant tous les clichés nécessaires, au lieu de s'en tenir à quelques clichés remarquables. Par ailleurs, dans la mesure où le traitement comporte une étape révélant les directions dominantes du parcellaire et du réseau viaire, on a pu mettre en évidence un phénomène singulier, évoqué ou suggéré par les sources gromatiques (Clavel-Lévêque *et al.*, 1992b), celui de la superposition de limitations dans un même territoire. Cette situation a été constatée dans la moyenne vallée du Rhône, dans le territoire de Valence (Chouquer, 1984) et dans les régions concernées par les documents cadastraux affichés à Orange (Favory, 1980; Chouquer, 1983), dans les plaines languedociennes (Chouquer *et al.*, 1983) et en Campanie septentrionale (Favory, 1980; Chouquer *et al.*, 1987).

Toutefois, l'exploitation des résultats a posé des problèmes de validation, d'autant que la méthode était capable de produire une information abondante. Il ne suffisait pas de révéler l'existence de réseaux parcellaires de morphologie cohérente, régulière (orthogonalité et orientation constante du réseau des linéaments), il importait de démontrer leur origine antique en vérifiant la présence de périodicités rapportables à la métrologie antique connue. Dès lors, le problème s'élargissait et la recherche des régularités formelles nécessitait d'affiner la modélisation des structures étudiées et leur métrologie (Favory, 1983; Charraut *et al.*, 1993). Une limitation antique se présente comme un ensemble de structures périodiques, dont l'occurrence exprime les différents niveaux de la hiérarchie du réseau, depuis le rythme des *limites* qui découpent le territoire en unités de répartition de l'espace (*klèroi* grecs, centuries romaines) jusqu'aux mesures qui scandent la division parcellaire (Favory, 1983).

Si le filtrage optique nous a permis d'extraire nombre de trames parcellaires isoclines, nous n'avons pas réussi, avec cette méthode, à repérer l'existence de périodicités ni à dégager, dans les nombreux cas où l'histoire agraire locale l'a fortement corrompu, la structure hiérarchique du réseau étudié. Il convenait donc d'améliorer l'enquête par une approche plus pertinente de la structure des *limites*.

DES TRAITEMENTS ANALOGIQUES AUX TRAITEMENTS NUMÉRIQUES

L'archéologie du paysage rural et l'étude de la morphologie agraire connaissent aujourd'hui de nouveaux développements par application des techniques numériques de traitement des images. Dans cette science, comme dans beaucoup d'autres domaines de recherche, un regain d'activités provient du fait que le traitement 'tout numérique' s'impose, en reprenant progressivement à son actif les avantages des traitements analogiques et hybrides. Les deux facteurs principaux de cette évolution sont essentiellement d'ordre technologique. D'une part, le considérable accroissement de la puissance des machines (temps de calcul, capacités de mémoire) a permis la conception de calculateurs performants, faciles à mettre en œuvre et de coût réduit. D'autre part, en réponse aux problèmes posés par les techniques d'acquisition et les moyens de stockage, la nature des informations contenues dans les images s'est rapidement imposée sous forme numérique, le plus souvent codée et comprimée.

Nous pouvons recenser un certain nombre de résultats qui illustrent la fécondité des voies offertes à l'archéologie de l'espace rural par les traitements numériques.

Détection des réseaux

Contrôle du calage d'un réseau par calcul des coordonnées géo-référencées des carrefours de limites Il existe désormais des logiciels capables, à partir d'un point de référence initial constitué par un carrefour remarquable et incontestable du carroyage antique et à partir d'une définition précise de son inclinaison et de son module linéaire, de calculer les coordonnées cartésiennes de tous les carrefours théoriques d'un réseau cadastré au sein du carroyage kilométrique correspondant au système de projection adopté, ce qui offre un moyen précieux de vérifier la pertinence d'un calage et de l'extension qui en est proposée (Peterson, 1988).

La télédétection satellitaire

La télédétection satellitaire est une technique relativement jeune mais elle représente un outil désormais banal pour certaines disciplines scientifiques comme les Sciences de la Terre (géologie, pédologie, tectonique, vulcanologie), l'océanographie, la météorologie, la topographie, l'agronomie, la géographie physique et humaine (Bariou, 1978: 293 *sq.*; Chabreuil, 1979: 40 *sq.*; Crouzy, 1981: 69 *sq.*; Robin, 1995). En ce qui concerne l'archéologie, la méthode en est encore à une étape où elle doit faire ses preuves et convaincre la communauté de son intérêt.

Plusieurs facteurs objectifs concourent à retarder le recours à ses produits. Le coût des scènes et des traitements nécessaires à leur exploitation constitue un obstacle non négligeable pour une discipline relativement pauvre. M. Guy, qui est un des avocats les plus efficaces et les plus enthousiastes de cette technologie nouvelle, vient de dresser un tableau très suggestif des avantages et des inconvénients, le plus souvent liés aux coûts, de l'imagerie SPOT pour l'archéologue (Délézir *et al.*, 1993: 70). Dans ce contexte, les dépenses qu'implique le recours à l'imagerie satellitaire sont démesurées quand on les compare au coût global d'une opération de prospection au sol ou d'une fouille dont les résultats sont garantis et sont directement accessibles, pour peu qu'on les publie, à la communauté archéologique. De ce point de vue, le rapport qualité et quantité d'informations obtenues/investissement financier est nettement défavorable à la télédétection, si l'on s'en tient, bien entendu, à l'approche conventionnelle du patrimoine archéologique. Dans une discipline qui privilégie traditionnellement l'enquête sur les structures ponctuelles, les sites d'habitat, au sens large, les questions liées à la résolution spatiale (taille du plus petit objet ou *tache élémentaire* discriminée à terre par le capteur transporté par le satellite: elle correspond au pixel sur l'image) et à l'échelle de l'espace géographique représenté sur une scène satellitaire (185 x 185 km pour une scène Landsat Thematic Mapper (TM), 60 x 60 km pour une scène SPOT) tendent à décontenancer les spécialistes d'archéologie aérienne et de photo-interprétation, habitués à produire et à examiner des images nettes, riches en détails visibles, éventuellement suggérés par des anomalies topographiques, pédologiques ou phytographiques, parfaitement identifiables ou du moins facilement classifiables. En outre, le désarroi s'accroît devant les caractéristiques de l'image numérique: structure 'discrète' de l'information, fragmentée en pixels; recours à des compositions colorées pour restituer sur écran, film ou papier, les données numériques; nature complexe des données enregistrées à la fois dans et en dehors du spectre visible (infrarouge proche, moyen, thermique), qui donnent à voir ce que l'œil humain, par ses propres limites physiologiques et par tradition culturelle de l'observateur, n'est pas prêt à percevoir et comprendre.

Malgré ces obstacles, l'archéologie cherche à exploiter l'imagerie satellitaire. Quand on considère l'évolution de son rapport à cette information, on retrouve les deux grandes méthodes d'exploitation pratiquées par ailleurs.

1) Les pionniers de la télédétection archéologique ont d'abord utilisé les images satellitaires sous forme d'images analogiques restituées sur papier photographique, qu'ils pouvaient décrypter avec les méthodes confirmées de la photo-interprétation conventionnelle (exemples dans Barisano, 1988; Chouquer *et al.*, 1987b; Délézir *et al.*, 1993; Gentelle, 1994). Cette approche est promise encore à un large usage dans l'étude des régions dépourvues de cartographie topographique et thématique fiable et de couverture photographique aérienne accessible.

2) Ensuite, la diversification des produits satellitaires (bandes magnétiques CCT, cartouches magnétiques, disques CD-ROM) a autorisé l'exploitation des données numériques par la médiation de laboratoires ayant déjà acquis une compétence dans l'utilisation des images satellitaires. Dans la plupart des cas, il s'agit de laboratoires de géographie. L'expérience montre que, entre autres applications, c'est dans la recherche sur les paléo-réseaux que l'imagerie satellitaire est en mesure de prouver son efficacité, si on la confronte à la photo-interprétation classique,

grâce à sa capacité à embrasser dans une même scène un vaste espace géographique et à révéler l'envergure et la structure de réseaux hydrauliques et de systèmes cohérents de limites parcellaires agraires (Marcolongo, 1978; Marcolongo *et al.*, 1978; Mengotti, 1979; Barisano *et al.*, 1984; Biaggio, 1984: 122–123; Marcolongo, 1988; Cleuziou *et al.*, 1992; Marcolongo, 1992; Favory *et al.*, 1992; Délézir *et al.*, 1993). La télédétection satellitaire est un outil particulièrement adapté, grâce aux informations livrées par les bandes spectrales du proche infrarouge et de l'infrarouge moyen, à l'étude de la paléo-hydrographie: détection de paléo-écoulements, d'anciennes dépressions palustres, de paléotracés et de paléo-chenaux d'un cours d'eau (défluviations), de paléo-tracés d'un rivage lagunaire ou maritime, analyse de la dynamique d'un delta, repérage des terrains hydromorphes conquis par l'agriculture (Ménanteau, 1991 et 1995; Favory *et al.*,1992; Paskoff *et al.*,1992; Bildgen *et al.*, 1994).

On distingue, dans l'exploitation des scènes satellitaires, les traitements 'simplifiés' (amélioration de contraste, compositions colorées), et les traitements numériques qui transforment l'information originelle, pour produire des images adaptées à la recherche d'un thème ou d'un phénomène particulier (Bariou, 1978: 255 *sq.*; Couzy, 1981: 58–68; Délézir *et al.*, 1993; Robin, 1995: 193 sq.).

a) Bien que les frontières ne soient pas aisées à définir, on admettra que les *traitements 'simplifiés'* relèvent des techniques informatiques de traitement d'image qui permettent de modifier la restitution des données en améliorant leur qualité visuelle, sans affecter fondamentalement l'information originelle, fournie par la valeur radiométrique des pixels: compositions colorées, seuillage de l'information à partir d'une valeur radiométrique, modification de la densité de coloration dans chacun des trois filtres disponibles (rouge, vert, bleu) en faisant varier l'histogramme de distribution des pixels dans une bande spectrale donnée, etc.

    Avec ce premier niveau d'intervention sur l'image, on peut individualiser des secteurs particuliers, privilégier certains phénomènes, améliorer par exemple la mise en valeur du découpage parcellaire.

b) L'*analyse d'image* modifie qualitativement le contenu des pixels. Lorsqu'on travaille sur les réseaux viaires et parcellaires, on doit veiller à recourir à des traitements propres à valoriser les linéaments et la charpente du paysage: combinaisons de canaux, analyses spatiales et analyses statistiques.

La *combinaison de canaux* consiste à afficher plusieurs bandes d'une scène multispectrale, réputées les plus adaptées à l'expression du phénomène étudié, en les visualisant dans la composition colorée la plus efficace. J.-P. Gilg, responsable du laboratoire de Téléanalyse (au

Centre de Biogéographie-Ecologie de l'ENS de Saint-Cloud, URA 1514 du CNRS), a signalé ainsi l'intérêt d'une combinaison des canaux LANDSAT TM3 et TM5 pour révéler le réseau des chemins dans le vignoble champenois (conférence à l'École thématique 'Archéologie, environnement et images de satellite', CRA, novembre 1993, Sophia Antipolis, Valbonne).

Les *analyses spatiales* désignent l'ensemble des calculs appliqués à une image pour renforcer des contrastes et mettre en évidence des linéaments (filtres). Il existe un nombre important de filtres, dont le principe consiste à appliquer à un pixel une nouvelle valeur en fonction des valeurs présentes dans les pixels voisins, dont on peut varier le nombre étudié: les différents types de calculs opérés sur les valeurs environnantes permettent de valoriser et de renforcer les contrastes et les contours, soit dans différentes directions, soit dans toutes les directions (Bariou, 1978; Pratt, 1978; Robin, 1995: 209–11). D'après J.-P. Gilg, il s'avère à l'expérience que les opérateurs les plus efficaces sont le filtre 'haut de forme', pour mettre en valeur les linéaments, l''écart-type local' et le 'Laplacien' pour accentuer la distinction des parcelles exprimées par des aires d'intensité différente. A Besançon, la société UNISFERE et les géographes de l'URA 908 appliquent, entre autres, les filtres de Wallis et de Kirsch (Laffly, 1992: 27–30).

Les *analyses statistiques* contribuent à regrouper les pixels en classes selon leur similitude ou leur proximité radiométrique. Une des méthodes utilisées, entre autres par les géologues, pour accroître la structure et la lisibilité du paysage, et rehausser l'empreinte des réseaux, est l'Analyse en Composantes Principales (ACP), 'une des techniques les plus classiques de la statistique multivariée' (Sanders, 1989: 17 sq.; cf. Robin, 1995: 201–3): elle permet de réduire et de simplifier le volume des données, en résumant l'ensemble initial, exprimé par plusieurs variables fortement corrélées, en un nombre réduit de nouvelles variables, décorrélées. Chacune des composantes obtenues exprime un thème particulier: les trois premières (axe 1, 2 et 3), qui expriment l'essentiel de l'information, rendent compte respectivement (1) de la *brillance*, qui valorise les objets à forte réflectance, (2) de la *verdure*, qui mesure la vigueur de la production chlorophyllienne et (3) de l'*humide*, qui rend compte de l'hydrographie (Laffly, 1992: 35–38). A titre d'exemple, dans les expériences que nous avons conduites à Besançon, avec la société UNISFERE, les meilleurs résultats visuels pour l'analyse morphologique du parcellaire languedocien ont été obtenus:

- en projetant le seul canal constitué par le fichier de l'axe 2 d'une ACP appliquée à une image SPOT XS dans le vert et dans le bleu;
- en combinant l'axe 2 de la même ACP, projeté dans le rouge, l'axe 1 projeté dans le vert et le canal XS1, filtré par l'opérateur de Kirsch, projeté dans le bleu;
- en visualisant dans les trois filtres colorés le canal

LANDSAT TM2, filtré par l'opérateur de Kirsch, en utilisant une palette de 24 classes de couleurs pour exprimer les variations de contraste (Favory *et al.*, 1992).

Depuis février 1986, date de lancement du premier satellite de la famille SPOT, qui offre actuellement la meilleure résolution parmi les images commerciales facilement accessibles, donc un produit susceptible par cette qualité d'intéresser les archéologues, l'utilisation de l'imagerie satellitaire tend à se développer dans la communauté archéologique française. L'imagerie satellitaire est particulièrement sollicitée pour la détection et la caractérisation des réseaux, ses échelles de représentation et ses ressources spectrales étant bien adaptées à la révélation des cohérences formelles et qualitatives (signature spectrale) unissant certaines classes de linéaments. On recense ainsi des programmes en cours sur l'identification et la datation de réseaux d'irrigation, en Turkménistan, et sur la caractérisation de limitations antiques, en France (Délézir *et al.*, 1993: Clavel-Lévêque, 1992a; Favory *et al.*, 1992), en Espagne (Ménanteau, 1995), en Tunisie (Trousset, 1995: 77), en Syrie, en Grèce, en Ukraine.

Analyse morpho-métrologique des parcellaires

Depuis les années 1980, se développent des recherches consacrées à l'analyse morphologique et métrologique des parcellaires isoclines avec une limitation antique. Dans les travaux que nous avons évoqués jusqu'ici, l'accent est porté sur la détection des linéaments pérennisant le réseau des lignes de division territoriale. Une telle enquête peut et, en vérité, gagne à être conduite sur des représentations cartographiques et des images à petite échelle, qui tendent à valoriser le système des alignements. L'analyse morphologique d'une limitation grecque ou romaine, ou de toute autre forme de morphologie agraire concertée et régulière, ne saurait se passer d'une approche du parcellaire lui-même, au-delà des alignements remarquables qui s'imposent à première lecture. Si la détection de tels réseaux informe sur l'existence d'une organisation régulière du paysage, elle ne suffit pas à identifier et à dater le phénomène. L'organisation géométrique n'est pas le privilège de l'Antiquité, ni des civilisations du pourtour méditerranéen (Dilke, 1971: 139). Pour authentifier l'origine antique d'un réseau de linéaments isoclines, il importe de caractériser sa métrologie, d'identifier les rythmes, les modules linéaires et les unités de superficie qui le structurent, éventuellement de trouver son organisation hiérarchique, et, enfin, de rapporter les mesures obtenues aux systèmes métrologiques antiques connus. Il s'agit d'une analyse complexe, mais qui fournit d'importants compléments d'information sur le mode de division dominant adopté dans les unités de division agraire (*klèroi*, centuries, *scamna*, *strigae*, etc.).

C'est donc la combinaison de deux caractères morphologiques d'un réseau qui permet de l'identifier

comme une limitation antique: orientation constante des
axes et structure périodique de leurs alignements. Sauf
exceptions notables, comme les centuriations fossiles de
Dalmatie, de Tunisie, d'Italie du Nord ou de Campanie,
les vestiges de limitation sont généralement à ce point
dégradées qu'il est déjà difficile d'en identifier la structure
des *limites*. Il faut donc recourir à une analyse minutieuse
du parcellaire manifestant une parenté et une cohérence
morphologique avec les linéaments paraissant ou supposés
structurer le réseau. Cette analyse s'effectue sur des
documents à moyenne et grande échelle, adaptés à la
représentation du parcellaire (photographie aérienne
verticale, plans parcellaires).

Quelle que soit la méthode adoptée (analogique,
numérique), la procédure d'investigation est identique: il
s'agit d'extraire l'information relative au parcellaire étudié,
autrement dit éliminer le bruit constitué par le reste de
l'information, soit manuellement, en relevant sur calque
les tracés sélectionnés, soit numériquement, en appliquant
un filtre directionnel à l'image préalablement numérisée.
Dans la plupart des travaux publiés à ce jour et relatifs à
des centuriations, le relevé des limites parcellaires s'effectue
dans un cadre rationnel, formé par la grille reconstituant le
réseau hypothétique des *limites* antiques. Ensuite, les
linéaments relevés sont projetés dans une centurie modèle
ou dans deux, si l'on tient à distinguer, pour plus de clarté,
la distribution spatiale des limites parcellaires et viaires
dans l'une et l'autre des deux directions associées à 90°.
Cette projection permet, soit à vue, soit numériquement,
de repérer les éventuelles accumulations de limites et de
vérifier si elles correspondent à un modèle de subdivision
attesté par les textes gromatiques latins (partition en 3
unités: *trifinium*; en 4: *quadrifinium*; unités suggérées par
les distances entre bornes signalées dans les catalogues de
bornage, etc.) ou à des fractions simples de la centurie.
Une telle approche est appropriée à l'étude des vestiges
d'une limitation développant sur tout ou partie de son
réseau (*pertica*), un modèle quasi-uniforme de subdivision
des grandes unités du découpage territorial (centuriations
de l'Italie padane). Elle l'est moins quand on a affaire à des
formes d'organisation plus variées, bien attestées par le
parcellaire fossile des centuriations du Centre-Est tunisien.
Lorsqu'il faut trier et ordonner des séries de valeurs où
l'héritage antique est difficile à détecter, l'outil informatique
est particulièrement adapté au repérage et à la sélection de
l'information susceptible de correspondre à une métrologie
définie, antique ou autre. C'est souligner le mérite des
chercheurs qui n'ont recouru qu'au seul traitement
graphique et manuel des données de carto- et photo-
interprétation.

Traitement graphique et manuel de relevés manuels
• Tunisie
Successivement, P. Trousset (1977), G. Chouquer et F.
Favory (1983), J. Benoit (Trousset, 1994), ont effectué le
relevé d'un groupe de centuries de la Basse Steppe du
centre-Est tunisien, fossilisées depuis 2000 ans dans leur

état antique, et préservées par un mode d'exploitation agro-
pastoral extensif (Saumagne, 1929 et 1952). Le choix de
cette région-test se justifie par le fait que cette morphologie
agraire authentiquement romaine offre un florilège d'unités
parcellaires variées, fournissant un corpus abondant de
mesures linéaires et de mesures de superficie. Dans tous
les cas, les relevés ont été réalisés sur la même mission
aérienne, datée de 1948–1949, déjà exploitée par J.
Bradford (1957) et R. Chevallier (Caillemer *et al.*, 1959).
Les recherches ont montré qu'on avait, dans une même
région, adopté différentes formules de subdivision dans
des centuries contiguës: en carrés, en bandes, en
nombreuses unités quadrillées isomorphes, partiellement
redécoupées, etc. J. Benoit, au cours d'une enquête
minutieuse, interrompue par sa mort brutale, a montré
que, d'une part, les arpenteurs avait appliqué trois bases
de division centuriale: par deux, par trois et par cinq, et,
d'autre part, que l'*actus* de 120 pieds ne constituait pas le
seul module linéaire employé dans la division parcellaire
(Trousset, 1994).

• France, centuriation B d'Orange
Avec le même type de méthode, appliquée à différentes
missions aériennes, pour en extraire les limites enfouies
révélées par différents indices (crop-marks, damp-marks,
etc.), et à des plans parcellaires à grande échelle du XIXe
et XXe s., G. Chouquer a étudié les formes de subdivision
centuriale et parcellaire dans les vestiges de la centuriation
archivée dans le cadastre B affiché par Vespasien à Orange
(Chouquer, 1994). Il a pu ainsi distinguer deux modèles
d'unités parcellaires, les unes trapues, les autres laniérées,
correspondant à deux types particuliers de division de la
centurie dans deux aires géographiques distinctes, et
proposer un modèle d'allotissement des centuries en six à
huit unités rectangulaires (*scamna* ou *strigae*, selon le
sens de leur allongement), correspondant à une répartition
préférentielle en trois ou quatre lots, suggérée par ailleurs
par les textes antiques à propos des assignations tardo-
républicaines et alto-impériales (Fig. 7.1A–B; Chouquer,
1992: 37–40). Il a réitéré ce type d'approche dans l'étude
de différentes centuriations italiennes (entre autres,
Chouquer, 1990; Chouquer *et al.*, 1987: 105–9; 139–42;
synthèse: 233–58).

Traitement numérique de relevés manuels
• Ager Sallentinus, Italie
R. Compatangelo, dans le cadre de la monographie qu'elle
a consacré à la centuriation gracchienne de la péninsule
sallentine (Lecce, Pouilles, Italie), a effectué le même type
de démarche que G. Chouquer et autres, mais avec le
concours de l'outil informatique (Compatangelo, 1989).
Elle a entrepris, par un traitement statistique numérique
de données relevées et mesurées à la main sur des plans
cadastraux à grande échelle, d'extraire les périodicités
rythmant les limites parcellaires dans chacune des deux
directions associées de la centuriation. Elle a pu
reconnaître l'origine antique des périodicités

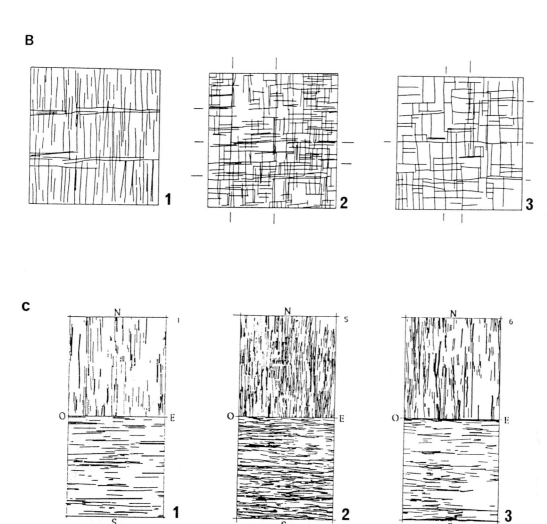

Fig. 7.1 : Traitement graphique de limites parcellaires relevées à la main. A : Le découpage par scamnation des centuries du cadastre Orange B, dans la plaine du Tricastin (Drôme), au sud-ouest de Pierrelatte (en haut, à droite), sur la rive gauche du Rhône (à gauche) : limites des centuries indiquées en pointillés [source G. Chouquer, d'après la photographie IGN Orange-Valréas 1947, n°44. Le nord est en haut du dessin]. B.1 : Projection cumulée des subdivisions de 22 centuries du cadastre Orange B (découpage par trois scamna, redécoupés en 20 parcelles d'un actus de large). Projection cumulée des subdivisions en parcelles trapues : B.2 : de 6 centuries du cadastre Orange B dans la plaine tricastine. B.3 : de centuries près de Saint-Paul-Trois-Châteaux [source : Chouquer, 1994 : 67]. C : Relevés des limites parcellaires liées à la centuriation languedocienne Sextantio-Ambrussum : 1 : 15 centuries de la zone lagunaire ; 2 : 16 centuries en piedmont de collines ; 3 : 16 centuries en piedmont et coteau [source Favory et al., 1994 : 193].

correspondant à un nombre entier d'*actus* et proposer quatre modèles de partition parcellaire des centuries qui se sont succédé de l'époque républicaine à Vespasien.

• Languedoc oriental, France

Dans une région-test localisée en Languedoc oriental, nous avons procédé au même type de relevé systématique des limites isoclines dans chacune des deux directions d'une centuriation, en reportant les résultats dans une même centurie modèle, à raison d'une par zone géographique cohérente et en veillant à distinguer l'information selon les deux directions (Favory *et al.*, 1994: 192–4). Nous souhaitions en effet que la méthode utilisée permette de mesurer l'impact du réseau antique sur la morphologie agraire ultérieure, en liaison avec la topographie. On a pu ainsi effectuer les relevés dans un transect couvrant la plaine littorale, en distinguant six zones de superficie égale, depuis une zone lagunaire palustre jusqu'à des coteaux occupés par la garrigue. Au total, l'enquête a porté sur 95 centuries, restituées sur des plans parcellaires à grande échelle. L'examen des six relevés synthétiques démontre que chacune des six zones offre une égale densité de traces dans les deux directions du réseau antique et que l'impact de la centuriation évolue selon la topographie, avec une très nette différence de densité entre les secteurs marginaux (zone palustre et coteaux) et la plaine où sont le plus massivement implantés les établissements du haut Empire (Fig. 7.1C).

Si l'examen, à l'œil nu, de ces centuries modèles a révélé des regroupements et d'évidentes périodicités signalées par des accumulations significatives de tracés correspondant au cinquième, au quart, au tiers ou à la moitié des centuries, la densité, la qualité et le comportement de l'information linéaire imposaient le recours à l'outil statistique.

On a donc numérisé les six relevés et entrepris ensuite la détection et la mesure automatiques des périodicités structurant les tracés dans chacune des six centuries synoptiques, en leur appliquant un traitement numérique utilisant l'analyse spectrale de Fourier. Ces opérations ont été conduites au Laboratoire d'Optique de Besançon, par un étudiant qui a conçu le logiciel utilisé à cette occasion (Perrin, 1990).

Cette analyse reprend partiellement, tout en l'affinant et en réduisant la durée du travail consacré à l'élaboration des données, la démarche suivie par R. Compatangelo. En effet, le logiciel traite *directement* la matière première des tracés isoclines avec le cadastre antique, dont on initialise les limites afin de permettre la recherche des périodicités. Les graphes obtenus et leurs commentaires permettent de visualiser et d'identifier les pics majeurs correspondant aux périodicités qui structurent le parcellaire isocline avec la centuriation. Les graphiques expriment en outre la qualité de ces régularités: caractère, resserré ou étalé, de l'accumulation des tracés à des fractions privilégiées de la centurie, et longueur de ces tracés.

Dans la zone étudiée, l'analyse a confirmé les conclusions de l'examen à l'œil nu et amplifié ces premiers résultats: on peut donc conclure à une pratique des arpenteurs antiques variée et adaptée, semble-t-il, au contexte topographique. L'intérêt d'une telle analyse, qui s'affranchit de tout *a priori*, est de révéler d'autres périodicités que celles qui ont pu être induites par l'édification du parcellaire dans l'Antiquité, comme l'avait déjà souligné R. Compatangelo: on a pu individualiser ainsi un faisceau de périodicités, qui semblent bien, sous réserve d'inventaire plus poussé des mesures agraires traditionnelles de la région étudiée, correspondre à des formes parcellaires d'origine médiévale et moderne.

Avant d'aborder les développements les plus récents de cette opération de recherche, d'autres approches méritent d'être signalées.

Traitement numérique de données linéaires et ponctuelles géo-référencées

On a déjà évoqué ce type d'approche à propos des travaux de J. W. M. Peterson. Une équipe française, composée d'un informaticien, J. Leblanc, et de deux historiens-archéologues, M. Dodinet et J.-P. Vallat, a créé un logiciel capable d'enquêter à la fois sur l'organisation métrologique d'un parcellaire centurié, sur la partition des centuries et sur la distribution spatiale des établissements antiques au sein des centuries. La démarche adoptée consiste à relever les faits linéaires et les structures archéologiques et à enregistrer sur l'ordinateur leurs coordonnées géographiques selon un système rationnel (carroyage Lambert ou autre) avec leur longueur, quand il s'agit de limites. Un premier programme permet de contrôler et de valider progressivement, par des corrections, l'orientation du réseau établie initialement à partir de linéaments remarquables du paysage. Ensuite, le programme calcule et projette, dans une centurie modèle, à leur place occupée dans la centurie d'origine, tous les tracés et les faits archéologiques enregistrés. Il est possible ainsi de visualiser et de différencier les formes dominantes ou anecdotiques de subdivision des centuries et d'apprécier si la répartition de l'habitat obéit à des règles dans son rapport à la structure de la limitation. A partir des données numérisées, le programme vérifie si l'hypothèse formulée sur le module linéaire d'une limitation est confirmée par les périodicités attestées dans le parcellaire. Le signal d'accumulation qui synthétise à la fois la localisation des limites relevées et la longueur cumulée des limites placés à un point donné, permet à vue de repérer les rythmes majeurs légués par la structure de la limitation (Dodinet, 1987). On peut soumettre le signal d'accumulation à différents modèles métrologiques et l'examen des histogrammes doit permettre de sélectionner à vue le modèle de structuration le plus pertinent (Vallat, 1992).

Les résultats prometteurs obtenus concernent les centuriations de la colonie de Béziers (France), celle de l'*ager Campanus* et la limitation archaïque de l'*ager Falernus* (Campanie, Italie).

Traitement numérique de mesures relevées sur carte

La *méthode du quantogramme* mise au point par Ph. Lanos et G. Jumel, chercheurs au Laboratoire d'Archéométrie de Rennes, a été conçue pour rechercher les modules linéaires inconnus qui structurent une part des paysages (Lanos, 1992). Mais les mesures analysées peuvent représenter aussi des surfaces ou des angles. C'est un outil particulièrement adapté à l'étude des parcellaires cohérents d'origine indigène, dont la métrologie nous échappe pour le moment. Elle permet en outre de valider l'attribution d'une structure parcellaire à telle ou telle culture historique. Le quantogramme est une méthode mathématique de filtrage qui permet d'identifier, dans une série de mesures relevées sur des représentations cartographiques, l'existence éventuelle d'une unité de base commune dont les mesures relevées seraient des multiples entiers. C'est donc un outil capable de détecter un système métrologique et son module, même inconnus, sans *a priori*. La méthode développe ses propres outils de validation et précise la tolérance admise pour chaque module détecté.

L'article de 1992 présente les résultats de quatre tests, dont un porte sur la région des Bouches-du-Rhône qui correspond au cœur de la centuriation de la colonie d'Arles, dont le cadastre était affiché à Orange (cadastre A).

Traitement numérique d'images numérisées

Notre équipe développe, depuis le début des années 1990, un logiciel dont la spécificité méthodologique est de traiter directement des images numérisées, sans extraire à vue et à la main l'information entretenant un rapport morphologique avec la structure parcellaire antique hypothétique (Jourdain, 1991 et 1995; Charraut *et al.*, 1992, 1993 et 1994). L'objectif du traitement est d'extraire automatiquement l'information linéaire associée à une direction donnée. Après filtrage de l'image, les linéaments retenus par la sélection sont projetés et accumulés dans un signal unidimensionnel analysé par transformée de Fourier pour extraire et mesurer les périodicités qui le rythment. Dès lors, le chercheur dispose des deux critères dont la combinaison assure l'identification d'une limitation antique: respect par le parcellaire d'une orientation donnée et répétition de mesures héritées de la métrologie agraire antique.

Comme dans l'exploitation de l'imagerie satellitaire, il s'agit d'exploiter une information codée sous forme de pixels. La première opération effectuée sur l'image numérisée consiste à détecter les bords de contraste significatif (ADIR): ils correspondent principalement aux chemins et aux limites parcellaires. L'estimation, en tout point de l'image, d'un 'opérateur de gradient', de type Sobel, donne une indication de l'importance et de la direction des variations locales de niveaux de gris. On obtient ainsi une image codée, l'image 'des modules des gradients', dont on peut éliminer l'information inutile, associée à des variations trop faibles du gradient, en définissant des seuils de binarisation. L'image ainsi 'binarisée' est réduite aux limites des parcelles (Fig. 7.2). On procède ensuite au calcul de l'orientation de tous les points des bords: l'image 'des directions' est codée selon les directions des linéaments qui la composent (Fig. 7.3B). Il est désormais possible de sélectionner les informations linéaires dans une direction choisie: l'image obtenue est 'filtrée' (Fig. 7.5B). On supprime l'information parasite résiduelle, le 'bruit', en affinant les tracés restants par une technique de 'régression linéaire' qui vise à ne garder que les chaînes comprenant un nombre de pixels supérieur à une longueur minimale, fixée par l'utilisateur.

C'est cette image affinée qui est soumise à l'analyse des périodicités. Une seconde procédure (APER) calcule le signal d'accumulation des tracés, en additionnant, pour chaque ligne de l'image, la totalité des pixels retenus (Figs. 7.3C et 7.5C). Ensuite, par calcul de la transformée de Fourier unidimensionnelle, le spectre du signal d'accumulation donne la répartition et l'importance relative des fréquences spatiales contenues dans l'image filtrée (Fig. 7.3D), et un tableau en récapitule les différents pics classés selon l'ordre décroissant de leur importance, à la fois quantitative et qualitative (longueur et aspect des linéaments). Si l'on est en mesure d'étalonner la valeur métrique du pixel dans l'image analysée, à partir de mesures effectuées sur un document planimétrique, carte ou plan cadastral, le tableau livre la valeur en mètres de chaque périodicité.

J. Délézir et M. Guy ont appliqué le même type d'analyse à une image SPOT, préalablement soumise à une ACP: après traitement des contrastes (application d'un double gradient, horizontal et vertical) et segmentation de l'image obenue, pour y valoriser les limites, le fichier-image est soumis à une transformée de Fourier, dont le spectre est analysé pour détecter les périodicités associées à 90° (Fig. 7.4; Délézir *et al.*,1993: 74–80. Cf. aussi Peterson, 1992).

En outre, il est possible, depuis peu, d'afficher sur l'image-source les linéaments représentatifs d'une périodicité donnée, ce qui permet à vue de valider les calculs et d'apprécier la pertinence des mesures obtenues par rapport aux vestiges visibles de la structure hypothétique (Fig. 7.5D).

Cette méthode a été appliquée à des parcellaires centuriés (France rhodanienne et languedocienne: Charraut *et al.*, 1992, 1993 et 1994: 28–32; Centre-Est tunisien, Romagne orientale: Jourdain, 1995: 63–73), à des parcellaires urbains et ruraux d'origine médiévale (bastide de Saint-Denis, Aude: Charraut *et al.*, 1994: 30), à des limitations grecques (Ampurias: Plana Mallart, 1994: 162–7).

CONCLUSION

On est un peu étourdi par ce bilan. Il faut toutefois raison garder. L'expérience et le temps doivent permettre de distinguer les outils qui s'avéreront des prototypes certes

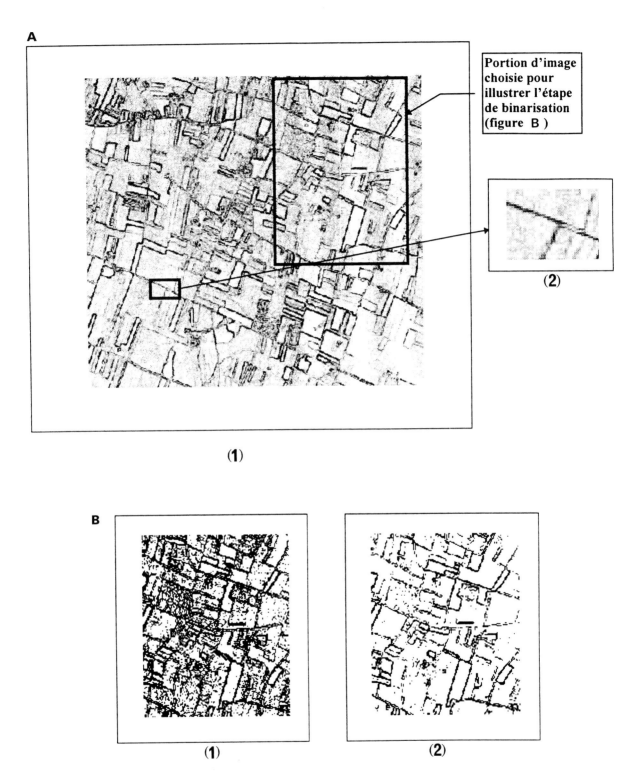

Fig. 7.2 : *Détection des limites parcellaires dans une photographie aérienne numérisée (Valence, Drôme). A1 : Image des modules; A2 : Agrandissement d'une portion de l'image. B : Portion de l'image des contours : 1 : seuil trop faible; 2 : seuil mieux adapté [source Jourdain, 1995 : 30 © ADIR].*

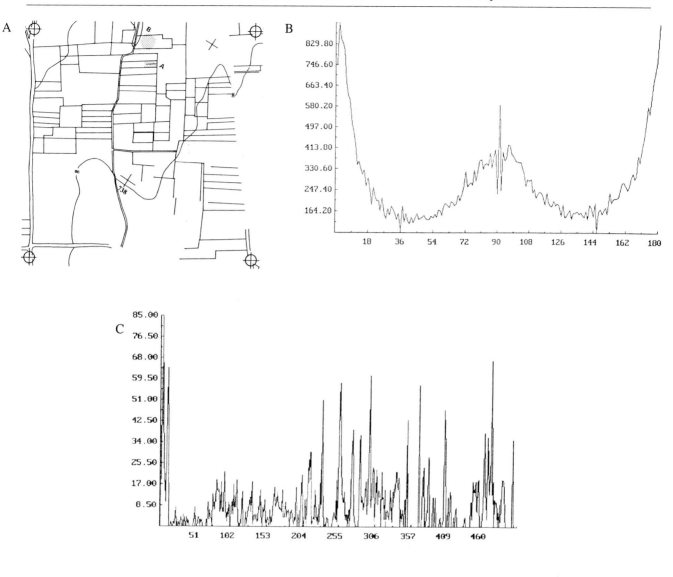

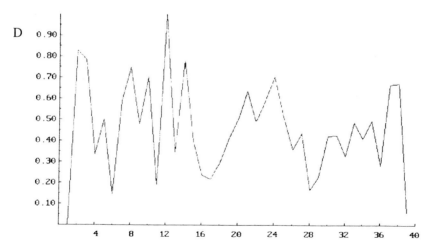

Fig. 7.3 : Extraction des périodicités d'un parcellaire dans une direction donnée (Languedoc oriental, centuriation Nîmes A). A : Centurie-test restituée à Mudaison (Hérault), à partir du plan cadastral. B : Histogramme des directions des limites parcellaires, d'après la photographie aérienne IGN France 1978, 9068/145, n°263 (organisation orthogonale dominante, avec un pic à 90° et un autre à 180°). C : Signal d'accumulation de l'image filtrée dans une des deux directions (nombre total de pixels retenus, en ordonnée, pour chaque ligne de l'image filtrée, en abscisse). D : Spectre du signal d'accumulation (fréquences spatiales exprimées en fractions du nombre de lignes de l'image, en abscisse, et, en ordonnée, importance des pics selon une échelle normalisée de 0 à 1) [source Charraut et al., 1993 : 48–9 © APER].

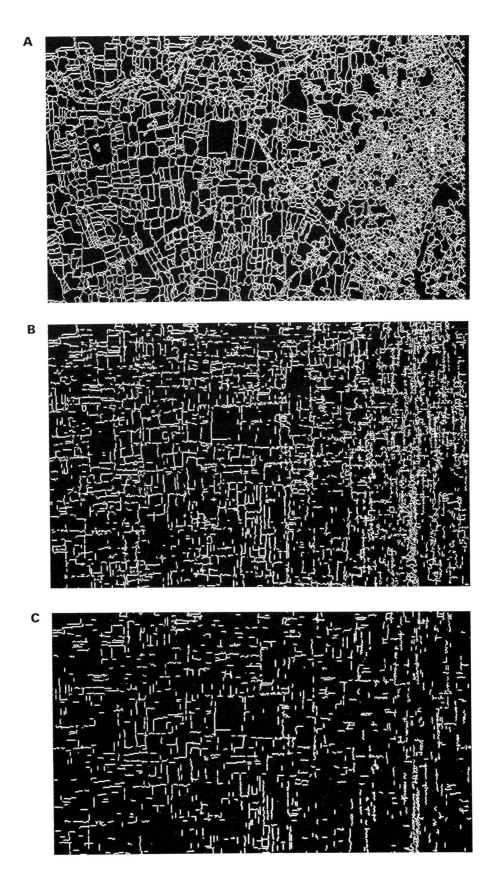

Fig. 7.4 : Traitement numérique d'un extrait d'une image SPOT, représentant Orange, à droite, et la plaine rhodanienne, à l'ouest. A : Image de la segmentation du fichier-image de l'axe 1 d'une ACP, préalablement filtré par un double gradient, horizontal et vertical; B : Filtrage des limites nord-sud et est-ouest; C : Segmentation de l'image filtrée pour éliminer les éléments d'une longueur inférieure à 3 pixels [source Délézir et al., 1993 : 74–9].

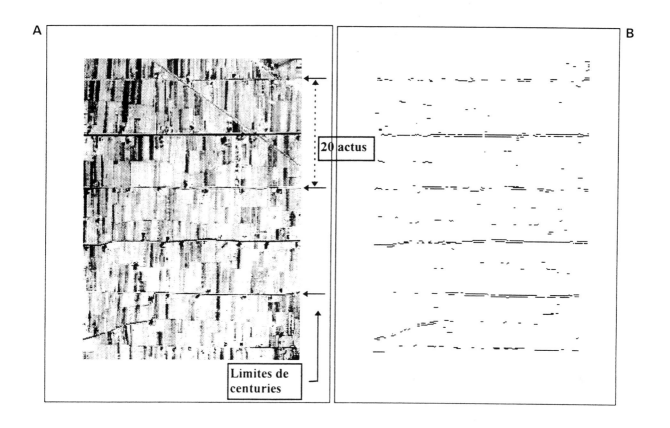

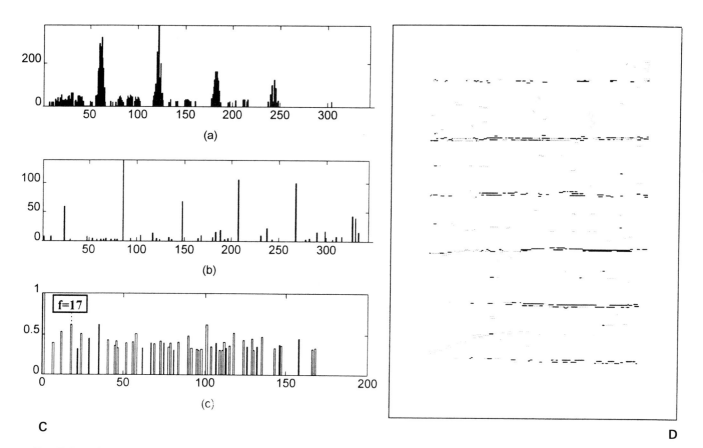

Fig. 7.5 : Filtrage directionnel et extraction des périodicités d'un secteur de la centuriation de Cesena (Italie), à partir d'une photographie aérienne des forces alliées, 30 juillet 1944, B 645 683 SQ, n°4034, Aerofototeca de Rome). A : Image numérisée; B : Image filtrée dans la direction des decumani *(valorisation des* limites linearii *et de milieu de centurie); C : Histogramme des distances (a), signal d'accumulation (b) et spectre de Fourier (c); D : Valorisation des limites respectant la périodicité de 10* actus *[source Jourdain, 1995 : 30 © APER].*

dignes d'intérêt, mais sans lendemains, et les outils promis à une réelle diffusion. En outre, l'innovation technologique ne suffit pas à garantir la validité archéologique et historique des résultats obtenus: une seule et belle image ne vaut pas démonstration scientifique. L'innovation technologique offre des outils techniques et méthodologiques susceptibles d'économiser le temps du chercheur, d'alléger la pénibilité de certaines opérations, de traiter plus d'information et plus vite, de réduire les risques liés à la subjectivité de l'enquêteur et, finalement, elle livre à la recherche de nouveaux terrains à défricher. Comme souvent, lorsqu'on recourt à des techniques nouvelles, elles invitent le chercheur à revenir aux documents d'origine et à s'interroger sur le statut de l'information qu'ils livrent, ce qui est essentiel quand on procède par raisonnement récurrent, pour trouver l'héritage du passé dans des images du paysage contemporain.

BIBLIOGRAPHIE

Attolini, I. (1984) La riscoperta della centuriazione. In *Misurare la terra 1984a*: 166–74.

Baggio, P. (1984) Il telerilevamento come mezzo per la lettura e l'interpretazione del territorio antico. In *Misurare la terra 1984b. Il caso veneto*: 120–9.

Bariou, R. (1978) *Manuel de télédétection. Photographies aériennes, images radar, thermographies, satellites*. Paris.

Barisano, E. (éd.) (1988) *Télédétection et cartographie thématique en archéologie*. Paris, CNRS, CRA, Notes et monographies techniques 18.

Barisano, E., Bartholomé, E., Marcolongo, B. (1984) *Télédétection et archéologie*. Paris, CNRS, CRA, Notes et monographies techniques 14.

Baurès, P.-Y. (1977) *Traitement de clichés aériens par une méthode analogique/digitale. Application à la recherche de cadastrations romaines*. Besançon, Université de Franche-Comté, Thèse de doctorat inédite.

Bernardi, M. (éd.) (1992) *Archeologia del paesaggio*. Florence, IV ciclio di Lezioni sulla Ricerca applicata in Archeologia, Certosa di Pontignano, 14–26 janvier 1991.

Bildgen, P., Clavel-Lévêque, M., Gilg, J.-P., De Kersiabec, A.-M. (1994) Télédétection spatiale et données historiques: pour une analyse de l'évolution dynamique du littoral biterrois. In *De la terre au ciel, I. Paysages et cadastres antiques*: 137–64. Paris, Les Belles Lettres.

Bradford, J. (1957) *Ancient Landscapes*. London.

Caillemer, A, Chevallier, R. (1959) *Atlas des centuriations romaines de Tunisie*. Paris, IGN.

Chabreuil, A. et M. (1979) *Exploration de la terre par les satellites*. Paris, Hachette.

Charraut, D., Favory, F., Raynaud, C. (1992) Paysages rythmés: recherche sur l'empreinte des mesures antiques dans le parcellaire agraire languedocien. *MappeMonde* 3: 28–33.

Charraut, D, Favory, F. (1993) De la carte topographique à l'analyse d'images: méthodologie de l'identification des limitations. *Revue Archéologique de Narbonnaise* 26: 19–56 (*Cadastres et occupation du sol*).

Charraut, D., Chouquer, G., Favory, F. (1994) Photographie aérienne. Traitement numérique de l'image. Rythmes et mesures des parcellaires antiques et médiévaux. *Archeologia* 307: 24–32.

Chevallier, R., Fontanel, A., Grau, G., Guy, M. (1968) Application du filtrage optique à l'étude de photographies aériennes. *Bulletin de la Société française de Photogrammétrie* 32: 1–16 (XIe Congrès International de Photogrammétrie, Lausanne, juillet 1968).

Chouquer, G. (1983) Localisation et extension géographique des cadastres affichés à Orange. In M. Clavel-Lévêque (éd.) *Cadastres et espace rural. Approches et réalités antiques*. Paris, CNRS: 275–95.

Chouquer, G. (1990) Morphologie agraire antique du territoire de *Reate*. In R. Consiglio, *Rieti. Evoluzione di una struttura urbana*: 40–56. Electa Napoli.

Chouquer, G. (1994) Etude morphologique du cadastre B d'Orange. In Favory *et al.*, 1994: 56–72.

Chouquer, G., Favory, F. (1980) *Contribution à la recherche des cadastres antiques. Traitement de photographies aériennes par filtrage optique en lumière cohérente. Approche historique des problèmes de la cadastration antique en Gaule*. Paris, Les Belles Lettres.

Chouquer, G., Clavel-Lévêque, M., Dodinet, M., Favory, F., Fiches, J.-L. (1983) Cadastres et voie domitienne. Structures et articulations morpho-historiques. *Dialogues d'Histoire Ancienne* 9: 87–112.

Chouquer, G., Odiot, Th. (1984) L'évolution morpho-historique de la cité de Valence. *Dialogues d'Histoire Ancienne* 10: 361–96.

Chouquer, G., Clavel-Lévêque, M., Favory, F., Vallat, J.-P. (1987a) *Structures agraires en Italie centro-méridionale. Cadastres et paysages ruraux*. Paris-Rome, BEFAR.

Chouquer, G., Clavel-Lévêque, M., Favory, F. (1987b) Le paysage révélé: l'empreinte du passé dans le paysage contemporain. *MappeMonde* 4: 16–21.

Chouquer, G., Favory, F. (1992) *Les Arpenteurs romains. Théorie et pratique*. Paris, Errance.

Clavel-Lévêque, M. (éd.) (1983) *Cadastres et espace rural. Approches et réalités antiques*. Paris, CNRS.

Clavel-Lévêque, M., Ecoffet, J.-F. (1992a) Image SPOT et cadastres antiques. In *Traitement d'images satellitaires*: 53–63.

Clavel-Lévêque, M., Favory, F. (1992b) Les *gromatici veteres* et les réalités paysagères: présentation de quelques cas. In O. Behrends et L. Capogrossi (éd.) *Die römische Feldmesskunst*: 88–139. Göttingen, Actes du Gromatiker-Symposion. Wolfenbüttel, 5–9 juin 1988.

Cleuziou, S., Inizan, M.-L., Marcolongo, B. (1992) Le peuplement pré- et protohistorique du système fluviatile fossile du Jawf-Hadramawt au Yémen (d'après l'interprétation d'images satellite, de photographies aériennes et de prospections). *PaléOrient* 18/2: 5–29.

Compatangelo, R. (1989) *Un cadastre de pierre. Le Salento romain. Paysage et structure agraire*. Paris, Les Belles Lettres.

Couzy, A. (1981) *La télédétection*. Paris, PUF, Que sais-je? 1919.

Délézir, J., Guy, M. (1993) Apport du traitement numérique et des images satellitaires à la connaissance des parcellaires antiques. *Revue Archéologique de la Narbonnaise* 26: 69–85.

Dilke, O.A.W. (1971) *The roman land surveyors. An introduction to the Agrimensores*. Newton Abbott, David and Charles Ltd.

Dodinet, M., Leblanc, J., Vallat, J.-P. (1987) Utilisation de moyens informatiques en archéologie du paysage. *Dialogues d'Histoire Ancienne* 13: 315–55.

Favory, F. (1980) Détection des cadastres antiques par filtrage optique: Gaule et Campanie. *Mélanges de l'École Française de Rome. Antiquité* 92, 1: 347–86.

Favory, F. (1983) Propositions pour une modélisation des cadastres ruraux antiques. In Clavel-Lévêque 1983: 51–135.

Favory, F., Poupet, P. (1992) Traitement d'images satellitaires et archéologie du paysage en Languedoc oriental. Parcellaires antiques et paléohydrographie de l'Étang de Mauguio et de ses tributaires. In *Traitement d'images satellitaires*: 65–116.

Favory, F., Fiches, J.-L. (éd.) (1994) *Les campagnes de la France méditerranéenne dans l'Antiquité et le haut Moyen Age.* Paris, Maison des Sciences de l'Homme, Documents d'Archéologie Française 42.

Fontanel, A., Grau, G., Laurent, J., Montadert, L. (1967) Méthode d'étude et de dépouillement des photographies aériennes par diffraction de la lumière cohérente issue d'un laser. *Bulletin de la Société française de Photogrammétrie* 25: 13–22.

Gentelle, P. (1994) L'oasis de Merv vue de satellite. In *Actes du Colloque sur les Routes de la Soie.* Paris, Fondation Singer Polignac/UNESCO.

Guy, M. (1973) Le traitement optique des photographies aériennes. *Document Archeologia* 1: 73–75.

Jourdain, Ph. (1991) *Traitements d'images et filtrage directionnel: application à l'archéologie aérienne.* Besançon, Université de Franche-Comté, Diplôme d'Études Approfondies, inédit.

Jourdain, Ph. (1995) *Traitements numériques d'images. Détection et métrologie des parcellaires. Restauration d'empreintes de filigranes.* Besançon, Université de Franche-Comté, Thèse de doctorat, inédite.

Laffly, D. (1992) *Télédétection. Initiation pédagogique.* Besançon, Université de Franche-Comté, Laboratoire de Géographie physique, inédit.

Lanos, Ph., Jumel, G. (1992) La méthode du quantogramme dans la recherche d'unités de mesure inconnues. Application à la recherche de métriques anciennes dans les paysages. *Revue d'Archéométrie* 16: 121–44.

Lock, G., Moffett, J. (1992) *Computer Applications and Quantitative Methods in Archaeology.* British Archaeological Reports, International Series 577.

Marcolongo, B., Mascellani, M. (1978) Immagini da satellite e loro elaborazioni applicate alla individuazione de reticolato romano nella pianura veneta. *Archeologia Veneta* I: 131–46 + 1 pl.

Marcolongo, B. (1988) Esempi di impego di immagini da satellite a scopi archeologici. Contenuto semantico delle informazione ottenute da satellite nelle ricerche archeologiche. In Barisano 1988: 171–202.

Marcolongo, B. (1992) Interpretazione delle immagini telerilevate: aspetti paleoidrografici ed emergenze archeologiche. In A. Costi, L. Lazzaro, B. Marcolongo, J. Visentin (eds) *La centuriazione romana fra Sile e Piave nel suo contesto fisiografico. Nuovi elementi di lettura:* 11–6. Padoue.

Marcolongo, B., Mascellani, M., Matteotti, E. (1978) Significato storico-ambientale di antiche strutture topografiche sepolte nella pianura veneta. *Archeologia Veneta* I: 147–9.

Ménanteau, L. (1991) *Zones humides du littoral de la Communauté européenne vues de l'espace.* Junta de Andalucía, Casa de Velázquez, CNES and SPOT IMAGE, Conférence des Régions maritimes de la CEE, I.

Ménanteau, L. (1995) La teledetección espacial y sus aplicaciones arqueológicas. *Actas de las IV Jornadas sobre Teledetección y Geofísica aplicadas a la Arqueología (Huelva, 6–9 novembre 1991).* Universid. Sevilla.

Mengotti, C. (1979) L'utilizzazione delle foto da satellite nello studio della centuriazione romana: la centuriazione a nord-est di Padova. *Archeologia Veneta* II: 83–98 + 1 pl.

Misurare la terra (1984a) *Misurare la terra: centuriazione e coloni nel mondo romano.* Modène, Panini, catalogue de l'exposition de Modène, décembre 1983-février 1984.

Misurare la terra (1984b) *Misurare la terra: centuriazione e coloni nel mondo romano. Il caso veneto.* Modène, Panini, catalogue de l'exposition.

Paskoff, R., Trousset, P. (1992) L'ancienne baie d'Utique: du témoignage des textes à celui des images satellitaires. *Mappe-Monde* 1: 30–4.

Perrin, H. (1990) *Traitements d'images et analyse systématique de paramètres morphologiques des structures agraires antiques.* Besançon, Université de Franche-Comté, Diplôme d'Etudes Approfondies, inédit.

Peterson, J.W.M. (1988) Roman Cadastres in Britain. 1. South Norfolk A. *Dialogues d'Histoire Ancienne* 14: 167–99.

Peterson, J.W.M. (1992) Fourier analysis of field boundaries. In Lock *et al.* 1992: 149–56.

Piganiol, A. (1962) *Les documents cadastraux de la colonie romaine d'Orange.* Paris, CNRS, Supplément à *Gallia*, XVI.

Plana Mallart, R. (1994) *La chora d'Emporion. Paysages et structures agraires dans le nord-est catalan à la période pré-romaine.* Paris, Les Belles Lettres.

Pratt, W.K. (1978) *Digital image processing.* New-York, John Wiley and Sons.

Robin, M. (1995) *La télédétection.* Paris, Nathan Université, série Fac Géographie.

Sanders, L. (1989) *L'analyse statistique des données appliquée à la Géographie.* Montpellier, G.I.P. RECLUS, Alidade.

Saumagne, Ch. (1929) Les vestiges d'une centuriation romaine à l'est d'El Jem. *Comptes Rendus de l'Académie des Inscriptions et des Belles Lettres:* 307–13.

Saumagne, Ch. (1952) La photographie aérienne au service de l'archéologie en Tunisie. *Comptes Rendus de l'Académie des Inscriptions et des Belles Lettres:* 287–301.

Traitement d'images satellitaires (1992) *Traitement d'images satellitaires.* Paris, Les Belles Lettres, Séminaire du GDR 36 'Techniques nouvelles en Sciences de l'Homme', Journée du 26 février 1991.

Trousset, P. (1977) Nouvelles observations sur la centuriation romaine à l'est d'El Djem. *Antiquités Africaines* 11: 175–207.

Trousset, P. (1994) Hommage à Jean Benoit. Travaux sur les centuriations de Tunisie. In Favory *et al.,* 1994: 13–8.

Trousset, P. (1995) Les centuriations romaines. In *La Tunisie, carrefour du monde antique, Les Dossiers d'Archéologie* 200: 70–81.

Vallat, J.-P. (1992) Cadastre, fiscalité et paysage: exemples en Italie et au Proche-Orient dans l'Antiquité. In Bernardi, M. (éd.) *Archeologia del paesaggio.* Florence, IV ciclo di Lezioni sulla Ricerca applicata in Archeologia, Certosa di Pontignano, 14–26 janvier 1991: 483–509.

8. Digital classification and visualization systems of archaeological landscapes

Maurizio Forte

INTRODUCTION

In landscape ecology we define as 'patches' all the non-linear surface areas differing in appearance from their surroundings, and as 'matrix' a 'surrounding area that has a different species structure or composition' (Forman and Godron, 1986). These concepts can also provide considerable help in understanding the specific features of digital sets, digital matrixes, and digital processing for landscape analysis.

In this context the importance of the archaeological landscape must be understood in order to survey and to monitor the territory, and in order to discover the relationships between the ancient landscape and the modern landscape.

The basic principle of image processing applications is that the elements cropping out of the soil ('crop marks') change brightness level in the digital analysis, which means that in a homogeneous color area, delimited and defined brightness alterations or chromatic discontinuities attest the presence of different objects; in general extraneous elements on the soil can be of natural or artificial origin. In the latter case it's probable they are ancient anthropic elements, so we can isolate them and classify them, for successive exploration.

We define an edge as the boundary between two regions with relatively distinct gray-level properties. It is assumed that the regions in question are sufficiently homogeneous so that the transition between two regions can be determined on the basis of gray-level discontinuities alone. If the regions are homogeneous we get a contour and we can classify it as a digital class/type; the following step is to verify if the digital class corresponds to physical elements (in our case 'landscape units' or 'patches'). The edge-detection techniques are used for detecting points, lines, and edges in an image and generally are based on small spatial masks.

For digital analysis it becomes very important to know the gray level or brightness level of explored and sampled archaeological areas, in order to compare them with unexplored areas having the same features. We must consider that, in the digital image processing field, a discontinuity is the same thing as a track on the soil, that is a region with different brightness or colour levels.

DIGITAL IMAGE REPRESENTATION

The motivation for using color in image processing is provided by the fact that the human eye can discern thousands of color shades and intensities. This is in sharp contrast with the eye's relatively poor performance with gray levels where only one to two dozen shades of gray are detectable at any one point in an image by the average observer.

The brightness of a region, as perceived by the eye, depends on factors other than simply the light radiating from that region. In terms of image processing applications, one of the most interesting phenomena related to brightness perception is that the response of the human visual system tends to 'overshoot' around the boundary of regions of different intensity. The result of this overshoot is that areas of constant intensity appear as if they had varying brightness.

IMAGE SYNTHESIS FOR THE SIMULATION OF NATURAL AMBIENTS: LANDSCAPE NAVIGATION

Certainly computer simulation of natural phenomena, is one of the most attractive and modern subjects for image synthesis. Simulation means all those processes, computed with mathematical models, the results of which can be visually represented on a graphic screen. Then, the model generated synthetic image can be compared with the available information, and the image becomes an instrument for furthering knowledge.

This context includes the simulation of the landscape or natural ambients. There are many applications of this study; starting from scientific research to simulators, till ambient problems. Naturally, depending on the final goal, simulation will have different aspects: in a flight simulator you have to give the observer the full sensation and evocation of nature, leaving out the precision and accuracy of details. On the contrary, for scientific simulation, fidelity in reporting details, should be very high. Here, the mathematical model, which is the base of simulation, shall be very sophisticated and reliable. Two problems exist in visual simulation of natural ambients or in 3D navigation. The first one is the construction of a reliable and careful Digital Elevation Model (D.E.M. or Digital Terrain Model, D.T.M.), the second one, closely tied to ambient simulation, is the terrain rendering, that is, the evocation of the color vision in the observer.

D.T.M. can be generated from isolines or from regular points, using classical models (linear interpolation and Kriging) or fractal models (brownian interpolation). The target is to make a landscape model (including archaeological sites) using D.T.M. and satellite or aerial images; these applications include the following steps:

- acquisition of isolines from cartographic maps, in any resolution scale;
- D.T.M. generation;
- digital image classification to determine the pixels distribution map for the D.T.M.;
- image synchronization (digital aerial photographs or satellite images synchronized with the D.T.M.);
- texture mapping and generation of 3D images.

For the final rendering special purpose hardware (GIS workstation) has been used, for the polygon rendering we do not use the usual texture mapping techniques, but a geometric texturing has been produced (one polygon per pixel).

In real life, surfaces are seldom perfectly smooth, with constant color. More often, they are patterned or bumpy with color variations. Texture mapping, bump mapping, and environmental shading make a computer-generated scene look more realistic by adding variations to the surfaces. Pratically the texture mapping consists of the original image overlaid point by point on the D.T.M.: the result is a realistic and significant landscape 3D image. This kind of simulation is especially useful to enhance the geomorphological characteristics of the landscape in connection with its evolution and the ancient settlements. Inside the image the researcher can move, navigate, explore, like in a realistic ambient.

Fig. 8.1 shows the texture mapping of the Etruscan town of Marzabotto in the Reno Valley (Bologna). The result, very interesting, is a realistic and representative 3D image which includes important topographical and geomorphological information on the archaeological site and the Reno Valley, on the natural resources, and on the correlation between the Reno river and the Etruscan town. At this point we can simulate to explore the landscape in a virtual space in which it is possible to process and study every single area. It is processed by overlaying digitalized zenithal aerial photography on the D.T.M. of this area. D.T.M. is generated from cartographic isolines and contour lines.

To produce the video animation the following steps have been implemented:

Fig. 8.1 : Marzabotto (Bologna) : D.T.M. (Digital Terrain Model) and texture mapping of the aerial photograph.

- interactive tools to define positions (points) on the image displayed on a high resolution monitor;
- selection of the points two by two analyzing the model, the tridimensional positions of the point of view and the observed point with the relative zenithal and azimutal angle which produce a set of keyframes stored in different files;
- the enbetweening frames are produced by a process of linear interpolation from the keyframes in order to simulate a fluid movement (5600 frames).

The system produces one image in 3 seconds because of the high model resolution, this is a rate not suitable for real time animation.

To obtain a good animation the video has been recorded 'frame by frame', step one (25 frames per second).

In a few words the essential data relative to the hardware and the software devices are the following:

- hardware: workstation IRIS 4D/80 GT, VTR controller LYON Lamb Minivas, videorecorder BVU 950 Umatic SP;
- software: device driver written in C to drive the videorecorder;
- visualization software: C language, GL libraries animation;
- animation: 224 seconds.

GIS AND VISUAL INFORMATION: THE ARCTOS PROJECT

The ARCTOS project (Visualization and Virtual Reality methodologies for a cognitive system on a archaeological Sicilian pattern) has been carried out from CINECA (Interuniversity Consortium for Supercomputing Applications) and from Scuola Normale Superiore (Pisa, Laboratory of Ancient Topography) with the support of IBM SEMEA, for the study of the archaeological site of Rocca di Entella (Palermo). This is a very important archaeological multistratified area dating back from Neolithic age to the medieval period; in particular 13 archaeological areas have been investigated in the last years. We can describe Rocca di Entella as a separate geomorphological space 60 ha wide; for any chronological phase the structural areas discovered show different features concerning buildings, materials, functions, uses (Fig. 8.2).

INTERACTIVE VISUALIZATION AND VIRTUAL ENVIRONMENTS

Virtual Environments (also called Virtual Reality or Cyberspace) are regarded as one significant step forward in Man Machine Communication. Following non-interactive, command-driven and graphical-interactive systems,

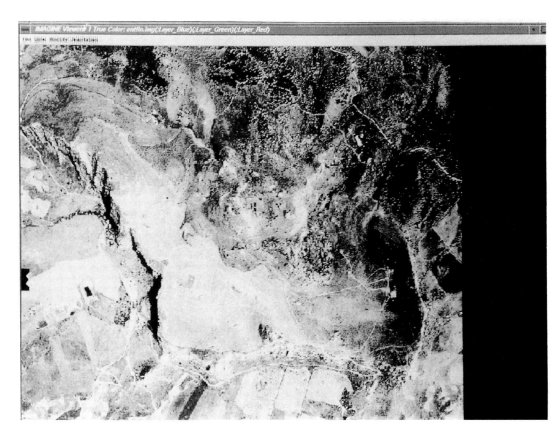

Fig. 8.2 : ARCTOS project : original aerial photograph of Rocca di Entella.

Virtual Environments now allow an easy-to-understand presentation and more intuitive interaction with data. The computer internal worlds, consisting of data and processes, represent various aspects of a natural environment or even a totally artificial world outside any human experience.

In this paper we want to show that an interactive approach in 3D scientific visualization of archaeological data is an important cognitive information system, in particular using GIS with virtual reality systems.

The main building blocks in Virtual Environment, presentation, interaction, and simulation, require realtime performance. The integration of visual, auditory, and further stimuli are evidently needed in future Man Machine Interaction. Virtual Environments are defined as realtime interactive graphics with three-dimensional models, when combined with display technology that gives the user immersion in the model world and direct manipulation.

Normally, immersion is achieved either by wearing a head mounted display (HMD), using a binocular omni-orientation monitor (BOOM), or by moving within a room with – probably several – large screen projections, as for example in the CAVE system. Sound may be used to add acoustic impressions. Haptic information like in a force feedback device can further contribute to the impression of being immersed in a real situation.

Another important issue for VES is interaction. This is expressed by the terrns realtime interactive and direct manipulation. Common devices used for interaction in VES are dataglove, spaceball, or mouse.

If immersion is considered to be a crucial requirement for a VE system, then we define immersion as the impression of being in a realistic situation, even if it is actually a simulation. Therefore, we use the expression Virtual Environment for any artificial environment (i.e. simulated by a computer) which in some respect behaves as if it was real. This definition comprises not only generic VE systems bul also all kinds of simulators.

The human interaction dimension basically identifies passive and interactive computer graphics, where inter-action means a predefined and limited mode in man-machine communication. Immersion, allowing direct and intuitive manipulation of objects and generating also direct and intuitive feedback, is regarded as high level man-machine communication.

In visualization, various types and amounts of data have be considered. With the availability of high-performance graphics workstations, data are visualized three-dimen-sionally (or even more than 3D). As the graphics output stays two-dimensional and therefore complex data sets are visualized on a 2D screen, a loss of information is caused. In visual perception, several cues (e.g., light and shade, perspective, stereo vision, etc.) are identified which provide the observer with spatial relationships in an image. Moreover, an important feature for deriving information from data is the interaction within the scene. Interactive visualization which supports, e.g., the manipulation of objects or of the camera, requires a high image generation rate in order to offer an immediate interaction feedback.

Consequently, interactivity and realtime play an impor-tant role in visualization. Interaction and realtime visual-ization are closely related issues, because interactive visual-ization systems will be accepted only if the system response time on user interactions is minimized and reasonable. There is always a trade-off between the complexity of data sets, the rendering speed on specific computers, and the interaction techniques provided to the user.

Another aspect is the choice of input devices used to perform interactions. Most widespread is the mouse for 2D interaction and, with software support (e.g., virtual sphere), for 3D interaction. With the advent of multi-dimensional input devices (6 degrees tracker, spaceball, dataglove, flying mouse, etc.), advanced 3D interaction becomes possible; and their integration within visualization systems must be considered in order to enhance the human machine communication.

SIMULATION

The semantic level of the original data determines the character of a graphics system. The most basic semantic information is included in graphs and images. At the next higher semantic level, data is processed by systems working on pure geometry, for example a list of polygons which represent a 3D object. The task of a graphics system is to produce an image of that object, according to a virtual camera position and an illumination model. Examples of this semantic level are found in some virtual reality applications, like the typical 'walk-through' systems which combine high-level interaction, and high output qualily with few semantics, e.g., no collision detection or dynamic behaviour of objects. More complex data, however, is processed by visualization systems. Attributes, such as scalar, vector, or higher order tensors from numerically generated data, belong to the visualization objects and are in time and space varying the data domain. Visualization systems today reach a quite high degree of interactivity and output quality.

The next upper semantic level is represented by physic-ally based systems. In contrast to those mentioned before, these systems do not need any precomputation but produce their semantic data autonomously. Based on the mathe-matical model of physical laws and material descriptions, the natural processes are simulated and results are directly transformed into images. To start a simulation, only boundary and initial conditions have to be defined. In scientific visualization, such systems are called 'online visualization systems'.

VISUAL OUTPUT DEVICES

There are many different kinds of output systems for presenting virtual worlds visually. In selecting an output device, the desired image resolution and image quality must be considered, as well as the degree of immersion which is to be achieved. Immersion stands for the illusion of presence in a virtual world. In general Virtual technology utilizes stereoscopic displays for improved depth perception and a wide angle field of view for immersion. Typical systems are:

- traditional desktop monitor;
- large projection screen (sometimes several simultaneously);
- head bound systems (e.g., helmets or glasses).

This list is sorted roughly according to increasing degree of immersion. Nowadays, many graphics workstations offer means of displaying stereoscopic images. Mostly, this is achieved by means of shutter systems in time multiplex mode. These systems typically have a frequency of 120 Hz and switch between perspective images for left and right eye. A shutter mechanism (e.g., a pair of glasses with LCDs) is used to deliver each image to the appropriate eye, resulting in 60 Hz images for each eye. Such systems allow stereoscopic viewing of high resolution true color images, but due to the limited field of view, immersion is not achieved. Latest research aims at autostereoscopic viewing without glasses.

Large screen projection can extend the field of view, thus increasing the perception of immersion. By combining several images or by means of special techniques, convincing panorarnic views can be achieved.

In VE systems, large screen projections often present stereoscopic images. Head tracking allows to 'walk around' scene objects, which further increases the impression of immersion. Stereoscopic large screen projection can be achieved by means of a shuttering technique or by means of a time parallel system (i.e., simultaneous display of perspective image for left and right eye and image separation by means of polarized light).

The highest degree of immersion is achieved by head bound systems. We distinguish systems which rest directly on the head (helmet and glasses) from systems which, due to their weight, are fixed to a mechanic system and which are merely held in front of the head. Both systems use a separate screen for each eye in order to achieve a stereoscopic image. In both cases, the oulput systems are attached to the head and follow its movements. Liquid crystal displays (LCD), cathodic-ray tubes (CRT), and glass fiber optics are used. Special optics allow the user to achieve a field of view of approximately 100 degrees.

The performance of a graphics workstation is limited in the maximum number of polygons which can be processed in realtime. Complex world models (which are of prime interest) exceed this limit easily. A set of rendering techniques allow one to handle and conquer complex worlds, where level-of-detail techniques prove to be most promising and succesful. Level of detail means the generation of several variations of the objects of different complexity. Selection criteria determine the current level of detail to be rendered and displayed. Distance, view angle and movement criteria can be applied. When changing the view point it may be necessary to switch from one level of detail immediately to another one.

The generation of multiple levels-of-detail of objects can be controlled either to match a given quality (shape, appearance) or a given quantity (number of points faces).

THE ARCTOS PROJECT

Having to analyze such complex information layers, the research trend was to process 2D and 3D data so as to visualize the scientific content; in particular it was important to allow the users to move in real time into virtual spaces, such as archaeological landscapes (Forte, 1993b). We think that the interactive 3D perception is fundamental for our cognitive system because it allows us to understand all the features of the archaeological landscape (Forte, 1993), the relationships inter-sites and intra-site.

In visual perception, several cues (e.g., light and shade, perspective, stereo vision, etc.) are identified which provide the observer within spatial relationships in an image. Moreover, an important feature for deriving information from data is the interaction within the scene. Interactive visualization which supports, e.g., the manipulation of objects or of the camera, requires a high image generation rate in order to offer an immediate interaction feedback.

Consequently, interactivity and realtime play an important role in visualization. Interaction and realtime visualization are closely related issues, because interactive visualization systems will be accepted only if the system response time on user interactions is minimized and reasonable. There is always a trade-off between the complexity of data sets, the rendering speed on specific computers, and the interaction techniques provided to the user. In visualization, various types and amounts of data have be considered (Cremaschi *et al.*, 1994); with the availability of high-performance graphics workstations, data are visualized three-dimensionally (or even more than 3D). As the graphics output stays two-dimensional and therefore complex data sets are visualized on a 2D screen, a loss of information is caused.

The final aim of the ARCTOS project is to reconstruct a 3D virtual archaeological park, including geomorphological features and archaeological sites, distinguished in different information layers, such as:

- 2 and 3D geographical data (D.T.M., contour levels);
- 2D vectorial data (cartography, sites topography, etc.);
- raster data (aerial photographs);
- databases.

In our case a landscape model (including known archaeological sites) has been reconstructed using D.T.M. and digital images of the area (aerial photographs). This kind of application includes the following steps:

Input data:

- aerial photographs of the landscape (two color aerial photographs, dating back to 1981-summer and on scale 1:10.000);
- excavations photographs;
- graphic documentation (vectorial);
- cartographic documentation (maps on 1:2000 scale).

Output data:

- digital cartography (acquired by digitizer);
- vectorial data visualization;
- 3D model generation (D.T.M.);
- texture mapping;
- digital image processing and classification;
- interactive 3D model animation (desktop Virtual Reality).

IMAGE PROCESSING
AND DIGITAL CLASSIFICATION

In order to classify and to interpret the aerial photograph of Entella, GRASS and ERDAS softwares have been used (Forte, 1992; 1993a). In fact before of the 3D reconstruction and visualization, it was important to have digital information on the classified image in order to identify unknown archaeological areas (predictive information). Moreover it was necessary to compare the digital classification of the aerial photograph with the pertinent D.T.M. (digital terrain model): in fact any micro-difference of the 3D model can show significative archaeological and geomorphological information (Fig. 8.3).

The whole image processing was the following:

- Image rectification: A GRASS viewer allows to rectify interactively the image point by point, checking the level of deformation; it is possible, for example, to select georeferenced or known points in a map, and then to overlay them on the image.
- Image processing (Figs. 8.4–5), that is
  – histogram and digital statistics visualization;
  – histogram equalization;
  – noise reduction (image restoration), in order to remove agrarian tracks from the image;
  – contrast enhancement (high pass filter);
  – edge detection: filtering (3x3 kernels) and edge detection to enhance tracks and chromatic discontinuities;
  – vegetation index calculation;
  – principal components analysis;
  – density slicing;
  – pseudo-color processing.
- Digital classification (Fig. 8.6)

On the basis of the digital processing results a new image

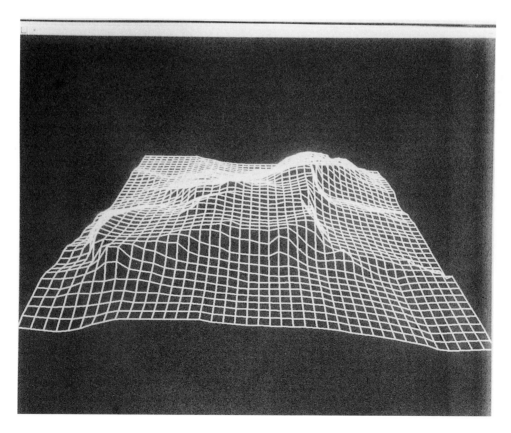

Fig. 8.3 : ARCTOS project : D.T.M. of Rocca di Entella.

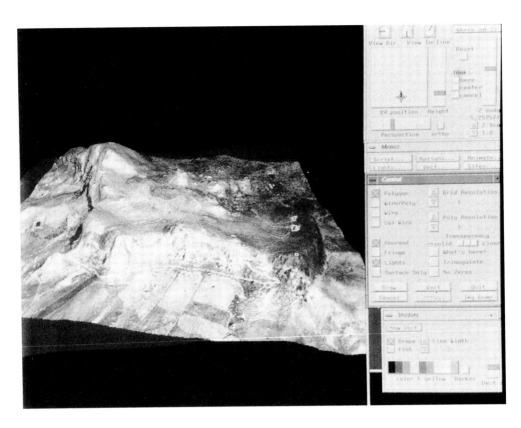

Fig. 8.4 : ARCTOS project : 3D visualization and different information layers (explored archaeological sites).

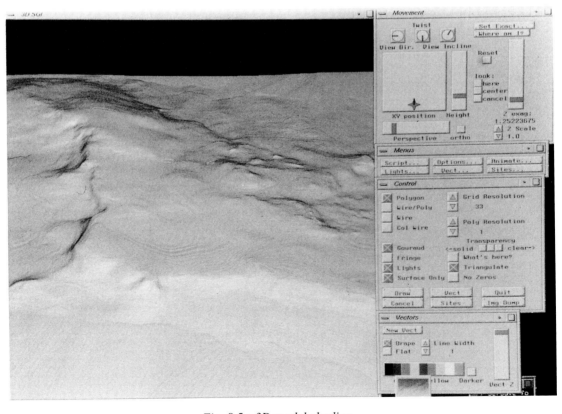

Fig. 8.5 : 3D model shading.

Fig. 8.6 : Digital classification of the aerial photograph. In the small square : sampling and visualization of an archaeological area.

has been obtained with different classification color layers (not visible in the figures of the paper).

The digital classification allows us to suggest important interpretations on the information content of the image; in fact on the basis of these results it has been possible to identify other unexplored archaeological areas. In Fig. 8.6 we can note that archaeological areas have been identified (shown from the arrows, because of color absence) on the center of the rock, where archaeological excavations were not made. Moreover the orthogonal or linear tracks identifiable in this area can be interpreted as hellenistic buildings not explored yet.

ERDAS SOFTWARE

ERDAS is one of the most important software for an 'intelligent' digital image classification and interpretation. ERDAS delivers a full-scale production environment designed to incorporate all input data into a geographic data base that can be viewed, analyzed, queried and output. This output may take the form of statistics, reports, tables, graphics or cartographic-quality maps; these powerful visualization capabilities are available in one GIS and image processing system.

The principal components of the software are the following:

- Viewer: Display, query and annotate single or multiple layers in the image Viewer. An unlimited number of viewers can be opened simultaneously, and viewers can be dynamically linked.
- Image interpreter: Perform complex analyses such as contrast stretch, color selection, convolution filtering and principal components quickly and easily.
- Rectification: Georeference images to maps or images to images by interactively locating ground control points, computing a transformation matrix, and creating an output layer.
- Spatial modeler: Perform spatial and statistical GIS modeling and image algebra functions on all data layers with an easy to use graphical editor. More complex models can be written using the Spatial Modeler Language.
- Map Composer: Create maps and presentation graphics using a single or multiple images and annotation including text, borders, scale bars, legends and more.
- Radar: Sophisticated processing tools for data handling, speckle noise removal and image enhancements.
- File Manager: View image statistics, projection information and map information.
- EML Interface tools: Customize the ERDAS IMAGINE Interface by modifying existing or designing new dialog boxes, control panels and icons that suit your particular application.

- Developer's I/O Toolkit: Using this specially designed subset of the C Programmers' Toolkit, developers can link their hardware to ERDAS IMAGINE.

elevation data. By Control Panel it is possible to visualize layers and vectorial information concerning cartography and archaeological sites.

GIS AND 3D VISUALIZATION

Once we had processed the digital aerial photograph, it was possible to integrate all these raster data with the D.T.M. and the other vectorial data (contour levels, cartography); finally the texture mapping of the image was processed on the 3D model. For obtaining the best 3D visualization and data management at that point GRASS GIS was used: in one system all kinds of data (raster, vectorial, geographical) could be processed and described.

Interpolating the vectorial data (countour levels), a 3D model was generated in the SG3D GRASS viewer, including wire frame model, and textured-shaded model (texture mapping with lights for rendering).

The SG3D viewer is meant to be used as a tool for visualizing a data surface in three dimensions using GRASS on Silicon Graphics IRIS computers. Hardware requirements are a Z-buffer and 24 bit graphic emulator, such as that on the IRIS Indigo. SG3D requires a raster file to use as 'elevation' and another raster file to use for surface color (or three files for Red, Green and Blue components of color). While a true elevation data file used as elevation will produce the most realistic surfaces, users are encouraged to be creative in selecting other types of data to be represented by the vertical dimension. Most continuous (as opposed to discrete) data types will result in a visualization that makes sense. Since a wire grid can be drawn very quickly, such a grid is used to provide real-time viewer positioning capabilities. Similarly, a lighting model provides real-time feedback as the user adjusts lighting. Grid and polygon resolution control allows the user to further refine drawing speed and detail as needed. Continuous scaling of elevation values (from 1.0ee − 7 to 1.0ee + 7) provides the ability to use various data types for the vertical dimension.

In last release, SG3D allows interactive lighting specifications, vector draping data querying (see What's here?), easier viewer positioning, an option to save current settings in a GRASS database (3D.view) file, animation capabilities, scale objects, labeling, an option to display lat-long data wrapped around a sphere, the ability to save images in IRIS rgb format files, and a few less dramatic changes such as background color options and an animate display type option that allows the user to view a fully rendered image while adjusting viewer positioning. The navigation interface is a Movement Panel that checks the user-position into the 3D model and the Z-scale of the surface. Then a Control Panel selects the kind of texture-surface on the model: it is possible to modify resolution of the grid and of the polygons, visualizing color, wire or Gouraud surfaces, with a shading of surface, and all the

3D VISUALIZATION AND VIRTUAL NAVIGATION

Virtual Reality and scientific visualization experiments in archaeology, such as GIS, can concern different fields of application (Forte, 1993a; 1995), mainly: inter-sites and intra-site analysis, architectural reconstructions or interactive navigations in archaeological landscapes; the modelling level depends on quality and quantity of data (Forte, 1993b; 1995).

Full processing and simulation are especially useful to discover and to enhance the geomorphological and archaeological features of the landscape in connection with its evolution and the ancient settlements. Our aim was to visualize interactively the archaeological landscape of Rocca di Entella including all the principal types of GIS data.

During the CAA'95 Conference I have shown a computer graphic video concerning a virtual navigation into the archaeological landscape of Rocca di Entella (Palermo); it summarized with different information layers the archaeological landscape of Rocca di Entella (Figs. 8.7–8), that is:

- tridimensional D.T.M.;
- vectorial data;
- texture mapping of the aerial photograph;
- texture mapping of the aerial photograph classified by ERDAS (predictive information on the archaeological sites).

While in the video any navigation way was recorded frame by frame (25 frame per second), in desktop virtual reality applications we have used specific navigation devices in real time. For obtaining a 3D stereoscopic vision VR Crystal Eyes system and monitors with 120 Hz of frequency were used. In fact, VR system provides intuitive look-around capability, similar to a hologram, by tracking the location of the user's eyewear and changing the viewpoint with head movement. The system consists of Crystaleyes eyewear, an ultrasound head tracking device with six degrees of freedom and rapid response. This kind of VR system is desktop, that is non immersive; in fact for our application interactivity and high resolution of the images are very important, and these are not attainable with full immersion VR systems such as head-mounted displays (HMD).

On the other hand VR Crystal Eyes system, interfaced with a GIS (GRASS), make it possible an intelligent scientific visualization, selecting all the data useful for research, and showing a complex virtual space to explore in interactive way.

Finally the EXPLORER software package was used for two actions of 3D exploration: 1) walking; 2) flying. For any action we can select different views and directions.

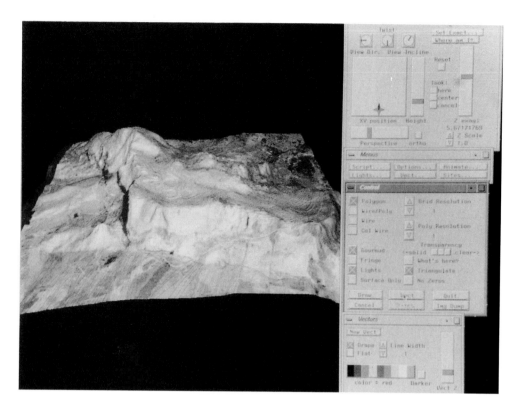

Fig. 8.7 : 3D visualization and landscape navigation.

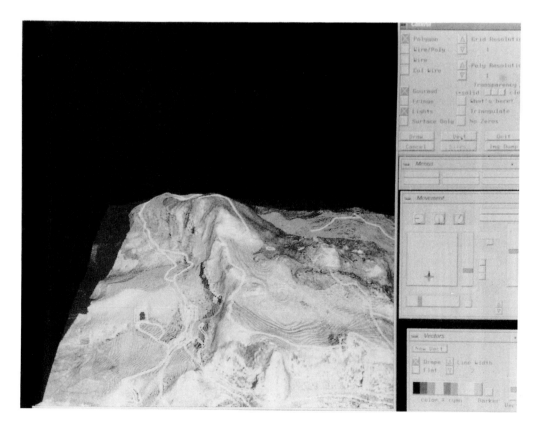

Fig. 8.8 : Visualization of different cartographical layers. The 3D model is enhanced.

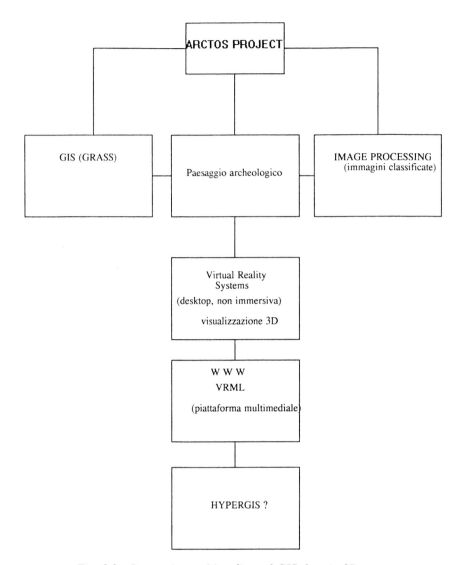

Fig. 8.9 : Processing multimedia and GIS data in 3D space.

CONCLUSIONS AND FUTURE DIRECTIONS

The ARCTOS Project is an experimental approach of interactive 3D visualization concerning the archaeological landscape. The choice of recording data from Rocca di Entella site allows us to analyze a very complex information set but in a defined geomorphological space with multi-stratified archaeological layers.

For this aim we have used GIS integrated with Virtual Reality applications so as to increment cognitive information of data, stimulating the physical perception into the 3D virtual world. In fact the scientific information content of data depends specially on their visualization; if the researcher-user can interact with visualization models, he can acquire better quality and quantity of information in real time.

In interactive visualization we have experimented with the Crystal Eyes VR System, an ultrasound head tracking device with six degrees of freedom; the system, connected with a work station INDIGO Extreme 2 Silicon Graphics, is a desktop virtual reality system very effective because it keeps a very high graphic resolution. The user perceives a full sterescopic vision and can navigate through 3D spaces and objects without other devices such as 3D mouses or HMD systems.

On the basis of these results we should like to create a virtual archaeological park, a multimedia platform in which to install hypertextual links associated to bidimensional and tridimensional information. At the end of this processing we will put our 3D models on Internet – WWW (World-Wide-Web) by VRML (Virtual Reality markup Language) so as they are fully accessible.

At the 3th International Conference on World-Wide-Web, Technology, instruments and applications (Darmstadt, 10–14 april 1995), a new graphic language has been presented, the VRML (Virtual Reality markup Language) that, for the 3D computer graphics, represents an analogous thing such as HTML, where now we put the images. VRML is a description language of 3D objects, in ASCII code, derived from Open Inventor (Silicon Graphics) with the tag 'LINK'. HTML and VRML are complementary: from texts navigation it is possible to pass into tridimensional spaces and vice versa. WebSpace is the VRML implementation from Silicon Graphics (URL is http: //www.sgi.com/ Products/ WebFORCE/WebSpacej3). When we follow a link, connected with a VRML space, the browser opens WebSpace into a 3D navigation, until we find a link, in the 3D space, associated with an other multimedia document. WebSpace on INDIGO workstation is very easy to use: objects can be rotated, moved and observed in all the views.

This powerful graphic language open new extraordinary possibilities for processing multimedia and GIS data in 3D spaces: all the data, including databases, could be observed and analyzed by hyperspace links: could we talk of hyperGIS (Fig. 8.9)?

REFERENCES

Booth, W., Ipson, S.S., Haigh, J.G.B. (1991) An inexpensive PC-based imaging system for applications in archaeology. In G. Lock & J. Moffett (eds) *Computer Applications and Quantitative Methods in Archaeology*. BAR International Series S577, Oxford: 197–204.

Cremaschi, M., Ferretti, A., Forte, M. (1994) Tecniche digitali e di visualizzazione in geoarcheologia: il caso di studio della terramara S. Rosa di Poviglio (RE). In *Archeologia e Calcolatori* 5: 305–16.

Forte, M. (1991) La carta archeologica di Ascoli Satriano (FG): risultati preliminari. Alcuni esempi di 'image processing' nella fotointerpretazione aerea. In *L'archeologia del paesaggio, IV Ciclo di Lezioni sulla Ricerca applicata in Archeologia*. Certosa di Pontignano, Siena.

Forte, M. (1992) Archeologia e tecniche di eidologia informatica. In *Archeologia e Calcolatori* 3: 37–76.

Forte, M. (1993) Un esperimento di visualizzazione scientifica per l'archeologia del paesaggio: la navigazione nel paesaggio virtuale. In *Archeologia e Calcolatori* 4: 137–52.

Forte, M. (1993a) Image processing applications in archaeology: classification systems of archaeological sites in the landscape. In T. Madsen and I. Scollar (eds) *Computer Applications and Quantitative Methods in Archaeology*, International Series, Aarhus: 53–61.

Forte, M. (1993b) Il paesaggio archeologico al calcolatore. *Le Scienze*, June: 46–54.

Forte, M. (1995) Archaeology and scientific visualization: the case study of a terramara. In *Interpreting Space: GIS and Archaeology*, paper presented at the *International Conference 'The impact of Geographic Information System on Archaeology: a European perspective'*, European University Centre for Cultural Heritage, Ravello, 1–2 october 1993, Taylor and Francis.

Forman, T.T.R., Godron, M. (1986) *Landscape Ecology*. John Wiley & Sons, USA.

Forte, M., Guidazzoli, A. (1991) Fotointerpretazione aerea digitale e archeologia. *Pixel* 10: 11–4.

Gonzalez, R.C., Wintz, P. (1977) *Digital Image Processing*. Addison-Wesley.

Harris, T. (1988) Digital terrain modelling in archaeology and regional planning. In C.L.N. Ruggles and S.P.Q. Rahtz (eds) *Computer and Quantitative Methods in Archaeology*. BAR International Series 393: 161–9.

O'Brien, M.J., Beets, J.L., Warren, R.E., Hotrabhavanamda, T., Barney, T.W., Voigt, E.E. (1982) Digital enhancement and grey-level slicing of aerial photographs: techniques for archaeological analysis of intrasite variability. *World Archaeology* 14, 2: 173–90.

Reilly, P. (1989) Data Visualization in archaeology. *IBM System Journal* 28 (4): 569–79.

Reilly, P. (1991) Towards a virtual archaeology. In K. Lockyear and S. Rahtz (eds) *Computer Applications and Quantitative Methods in Archaeology*. BAR International Series 565: 133–40.

Reilly, P., Shennan, J. (1989) Applying Solid Modelling and Animated Three-Dimensional Graphics to Archaeological Problems. In S.P.Q. Rahtz and J.D. Richards (eds) *Computer Applications and Quantitative Methods in Archaeology*. International Series 548, Oxford: 157–66.

Scollar, I. (1977) L'information appliquée à l'archéologie aérienne. *Archéologia, Dossier d'Histoire et d'Archéologie* 22: 78–87.

Scollar, I. (1978) Computer image processing for archaeological air photographs. *World Archaeology* 10, 1, 1978: 71–87.

9. The IGAPS Project: integrated geophysical acquisition and processing system for cultural heritage

D. Patella, S. Piro, L. Versino, F. Cammarano, R. Di Maio and P. Mauriello

INTRODUCTION

Nowadays, non-destructive geophysical prospecting methods are increasingly used worldwide for the resolution of Cultural Heritage (CH) problems, implying detailed physical and geometrical reconstructions of hidden ambients. The needs are both the macro, meso or microscale characterization of geolithological or materic hosting contexts and the definition of targets, which most properly the demand is addressed to, these being either buried archaeological remnants or endogenetic degradation sources of historical buildings or art masterpieces. The probability of a successful application rapidly rises if a consistent multi-methodological approach is adopted, which aspires to the logics of objective complementarity of information and of global convergence towards a high quality multi-parametric imaging of the non-visible.

The fine representation of the static configurations of the investigated volumes and of the space-time evolutions of the interaction processes between targets and hosting materials, are fundamental elements of primary knowledge, as they give the CH operators physiometric guidelines for subsequent organic interventions. The above is particularly true in the case of archaeological research, for which non-invasive geophysical methods are to date the only means available for local reconnaissance and discrimination, prior to any excavation work.

The Institute of Technologies Applied to Cultural Heritage (ITABC), National Research Council (CNR), Italy, dedicates since its foundation from one side to methodological and technological researches aimed at improving the resolution power of various geophysical techniques, and on the other side to in-field extensive applications to different CH typologies under different operative conditions.

The IGAPS (Integrated Geophysical Acquisition and Processing System) project is designed as a combined layout of high-technology equipments, each responding to definite physical principles and operating techniques, but all together constituting a one-purpose modern mobile geophysical work station. Such a multi-methodological and multi-parametric project is in fact planned to satisfy in principle in the most complete way the demand of physical and geometrical information concerning the ever exciting hidden world of any CH composite environing, as previously defined.

The launching of the IGAPS project has greatly benefitted by two important events, which have successfully marked the history of the ITABC during the last five years, namely the Seminar 'Geophysics for Archaeology' (Piro and Versino, 1991) and the Project 'Geophysical Exploration of the Selinunte Archaeological Park' (Brizzolari *et al.*, 1992). During these two manifestations, a novel spirit of integrated activity and partnership was experienced, very soon afterwards accepted as the necessary condition to attack massively the archaeological problem even from the geoscientific viewing window.

In the meanwhile, the very first appraisal for a possible metric scaling down of the geophysical methods by at least four orders of magnitude started to be done, in order to push forward the equally intriguing applications of microgeophysics to historical buildings and stoneworks. The main effort being also in this case the integration of different, absolutely non destructive techniques, all worked out in the ultra high resolution 3D tomography mode.

The IGAPS integrated system is thus aimed to operate according to the principle of potential correlation among all those methods that have demonstrated the highest efficacy in investigating inhomogeneous macro and micro media. The objective is to develop a methodology allowing integrated interpretation and hence rational utilization of all the acquired data. Such a potential of global data evaluation is assumed to be the master key for the final 3D image reconstruction and tomographic representation of the explored spaces. Fig. 9.1 shows a schematic flowchart of the IGAPS integrated approach.

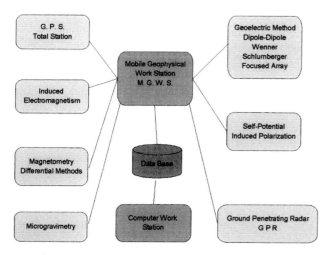

Fig. 9.1 : Schematic flow-chart of the IGAPS integrated approach.

It is now worth pointing out that the above delineated research objectives require ahead of all geophysical operations the exact localization of the measuring stations as well as of any site element necessary to correlate geophysical anomalies with surface archaeotraces and/or geological outcrops.

The IGAPS project has been recently totally approved and financed by the CNR National Consulting Commettee for Cultural Heritage and has also become operative with a first extremely encouraging application in the test site of the Sabine Necropolis, close to the ITABC headquarter (Cammarano *et al.*, 1996 b).

In the following sections, we give the details of the various components of the integrated system and the methodological justification of their applications in the CH research field.

THE GLOBAL POSITIONING SYSTEM

The Global Positioning System (GPS) was originated from the general needs of precise and rapid surveying for such purposes as establishing land boundaries and construction of public works. The history of GPS starts from the development of optical global triangulation and electro-magnetic global trilateration methods. Then, it was shown that the knowledge of the Doppler shift in the signal broadcast by a satellite could be used as an observable to determine the exact time of the closest approach of the satellite. Such an intuition, along with the ability to compute satellite ephemerides according to Kepler's law, led to the present capability of instantaneously determining precise position everywhere in the world. Fig. 9.2 gives a sketch of the GPS working principle.

The importance of the GPS in routine outdoors CH applications stands on the necessity of having in the quickest way the precise plane-altimetric position of all geophysical

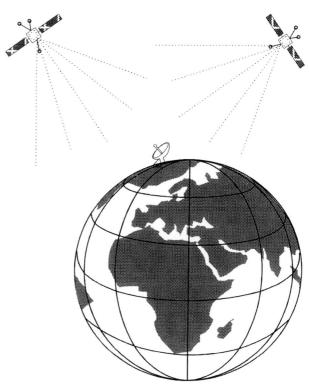

Fig. 9.2 : Schematization of the Global Position System.

measuring stations, as well as of the points where rock samples and/or historical artifacts are withdrawn for laboratory analyses.

The approximation in the determination of point co-ordinates depends on the available receivers. For approximations of the order of the centimetre nine-channel double-frequency receivers are commonly used. A two-station GPS array is also recommended for differential measurements.

The professional background for GPS good usage requires updated knowledge of GPS theory and practice including, among others, the fundamentals of the signal structure and the principles of the signal processing, having special care to least-squares data correction, Kalman filtering and smoothing, cycle slip and phase ambiguity problems handling, software modules selection with particular reference to quality control, network adjustment and data-base management utilities (Hofmann-Wellenhof *et al.*, 1993).

In conjunction with the GPS surveying and especially as a necessary companion of those high-resolution geo-physical methods extremely sensitive to topographic irregularities (gravity, magnetic and self-potential methods), a major concern has also to be given to the necessity of disposing of a Topographic Electronic Total Station (TETS), which warrants the execution of distance and angular readings with approximations as low as ±1 mm and 0.5", respectively.

THE MICROGRAVITY METHOD

The contribution given by the gravity method to the definition of the lithostratigraphic and structural setting in geology is a well known approach. The method is in fact based on the study of the anomalies of the earth's gravitational field, generated by the inhomogeneous distribution of masses below the ground surface.

In site investigation for archaeological projects, gravity prospecting is used in the search of natural or man-made cavities, tunnels as well as in the delineation of karst phenomena and subsoil irregularities. In such cases the gravity anomalies typically have amplitudes of the order of 10 mgal, so it is essential to maximize the precision of the readings.

Microgravity and gravity gradient surveying techniques are applicable to the detection and delineation of shallow subsurface archaeological targets and geological structures. For investigations requiring detection and delineation of shallow cavities ($\leq$ 4 to 6 effective cavity diameters in depth) microgravity has been demonstrated to be the most promising surface method in most cases, especially if coupled with other cavity sensitive geophysical methods, which is the purpose of the IGAPS project.

The gravity method has seen in the past limited use, principally because of the enormous time and energy involved in making adequate elevation and terrain corrections (Wynn, 1986). However, the easier approach provided by the TETS system and the circumstance that a high-precision topographic surveying is a rigid requirement also for other ground probing methods, makes now the gravity method of much less troubling utilization. Fig. 9.3 shows a schematic picture of the principles underlying the gravity measurement.

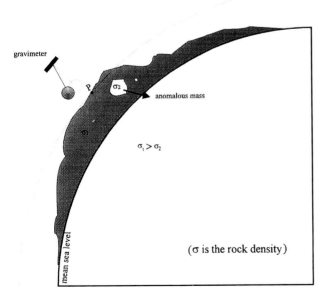

Fig. 9.3 : Schematic picture of the principles underlying the gravity measurements.

THE MAGNETIC METHOD

Magnetometers have been used as prospection tools for archaeological site assessment everywhere in the world. The most reliable targets for magnetic prospection are fire hearths, kilns, fired rock and pottery. These features produce significant magnetic fields in proportion to their bulk, and, at least in the case of hearths and fired rock, are found on virtually all archaeological sites (Gibson, 1986).

The magnetic sources related to the above features are generally well defined, even though two factors concur to a more or less extent to disturb the magnetic field in the survey area: 1) nearby power, rail and pipe lines, and 2) presence of recent volcanic rocks with a high degree of magnetization.

The magnetic measurements are generally total intensity data obtained with proton magnetometers, whose average sensitivities are around ±1 nT. Vertical gradient data are again of great utility, for they tend to enhance high wavenumber anomalies related to small objects (Patella, 1991).

To date, the difficulties due to various ambient adverse conditions are greatly simplified, thanks to the very recent technological innovations, that have introduced on the free market a new generation of differential magnetometers with precisions as high as 0.001 nT, and to the interpretational efforts, that have made available very accurate 3D modelling computer-assisted procedures (Brizzolari *et al.*, 1993).

The recent conversion of alkali metal optical pumping magnetometers from air to land surveying makes the final difference with the near past, as by them an almost continuous rapid monitoring of the magnetic field is possible, thus allowing ultra high-resolution 2D acquisition. In general, an optical pumping magnetometer takes advantage of the differences between electron energy levels in an atom of alkali metal vapor. The energy of an electron can assume one of several energy levels, depending on the orbit the electron follows and the orientation of the magnetic moment of the electron with respect to the ambient magnetic field (parallel or anti-parallel). The stronger the ambient magnetic field is, the greater will be the splitting between the energies of electrons in similar orbits, but with opposite polarizations of their moments (Zhdanov and Keller, 1994). Fig. 9.4 is a schematic picture showing the principles of the magnetic measurement with an optical pumping magnetometer.

THE GEOELECTRICAL METHOD

The direct current geoelectrical method consists, as is well known, in the experimental determination of a set of apparent resistivity values, which, according to mathematically very difficult composition rules, characterize any complex inhomogeneous arrangement of physically different materials in electrical contact. By appropriate interpre-

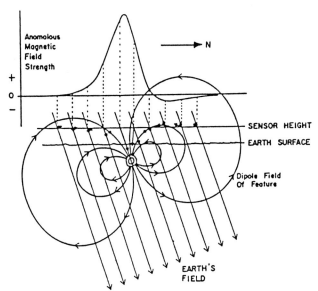

Fig. 9.4 : *Diagram of south-north magnetic profile produced by field of the earth combining with anomalous magnetic field of local feature.*

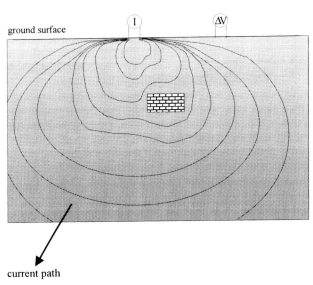

Fig. 9.5 : *Current line distortion generated by resistivity inhomogeneity (cavity).*

tation procedures it is then possible to recover from the experimental data set the true resistivity and the geometry of each constituent material.

The use of conventional geoelectrical methods in archaeology predates the use of any other geophysical method and is still abundantly adopted especially for the detection of buried ditches, tombs and stone foundations. On the contrary, the use of more sophisticated multiple-electrode, multiple-array and multiple-spacing geoelectrical techniques for mini and microsurveys over floors, walls, columns and other limited pieces of historical materials is still in progress but close to become a routine approach, also thanks to the present increased efficiency of the related tomographic inversion procedures (Lapenna *et al.*, 1992). The major problem in such kind of applications is the use of non invasive electrodes, capable at the same time of establishing good electrical contacts and of not causing any irreversible damage to the contact exposed material.

Resistivity in rock materials depends on many factors, the most important of which are the presence of ionized waters and/or metal-like mineral particles in the pore structure, which can give the body particularly conductive internal paths, in contrast with resistive situations characterized by compact rock matrices and/or dry pores. In general, in archaeological research, the presence of a geoelectrical anomaly high is a good indicator of some resistive structure, such as a cavity, a stone wall or a foundation, hosted within an otherwise less resistive material due to presence of circulating fluids. In the case of historical buildings, the reverse situation becomes the interesting case, for the capillaric ascent of humidity and sometimes the ingression of more or less aggressive waters may provoke internal alteration nuclei and become the

hidden, potential endogenetic source of degradation or even disgregation of stone chunks and/or surface plasterings.

Fig. 9.5 shows in a very simplified manner, the principle of the energizing electric current path distortion within a material body caused by the presence of a resistivity inhomogeneity. The current line distortion on its turn generates a distortion of the equipotential surfaces, which is readily detected by a couple of receiving electrodes and converted into an apparent resistivity value.

THE SELF-POTENTIAL METHOD

The Self-Potential (SP) method is used to reveal natural potential drops existing in any material, very likely caused by electrokinetic effects related to in-body circulation of fluids. From the analysis of the detected SP anomalies, a very recently outlined tomographic inversion scheme permits a ready identification and location of ionic charge concentrations, sustained by polarization mechanisms due to the movement of electrolytic solutions (Patella, 1996).

The underground water circulation through the shallower layers may be strongly conditioned by the presence of buried archaeological structures, which may act either as local water drainage channels (tombs, terrains loosen by some human activity in historical times and other similar situations) or as impermeable barriers opposing the natural water flow (buried foundations, walls, etc.). It follows that the detection of SP anomalies in archaeological sites may help identify buried structures of relevant historical interest.

Accordingly, one may also admit that the application of the SP method at the microscale may help identify anomalies related to water infiltration through stones and similar architectural block devices, in the study of internal causes of historical buildings deterioration. This approach would have perhaps never been utilized in the past, essentially because of the lack of a reference phenomenological model and of a suitable 3D tomographic imaging of the charge polarization centres. By a conceptually simple adaptation of the water circulation/charge polarization field phenomenology to the scale of stones, columns and walls, using the already existing SP measuring techniques and the newly developed data processing and tomographic inversion methods is expected to put in evidence SP microanomalies, which may open new vistas in the diagnosis of the state of conservation of monuments and other historical buildings. It is a new open challenge, which we feel to accept within the scheme of the IGAPS program, projected onto the scale of the CH microstructures.

Fig. 9.6 shows in a schematic form the main features of the SP method (for more details, refer to Cammarano *et al.*, 1996 a).

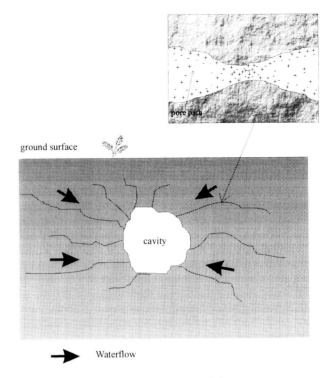

Fig. 9.6 : Schematic picture of the SP source.

THE INDUCED POLARIZATION METHOD

The application of the Induced Polarization (IP) method for CH purposes is a very new approach. Although the IP method dates back to the early fifties, it was and is still extensively used in mining exploration to mainly detect sulphide-rich ore bodies. Recent applications include also environmental and geotechnical studies, contaminant identification and salt-water/fresh-water interface mapping (Ward *et al.*, 1995).

Phenomenologically, clay cells and metal-like mineral particles, occluding pore capillaries within rocks are responsible of the strongest IP signals, respectively giving rise to membrane and electrode polarization mechanisms. The IP signal is generated through excitation of rocks by a different variety of electric current pulses and it can be detected either during or after current circulation (polarization and depolarization, or charging and discharging modes). The IP method can be applied either in the time-domain (voltage relaxation) or in the frequency-domain (resistivity dispersion), but the common basic information is related to the diffuse presence and relative abundance of highly conductive particles in the rock matrix.

As the IP signal is correlated to second order conduction mechanisms in complex rock environing, it is generally weak, but rather stable, making the measurement with stacking procedures a suitable and safe approach to its correct identification.

Research of buried metal objects underground and of alteration zones even at the microscale of relatively small stoneworks appears to be a natural field of application of the IP methd, especially if integrated with the geoelectrical and self-potential methods. This action will absolutely require innovative and thorough experimental design, as well as development of optimum equipment, data acqui-

sition, processing and interpretation methods (Patella and Di Maio, 1989).

Fig. 9.7 displays in a rather simplified manner the basic principles of the IP method.

THE INDUCTIVE ELECTROMAGNETIC METHODS

The Inductive Electro-Magnetic (IEM) methods give a notable contribution to the knowledge of the resistivity distributions of complex structures underground through the measurements of the components of a suitable IEM field at the earth's ground surface.

IEM survey methods are now widely used to map near-surface geology by mapping variations in the electrical conductivity, generally caused by changes in soil structure (porosity), clay content, conductivity of the soil water and degree of water saturation in the soil (McNeill, 1990)

The contribution in the field of archaeology consists essentially in the fine resolution of the electrical geometry of buried anthropic ambients. Such an image representation can be obtained by a detailed reconstruction of the pattern of the electric current paths induced by natural or artificial source time-varying electromagnetic fields.

The advantages and disadvantages of each existing technique, either in the time or in the frequency domain, is now suffieciently well documented to allow the prospective user to decide which method is most appropriate for a particular CH investigation problem.

One of the major methodological goals in the frame of

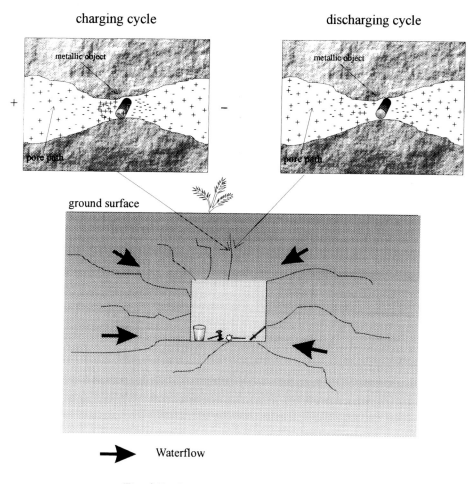

Fig. 9.7 : Basic principles of the IP method.

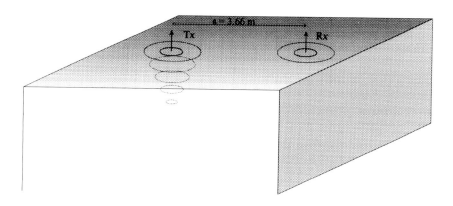

Fig. 9.8 : A source-receiver configuration for studying the induced electromagnetic effect.

the IGAPS project is the realization of an IEM data acquisition, processing and interpretation package for the study of the vertical component of the secondary magnetic field, which is the most sensitive EM component to any lateral variation of resistivity. Hence, it can give the most correct signature of the boundary lineaments of any finite 3D body. Ultra high resolution 3D tomography is the ultimate scope of this approach too, also because of the required strong linking between different geophysical methods, which is the main characteristic of the IGAPS project.

Fig. 9.8 refers to one of the main source-receiver configuration possibilities for studying the IEM effect of buried causative bodies.

THE GROUND PENETRATING RADAR METHOD

Fundamentally, GPR is a non-invasive, environmentally safe method of detecting, locating and mapping shallow subsurface features. The method uses FM frequency radio energy to echo-locate natural and/or man-made features of interest. A successful GPR survey yields a cross-sectional image of the subsurface, with signal quality and penetration depth dependent on local soil and rock electrical characteristics. Using different frequency antennas, a survey can target depths from a few centimetres to some metres, with a current absolute maximum not exceeding about 50 metres (Liner and Liner, 1995).

In general terms, radar depth of penetration is controlled by electrical conductivity and EM wave speed in the subsurface. Penetration is deeper in low conductivity terrain such as sand/carbonate environments and shallower in areas of shale/clay. Ground water salinity and dissolved solids can further limit depth of penetration (Finzi and Piro, 1991).

The main issues determining GPR success at a given site are depth of penetration, interference with cultural features and electrical property contrast of the target. The effects from detrimental cultural features can be minimized by proper survey design and logistics. Preliminary results can be viewed in the field at data acquisition time, but final results require additional data processing and interpretation.

Control points and integrated geophysical/geologic knowledge are vital for the proper interpretation of GPR data. As GPR receives useful messages through reflected EM waves, it is a highly sensitive method for the detection of discontinuity surfaces marking the passage from overburden to target body, by leaving however to other methods the capacity of a more detailed scrutiny of the body's internal properties and physical conditions.

For many applications, successful GPR surveys can minimize the need for invasive and expensive drilling and trenching, by providing continuous information between widely spaced control points. This is particularly important in cases where extensive trenching is not advisable, as in archaeological research work. Moreover, the use of very high frequency antennas, strongly reduced in size and essentially with a contact-free coupling with the survey area, makes GPR the most suitable method in micro-geophysical investigations across very delicate exposed surfaces. Fig. 9.9 gives an overall view of the physical mechanism of the GPR source/target coupling effect.

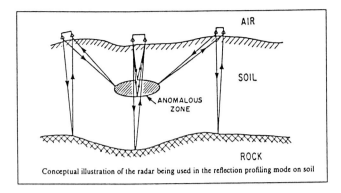

Conceptual illustration of the radar being used in the reflection profiling mode on soil

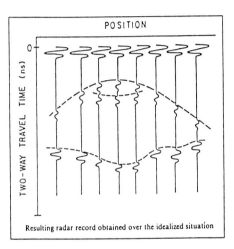

Resulting radar record obtained over the idealized situation

Fig. 9.9 : Schematic view of the physical mechanism of the GPR source/target coupling effect.

interpretation using bidimensional cross-correlation. In *'Theory and practice of Applied Geophysics' vol.7 'Geophysical exploration of Archaeological site'*, Vieweg Publishing.

Cammarano, F., Mauriello, P., Patella, D., Piro, S. (1996a) Application of self-potential method to detect superficial cavities. *Proceedings of the POPULUS Colloquium*, Pisa, 1995.

Cammarano, F., Mauriello, P., Patella, D., Piro, S., Versino, L. (1996b) Integration of high resolution geoelectrical and georadar surveys. Detection of shallow depth bodies of archaeological interest. *Proceedings of the First International Congress on Science and Technology for the Safeguard of Cultural Heritage in the Mediterranean Basin*, Catania-Siracusa,1995 (in press).

Davis, J.L., Annan, P.A. (1989) Ground Penetrating Radar for high-resolution mapping of soil and rock stratigraphy. *Geophysical Prospecting* 37: 531–51.

Finzi, E., Piro, S. (1991) Metodo per impulsi elettromagnetici. Georadar. *Quaderni dell'ITABC* 1: 53–70.

Gibson, T.H. (1986) Magnetic prospection on prehistoric sites in Western Canada. *Geophysics* 51, 3: 553–60.

Hofmann-Wellenhof, B., Lichteneger, H., Collins, J. (1993) *GPS: Theory and Practice*. 2nd Edition. Springer-Verlag, Wien.

Lapenna, V., Mastrantuono, M., Patella, D., Di Bello, G. (1992) Magnetic and geoelectric prospecting in the archaeological area of Selinunte (Sicily, Italy). *Bollettino di Geofisica Teorica ed Applicata* XXXIV, 134–135: 133–43.

Liner, C.L., Liner, J.L. (1995) Ground-penetrating radar: A near-

REFERENCES

Brizzolari, E., Piro, S., Versino, L. (eds) (1992) Monograph on the Geophysical Exploration of the Selinunte Archaeological Park. *Bollettino di Geofisica Teorica ed Applicata* XXXIV, 134–135: 83–217.

Brizzolari, E., Cardarelli, E., Piro, S., Versino, L. (1993) Detection of subsurface magnetic anomalies of archaeological interest: computation of tridimensional magnetic anomalies and

surface experience from Washington County, Arkansas. *The Leading Edge* 14, 1: 17–21.

Malagodi, S., Orlando, L., Piro, S. (1994) Improvement of signal-to-noise ratio of ground penetreting radar using CMP acquisition and data processing. *Proceedings of Fifth International Conference on Ground Penetreting Radar*, Vol.2: 689–99, (Kitchener, Ontario).

Malagodi, S., Orlando, L., Piro, S., Rosso, F. (1996) Location of archaeological structures using GPR method. 3-D data acquisition and radar signal processing. *Archaeological Prospection* (in press).

McNeill, J.D. (1990) Use of elecromagnetic methods for groundwater studies. In S.H. Ward (ed.) *Geotechnical and Environmental Geophysics*. Vol.1: Review and Tutorial. SEG, Tulsa.

Patella, D. (1991) I principi della magnetometria e della gravimetria.

Possibilità di applicazioni in archeologia. *Quaderni dell'ITABC* 1: 71–87.

Patella, D. (1996) Introduction to ground surface self-potential tomography. Submitted to *Geophysical Prospecting*.

Patella, D., Di Maio, R. (1989) On the analysis of Cole-Cole relaxation transients in the induced polarization prospecting method. In A. Vogel (ed.) *Model Optimization in Exploration Geophysics*. Vol.3. Friedr. Vieweg and Sohn, Wiesbaden: 379–93.

Piro, S., Versino, L. (eds) (1991) Atti del Seminario 'Geofisica per l'Archeologia'. *Quaderni dell'ITABC* 1: 1–307.

Wynn, J.C. (1986) Archaeological prospection: An introduction to the special issue. *Geophysics* 51, 3: 533–37.

Zhdanov, M.S., Keller, G.V. (1994) *The Geoelectrical Methods in Geophysical Exploration*. Elsevier, Amsterdam.

10. La mesure de la résistivité (ou de la conductivité) électrique du sol en prospection archéologique

Albert Hesse

DÉFINITIONS

La résistivité électrique, comme d'autres grandeurs physiques d'ailleurs, peut être considérée comme une donnée caractéristique des matériaux du sol. Ceci n'est vrai cependant que dans une certaine mesure car si, dans un état donné, chaque matériau homogène présente une valeur bien déterminée, en revanche, des matériaux très différents peuvent présenter des valeurs identiques ou très proches. L'importance de la différence entre ces valeurs de résistivité caractérise le contraste électrique des matériaux.

Selon les cas (comme on le verra plus loin) on parlera de la résistivité ρ (le plus souvent) exprimée en ohm.mètres (Ω.m) ou de son inverse la conductivité σ, exprimée en siemens par mètre (S/m). La définition de la résistivité résulte de la loi d'Ohm qui détermine sous la forme

$$\Delta V = K\rho I$$

la différence de potentiel ΔV qui apparaît entre deux points d'un matériau de résistivité ρ parcouru par un courant d'intensité I avec K coefficient géométrique dépendant de la position des deux points et de la distribution du courant dans le matériau. Il peut exister un très grand contraste de résistivité entre les matériaux puisque cette grandeur peut s'étager de quelques millièmes d'ohm.mètre pour les métaux conducteurs à plusieurs millions pour les isolants (verres, porcelaine, plastiques, etc.). Dans le sol (Fig. 10.1) cette grandeur est moins contrastée mais différencie fortement encore les sols salés des roches, avec une large série de matériaux intermédiaires. Les facteurs (non indépendants) qui influencent particulièrement la résistivité sont les suivants:

- la texture, c'est à dire la répartition granulométrique des grains selon leur taille;
- la cohérence qui caractérise le mode d'assemblage des grains entre eux;
- la porosité;
- la teneur en eau dans laquelle on peut distinguer l'eau libre (capillaire ou de gravité) et l'eau liée aux matériaux des grains par hygroscopie ou de par leur constitution;
- la nature minéralogique des grains;
- les sels et les ions présents, dissous dans l'eau libre.

On comprend aisément que, dès lors que l'on saura mesurer la résistivité d'un terrain, on pourra présager sans trop de difficultés si l'on est en présence d'un sol meuble humide ou d'un matériau compact. De même, en effectuant des mesures d'un point à un autre et en les cartographiant, on sera capable d'observer le passage au dessus d'un amas de pierres noyé dans une masse argileuse ou, inversement, du remplissage d'une fosse creusée dans du calcaire.

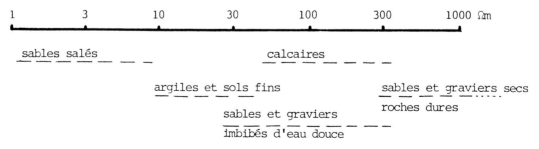

Fig. 10.1 : Echelle des résistivités de quelques roches.

MÉTHODES DE MESURE DE LA RÉSISTIVITÉ (OU DE LA CONDUCTIVITÉ)

A ce jour, les méthodes utilisables sont devenues assez nombreuses et différenciées. Même si elles aboutissent toutes à une mesure de résistivité ou de conductivité, toutes ne sont pas de la même utilité en fonction des cibles auxquelles on s'adresse et des conditions matérielles dans lesquelles s'exerce la prospection.

Mesure par courants électriques injectés

Courants continus ou quasi continus sur électrodes à contact galvanique avec le sol

Il s'agit là de la méthode la plus courante et la plus connue en prospection archéologique. Elle a reçu sa première application dans ce domaine mais sous la forme d'une variante (méthode des lignes équipotentielles) au Mexique (De Terra et Romero, 1949) sans doute même en Angleterre où des résultats antérieurs (1946) n'ont été publiés qu'un peu plus tard (Atkinson, 1952). Elle consiste à injecter un courant électrique I par deux électrodes A et B plantées dans le sol et à mesurer la différence de potentiel ΔV sur deux autres électrodes M et N. La résistivité s'exprime alors (Scollar *et al.*, 1990) sous la forme suivante dérivée de la loi d'Ohm

$$\rho = 2\pi k \frac{\Delta V}{I}$$

Les électrodes peuvent être disposées de manière quelconque (Fig. 10.2). Le coefficient géométrique k répond alors à la formule:

$$k = \left(\frac{1}{MA} - \frac{1}{MB} - \frac{1}{NA} + \frac{1}{NB} \right)^{-1}$$

Pour des raisons pratiques, on utilise le plus souvent des configurations géométriques simples en ligne, sur plan carré ou, comme le pratique l'école anglaise (Aspinall et Lynam, 1970), avec deux électrodes B et N rejetées à l'infini c'est à dire à quelques dizaines de fois a, distance qui sépare les électrodes mobiles. Notons toutefois que,

dans ce cas, il faut écarter d'autant les électrodes lointaines entre elles et non les tenir distantes de a comme on le fait encore bien souvent par erreur. Ces formules s'appliquent évidemment en terrain homogène pour nous donner sa résistivité; si le terrain contient des hétérogénéités telles que les vestiges archéologiques, les mêmes formules s'appliquent et nous donnent une 'résistivité apparente' ρ_a, sorte de moyenne des résistivités rencontrées dans le sous-sol. C'est sur cette grandeur que l'on discernera, sous forme de maximum, des vestiges de murs ou de constructions de pierre sous-jacentes (Fig. 10.4a), sous forme de minimums, des remplissages meubles de fosses, fossés, puits, etc.

Les appareils utilisables pour la prospection sont très divers: cela peut aller du simple montage ampèremètre-potentiomètre avec courant continu, aux plus récents (et beaucoup plus utilisés) résistivimètres à affichage direct du rapport $\Delta V/I$ qui utilisent un courant entre 100 et 150 Hz (RMCA3 et 4 de Septa, puis Eurocim-C.N.R.S.; RM4 de Geoscan Research, etc.) (Fig. 10.3).

Le prospecteur ne se contentant pas du simple relevé de quelques anomalies sur des profils isolés mais éprouvant la nécessité d'une couverture cartographique complète de grandes surfaces (Fig. 10.5), la tendance des dix dernières années a été celle de l'acquisition automatique d'un très

Fig. 10.3 : Résistivimètre RMCA 3 Septa-CNRS.

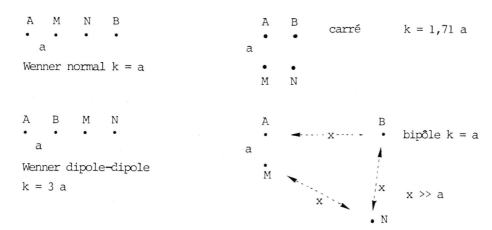

Fig. 10.2 : Forme et coefficients de quelques quadripôles usuels.

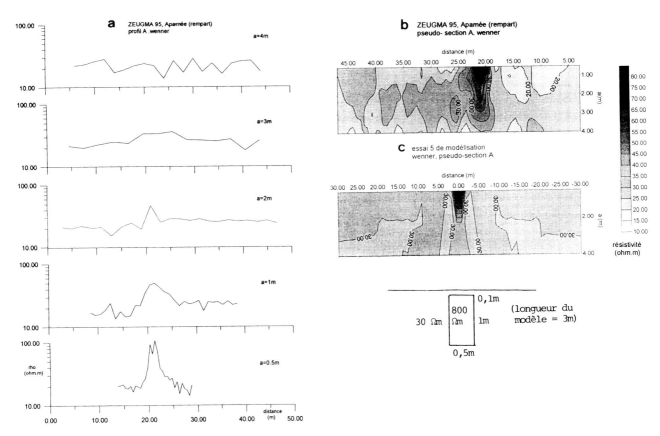

Fig. 10.4 : Traitement des résistivités relevées en travers d'un possible rempart antique d'Apamée (Turquie) : a) Profils avec différents écartements a des électrodes; b) Représentation des mêmes données en pseudo-section du rempart; c) Etablissement, par le calcul, d'un modèle produisant les mêmes anomalies.

grand nombre de mesures soit par stockage de mesures discrètes dans le résistivimètre lui-même (data logger DL10 de Geoscan Research) soit par enregistrement quasi-continu géré par microprocesseur sur un quadripôle tracté (système Rateau de Septa-C.N.R.S.) (Hesse *et al.*, 1986) (Figs. 10.6 et 10.8a). Une expérience récente (septembre 1995) sur le site romain de Wroxeter a utilisé ce système sous la forme d'un petit chariot à roues conductrices, en configuration bipôle (Dabas *et al.*, 1996). Trois hectares de prairies ont été cartographiés en moins de trois jours avec une grande finesse dans la description des bâtiments enfouis.

L'un des grands intérêts de la mesure de la résistivité par courants injectés dans le sol vient de sa capacité, pas toujours assurée en géophysique, à donner une certaine idée de la profondeur d'investigation. Pour un quadripôle en ligne en effet, on évalue en général au quart de la distance entre les électrodes extrêmes, la profondeur maximale atteinte par la plus grande partie du courant injecté. En d'autres termes, plus les électrodes sont écartées, plus le courant pénètre dans le sol et mieux peuvent être atteintes les cibles profondes. Encore faut-il que celles-ci se présentent dans des conditions de forme favorables et avec un volume et un contraste suffisant pour influer sur la distribution du courant.

Une des applications les plus intéressantes de cette propriété du courant est le sondage électrique. Il consiste à effectuer, à l'aplomb d'un point, une série de mesures de résistivité avec des valeurs croissantes de la distance a qui sépare les électrodes. On obtient ainsi un graphique caractéristique des résistivités apparentes rencontrées, à des profondeurs croissantes, au point considéré. Si les couches sont bien caractérisées et parallèles à la surface du sol, il est possible d'établir un modèle théorique de la stratigraphie du sous-sol. Ceci peut s'avérer très utile pour reconnaître la profondeur d'une nappe phréatique ou d'un substrat rocheux, l'épaisseur d'une couche archéologique (Fig. 10.7), ou simplement pour s'assurer par comparaison entre deux sondages qu'une trace intéressante observée sur une carte de prospection est d'origine superficielle, profonde ou provient de niveaux intermédiaires.

Une autre application de cette propriété liée à la longueur des quadripôles vient de la possibilité de représenter les données obtenues sur plusieurs profils réalisés à différentes profondeurs sur une même ligne sous la forme d'une pseudo-section (Fig. 10.4b).

Cette représentation est cependant loin d'être satis-faisante car elle n'est absolument pas à l'échelle de ce qui se passe dans le sol. Aussi la tendance actuelle, favorisée par les moyens de calcul disponibles et des instruments adaptés (RM15 de Geoscan Research), est-elle à

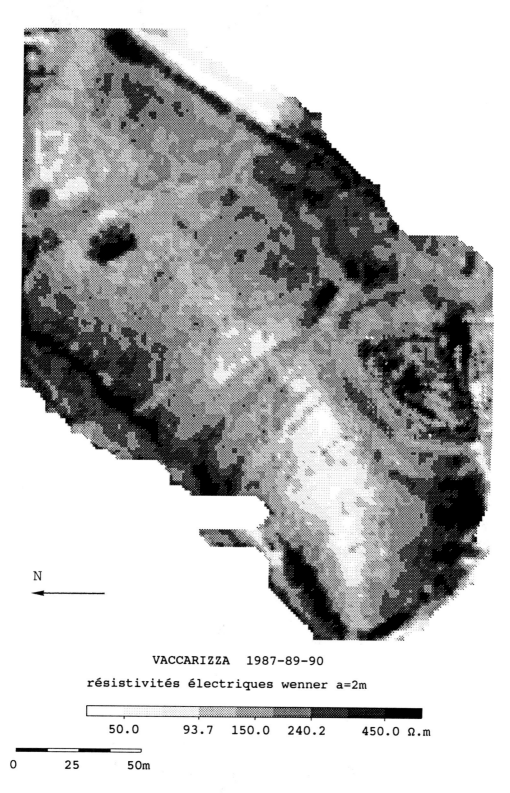

VACCARIZZA 1987-89-90

résistivités électriques wenner a=2m

50.0   93.7 150.0 240.2   450.0 Ω.m

0   25   50m

Fig. 10.5 : Prospection sur les restes d'un village médiéval dans le sud de l'Italie (fouilles G. Noyé, Ecole Française de Rome). A la périphérie de la basse-cour, en bordure de pente, apparaissent, sous la forme d'alignements noirs, des murailles probables; au sud, des traces concentriques ceinturent la motte au sein de laquelle se discernent des constructions. Plusieurs alignements transversaux (NO-SE) et des zones localement résistantes structurent l'espace central.

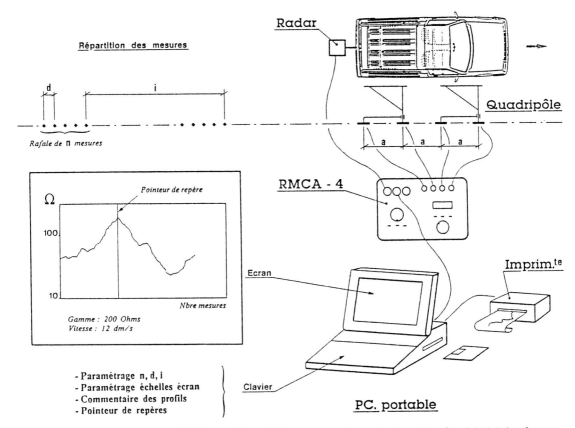

Fig. 10.6 : Schéma du système RATEAU pour l'acquisition automatique des données de résistivité : les mesures sont obtenues par le résistivimètre RMCA 4, sur un quadripôle lié à un véhicule, à une cadence régie par un radar de déplacement ou une roue codeuse; transmises au PC portable, elles peuvent être visualisées en temps réel sur l'écran ou une imprimante.

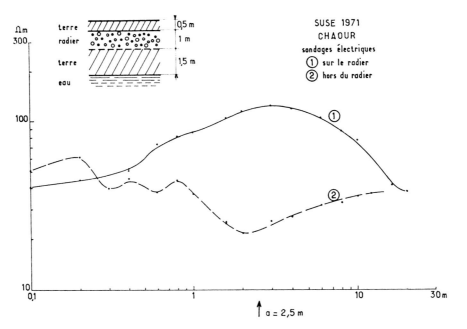

Fig. 10.7 : Le sondage électrique (1) effectué sur le radier de fondation d'un palais achéménide montre une forte différence des résistivités (en ordonnées) avec celui effectué à l'extérieur (2) pour des écartements d'électrodes a entre 1 et 10 m (en abcisses). Ceci permet non seulement d'évaluer l'épaisseur du radier, mais aussi de choisir le meilleur quadripôle (a = 2.5 m) pour effectuer la prospection.

a

b

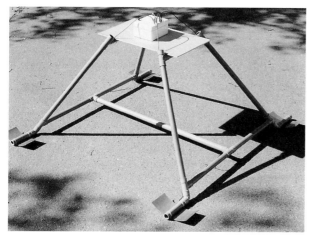

c

Fig. 10.8 : Trois créations instrumentales du C.R.G. : a) Dispositif de quatre roues électrodes en ligne, sur le côté d'un véhicule pour enregistrement RATEAU; b) Prototype expérimental de quadripôle électrostatique à plaques métalliques; c) Prototype expérimental du SH3 montrant clairement les deux bobines inclinées d'émission et de réception aux extrémités.

l'élaboration de modèles représentatifs de la réalité géométrique sous-jacente à partir d'un très grand nombre de mesures réalisées, automatiquement, sur les différentes configurations de quadripôles qu'autorise une quantité d'électrodes plantées à la surface du sol. Les premiers résultats de ces recherches commencent à apparaître (Dabas *et al.*, 1994) pour des sections de terrain (Fig. 10.4c), particulièrement intéressantes en complément des cartes horizontales de résistivité. Rien n'interdit de penser que l'on arrivera peut être, un jour, à une véritable transposition de la totalité de nos cartes actuelles en véritables modèles à trois dimensions de la réalité archéologique sous-jacente. Il ne faut cependant se faire aucune illusion: ce genre d'étude sera, pour longtemps encore, difficile, onéreux et long à exécuter, voire impossible à réaliser sur certains terrains.

Pour être complet, il convient d'ajouter que la prospection électrique par courants injectés sur des électrodes à contact galvanique connaît de nombreuses variantes (lignes équipotentielles, mise à la masse, etc.) qui n'ont reçu que peu d'applications en reconnaissance archéologique. La polarisation provoquée (Aspinall et Lynam, 1970) doit être aussi mentionnée bien qu'elle ne donne pas accès à la résistivité électrique.

Courants basse fréquence sur électrodes électrostatiques

Presque tout ce qui vient d'être dit pour la mesure des résistivités sur quadripôle à contact galvanique avec le sol reste valable, ou peut être aisément transposé au cas du quadripôle électrostatique. Toute la différence, qui est d'importance pour la mise en oeuvre, vient de ce que la fréquence du courant injecté étant beaucoup plus élevée (40 kHz par exemple), celui-ci peut être injecté dans le sol et la différence de potentiel mesurée à la surface, à l'aide de pôles électrostatiques, simples plaques métalliques approchées du sol ou posées sur celui-ci, sans nécessité d'un véritable contact (Fig. 10.8b).

Cette méthode, imaginée à l'origine pour mesurer la résistivité sur un système léger à la surface des planètes (Grard et Tabbagh, 1991) s'est avérée d'un intérêt considérable, non seulement en archéologie (Tabbagh *et al.*, 1993) mais aussi dans de nombreuses applications de génie civil, notamment en ville sur toutes les surfaces dures sur lesquelles on ne peut envisager de planter des électrodes.

En archéologie, c'est essentiellement l'exploration urbaine (travaux sous chaussées, aires de stationnement, etc.) et celle des bâtiments en élévation (dallages, parements de murs, etc.) qui bénéficie de cette innovation avec une mention particulière pour l'exploration des églises (Dabas *et al.*, 1993). Dans tous ces espaces restreints, complexes, où la plupart des autres méthodes (magnétique et électromagnétique notamment) peuvent être très fortement perturbées, la résistivité sur quadripôle électrostatique constitue un précieux atout en complément d'une autre méthode très prometteuse: le radar-sol (voir ce chapitre dans le même volume).

Si, au stade du traitement et de l'interprétation des données, les 'résistivités électrostatiques' ne se différencient en rien des autres, l'appareillage en revanche est très spécifique tant pour la mesure proprement dite que pour les pôles: ceux-ci peuvent être constitués de simples plaques posées sur la surface ou être logées dans des roues agencées en quadripôles roulants. Des enregistrements continus rapides sur des dispositifs tractés peuvent alors être obtenus (Geraads *et al.*, 1992) comme en 'résistivité galvanique' et rien n'interdit d'espérer, à brève échéance, l'apparition d'équipements multipôles pour l'exploration simultanée de plusieurs profondeurs.

Il faut également ajouter que l'utilisation de courants basse fréquence permet, sur le même appareillage, de déterminer une autre propriété physique du sol, la permittivité diélectrique e dont les effets se font sentir à ces fréquences. Cette grandeur étant régie essentiellement par les mêmes paramètres que la résistivité, les expériences n'ont pas montré, à ce jour, de différences appréciables quant à leurs capacités de détecter les hétérogénéités du sous-sol; ces différences pourraient être cependant plus importantes dans le cas de mesures sur des terrains très résistants (Tabbagh *et al.*, 1993).

Mesure à partir de champs électro-magnétiques

Les champs électro-magnétiques très divers, naturels ou artificiels, qui peuvent exister dans l'espace qui nous environne sont à l'origine d'un très grand nombre de procédés de mesure des propriétés électriques et magnétiques des sols et notamment de la résistivité. Les principes théoriques et les modèles d'interprétation de tous ces procédés se fondent sur les équations de Maxwell qui régissent entièrement la répartition des champs électromagnétiques dans l'espace qui nous environne.

Méthodes utilisant des sources lointaines
• Méthode S.G.D. (sur sources à grande distance)
On considère les champs émis par les émetteurs de radiodiffusion en mesurant en chaque point de la zone prospectée, la composante verticale du champ électromagnétique à la fréquence de la source utilisée (ex: France Inter, 162 kHz [FI]; Europe n°1, 180 kHz [E1]). Cette composante, normalement nulle en l'absence de structures hétérogènes dans le sous-sol, ne donne pas directement une mesure de résistivité, mais diffère sensiblement de zéro s'il existe un contraste électrique dans le milieu sous-jacent. Plutôt que de cartographier les valeurs de ce signal assez complexe, la théorie a démontré et l'expérience vérifié qu'il est possible, à partir du signal S obtenu pour deux émetteurs (SFI/SE1 par exemple) sur une structure longue rectiligne, de déterminer l'angle que fait l'axe de cette structure avec la direction de chacun des émetteurs (Tabbagh, 1973).

Pour intéressant que soit ce résultat, la méthode n'a pas connu de développement important car les problèmes de prospection posés en archéologie ne se présentent que rarement sous cette forme.

• Méthode M.T. (magnéto-tellurique)
Il s'agit là d'un véritable procédé de mesure de la résistivité apparente à partir du rapport du carré des amplitudes de deux composantes perpendiculaires de variations concomitantes du champ électrique (Ex) et du champ magnétique (Hy) en un même point. L. Cagniard a établi (Cagniard, 1953) que la résistivité apparente du sous-sol est alors donnée par la formule:

$$\rho = kT\left(\frac{Ex}{Hy}\right)^2$$

où k est un coefficient numérique d'adaptation aux unités utilisées et T la période du signal harmonique considéré.

Cette méthode en utilisant des variations naturelles lentes (donc à grande profondeur de pénétration) avec un matériel relativement très léger, s'est avérée particulièrement intéressante pour les investigations géologiques jusque dans le manteau terrestre. Sous la forme de M.T-V.L.F. sur les sources artificielles constituées par une grande variété d'émetteurs, elle reste très opérationnelle pour les reconnaissances minières, hydrogéologiques ou de génie civil (Guérin *et al.*, 1994). Sous le nom de Radio-M.T., elle a connu quelques applications de démonstration sur des structures archéologiques favorables (Bossuet *et al.*, 1987) mais la généralisation de son utilisation se heurte dans ce domaine a un lourd handicap pour l'interprétation: la distorsion des anomalies provoquée par l'anisotropie du champ primaire (Tabbagh et Hesse, 1989).

Mesures électromagnétiques sur deux bobines
Comme cela a déjà été signalé plus haut et comme leur nom l'indique, ces méthodes qui s'appuient sur la distribution des champs électromagnétiques livrent des données qui sont affectées par des hétérogénéités autant magnétiques qu'électriques du sous-sol (Hesse, 1991). Elles conduiront donc, selon la configuration des appareils, à des procédés de mesure soit de la susceptibilité magnétique, soit de la conductivité électrique, ou même encore, dans certains cas, des deux grandeurs simultanément. Nous ne traiterons ici que de la mesure de la conductivité, renvoyant pour tout ce qui concerne la susceptibilité au chapitre 'Prospection magnétique' par D. Jordan dans ce même volume.

Les instruments concernés par ce chapitre se distinguent essentiellement des précédents par le fait qu'ils ne sont pas seulement constitués d'un récepteur mesurant les caractéristiques du champ électromagnétique, mais également d'un émetteur qui n'est plus lointain cette fois, mais rapproché et solidaire du récepteur. L'émission crée donc dans l'espace environnant un champ électromagnétique artificiel dont les caractéristiques sont par nature parfaitement spécifiées. On peut distinguer, en fonction de ces caractéristiques de l'émission, deux grandes familles d'instruments.

• Domaine transitoire (ou temporel)

L'émission consiste en un créneau de courant intense et très bref parcourant une première bobine un grand nombre de fois par seconde (10 A; 0,5 ms; 22 fois par seconde dans le cas du Decco-Elsec). Ces créneaux de courant créent dans l'espace environnant des impulsions de champ électromagnétique qui engendrent dans les matériaux conducteurs des courants de Foucault qui agissent à leur tour comme des émetteurs secondaires. Dans l'intervalle de temps laissé libre entre deux créneaux de courant (45 ms dans le cas du Decco- Elsec) la deuxième bobine peut recevoir le signal de cet émetteur secondaire et détecter une hétérogénéité de conductivité. Les courants de Foucault sont particulièrement intenses dans les très bons conducteurs que sont les métaux et font de ces appareils à impulsions d'excellents détecteurs de métaux. Ils ont été créés à l'origine dans ce but (Colani, 1966) mais sont également sensibles à la susceptibilité et à la viscosité magnétique; ceci leur a valu d'intéressants succès en prospection archéologique (Mullins, 1974).

• Domaine harmonique (ou fréquentiel)

Il s'agit des instruments dans lesquels l'émission est constituée par un signal harmonique (ou sinusoïdal) à basse fréquence. Ceux du type Slingram où les deux bobines sont tenues solidairement à une distance fixe l'une de l'autre sont particulièrement intéressants pour la prospection à petite profondeur qui concerne l'archéologie (Tabbagh, 1986a).

La position et l'orientation relative de la bobine réceptrice par rapport à l'émettrice sont choisies de telle sorte que le signal reçu directement de celle-ci par celle-là soit théoriquement nul dans un milieu de conductivité ou de susceptibilité nulle (Tabbagh, 1986b). Si cette condition n'est pas réalisée (à la construction ou par déformation géométrique de l'appareil sous l'effet de la dilatation thermique) elle peut être ajustée par l'étalonnage dans l'air. Dans ces conditions et suite aux premières expériences faites en Angleterre (Howell, 1966) on sait que la réponse obtenue de l'appareil, lorsqu'il est posé sur le terrain, est directement liée à ses propriétés électrique et magnétique qui déforment le champ émis. Le signal peut être décomposé en une composante en phase avec l'émission, à partir de laquelle ont peut calculer la susceptibilité magnétique du terrain et une composante en quadrature qui donne accès à la conductivité électrique.

Ainsi les instruments de la famille Slingram présentent l'incontestable avantage, quasi-unique dans la panoplie des outils de géophysique, de nous fournir à eux seuls deux paramètres très importants, et particulièrement en archéologie, pour caractériser la nature du sol.

Les appareils sont de modèles très variés selon les constructeurs et en fonction des cibles auxquels ils sont destinés. La firme Geonics s'est particulièrement illustrée en créant de petits appareils comme l'EM15 (mesure en phase seule) puis l'EM38 (mesure en phase et en quadrature) qui, compte tenu de leur petite longueur, ont

une faible profondeur d'investigation (inférieure à 1 m), ou comme l'EM31 (mesure en quadrature seule). Celui-ci est un excellent appareil de mesure de la conductivité qui, de par sa taille (3,66 m) ne convient que pour des cibles massives et, éventuellement, profondes.

Le seul appareil réellement conçu pour les cibles archéologiques est le SH3 (mesure en phase et en quadrature) (Tabbagh, 1974) qui souffre malheureusement de n'avoir pas trouvé jusqu'à ce jour les voies de sa commercialisation (Fig. 10.8c).

Parmi les intérêts majeurs de cette famille d'instruments, il faut retenir qu'ils sont peu perturbés par les parasites électromagnétiques, leur fréquence spécifique filtrant le seul signal intéressant en provenance de l'émettrice. Ne nécessitant pas non plus de contact électrique avec le sol, ils peuvent être intéressants pour la prospection des surfaces dallées ou bitumées comme en présente le milieu urbain: bâtiments, cours, parcs de stationnement, etc.

Il faut enfin noter qu'ils peuvent très bien être utilisés dans certains cas comme détecteurs des conducteurs que sont les métaux. Dans le cas de la prospection réalisée à Marchesieux, par exemple (Tabbagh et Verron, 1983), le même appareil (SH3) a permis de détecter des dépôts de haches de l'Age du Bronze tout en les situant, sur une carte de résistivité, dans le marais où ils avaient été déposés.

CONDITIONS D'APPLICATION À LA PROSPECTION ARCHÉOLOGIQUE

L'utilisation des propriétés électriques du sol pour la prospection archéologique implique un certain nombre de considérations dont certaines sont surtout liées au fait qu'il s'agit de mesures à faible profondeur.

Effets climatologiques

L'humidité et la température (dans une moindre mesure) régissent la résistivité du sol. On pourra donc observer, au cours du temps et selon les saisons, des variations intempestives des lectures qui perturbent la lisibilité des cartes. Peu sensibles en général au cours d'une même prospection, sauf dans le cas d'un passage brutal d'une longue période sèche à une période pluvieuse, elles peuvent entraîner la nécessité de corrections, assez simples au demeurant si l'on a pris quelques précautions d'observation en un même point, pour une même prospection qui aurait été accomplie au cours de deux saisons très contrastées (coefficient multiplicatif).

Autres facteurs perturbants, problèmes d'interprétation

Ceux-ci sont relativement peu nombreux et, en particulier vis à vis des parasites électromagnétiques ou des ferrailles pas trop proches, la plupart des méthodes de mesure de la résistivité restent insensibles. Comme pour toutes les autres méthodes géophysiques en revanche, l'état de la surface du sol, les accidents topographiques peuvent être très gênants, voire fausser la mesure. Tous ces effets ont été déjà recensés en détail dans d'autres volumes (Hesse, 1966; Hesse, 1978; Scollar et al., 1990).

Au stade de l'interprétation également, mais là encore il s'agit d'observations très générales, il faut retenir que peu de méthodes sont sélectives. La résistivité l'est moins que d'autres sans doute et c'est ce qui fait en grande partie son intérêt comme méthode d'exploration systématique en terrain peu connu et sans cibles privilégiées. Selon le procédé de mesure utilisé et les conditions de gisement des vestiges, on détectera avec assez d'efficacité des restes de construction en pierre, des structures en creux (fosses, fossés, puits, etc.), des cavités remplies ou non. On pourra configurer certains équipements (les dispositifs d'électrodes de la méthode par courants injectés en particulier) pour être particulièrement sensibles ou aptes à la résolution de problèmes plus originaux (Hesse, 1979).

Dans tous les cas cependant, on devra tenir compte de ce que la mesure intègre un certain volume de terrain qui ne contient pas que des vestiges et que les anomalies obtenues pourront être la signature, aussi bien d'hétérogénéités superficielles n'ayant rien à voir avec la prospection effectuée que d'effets géologiques plus profonds. Ce sera le rôle de l'interprète d'apprécier la part de chaque effet et d'intégrer le tout dans une description globale de ce qu'il reconnaît dans le sous-sol exploré.

Résistivité et conductivité

Si ces deux grandeurs sont strictement équivalentes sur le plan théorique puisqu'on peut passer de l'une à l'autre par une simple inversion ($\rho = 1/\sigma$), il n'en va pas de même sur le plan pratique. On sait en effet qu'il est en général plus facile, pour des raisons de sensibilité de l'instrument, de mesurer une valeur élevée qu'une valeur faible; il ne sera donc pas indifférent de mesurer une résistivité faible ou, son équivalent, une conductivité élevée; et réciproquement. On s'adressera donc en général aux résistivimètres à courants injectés décrits plus haut pour les prospections en terrain sec et pierreux donc résistants, réservant aux sols limoneux, humides et/ou salés, les appareils de mesure électromagnétiques. Dans la gamme intermédiaire évidemment le choix de la méthode pourra être fait sur d'autres critères.

Ces quelques remarques ne closent évidemment pas tout ce qui peut être dit sur la méthode électrique, particulièrement dans ses applications archéologiques. Il faut surtout retenir que, de toutes celles qui interviennent dans ce domaine, c'est la plus anciennement utilisée, la plus générale d'emploi, probablement la plus riche de résultats très variés et, surtout depuis qu'on sait faire des mesures très rapides sur les grandes surfaces que vise l'exploration archéologique, une des moins onéreuses.

BIBLIOGRAPHIE

Aspinall, A., Lynam, J.I. (1970) An induced polarization instrument for the detection of near surface features. _Prospezioni archeologiche_ 5: 67–76.

Atkinson, R.J.C. (1952) Méthodes électriques de prospection en archéologie. In _La découverte du passé_ (A. Laming ed.), Picard, Paris: 59–70.

Bossuet, G., Choquier, A., Gauthier, F. (1987) Exemples d'application de la radio magnéto-tellurique à l'étude de sites archéologiques. _Revue d'Archéométrie_ 11: 1–10.

Cagniard, L. (1953) Principe de la méthode magnéto-tellurique, nouvelle méthode de prospection géophysique. _Annales de Géophysique_, Tome 9, Fascicule 2 (Avril-Juin): 95–125.

Colani, C. (1966) A new type of locating device, 1, The instruments. _Archaeometry_ 9: 3–8.

Dabas, M., Hesse, A., Tabbagh, J. (1996) A new light device for resistivity surveying in archaeology: The Wroxeter experience. _Symposium Archaeometry, Urbana, IL (USA), 20–24 May_, Abstracts: 26.

Dabas, M., Stegeman, C., Hesse, A., Jolivet, A., Mounir, A., Casas, A. (1993) Prospection géophysique dans la cathédrale de Chartres. _Bull. Soc. Archéol. d'Eure-et-Loir_ 36–1: 5–23.

Dabas, M., Tabbagh, A., Tabbagh, J. (1994) 3D inversion in subsurface electrical surveying, Part I: Theory. _Geophs. J. Int._: 975–90.

De Terra, H., Romero, J. (1949) Tepexpan man, Viking Fund Publications in _Anthropology_ 2: 34–7.

Geraads, S., Mounir, A., Jolivet, A., Tabbagh, A. (1992) Electrostatic quadripole: a new tool for preliminary surveys to trenchless digging. _No trenches in town_ (Henry and Mermet eds.), Balkema: 203–5.

Grard, R., Tabbagh, A. (1991) A mobile four-electrode array and its application to the electrical survey of planetary grounds at shallow depths. _J.G.R._ 96 B-3: 4117–23.

Guérin, R., Tabbagh, A., Andrieux, P. (1994) Field and/or resistivity mapping in MT-VLF and implications for data processing. _Geophysics_ 59–11: 1695–712.

Hesse, A. (1966) _Prospections géophysiques à faible profondeur. Applications à l'archéologie._ Dunod.

Hesse, A. (1978) _Manuel de prospection géophysique appliquée à la reconnaissance archéologique._ Centre de Recherches sur les Techniques Gréco-Romaines 8, Université de Dijon.

Hesse, A. (1979) Reconnaissance d'ensemble du palais du Chaour par la méthode des résistivités électriques. _Cahiers de la DAFI_ 10: 137–44.

Hesse, A. (1991) Les méthodes de prospection électro-magnétique appliquée aux sites archéologiques, Geofisica per l'Archeologia, Séminaire C.N.R. 1988 Porano. _Quaderni dell' I.T.A.B.C._ 1: 41–52.

Hesse, A., Jolivet, A., Tabbagh, A. (1986) New prospects in shallow depth electrical surveying for archeological and pedological applications. _Geophysics_ 51–3: 585–94.

Howell, M. I. (1966) A soil conductivity meter. _Archaeometry_ 9: 20–3.

Mullins, C.E. (1974) The magnetic properties of soil and their application to archaeological prospecting. _Archaeo-Physika_ 5: 143–348.

Scollar, I., Tabbagh, A., Hesse, A., Herzog, I. (1990) _Archaeological prospecting and remote sensing_, Cambridge University Press.

Tabbagh, A. (1973) Méthode de prospection électro-magnétique S.G.D.: utilisation de deux sources. _Prospezioni Archeologiche_ 7–8: 126–33.

Tabbagh, A. (1974) Définition des caractéristiques d'un appareil électro-magnétique classique adapté à la prospection archéologique. _Prospezioni Archéologiche_ 9: 21–33.

Tabbagh, A. (1986a) Applications and advantages of the Slingram electromagnetic method for archaeological prospecting. *Geophysics* 51–3: 576–84.

Tabbagh, A. (1986b) What is the best coil orientation in the Slingram electromagnetic prospecting method. *Archaeometry* 28–2: 185–96.

Tabbagh, A., Hesse, A. (1989) Influence de l'anisotropie du champ primaire en Magnéto-Tellurique et en prospection électrique avec un champ primaire uniforme pour la détection à faible profondeur. *Revue d'Archéométrie* 13: 79–94.

Tabbagh, A., Hesse, A., Grard, R. (1993) Determination of electrical properties of the ground at shallow depth with an electrostatic quadripole: field trials on archaeological sites. *Geophysical Prospection* 41–4: 579–97.

Tabbagh, A., Verron, G. (1983) Etude par prospection électromagnétique de trois dépôts de l'âge du bronze. *Bulletin de la S.P.F.* 80, 10–12: 375–89.

11. Magnetic techniques applied to archaeological survey

David Jordan

INTRODUCTION

Magnetometry is regarded by some as the single most important geophysical survey technique used in archaeology while to other it seems marginal at best. A recent and influential book (Scollar, 1990) states that magnetic 'prospecting campaigns have often proven disappointing' but many surveyors have a much more positive experience. The real test of the value of a technique may be whether it is chosen for use in circumstances where a free choice is available. This is a test which magnetometry passes – in Britain, and increasingly elsewhere, it plays a central part in the everyday work of the archaeologist. Hundreds of surveys are carried out each year because experience has shown the technique to be one of the quickest and most effective means of mapping the detail of most buried archaeological sites.

THE PRINCIPALS OF MAGNETOMETRY

Archaeological prospection has two purposes – to locate unknown archaeological sites and to map the details of those that we know. To do this magnetically we must be able to distinguish from the magnetic background some 'signal' which is typical of archaeological features. We might expect this to be very difficult because there is nothing about archaeological remains which is obviously 'magnetic'. In fact we find that it is possible to detect and map archaeological sites magnetically because some archaeological features are appreciably magnetic and others, though only weakly magnetic, form interpretable patterns of small magnetic anomalies.

Archaeological sites are permeated by the earth's magnetic field, derived from the dipole-like behaviour of the earth's core. This field is constantly changing in time and from place to place, both in orientation and in strength. At the largest scale the dipole field is oriented vertically at the magnetic poles and horizontally at the equator. Geological and soil structures distort the field at scales from hundreds of kilometres down to a few millimetres. It is onto this variable magnetic background that archaeological anomalies are superimposed.

Rocks, soils and archaeological structures possess two magnetic properties – their inherent magnetism and their magnetic susceptibility. We call a material magnetic if it possesses a magnetic field of its own whereas the magnetic susceptibility of a material is the degree to which a magnetic field will be induced within it by an external field. That magnetometer survey succeeds at all is because many archaeological materials are slightly more magnetic or magnetically susceptible than the soils and rocks around them.

Rocks and soil

The archaeological sites of Europe are underlain by a wide range of rock types. At one extreme are highly magnetic igneous intrusions associated with strong local field variations which can mask the small magnetic anomalies produced by archaeological sites. At the other extreme are very weakly magnetic rocks, such as the chalk on which archaeological features stand out well against the weak, uniform geological background.

Soils only retain a magnetic field of their own under very special circumstances. They do, however, have various degrees of magnetic susceptibility although even the most susceptible are very much less so than, for example, iron. Soil magnetic properties tend to reflect those of the rock from which they are derived. Thus soils developed on basalt tend to be more magnetically susceptible than those developed on chalk because the basalt decays to release minerals which are inherently susceptible.

The magnetic properties of archaeological sites

For the sake of simplicity we can consider archaeological sites to consist of buried structures (such as stone walls), infilled structures (such as buried ditches) and of the soil in which they are found.

The commonest materials of which buried walls are built are ceramics (brick or tile) and stone. Ceramics tend to be significantly more magnetic than the soil around them and so a brick wall tends to distort the earth's magnetic field to produce a distinct magnetic anomaly. A particularly striking example of this is the very strong anomaly produced by a brick kiln. These produce anomalies several orders of magnitude higher than the magnetic background, with a characteristic shape. Kilns have such strong magnetic anomalies because the whole structure was magnetised by the earth's magnetic field on the last occasion that it was fired.

Whether a stone wall is magnetic will depend upon the stone in use. The masons who built many of our great classical sites preferred to build with sedimentary rocks. These are often, by chance, almost entirely non-magnetic and such walls produce almost no magnetic anomaly.

Where the local stone was magnetic or susceptible and the builders did not wish to look further afield we find buried walls with distinct magnetic anomalies. Thus, for example, the substantial remains of a great Roman temple built of limestone may produce a smaller magnetic anomaly and therefore be less visible to a magnetic survey than a Prehistoric village built of basalt cobbles.

Infilled structures, such as ditches and pits, have no magnetic field of their own but we find that, in general, they are more magnetically susceptible than their surroundings. This is because, over centuries the ditches and pits fill with soil made more susceptible by human activity, making the whole infilled, buried structure magnetically susceptible – thus distorting the earth's magnetic field into a local magnetic anomaly. The strength of the effect depends upon the degree of soil susceptibility enhancement and the geometry of the structure.

Where a ditch or pit has been refilled with the rock or soil excavated from it there is no magnetic anomaly because the properties of the refilled structure are the same as those of its surroundings. Ditches and pits may also contain magnetic artefacts, which may make the structure detectable. Graves with grave-goods can be detected in this way.

Archaeological activity tends to increase the magnetic susceptibility of the surface soil around sites of former occupation. Fires and decaying biological refuse, which must have been common on most occupation sites, convert metal oxides in the soil to more magnetically susceptible forms. Thus, not only can we detect occupation sites by the structures that they contain but we can also detect the general increase in soil magnetic susceptibility around them by using a magnetic susceptibility meter.

The soils of some sites, typically the great Classical cities of the Mediterranean, contain very high concentrations of magnetic ceramics – amphorae, roof tiles and bricks. These soils are rather like some natural gravel deposits, in which magnetic fragments are embedded in a non-magnetic matrix. The soil itself becomes chaotically magnetic and the field over these sites is highly disturbed, making it difficult to detect small archaeological structures. We sometimes find that stone walls can be detected in such cases because they displace some of the magnetic soil, leaving a linear, negative anomaly. The strongly positive magnetic anomalies produced by brick walls can usually be detected as lines of consistently higher magnetic field among the jumble of soil noise.

To sum up, rocks, soils and archaeological structures can be magnetic or magnetically susceptible to varying degrees. Detecting sites magnetically becomes a question of the balance of these properties which vary across the geological, pedological, climatic and cultural provinces of Europe. There are some universal trends – magnetically susceptible ditches have been detected from the north of Scotland to the south of Spain – but there are also regional trends which make the methods and meaning of magnetic survey quite different in the north of Europe than in the south. We may contrast the great prehistoric ditch complexes embedded in the wet soils of Britain with the brick and stone-built cities of the Mediterrenean. Despite these difference our experience suggests that magnetic survey may be of use in all parts of Europe (Figs. 11.1–4).

THE TECHNOLOGY OF MAGNETIC SURVEY

There are four principal types of magnetometers. Of these only the proton and fluxgate magnetometers are in common use. The alkali vapour magnetometer can produce excellent archaeological surveys but, like the more recent Overhauser magnetometer, it has proved too expensive for most surveyors (Figs. 11.5–7).

Magnetic detectors are not usually used singly because of the changes in the earth's magnetic field over time described above. Except in very brief surveys looking for very large anomalies it is necessary to use two detectors. These can be arranged with one mounted above the other or with one fixed and the other carried over the area being surveyed. The signal from the upper or the fixed detector is subtracted from the signal from the lower or mobile detector so that background fluctuations in the ambient field are eliminated. With detectors mounted vertically the subtracted measurement gives the gradient of the earth's magnetic field and such arrangements are consequently known as gradiometers.

Proton magnetometers

The proton free precession magnetometer consists of a bottle of some proton-rich liquid (such as water) surrounded by a coil of copper wire. A current is passed through the coil so that it becomes an electromagnet, aligning the protons – which behave like small magnets – with the magnetic field. The current is switched off and the same coil detects a small alternating magnetic field generated by

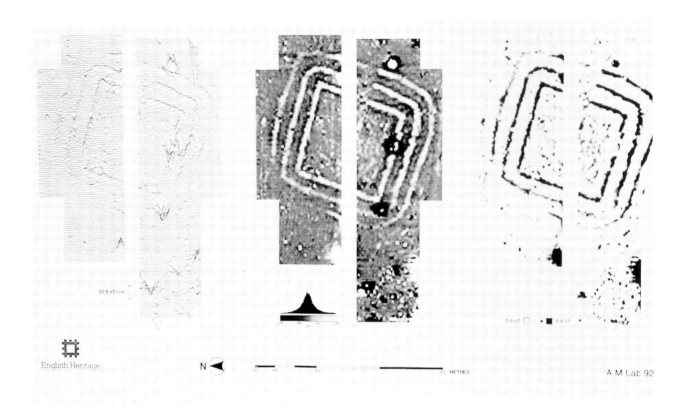

Fig. 11.1 : Lees Rest, England. Survey by English Heritage, 1992. This is a prehistoric ditched enclosure on limestone in southern England. The natural magnetic susceptibility of the rock is low and the positive magnetic anomalies produced by the buried ditches are visible against a smooth magnetic background. The large, round anomalies in the southern half of the image are caused by modern bonfires which have locally increased the magnetic susceptibility of the soil.

the precession of the protons as they realign towards the earth's field. The precession frequency is proportional to the earth's field, which can therefore be measured by amplifying and determining the frequency of the alternating voltage which the precession field generates in the coil.

The mechanical and electronic construction is relatively simple and the proton detector is therefore cheap, reliable and easy to use under field conditions. This was the first device to make archaeological magnetometry a practical proposition – earlier torsion magnetometers were anything between 50 and 100 times slower while much less robust and precise. Early surveys in the 1950's clearly demonstrated the value of proton magnetometry by detecting Roman kilns with ease, even using quite unsophisticated equipment.

Commercial proton magnetometers cost about $5000 new but, since there are many such instruments in existence, it may be possible to buy one second hand, perhaps from an equipment hire company. They are also easy and cheap to hire. As with all modern magnetometers it is possible to buy a memory in which to store the readings and make the survey a little easier. Proton magnetometers have a precision in the range of 1 nT – not as precise as modern alternatives but sufficient for many archaeological purposes.

Despite their advantages proton magnetometers are very much slower than other systems. Each measurement takes a few seconds, while other systems produce readings almost instantaneously. In practice we find that this is a serious limitation – many of the most successful archaeological surveys of the past 20 years have relied on very high densities of readings for their impact and this requires fast surveying. Magnetometer surveys of 100000 readings are common – more than a months work with a proton instrument but only three days with a fluxgate gradiometer.

Fluxgate magnetometers

Fluxgate detectors may be arranged in a number of possible ways, but they all work on the same basic principal. In a typical example the fluxgate consists of two parallel metal cores which are magnetised to saturation in opposite directions by an alternating magnetic field generated by

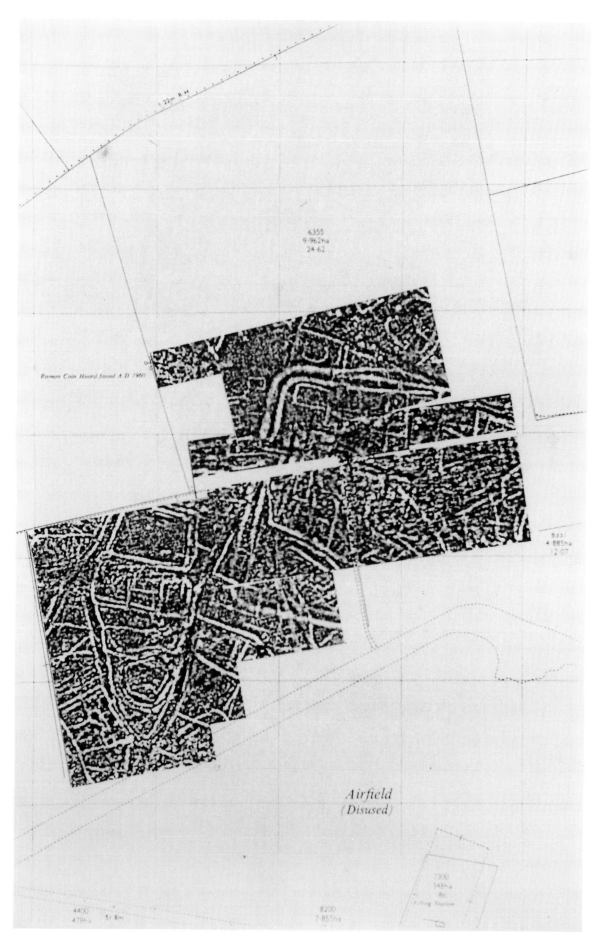

Fig. 11.2 : Kirmington, England. Survey by English Heritage, 1990. This is a survey of a complex of ditches around the Iron age and Roman settlements at Kirmington. The characteristic shape of a Roman fort is superimposed on older ditches which cover about 10 hectares. A magnetometer survey such as this, which shows the full extent and detail of a major site, can be accomplished in as little as two weeks of fieldwork.

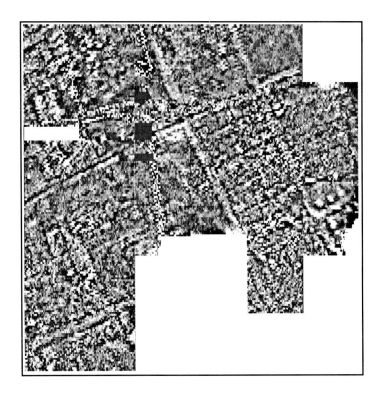

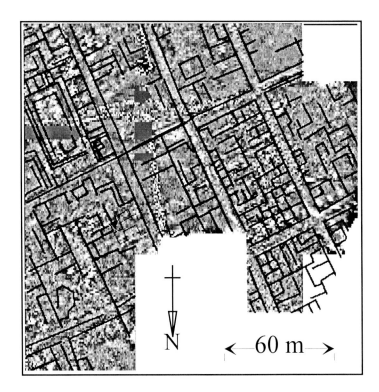

Fig. 11.3 : Empuries, Spain. Survey by D. Jordan, Terra Nova, 1995. This magnetic survey of the Roman city of Empuries shows a large number of dark, linear, negative anomalies embedded in a very disturbed magnetic background. As with Italica, the soil of Empuries is made magnetic by a very high concentration of ceramics. The linear, negative anomalies are due to buried limestone walls which, in contrast to the Italica walls, are non-magnetic. Thus the magnetic wall anomalies are negative because the walls have displaced the magnetic soil. The image below shows the same data with an interpretation of the resistivity survey covering the same area. The black lines indicate the position of buried walls.

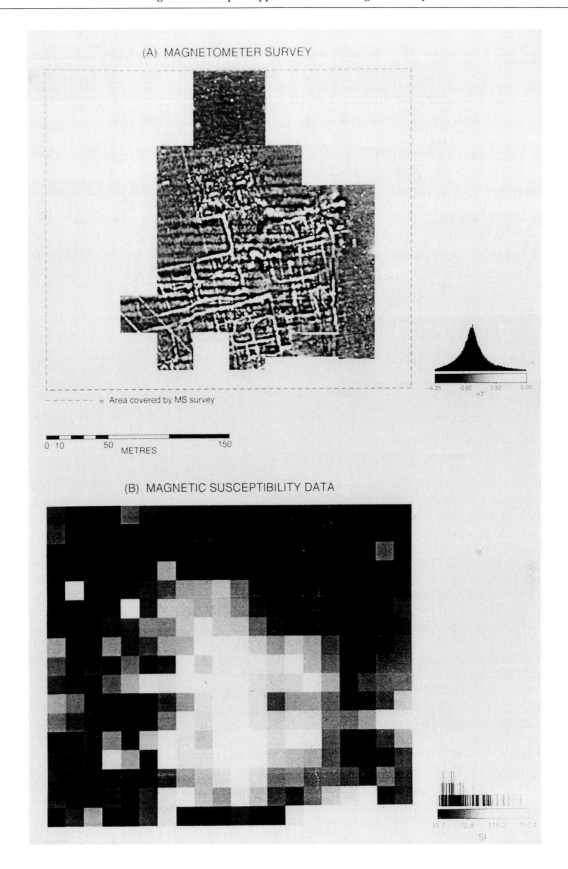

(A) MAGNETOMETER SURVEY

----- = Area covered by MS survey

0 10   50   METRES   150

(B) MAGNETIC SUSCEPTIBILITY DATA

Fig. 11.4 : Kirton Lindsey. The magnetometer survey of this site (above) is accompanied by a magnetic susceptibility survey, with readings taken over a grid of 10 m intervals (below). The higher magnetic susceptibility values correspond with the centre of the complex of buried ditches visible on the magnetometer image. This illustrates the use of magnetic susceptibility survey to locate a buried site followed by detailed magnetometry used to map the buried structures.

Fig. 11.5 : Magnetometer survey. This photograph shows a fluxgate gradiometer in use. The instrument takes readings automatically at pre-set time intervals and the operator need only ensure that the instrument is in the right place and correctly oriented. On most sites the operator can survey as fast as he can walk while the instrument takes readings automatically every 25 cm.

Fig. 11.6 : Magnetic susceptibility survey. The image shows a single coil magnetic susceptibility meter in use with the measuring coil pressed onto the ground surface. The very limited depth response of such instruments makes it imperative that readings are taken from the soil surface itself.

an external electromagnet coil. As the cores become unsaturated during the alternation of the electromagnetic field they are cut by the flux of any external field – such as that of the earth. This produces a small voltage pulse, proportional to the field strength. The pulses are then measured, recorded and displayed.

Constructing fluxgates is an art as well as a science, which limits their availability. They are extremely sensitive to direction – a small change in orientation will produce a large change in reading. Thus, for practical purposes, two fluxgates must be mounted as a gradiometer to give a differential measurement. This makes the construction of the instrument more complicated, especially because the fluxgates must remain accurately aligned if the differential reading is to remain stable. A little drift is inevitable because temperature changes cause the structures holding the sensors to warp. Thus fluxgate magnetometers are much easier to use in the cooler parts of Europe where daytime temperatures are more stable.

A fluxgate need cost no more than a proton magnetometer but they are much less common and there is very little second-hand or hire market – indeed there may be a considerable waiting time for a new instrument since these are often hand-made to order. Most fluxgate magnetometers combine a memory with the detecting electronics, enabling the operator to concentrate on taking the readings. This is particularly important since the instrument must be handled with care to ensure that it changes its orientation as little as possible.

Fluxgate precision depends in part on the care with which they are used. A good-quality, well aligned instrument may be able to achieve a precision of 0.1 nT under ideal conditions but experience suggests typical precisions between 0.5 and 1 nT in the field. A fluxgate magnetometer can take hundreds of readings each second but these are, in practice, averaged to give a continuous mean output. A skilled operator can survey as fast as they can walk, with the magnetometer taking a reading automatically four times

Fig. 11.7 : Magnetic susceptibility survey. The picture shows readings being taken with a twin coil instrument. This has a greater depth of reading than the instrument above, samples a greater volume of soil and thus produces more reliable measurements. It suffers from a much greater tendency for readings to drift as the two coils become unaligned.

per metre. In this way, under ideal field conditions, 80000 readings have been taken over 2 ha in one day, although a typical rate per day might be half this.

Alkali vapour magnetometers

The alkali vapour (AV) magnetometer (optically pumped, caesium, potassium or rubidium magnetometer) is a sensitive and expensive instrument capable of very precise measurements. It works by measuring the magnetically modulated absorption of light by a gas-filled cell, illuminated by a lamp filled with the same gas. The practical arrangement is very complex but it is possible to achieve precisions of the order of 0.001 nT in the best commercial instruments.

The mechanical construction of the AV is yet more complex than the fluxgate magnetometer, although it can be made rugged enough for field use. In practice it is capable of precisions of 0.01 nT under field conditions. It is somewhat sensitive to the orientation in which it is used but this is not normally a significant problem in the field. Readings are taken almost instantaneously and can be recorded automatically. One may question whether a precision of 0.01 nT is really of value in most archaeological surveys. The normal soil background magnetic noise on many sites is of the order of 0.1 nT and weaker archaeological anomalies may be invisible in this noise, even if, in theory, they can be detected by the instrument.

A commercial AV magnetometer may cost more than $100000 and even the cheapest are at least ten times more

expensive than a proton magnetometer, which explains why it is the proton which we find in common use. Despite this, the speed and precision of the AV magnetometer make it a very attractive instrument and any significant reduction in price may lead to its wider adoption by archaeologists.

Overhauser magnetometer

The Overhauser magnetometer is similar to the proton magnetometer in that a liquid is polarised with a magnetic field in order that a measurement is made of a second, external field. The Overhauser magnetometer uses two coils which become coupled by the oscillation of a carefully chosen chemical species in solution. A feedback arrangement perpetuates the oscillation and the amplitude of the received signal is output as the measurement of the magnetic field. In practice the device uses a very complex arrangement, despite which the Overhauser magnetometer is now available as a rugged field instrument, capable of resolutions better than 0.01 nT. It is largely insensitive to orientation and can produce readings almost instantaneously. It is not widely used because it has only very recently become available as a commercial instrument. The costs are still quite high – between $11000 and $25000 but are being reduced. It seems likely that this will become the instrument of choice for archaeological survey within a few years.

Summary

Each of the four instruments has its strengths and weaknesses which make them suitable for some circumstances and less so for others. The proton magnetometer is cheap, reliable and widely available but slow and relatively insensitive. The fluxgate is cheap, fast and quite precise but requires careful handling. The AV magnetometer is very precise and fast but very expensive and slightly orientation sensitive. The Overhauser is very precise and fast but still too expensive for most surveyors. The surveyors choice must depend on their needs and their budget.

GATHERING AND USING THE DATA

A simple, practical and very common way to carry out a magnetometer survey is to take readings at fixed points over a measured grid. With a little practice and the minimum of surveying equipment it is possible to locate each reading to within a few centimetres of its intended position. This approach is particularly suitable for proton magnetometers because they take single readings, rather than giving a continuous output.

Surveying with continuous output magnetometers may be more efficient if there is some means of recording the position of the magnetometer – rather than taking the magnetometer to a series of predetermined points. This allows the operator to carry the instrument (or pull it along on some vehicle) quickly without having to worry about getting the position exactly right. A number of solutions to this problem have been tried using a measuring wheel which trails behind the magnetometer or runs along a string held parallel to the survey traverse. Years of field experience show that both can work well, even under difficult conditions. In almost all cases the instrument passes backwards and forwards along parallel lines, covering the ground in zig-zag fashion. Such systems now invariably record data directly into a computer memory. The data is recorded linearly and thus each second line recorded on the ground must be reversed in the computer, at some stage, to build up a correct picture of the results.

A very elegant survey method, now widely used in Britain, is for the operator to carry the magnetometer along a plastic line, laid on the ground and marked in metres. The magnetometer is programmed to emit a sound corresponding to each reading and the operator walks at the speed required for the instrument to pass each mark in time with each sound. With a little practice the operator can position each reading to within a few centimetres of the mark on the line – good enough for almost all purposes – while still managing to walk at full speed. The system has the advantage of great simplicity, a major consideration in the field.

The ideal survey system would continuously measure the position of the magnetometer in three dimensions to make it fully independent. I am not aware of any working field system which does this although the technology is available.

On current experience a magnetometer survey of 200000 readings and covering 5 ha should not take more than one week with a continuous reading magnetometer. Surveys over sites with many obstructions or with very steep slopes take longer.

Only the very oldest or cheapest magnetometers do not include some kind of memory in which readings are recorded. Those which do not can often be interfaced with an external computer and there is now no need to record magnetometer readings by hand, except in small experiments. The normal procedure is for the data to be transferred, periodically, from the magnetometer to a microcomputer for processing. It used to be the case that the data were then transferred to some larger machine but the power of portable computers is now such that almost all the processing that magnetic results may require can be done in the field.

Processing and presenting the data

Data processing has two aims – to remove any defects and to enhance the appearance of the result. The two need to be firmly separated because, while the treatment of defects should leave the correct data unchanged, enhancement alters data so that it no longer represents the 'truth'. Image enhancement methods may also introduce false anomalies and the operator should understand the effects of such

treatment so that they are not misled. The golden rule is to process data as little as possible – image processing is no substitute for gathering good data in the field and it is much better to put effort into better field technique than into newer, fancier processing methods.

Removing defects

Magnetometer data often contains position errors and orientation errors. Both tend to apply to whole lines of data and so whole lines can be corrected at once. Position errors arise because the magnetometer did not take readings precisely where expected. The effect of this is to offset the anomalies on each line of data so that they seem staggered – a brick wall appears as a zig-zag line, for example. It is not difficult to remove such errors using computer programs which adjust adjacent lines to their best-fit by some simple calculation of correlation. Position errors do not depend on the kind of magnetometer but rather on the method of recording in the field.

Orientation errors are caused by slight changes in alignment and depend on the kind of magnetometer in use. Proton and Overhauser magnetometers are almost immune but AV magnetometers can suffer and poorly regulated fluxgate magnetometers are worse. The lines of defective data appear alternately to be higher and lower because of slight changes in the orientation between lines surveyed in opposite directions. Correction involves subtracting the mean value from each line of data. While surveyors need not be concerned about small position errors, orientation errors are more serious because they imply that the instrument is badly adjusted or is not being handled well. While the differences between whole lines may be apparent, there may be defects within each line which are obscuring the archaeological anomalies but which cannot be easily detected and removed. The answer to orientation errors is better field technique.

Image enhancement

Simple enhancements include the removal of spikes, individual bad values and very broad changes in the magnetic background. Spikes in the data are usually due to small metal objects and can be removed, without affecting the nearby data, by a computer program which carries out an appropriate median threshold filter. Individual bad values can be removed in the same way. Broad background variations can be removed by the subtraction of an appropriately calculated median or mean but more sophisticated approaches may be worthwhile.

The image enhancement routines which have proved most useful in our experience are histogram alteration, data rescaling, convolution and Wallis filtering. We rarely find it necessary to use any of the vast range of other approaches. There are a number of expensive computer packages which provide these enhancement routines. With a bit of practice, however, it is possible to enhance magnetic data very well using one of the cheap photograph retouching computer image processing packages, such as Picture Publisher or Photoshop. These have the disadvantage that they can only process byte data (with values within the range 0–255) and the full subtlety of a survey with a wide dynamic range may be lost. Appropriate range compression pre-processing can get round this problem to some extent.

Presenting the data

The results of a magnetic survey can be treated and presented as an image. Data can be shown as colours or shades of grey which represent the value of each measurement. They can also be shown as contours, pseudo-relief, density of stipple, mesh-plots, trace plots and more. Experience suggests that, while certain means of enhancement and presentation may be more effective than others, this is quite subjective. The best approach may be to present the data, variously enhanced, in a number of different ways. It is extremely difficult to print survey results on paper without loosing much of the detail which can be seen on a good computer screen. Thus it is best to provide the results as images on paper and on computer disk, in their original and processed forms. The procedures used to remove defects and enhance the result should be made clear and the original, unaltered image should be included.

Interpreting the data

This is a difficult subject on which opinion is divided. Some surveyors argue that they are not competent to interpret their results in terms of archaeological features while others would regard it as an essential part of their work. A competent surveyor should at least have a good knowledge of natural anomalies so that they can separate these from archaeology. Working on interpretation with a local archaeologist can also be helpful. One approach is for different people to interpret a number of versions of the data on a number of occasions and compare the results. The interpreted anomalies can then be classed into categories of confidence by comparing the interpretations.

MAGNETIC SURVEY
USING ELECTROMAGNETIC DEVICES

The magnetometer detects buried archaeological features by the changes they produce in the earth's magnetic field. Electromagnetic devices, by contrast, produce their own, alternating, magnetic field and measure the electromagnetic response from the soil. This response is due to both the electrical and the magnetic properties of the soil but it is the magnetic component that we are concerned with here. The strength of any secondary alternating magnetic field induced in the soil depends on the local soil magnetic susceptibility. Certain materials – especially ferrous metal

– are highly susceptible and produce a large response. Human activity normally produces an increase in the magnetic susceptibility of the soil, as described above, and this too produces an increased response. Thus we can use electromagnetic instruments to find archaeological sites by measuring the magnetic susceptibility of the soil over large areas. High susceptibility may be due to a buried site – although some non-archaeological explanation is also possible. Within sites a suitable instrument can detect individual archaeological structures by the contrast between their magnetic susceptibility and that of the soil.

EM instruments are less expensive than most magnetometers, produce continuous readings and can be interfaced with a datalogger in the field. They have proved able to find and map sites under a variety of conditions but they have not been adopted widely for detailed survey because they cannot detect deeply buried features and because their readings tend to drift as the emitting and sensing coils move out of alignment. Small, single coil EM instruments are now widely used in England to carry out large-scale magnetic susceptibility surveys, which have had considerable success in locating buried sites.

It seems likely that EM instruments will become increasingly important in future as technical problems are overcome, but it is worth noting that none of the many previous predictions for the extensive use of EM have come true. Of all the techniques of archaeological field survey this is probably the one most deserving of a major development effort.

THE USES OF MAGNETIC SURVEY

Magnetic survey has one of two aims – either to find unknown sites or to map the details of those that we know. The images presented here show that this is possible. Many archaeological projects – such as the evaluation of a new motorway route – require that we detect new sites over areas of several square kilometres. Magnetic susceptibility survey, using EM instruments, is well adapted to this because it detects the broad influence of an occupation site on the soil, rather than specific features. Thus sites can be detected from widely spaced samples, making it possible to cover large areas quickly. Magnetometry, by contrast, is too slow to survey very large areas although some authors favour a very fast, imprecise approach called magnetic scanning. This involves walking back and forth over large areas looking for likely anomalies by keeping an eye on the magnetometer readings. This requires more skill and experience than most operators possess and it is far from certain that sites will not be missed, especially where anomalies are small or the magnetic background noisy.

There are strong arguments for incorporating geophysical survey into almost every rural archaeological project – urban soils are usually too complex to produce archaeologically interpretable geophysical surveys. Skilled survey teams using modern instruments are now able to produce clear pictures of the remains buried in the majority of sites anywhere in Europe. It is therefore very surprising that, in many areas, the use of geophysical survey remains rare. In Europe as a whole perhaps no more than 5% of projects incorporate a survey, many of these cover no more than 2500 m² and are often carried out with slow instruments as research projects by inexperienced surveyors. We still see the publication of small surveys carried out with standard instruments described as though geophysical survey were a new and innovative approach.

At the other extreme, in parts of northern Europe between 25 and 50% of archaeological projects include a geophysical survey, usually carried out by professional surveyors using advanced equipment and covering 50000 m² or more. The difference is largely due to the history of local practice and the means by which archaeology is organised in each country. It is worth noting, however, that geophysics is most widely used where archaeological practice is governed by intense commercial competition between organisations for which archaeology is a means of making a living. They choose geophysical survey because it works.

Magnetometry is far faster than resistivity survey and this alone should make it the favoured approach. Unfortunately on sites where the archaeological anomalies are weak by comparison with the magnetic background noise, resistivity will usually produce better results. Magnetometry does well on most sites with buried ditches or brick walls and it has even proved able to map structures built of mud-bricks. In these cases magnetometry may be quite sufficient on its own. Resistivity, or a combination of the two, is better employed on sites with strong background magnetic noise or where buried structures may not produce magnetic anomalies – such as limestone walls. We have usually found that the results of resistivity survey are significantly clarified by magnetometry.

Magnetic survey may have a practical impact on the work of developers who can use the results to plan new buildings and roads which avoid archaeological sites. This should be greatly welcomed by archaeologists and governments who have such sites in their care. The archaeologists themselves can make use of magnetometry results to plan research and governments to plan preservation. The promise of greatly improved magnetometers at reduced prices suggests that magnetometry will be used much more in future. The main barrier to its adoption by archaeologists, however, appears to be tradition – it is hard to see any other explanation for the very limited use of a technique which has proved itself able to meet so many archaeological needs so quickly, cheaply and non-destructively.

REFERENCE

Scollar, I., Tabbagh, A., Hesse, A., Herzog, I. (1990) *Archaeological prospecting and remote sensing*, Cambridge University Press: 674 p.

12. Radar (G.P.R.) methods for historical and archaeological surveys

Ermanno Finzi and Salvatore Piro

THEORETICAL PRINCIPLES

The Ground Penetrating Radar (G.P.R.), or simply geo-radar, is an electromagnetic active method for shallow investigations supplying for subsurface profiling (vertical sections or radargrams). Through an emitting antenna a high frequency (typically 100–1000 MHz) electromagnetic pulse is transmitted to the ground; before its return to the surface, where it is picked up by a receiving antenna, it follows a way basically dependent from the properties of the encountered media, above all the dielectric constant ε and, in second place, the electric conductivity σ and the magnetic susceptibility μ. According to the media impedance and to their heterogeneity, the wave can be reflected towards the surface or else it can be attenuated and diffused, hence quickly totally dissipated. When reflected echoes emerge, the received signal can be correlated with the transmitted one and the delay of arrivals, i.e. the travel time in the underground, is a function of the velocity. The vertical scale in radargrams is proportional to the two-way travel time: it can be transformed in depth scale if the velocity of runned through media is known.

The received signal intensity, phase and frequency depend on the underground texture. For instance, if it encounters metal objects, the reflected signal is very strong. In the case of homogeneous regularly stratified media, the radargrams would consist in series of horizontal lines, each one corresponding to the contact surface between pairs of layers with different features, whereas the matter of each layer would look as uniform.

Many authors have studied the behaviour of the electromagnetic wave in a medium and in the bibliography one can find many references.

In a general way, it can be stated that the wave propagation velocity is affected by the dielectric constant (ε_r) and by the magnetic susceptibility (μ) of the media. The electric conductivity (σ) contributes to the wave attenuation and, to some extent, to its reflection.

The simple formulae of the Table 12.1 can be used in practical field measurements.

A limiting factor is the attenuation, or power loss of the signal, expressed in dB/m, due to electric currents induced by the radar wave and depending on the conductivity of the

E.M. wave propagation velocity	$v = c / \sqrt{\varepsilon_r}$	c [m/ns] : velocity of the light in free space = 0.3 m/ns
Reflector depth	$s = vt/2$	t [ns] : travel time
Reflection coefficient	$K = \left(\sqrt{\varepsilon_{r1}} - \sqrt{\varepsilon_{r2}}\right) / \left(\sqrt{\varepsilon_{r1}} + \sqrt{\varepsilon_{r2}}\right)$	
Penetration coefficient	$R = 1 - K$	
Attenuation in the medium	$A = 12.863 \cdot 10^{-8} f \sqrt{\varepsilon_r} [(tg^2 \delta + 1)^{1/2} - 1]^{1/2}$	f [MHz] : frequency σ[S/m] : conductivity

Table 12.1 : Formulae used in practical field measurement.

soil. It is strong in soil with high moisture content and hence penetration in wet soils is smaller than in dry soils. Moreover, attenuation rises in ion rich soils and hence penetration is smaller in clayey or organic soils than in sandy soils.

Depending on the contrast between the interfaced media, the wave spreads into components, some of which are reflected and some penetrate through the interface. In addition, as the wave progresses, it undergoes a diffusion reducing its specific energy.

Another important attribute of radar is the resolving power, or the ability to locate small objects. The wavelength affects the ability of the georadar to identify thin layers or isolated features. Resolution is more than $\lambda/2$ and depth of horizontal interfaces can be determined to about $\lambda/10$. In order to get better resolution, a higher frequency antenna could be used, but this would increase attenuation, while low frequency antennas have coarser resolution but their penetration depth is remarkably better.

Strong attenuation occurs in electrically conductive media. If the conductivity is low but the number of electrical interfaces is high, multiple reflections could reduce penetration depth, while poor conductivity combined with a small number of reflecting interfaces (i.e. solid rock) will cause the wave to be attenuated as a function of the distance between the antenna and the reflecting interface.

Since the transmitted wave beam angle for the most diffused antennas is approximately 45°, records contain reflections produced by objects lying beyond the line of measurement both before, after and off-line the current location of the receiver.

If the thickness of the intermediate layer is less than 1.5λ, the frequencies of the reflection will change and successive reflections may attenuate each other. This phenomenon depends on the travel time of the electromagnetic wave between interfaces and on the phase angle taking place at the interfaces.

When encountering an electric interface, the electromagnetic wave is refracted and reflected in accordance with the principles of optics. As a reflecting interface must have a certain area, narrow vertical or sharp structures are difficult to identify with radar if measurements are performed from the surface of the medium.

In spite of these limitations, in most cases the G.P.R. allows recognition of underground layering and the depth of bedrock, location of cavities and metal objects. Typical archaeological applications are searches for graves, buildings and anthropic soil transformations.

EQUIPMENT

Many different instrumental configurations are nowadays available, covering a wide range of investigation needs. The most diffused operating mode for archaeological purposes is *reflection profiling*. A typical radar system consists of the following: a transducer (antenna), a wave generator, a monitor with graphic printer and a magnetic recorder or a disk data acquisition unit. The transducers are distinguished on the base of their emitting frequency: it can cover a wide range, among 80 and 1000 MHz (recent equipments widened these values to 15.4 MHz in low range and to 2.5 GHz in high range). Radar antennas can be *monostatic*, i.e. working either as transmitter and as receiver, or *bistatic*, with separate transmitter and receiver. The choice depends on the media properties and on the features of the buried objects. The most diffused equipments are based on the *pulse* radar principles, whose transmitter generates a very narrow pulse (few ns), periodically repeated with frequencies of some tenths of kHz. Recently (1994) an equipment operating in *frequency modulation* has been introduced, generating a rectangular signal holding the band 100–1000 MHz, which seems to be more directive compared to former systems. Working on a large band could allow a wave software analysis at different depths without significant losses of energy.

PRELIMINARY SITE EVALUATION

A careful site analysis must always be carried out before radar surveys in order to evaluate various factors, such as the site access, the feasibility of following profile lines as long as possible, avoiding surface obstacles and topographic unevennesses. The next step consists in collecting information about site geology by a bibliographic investigation or by a direct approach, i.e. drillings with ground samples picking up. In adverse conditions of clayey or wet soils, radar survey can be thought inadvisable. In any case, it would be suitable to have at least a rough idea about depth and size of the buried targets: these factors are crucial for choosing the profiles spacing, the survey orientation and the proper transducers.

Experience shows that it is very difficult to foresee the effectiveness of a radar survey on the simple base of the above mentioned factors. It is therefore strongly advisable to carry out field tests, if it is possible with different antennas, especially located on targets whose position and depth are known, in order to choose the best configuration compromise between penetration and resolution. If no known target is available, an artificial physical model can be created in the field by burying at different depths some targets and then moving the antenna above them. This checks radar aptitude to penetrate to known depths and its effectiveness in locating buried heterogeneities.

Before carrying out the extensive survey, it's fundamental to calculate the propagation velocity function in the ground and to calibrate the best electronic settings: particularly, the time scale (vertical axis of radargrams) must allow the perception of details and an adequate depth range, while the gains give an evidence to small contrasts without giving rise to amplifiers saturation by the random noise increasing with depth. Recent equipments provide an automatic gain control varying the amplification in proximity of saturations.

DATA ACQUISITION

A G.P.R. survey provides a site characterisation through a collection of vertical sections of the subsurface status, with a time calibration in ns of vertical axis and metric for the horizontal one corresponding to surface locations of the antenna. In most cases the managing crew consists of two people, an antenna handler and an equipment operator. Before carrying out the prospection, a survey grid of parallel lines (usually two orthogonal systems) will be established covering the whole area of investigation, with a line spacing depending on the desired degree of resolution for the planimetric reconstruction of bodies.

The relation between the antenna positions and the radargram horizontal scale is provided by a signal generator, automatic or manual.

While moving along the surface, the antenna transmits to the subsoil a small amount of electromagnetic energy in the form of pulses emitted at a typical frequency of 25000 or 50000 pulse/second. A receiver, often housed together with the transmitter, picks up echoes produced by lithologic variations of the underground, producing in real time an image on a graphic printer and on a monitor. At the same time reflections can be recorded on a magnetic tape or on a disk for future processing. The records are usually matched with a header including the line number and the acquisition parameters. Further topographical, geological and archaeological facts would be manually noted on a survey file.

Electromagnetic responses, i.e. various strength reflections, are produced by contacts between media with different electric properties, including variations of moisture.

In archaeology G.P.R. data have many advantages compared to other geophysical methods:

- the continuous vertical profiling provides a nearly unique detail;
- the rapid data collection permits to cover wide surfaces in very short times (in the case of search for large structures, the antenna can also be towed behind a vehicle at speeds of 5–10 km/h);
- subsurface resolution and investigation depth can be ranged from few centimetres to several meters simply by changing transducers and scale;
- surveys can be performed on every kind of surface (unless reinforced floors);
- different anthropogenic features can be located (metals, masonry, cavities, earth transformations, organic layers, etc).

DATA PROCESSING AND INTERPRETATION

The radar processing is performed on the data from the individual profiles carried out on the field. All of them are analysed in order to mark significant reflections, their planar position and vertical time position which must be converted in depth. In this phase, some image improvements can be obtained by standard signal processing techniques (enhancements, horizontal and vertical filtering, mathematical transforms), giving emphasis to weak anomalies produced by small or deep artifacts. Furthermore, ringing effects, occurring due to the presence of highly conductive bodies (i.e. ferrous objects), can be reduced or wiped out. Through processes derived from seismics, it is also possible to get a data migration, to uniform the antenna towing speed by records compression/expansion procedures and to introduce topographic corrections of soil altimetric shape.

An important data reduction is conversion of the vertical time scale to metric, which can be obtained in different ways: the most simple and popular, even if not very accurate, consists in a comparison carried out on field between the time corresponding to a clear reflection and the known depth of test targets. If instead the geological features of the site are known and with reference to standard rocks velocities, an estimation of depth can be obtained. More precisely and by theoretical calculations, if the dielectric properties of the subsoil materials are known, by using bistatic antennas, similar to seismics, one can carry out in the field a C.D.P. (Common Depth Point) system: in this case, with a stationary transmitter, by moving the receiver one can calculate the first layer velocity and then calibrate with good approximation the vertical scale in metric units.

The next interpretative step involves a planimetric location of anomalous zones and a correlation among contiguous profiles: usually in such a way informations enough to evaluate shape and size of the bodies responsible of anomalous reflections can be obtained.

The final presentation of results may consist in a collection of processed radargrams in which a colorimetric scale is associated to signal strengths in order to emphasise the lowest contrasts. More recently, planimetries or series of time-slices corresponding to various depths, which can be calculated if the wave velocity in the medium is known, are presented.

FURTHER NOTATIONS

Some precautions must be taken if unshielded antennas are used: in this case, the proximity of metals on the surface is harmful for the quality of the record. Even with shielded antennas, if surveys are carried out in closed rooms (churches, civil buildings, etc.), spurious reflections produced by wave returns from the top can be observed.

In arboreal cultivated areas, reflections very similar to those produced by archaeological features are produced by the roots of trees.

Reflections similar to those produced by horizontal layering can be a consequence of mere variations in moisture. By the way, the water table is often an insuperable limit for radar signals.

When using the equipment for long periods, a health hazard rises from microwave emissions, particularly if unshielded antennas are used.

On the whole, the G.P.R. is one of the more expensive geophysical methods. Equipment costs range between 30,000 and 60,000 $, when a daily rental is in the 700–800 $/day range.

Since G.P.R. is of relatively recent diffusion, it can be difficult finding contractors with adequate experience and sensitivity, essential factors for archaeological applications.

A normal cost for a two man professional field crew ranges around 2000–3000 $/day, but more often it is calculated on the basis of 2–3 $/linear meter of profiling (amount decreasing with the rising of the amount of meters), including data processing and presentation. As a general rule, to each fieldwork day correspond 3–5 days of processing which, if not included, can give a further charge of 150–200 $/day.

G.P.R. SURVEYS

The early examples of application of G.P.R. technique to archaeology date back to the second half of Seventies, with B. Bevan (Bevan and Kenyon, 1975; Bevan, 1979; 1980), J.L. Kenyon (1977) and R.S. Vickers (Vickers and Dolphin, 1975), followed by many others in the early Eighties (Berg and Bruch, 1982; Gorman, 1985; Vaughan, 1986; Fischer *et al.*, 1980; Sheets *et al.*, 1985; Vickers, 1981; Weimouth and Bevan, 1983), thanks to the diffusion and equipment improvements. Since then works presented in various meetings and more seldom published in specialised press are significantly increased, proving the archaeological interest for a technique which in many cases shows its effectiveness. It must be said that negative results are rarely communicated and it damages the comprehension of the method applying to archaeological cases. On the basis of our experience, the chance of success in general sense does not exceed the 50%, though the evaluation is subjective: very frequently a result which is considered positively by the geophysicists seems to be disappointing for the archaeologists owing to an excess of expectations. An advantage for mutual comprehension is that the output produced by G.P.R. (vertical section radargram) is quite familiar to archaeologists, looking at it in the same way as for remote sensing aerial images, which also not always are as significant as they appear to a first examination. Their custom of analysing physical sections in order to recognise stratigraphic units can give an illusory impression of readability, while it must be remembered that G.P.R. sections are an instrumental version of the reality.

With regards to the effectiveness of G.P.R. related to the subsoil conditions and to the buried bodies character and geometric features, it is worth while doing some considerations:

- The G.P.R. efficiency is substantially rising in presence of:
  – a modest embedding degree (typically <1 m from the surface);
  – an homogeneous subsoil;
  – a low number of settling phases (simple anthropogenic layering).
- Even in the above mentioned conditions, there are media opposing both penetration and resolution, particularly the very conductive ones (i.e. strongly clayey fine sediments); highly heterogeneous media (i.e. morenic), on the contrary, though not giving rise to strong geometric attenuation, if consisting in elements whose size is at least of the same order of the double of transmitted signal wavelenght (ranging from few to some tenths cm, depending on the antenna), can produce very complicated reflections 'clouds', hiding modest *in situ* features.
- Strong surface alterations, both recent and ancient, can blur the sections images.
- In wet environments, the instrumental response, though modest, sometimes is better than expected, as personally tested in the Venetian lagoon, showing that subsoil conductivity does not play an exclusive role.
- The response given by vertical-shaped features, provided that their thickness is compatible with the wavelength, is sharper compared to images produced by horizontal layering, even if it is marked by a good contrast between the interfaced layers.

As to the possible contexts for G.P.R. surveying, the authors have tested its effectiveness in the following:

- Urban environment (Italian historical centres): G.P.R. is strongly competitive compared to traditional surveying techniques, having to operate on paved spaces, creating difficulties to electrical methods, and surrounded by several noise sources, both in surface and in the underground (power lines, vehicles, enclosures, scaffolding, pipes and services), preventing magnetic surveys. Despite the above mentioned limitations, due to stratigraphic complications produced by different settlements on the same place, it's usually possible to join depths of 4–5 m (surveys carried out in the historical centres of Bergamo, Brescia, Como, Padova, Siena and in many other smaller cities). The records showed in Figs. 12.1, 12.2 and 12.3 are typical, both for penetration and for quality of imaging: in the first two cases, the difficulty of interpreting radargrams in order to separate single *in situ* features is evident, being due to variations to the general context; whereas in the third case, towards the end of the profile (and in some neighbouring profiles at the same progressive), a strong reflection can be noted around 1/3 of the vertical scale, produced by a wall, as revealed by the subsequent archaeological excavations.
- Extra-urban environment: the quality of results depends here on the geological properties and on the

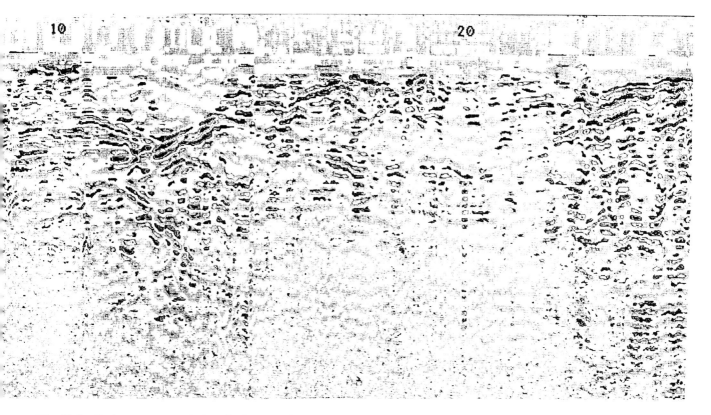

Fig. 12.1 : Radargram recorded in the historical Centre of Como (I) with a G.S.S.I. SIR-3 system, 500 MHz monostatic antenna, 100 ns full scale range.

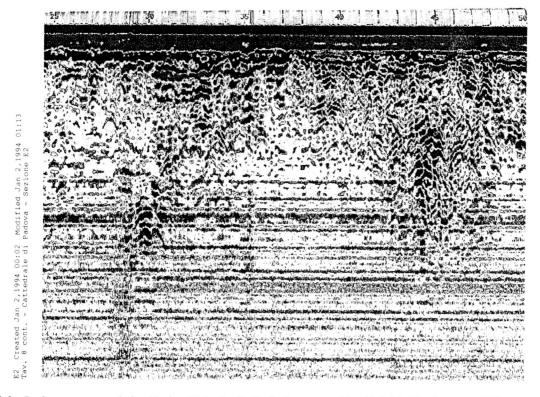

Fig. 12.2 : Radargram recorded at Padua (I) in the Cathedral square with a G.S.S.I. SIR-3 system, 500 MHz monostatic antenna, 80 ns full scale range.

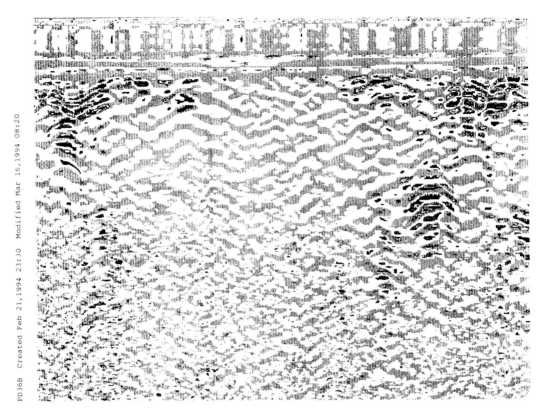

Fig. 12.3 : Radargram recorded in the historical Centre of Padua (I) with a G.S.S.I. SIR-3 system, 500 MHz monostatic antenna, 80 ns full scale range.

investigated features. Many surveys carried out show, as expected, that the chances of success can be evaluated only if further geophysical and geognostic informations on the site can be collected. The examples showed in Figs. 12.4, 12.5 and 12.6 are referred to three situations which are different for geographic background, features type and historical context. The record of Fig. 12.4 has been obtained on a ditch delimiting a Neolithic settlement in Puglia, confirmed by geomagnetic measurements and ground truthing: the signal ringing and the associated energy loss are due to the presence of ditch filling organic and thus conductive materials. The unprocessed radargrams of Fig. 12.5 have been recorded on perimetrical foundations in big fluvial pebbles of medieval buildings in Castelseprio (Va). As in the previous case, the cover is less than 1 m thick. In Fig. 12.6 a vertical section and an horizontal pseudo-section of a chamber-tomb of the Colle del Forno necropolis, near Rome, are shown. The vertical section emphasises the radar response corresponding to the cavity cut in tufa, with the roof at 1.5 m from the surface. The pseudo-section, obtained by correlating various contiguous profiles at the same time value (25 ns), provides a planimetric image of the tomb, nearly square, 2 m of side.

• On monuments (churches and castles, particularly)

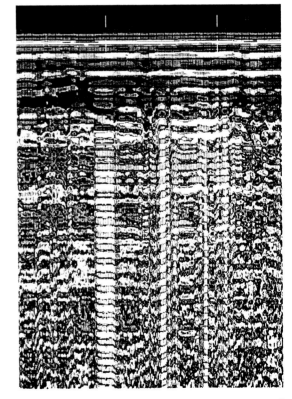

Fig. 12.4 : Radargram recorded in the Neolithic site of Ripa Tetta (Fg-I) with a G.S.S.I. SIR-10 system, 100 MHz bistatic antenna, 100 ns full scale range.

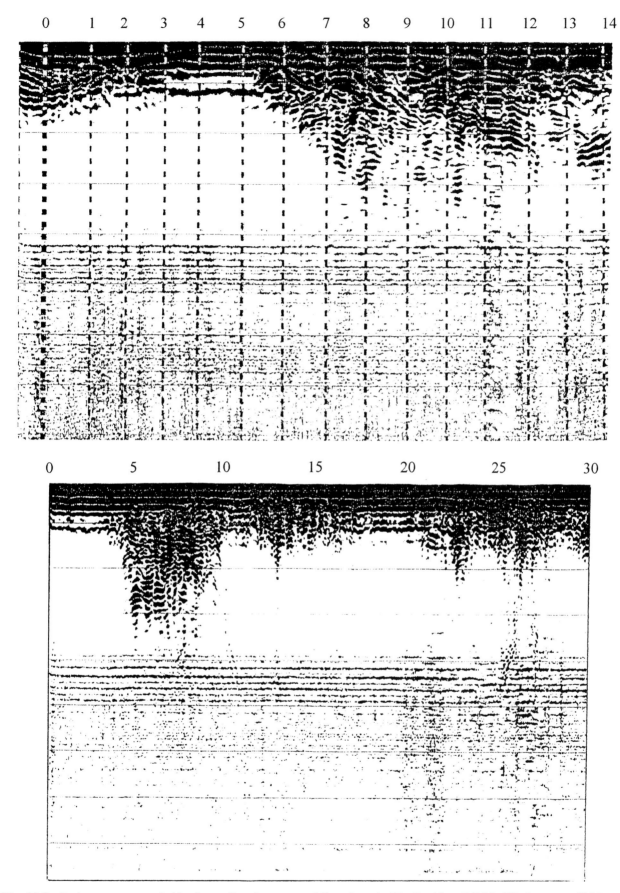

Fig. 12.5 : Radargrams recorded in the medieval castrum of Castelseprio (Va-I) with a G.S.S.I. SIR-3 system, 500 MHz monostatic antenna, 60 ns full scale range.

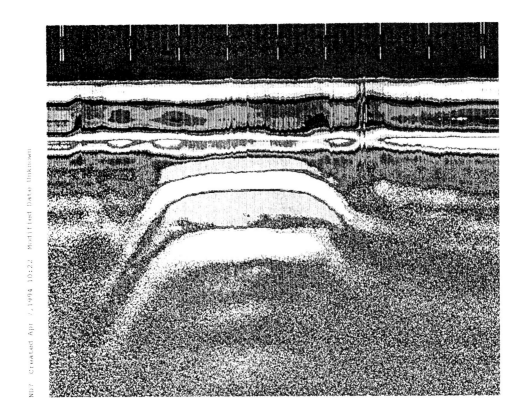

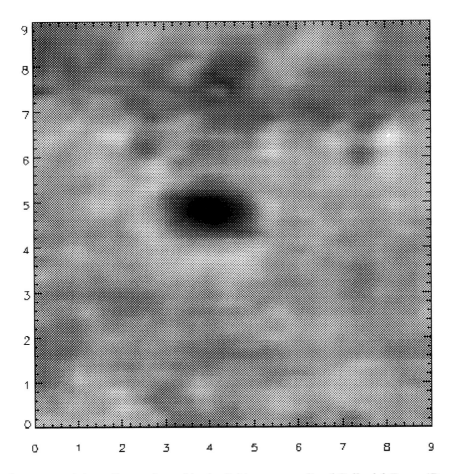

Fig. 12.6 : Radargram and time-slice performed in the Sabine necropolis of Colle del Forno (Rome-I) with a G.S.S.I. SIR-10 system, 100 MHz bistatic antenna, profile full scale range 60 ns, time-slice calculated at 25 ns.

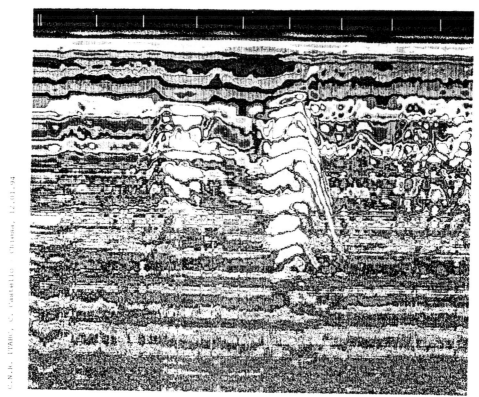

Fig. 12.7 : Radargram recorded in S. Chiara delle Murate church at Città di Castello (Pg-I), with a G.S.S.I. Sir-10 system, 500 MHz monostatic antenna, 40 ns full scale range.

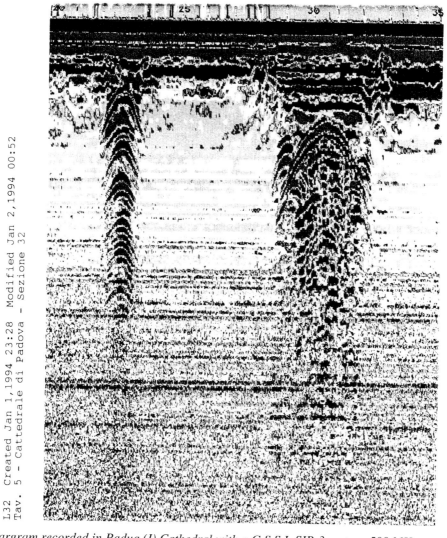

Fig. 12.8 : Radargram recorded in Padua (I) Cathedral with a G.S.S.I. SIR-3 system, 500 MHz monostatic antenna, 80 ns full scale range.

G.P.R. is often effective, with the usual limitation of a loss in resolution at increasing depths. Quite impressive are the examples of Fig. 12.7, obtained in a church at Città di Castello (Pg), showing with great evidence a wall, and of Fig. 12.8, recorded in the Cathedral of Padova, showing several under floor tombs.

REFERENCES

Theory and instruments

Amato, L., Brachi, L., Di Maio, G. (1994) Applicazioni del Metodo Georadar G.P.R. nel Campo delle Problematiche della Geologia Applicata. *Geologia Tecnica* 2/94: 29–45.

Battley, R. (1987) Subsurface Interface Radar at Sepphoris, Israel, 1985. *Journal of Field Archaeology* 14(1).

Berg, F., Bruch, H. (1982) Georadar. Archaeological Interpretation of Soil Radar Data. *Pact* 7: 285.

Bernabini, M., Pettinelli, E., Pierdicca, N., Piro, S., Versino, L. (1992) Determinazione ed Analisi dell'Energia Irradiata dalle Antenne del G.P.R. in Diverse Condizioni di Propagazione. In *Atti 3° Convegno G.N.G.T.S.*, Roma: 727–42.

Bernabini, M., Pettinelli, E., Pierdicca, N., Piro, S., Versino, L. (1995) Field Experiments for Characterization of G.P.R. Antenna and Pulse Propagation. *Journal of Applied Geophysics* 33, Special Issue on G.P.R.: 63–76.

Bevan, B.W., Kenyon, J. (1975) Ground Penetrating Radar for Historical Archaeology. In *MASCA Newsletter* 11, n.2: 2–7.

Bevan, B.W. (1983) Electromagnetism for Mapping Buried Earth Features. *Journal of Field Archaeology* 10(1): 47–54.

Bondesan, A., Finzi, E., Galgaro, A. (1993) La Tecnica G.P.R. per la Diagnostica Storico-Artistica. Parte I. *L'Edilizia* 9, anno VII: 35–45.

Campbell, T. (1992) *A Structured Evaluation of Ground Penetrating Radar for Archaeological Use.* M. Sc. Thesis. Univ. of York.

Davis, J.L., Annan, A.P. (1989) Ground Penetrating Radar for High-Resolution Mapping of Soil and Rock Stratigraphy. *Geophysical Prospecting* 37: 531–51.

Finzi, E., Piro, S. (1991) Il Metodo per Impulsi Elettromagnetici (Georadar). In *Quaderni I.T.A.B.C.* 1: 53–70.

Goodman, D., Nishimura, Y. (1992) Two-Dimensional Synthetic Radargrams for Use in Archaeological Investigation. In *Atti 4th International Conference on Ground Penetrating Radar*: 339–43.

Goodman, D. (1994) Ground-Penetrating Radar Simulation in Engineering and Archaeology. In *Geophysics* 59(2): 224–32.

Gorman, M.R. (1985) Soil Sounding Radar Principles and Recent Surveys. In *Geophysical Surveying in Archaeology.* School of Physics and Archaeological Sciences, Univ. of Bradford.

Imai, T., Sakayama, T., Kanemory, T. (1987) Use of Ground-probing Radar and Resistivity Surveys for Archaeological Investigations. *Geophysics* 52 (2): 137–50.

Lorra, S. (1994) GPR & GIS: a Powerful Combination to Attack Archaeological Survey Problems. In *Atti 5th International Conference on Ground Penetrating Radar*, Waterloo, Canada.

Malagodi, S., Piro, S., Orlando, L. (1994) Improvement of Signal to Noise Ratio of Ground Penetrating Radar Using CMP Acquisition and Data Processing. In *Proceedings of Vth International Conference on Ground Penetrating Radar*, vol.2: 689–99.

Malagodi, S., Orlando, L., Piro, S. (1994) Elaborazione del Segnale Georadar. In *Atti 13° Convegno G.N.G.T.S.*, Roma (in press).

Malagodi, S., Orlando, L., Piro, S., Rosso, F. (1994) Indagine Georadar 3D su di un Sito Archeologico. In *Atti 13° Convegno G.N.G.T.S.*, Roma (in press).

Pettinelli, E., Pierdicca, N., Piro, S., Versino, L. (1994) Experimental Tests for Characterization of G.P.R. Antenna Patterns. In *Annali di Geofisica* XXXVII (5) (Proceedings of Capri 1992 Meeting on Geoelectromagnetism): 1241–9.

Piccolo, M. (1990) Ground Penetrating Radar Surveys for Archaeological Purposes. In *Proceedings 3rd International Conference on Ground Penetrating Radar*, Lakewood, Colorado.

Piro, S., Rosso, F., Versino, L. (1994) Detection of Shallow Depth Bodies of Archaeological Interest Using G.P.R. Method. Data Acquisition and Elaboration Techniques. In *Proceedings of 29th International Symposium on Archaeometry*, Ankara.

Scollar, I., Tabbagh, A., Hesse, A., Herzog, I. (1990) Soil Radar. In *Archaeological Prospecting and Remote Sensing.* Cambridge, Cambridge Univ. Press: 575–90.

Vaughan, C.J. (1986) Ground-Penetrating Radar Surveys Used in Archaeological Investigations. *Geophysics* 51 (3): 595–604.

Examples of G.P.R. surveys

Abrahamsen, N. (1993) Magnetic and Georadar Surveying of Farm Buildings at the Medieval Kalo Castle (Denmark). *Archaeology and Natural Sciences* 1: 17–23.

Adams, R.E.W., Brown, W.E., Culbert, T.P. (1981) Radar Mapping Archaeology and Ancient Maya Land Use. *Science* 213: 1457–63.

Amato, L., Di Maio, G. (1991) Utilizzo del Georadar (GPR=Ground Penetrating Radar) per l'Identificazione di Anomalie Stratigrafico/Sedimentologiche all'Interno della Sequenza Vulcanoclastica dell'Eruzione Vesuviana del 79 A.D.-Pompei. In *Quaderni I.T.A.B.C.* 1: 105–16.

Bernabini, M., Brizzolari, E., Orlando, L., Santellani, G. (1992) Una Applicazione del Ground Penetrating Radar sui Pilastri del Colosseo. In *Atti 11° Convegno G.N.G.T.S.*, Roma: 743–46.

Bevan, B. (1979) A Ground Penetrating Radar Survey at the Deer Creek Site. *U.S. Army Corps of Engineers*, Tulsa, Oklahoma.

Bevan, B. (1980) A Second Season at Deer Creek: Radar and Electromagnetic Surveys. *U.S. Army Corps of Engineers*, Tulsa, Oklahoma.

Bevan, B.W., Orr, D.G., Blades, B.S. (1984) The Discovery of the Taylor House at the Petersburg National Battlefield. *Historical Archaeology* 18 (2): 64–74.

Bevan, B.W. (1990) The Search for Graves. *Geophysics* 56 (9): 1310–9.

Brizzolari, E., Finzi, E., Orlando, L., Piro, S., Versino, L. (1987) Impiego di Prospezioni Sismiche, Magnetiche ed Elettromagnetiche Impulsive Integrate per la Ricerca di Anomalie Superficiali. In *Atti 6° Convegno G.N.G.T.S.*, Roma: 1321–34.

Brizzolari, E., Orlando, L., Piro, S., Versino, L. (1992) Ground Probing Radar in the Selinunte Archaeological Park. In *Bollettino di Geofisica Teorica e Applicata* XXXIV (134–135): 181–92.

De Vore, S.L. (1990) Ground Penetrating Radar as a Tool in Archaeological Investigations: An Example from Fort Laramie National Historic Site. *The Wyoming Archaeologist* 33 (1–2): 23–38.

Dolphin, L.T., Barakat, N. (1975) *Electromagnetic Sounder Experiments at the Pyramid of Giza.* Stanford Research Institute.

Finzi, E. (1988) Indagine Georadar a Pontelambro (Co), loc. Schieppo. In *Notiziario 1987 della Soprintendenza Archeologica della Lombardia*:77.

Finzi, E. (1988) Test con Apparecchiatura Georadar a Martinengo (Bg). In *Notiziario 1987 della Soprintendenza Archeologica della Lombardia*: 85.

Finzi, E. (1989) Rilievi Georadar nell'Area del Teatro Romano di Asolo. In *Indagini Archeologiche ad Asolo. Scavi nella Rocca e nel Teatro*: 73–6.

Finzi, E. (1990) Asolo. Teatro Romano: Indagine 1989. Rilievi Georadar (Seconda Fase): Alcune Riflessioni. In *Quaderni di Archeologia del Veneto* VI: 92–6.

Finzi, E. (1990) Indagine Georadar a Fornovo S. Giovanni (Bg), loc. Brolo. In *Notiziario 1988–89 della Soprintendenza Archeologica della Lombardia*: 79.

Finzi, E. (1990) Indagine georadar a Lovere (Bg), Via Martinoli. In *Notiziario 1988–89 della Soprintendenza Archeologica della Lombardia*: 80.

Finzi, E. (1990) Indagine Georadar a Lodi Vecchio (Mi). In *Notiziario 1988–89 della Soprintendenza Archeologica della Lombardia*: 167.

Finzi, E. (1990) Indagini Georadar nella Zona Archeologica di Castelseprio (Va). In *Notiziario 1988–89 della Soprintendenza Archeologica della Lombardia*: 190.

Finzi, E. (1990) Rilievi Georadar a Rogno (Bg), Piazza Druso. In *Notiziario 1988–89 della Soprintendenza Archeologica della Lombardia*: 197.

Finzi, E. (1990) Prospezioni Georadar ad Almenno S. Bartolomeo (Bg), San Tomè. In *Notiziario 1988–89 della Soprintendenza Archeologica della Lombardia*: 281.

Finzi, E. (1991) Prospezione Elettromagnetica Georadar in Piazza del Duomo a Siena. In *Santa Maria della Scala. Archeologia e Edilizia sulla Piazza dello Spedale*, Firenze: 171–6.

Finzi, E. *et al.* (1992) Un Esperimento di Diagnostica Microstrutturale Mediante la Tecnica Elettromagnetica Impulsiva (Georadar). Il Caso di S. Apollinare Nuovo a Ravenna. In *Atti del Convegno San Vitale e Altri Restauri*: 249–52.

Finzi, E. (1994) Recenti Esperienze con G.P.R. per la Diagnostica Archeologica. In C. D'Amico and R. Campana (a cura di) *Le Scienze della Terra e l'Archeometria*. Dipartimento di Scienze Mineralogiche, Univ. di Bologna: 63.

Fischer, P.M., Follin, S.G.W., Ulriksen, P. (1980) Subsurface Interface Radar Survey at Hala Sultan Tekke, Cyprus. In *Studies in Mediterranean Archaeology* 62: 48–62.

Goodman, D., Nishimura, Y. (1992) Radar Archaeometry and the Use of Synthetic Radargrams to Investigate Burial Grounds in Japan. In *Archaeometry '92. Proceedings of the 28th International Symposium on Archaeometry*, Los Angeles.

Goodman, D., Nashimura, Y. (1993) A Ground Radar View of Japanese Burial Mounds. *Antiquity* 67 (255): 349–54.

Goodman, D., Nishimura, Y., Uno, T., Yamamoto, T. (1994) A Ground Radar Survey of Medieval Kiln Sites in Suzu City, Western Japan. *Archaeometry* 36 (2): 317–26.

Heimmer, D.H: (1989) Geophysics for Archaeological Assessment: Ft. William Discovered? Ft. Laramie National Historical Site, Wyoming. In *Proceedings of the Symposium on the Application of Geophysics to Engineering and Environmental Problems*. Golden, Colorado.

Kenyon, J.L. (1977) Ground Penetrating Radar and its Application to a Historical Archaeological Site. *Historical Archaeology* 11: 45–55.

Mellett, J., Geismar, J. (1990) GPR Survey of an African-American Cemetery in Little Ferry, NJ. *Proceedings 3rd International Conference on Ground Penetrating Radar*, Lakewood, Colorado.

Papamarinopoulos, S.P., Papaioannou, M.G. (1994) Geophysical Investigations with the Georadar in the Middle of Athens at Syntagma Square and the Discovery of the Subterranean River Eridanos. In *GPR'94 5th International Conference on Ground Probing Radar*, Waterloo, Canada.

Persons, S. (1990) Burial Detection Using Ground Penetrating Radar. *Proceedings 3rd International Conference on Ground Penetrating Radar*, Lakewood, Colorado.

Piro, S. (1994) Integrated Geophysical Prospecting in Ripa Tetta Neolithic Site (Lucera-Foggia, Italy). In *Proceedings of 29th International Symposium on Archaeometry*, Ankara.

Sheets, P.D., Loker, W.M., Spetzler, R.H., Ware, R.H., Olhoeft, G.R. (1985) Geophysical Exploration for Ancient Maya Housing at Ceten, El Salvador. In *National Geographic Society Research Reports*.

Stove, G.C., Addyman, P.V. (1989) Ground-Probing Impulse Radar: an Experiment in Archaeological Remote Sensing at York. *Antiquity* 63: 337–42.

Vickers, R.S., Dolphin, L.T. (1975) A Communication on an Archaeological Radar Experiment at Chaco Canyon, New Mexico. *MASCA Newsletter* 11 (1): 6–8.

Vickers, R.S. (1981) Application of Resistivity and Soil Radar Techniques to Archaeological Surveys. *S.R.I. International Symposium*.

Weimouth, J.W., Bevan, B. (1983) Combined Magnetic and Ground Penetrating Radar Survey of an Archaeological Site in Oklahoma. *International Geoscience and Remote Sensing Symposium (San Francisco)*, vol.I, sect.WP3, New York, IEEE.

13. Seismic methods

Luigi Sambuelli and Gian Piero Deidda

PHYSICS

The seismic methods utilize the propagation of elastic waves through the earth so that the physical theory used to deal with seismic phenomena is mainly the elasticity theory. We shall focus our attention mainly to the so called 'body waves' as these are, until now, the most widely used for shallow bodies seismic detection; nevertheless some words will also be spent with regard to the 'surface waves' as their use is a quite fast growing technique.

Let us suppose (Telford *et al.*, 1990) that we can input an impulse of elastic energy in a homogeneous, isotropic and infinite space. As far as it can be considered a perfectly elastic space it can be easily shown that there are two kind of waves that travel away from the impulse application point: the 'longitudinal or compressional or primary or P-waves' and the 'transverse or shear or secondary or S-waves'. If the space is no longer homogeneous but it is split into two half-spaces with different elastic properties, a third kind of waves is generated: the Rayleigh waves. This last type of waves, called 'surface waves', develops every time there is an interface between two different media. The Rayleigh waves travels along the surface and just below it and their amplitude rapidly decrease with depth. The elasticity theory provides very simple formulas that link the main elastic constants of the medium with the wave velocity:

$$V_P = \sqrt{\frac{E(1-v)}{\rho(1+v)(1-2v)}}$$

$$V_S = \sqrt{\frac{G}{\rho}}$$

$$V_R = 0.874 \div 0.956 \sqrt{\frac{G}{\rho}}$$

and, conversely:

$$E = \frac{\rho_S^2(3V_P^2 - 4V_S^2)}{V_P^2 - V_S^2}$$

$$G = \rho V_S^2$$

$$v = \frac{0.5 \dfrac{V_P^2}{V_S^2} - 1}{\dfrac{V_P^2}{V_S^2} - 1}$$

where:

E = Young modulus
G = Shear modulus
V = Poisson ratio
V_P = P-wave velocity
V_S = S-wave velocity
V_R = Rayleigh wave velocity
ρ = Volumic mass

The three aforesaid elastic constants: E, G, and the volumic mass ρ entirely characterize a material from an elastic point of view.

Materials with different elastic constants have different wave velocities (Table 13.1).

Archaeology deals with a lot of different materials but, in general, they are: rocks, soils (either dry or saturated), water, voids and masonry. With exclusion of voids (air) and water, all the other materials normally are, more or less, composite materials in which different minerals or phases (solid, liquid, gas) coexist (Vutukuri, 1978). This fact introduces other factors affecting the elastic wave velocities: texture, porosity, anisotropy, stresses, water content and temperature. This means that a limestone block can have different wave velocity according to its grain size (texture), its percentage of voids (porosity), its more or less evident bedding (anisotropy), its being or not below the water table level (water content).

When a seismic wave passes through an interface between materials with different velocities or with different acoustic impedances (Z=ρV) three main different phenomena can take place: refraction, reflection and diffraction. They can be fairly well imagined as analogous to optic theory. The most used seismic techniques strongly utilize consequences of refraction and reflection of seismic waves (Cook, 1965), either P or S (Turpening and Adams, 1975) or both of them, while the use of diffraction is still more a matter of study even if someone has already proposed a diffraction tomography (Gelius Leiv, 1995). Other seismic techniques that heavily use Rayleigh waves properties have been quite recently introduced: as with some particular procedures it is easier to detect Rayleigh waves than shear wave, Rayleigh wave velocity is sometimes used to estimate shear wave velocity. As Rayleigh waves horizontally scan a volume just below the surface, they can be either delayed either amplitude diffracted by, for example, a near surface cavity (Owen, 1983).

SEISMIC REFRACTION

The seismic refraction techniques are mainly based on the Snell law (Telford *et al.*, 1990). This states that when a seismic ray intercepts a surface separating two media, 1 and 2, with different seismic velocities, it undergoes a deviation. The entity of this deviation is described by the following formula:

$$\frac{\sin(\upsilon_1)}{\sin(\upsilon_2)} = \frac{V_1}{V_2}$$

where:

υ_1 = angle of incidence
υ_2 = angle of refraction
V_1 = wave velocity in medium 1
V_2 = wave velocity in medium 2

For a particular value (υ_1) of the angle of incidence, if $V_2 > V_1$, the refracted ray travels along the separating surface generating a so called 'birifracted ray'. This latter rises up with an angle υ_1 going back in the medium 1. This phenomenon allows us to send a signal (elastic impulse) underground and to collect it (via suitable sensors) away from the input point after it has travelled and acquired 'information' from the refraction surfaces in the subsoil. If we know the travel time of the birifracted impulse to go from the input point to each sensor, and the distance between the input point and each sensor, we are able to calculate the wave velocity of each stratum. With some complication we can also estimate the wave velocity of targets others than strata or, at least, perceive their existence. As we saw before determining the wave velocity of a material can be a good help in its identification. The acquisition procedure in seismic refraction runs as follows. The sources and the receivers (geophones) are displaced along a profile that should intercept orthogonally the target structure. Each profile is normally set up by one or more aligned contiguous 'modula'. Each modulus can be, for example, sketched like follows (Fig. 13.1): let us define δx the interval between each geophone; 12 geophones will be firmly fitted, spaced by δx and aligned, in the ground; the source will be activated, subsequently: 5δx before the first geophone, in correspondence to the first, to the sixth, to the twelfth and 5δx after the last geophone; at each source activation 12 signals, one from each geophone, will be recorded. The set of the 5 records, each one with 12 signals, constitutes the

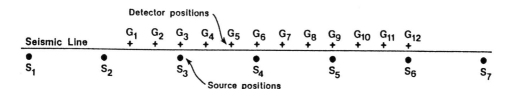

Figure 13.1 : Seismic refraction. A schematic plan of a seismic 'modulus' showing the usual aligned arrangement of the sources and the sensors (Palmer, 1980).

Compact rocks		Less compact rocks		Unconsolidated rocks	
Dunite	7 km/s	Limestone	4 km/s	Alluvium	1 km/s
Diabase	6.5 km/s	Slate and shale	4 km/s	Loam	1 km/s
Gabbro	6.5 km/s	Sandstone	3 km/s	Sand	1 km/s
Dolomite	5.5 km/s			Loess	0.5 km/s
Granite	5 km/s				

Table 13.1 : Average velocities of longitudinal waves for somes typical rocks (Vutukuri, 1978).

acquired field data (Fig. 13.2). The first step in refraction seismic processing, either dealing with P-waves or S-waves, is to recognize, on each signal, the time at which the examined wave arrived to the geophone: this is the 'first arrival picking'. This operation is quite easy when we look for P-waves because they travel faster than S-wave and their arrival coincides with the first perturbation on the signal. The S-wave arrival, being mixed with the P-waves (Fig. 13.4), is seldom clear and suitable sources and receivers should be used in order to enhance it (White,

1983). Once all the first arrival times have been picked, they are plotted on a chart versus the geophones positions in such a way that, corresponding to each geophone position 'x' there are as many 't' as sources positions. The resulting graph is called 'traveltime curves' and it is the main document from which all the interpretation methods start (Fig. 13.3). The details of the various methods (Hagedoorn, 1959; Hawkins, 1961; Palmer, 1980) that permits to get depth and velocity of strata or targets in the subsoil from traveltime curves are far beyond the scope of this text.

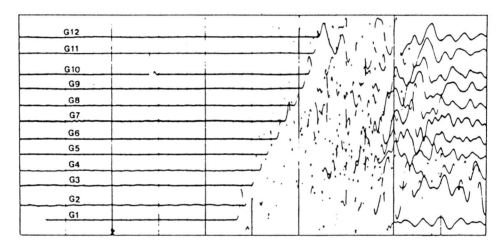

Figure 13.2 : Seismic refraction. A field record showing the amplified seismic signal as a function of time from a set of sensors. The rapid increase in amplitude marks the passage of the wave through each sensor position (Palmer, 1980).

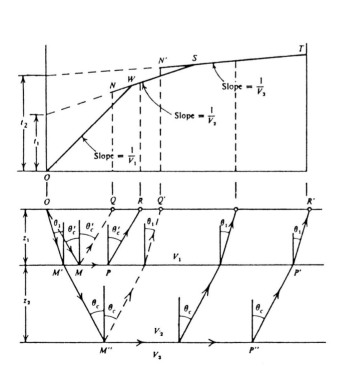

Figure 13.3 : Seismic refraction. Raypaths and traveltime curves for the two refractor cases (Telford et al., 1990).

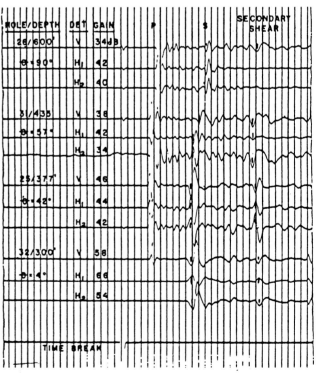

Figure 13.4 : Seismic refraction. Seismic traces collected with triaxial geophones. Both P-wave and S-wave are shown (White, 1983).

HIGH RESOLUTION SEISMIC REFLECTION

The seismic reflection method has been used for almost 70 years now to locate oil fields and for geological studies on deep and crustal structures. During the last 15 years this method has also been employed in other fields where detailed knowledge of the most shallow layers is required, to solve hydrogeological, engineering, environmental, archaeological and geotechnical problems.

Only some general information on the acquisition and processing of seismic reflection is given here, since the complexity of the method does not allow an exhaustive treatment.

Seismic reflection requires both more sophisticated and expensive equipment and more highly specialised staff compared to other geophysical methods.

Generally speaking, the main aim of the seismic reflection method is the reconstruction of subsurface geometry (reflectors geometry) and physics (*in situ* rock velocity). As for the other seismic methods, in this case too a seismic signal is generated, which, propagating in the subsurface, is reflected and refracted at discontinuities; it is then received by geophones when it comes back to the ground surface. The most used acquisition technique is the CDP technique, through which a dramatic improvement of the signal/noise ratio is possible, acquiring redundant data. On the seismic field record, the reflected signal is obscured by others signals (direct wave, refracted wave, surface waves, multiples, etc.).

The principle on which the CDP technique is based, as schematized in Fig. 13.5, is the summing up of several signals reflected by the same point at depth. From the acquired field records the traces from different profiles having different offset distances are gathered together. The number of traces of the CDP gather give the CDP-fold, i.e. how many times the same subsurface has been sampled. For example, if the data acquisition is carried out with a 24-geophone groups and the shotpoint is moved one group interval between successive shots, the CDP fold is 12 or 1200%.

Afterwards CDP gathers are corrected for statics and normal moveout-mainly to take into account the different distances covered by seismic signals related to the several traces forming the CDP gathers themselves – and then stacked or summed.

The main advantages of the acquisition CDP technique are:

- improvement of the S/N ratio, because during the stacking signals are summed while random and coherent noises are attenuated;
- possibility of determining 'stacking velocities'.

Processing

The aim of seismic reflection data processing is to transform the field records in a seismic section which may be readable from a geological point of view, giving a seismic model of the investigated subsurface.

Basically, four processing steps can be identified:

- Preprocessing
- Wavelet processing
- Geometric processing
- Image processing

In the preprocessing step the main goal is to attenuate all kinds of noises: random noise, direct and refracted waves, surface waves (ground roll), air wave, multiples, etc. Several filtering technique are employed for this purpose.

In the second step the source wavelet is determined, by deconvolution procedures extracting it from the recorded signal which has been altered by the ground acting as a filter. In other words, the aim is retrieving the original characteristics of the signal as for frequency, amplitude and phase.

Geometric processing enables us to estimate the ground model (reflectivity function), i.e. the time series intended to represent reflecting interfaces and their reflection coefficients as nearly as possible. Velocity analysis, NMO correction and stacking are particularly important at this stage.

Last but not least image processing manipulate the reflectivity function so that they are geologically readable, giving as a final result a depth section which is the actual image of the investigated subsurface. In the High Resolution Seismic Reflection (HRSR) other problems arise both in acquisition (higher frequency sources, shorter geophone interval, higher frequency geophones, etc.) and processing (higher noise level, more difficult velocity analysis, etc.). The fundamental concept of resolution will only be examined here. Resolution is, broadly speaking, the ability to separate two features which are very close together. It is possible to identify a vertical resolution and a lateral resolution. In seismic reflection the vertical resolution is the minimum thickness for a bed to give two distinct reflection signals; while the lateral resolution is the minimum distance between two reflecting points which enables one to consider them as separate. In particular vertical resolution is mainly a function of medium velocity and signal frequency content; lateral resolution is dependent, apart from the previous physical quantities, upon the target depth. In any case, the maximum resolution attainable in optimum conditions equals to 1/4 of the signal wavelength. For example, let V= 2000 m/s, frequency bandwidth = 500 Hz and target depth=10 m , the attainable vertical resolution is 1 m and the lateral one is about 9 m. With an effective data processing it is possible to attain a 1 m resolution in both cases. It is therefore evident that, when investigating small-sized shallow depth targets, as is the case in archaeology, it is necessary to generate and receive wide bandwidth signals and, hopefully, to meet low seismic velocity ground.

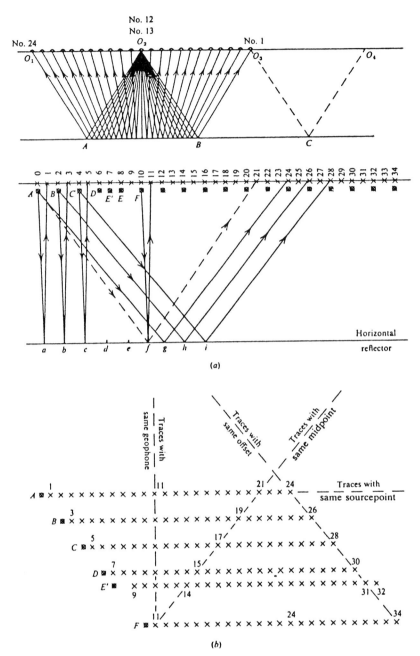

Figure 13.5 : Seismic reflection. On the top : symmetrical spread with continuous subsurface coverage. Common midpoint profiles. The symbol x and o represent geophones and sources respectively. (a) Vertical section illustrating common midpoint profiling; (b) Stacking chart (Telford et al., 1990).

FAN SHOOTING

The fan shooting technique (Brizzolari *et al.*, 1990; Owen and Darilek, 1976; Telford *et al.*, 1990) can be applied, with better results, when it can be a good approximation to consider homogeneous the medium in which the elastic waves propagate. In this situation, in fact, if we place the sensors along an arch of a circle centred in correspondence with the source, the travel times taken by an elastic impulse to reach each sensor should be all equals. On the other hand if an object (the target) is intercepted by some seismic ray,

this latter will be delayed or accelerated depending on whether the wave velocity in the target is the lower or the higher. Thus a simple plot of the arrival times, if it shows any anomaly, can be diagnostic of the presence of, for example, a cave (Fig. 13.6).

TOMOGRAPHY

Seismic tomography (Worthington, 1984; Brizzolari, 1990)

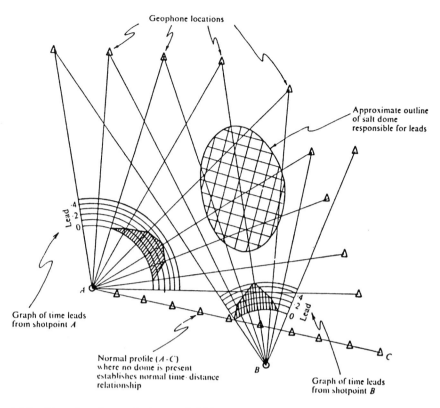

Figure 13.6 : Fan shooting technique : field layout and data interpretation (Telford et al., 1990).

has been developed from techniques and algorithms borrowed from medicine. One of the most used, the travel time tomography, consists of: surrounding the object to be examined with an adequate number of sources (Ns) and receivers (Nr); sending an elastic impulse from one source and recording the produced elastic wave at any receiver; repeating the latter step for every source (Fig. 13.7); reading all the NsNr travel times; finding, with appropriate software, an isovelocity map of the object section coincident with the plane on which sources and receivers lay. Of course any changes of velocity onto this map will correspond to changes of elastic properties in the examined section of the object or to changes of one of the aforementioned parameters affecting seismic wave velocity.

When we deal with archaeology, however, we are rarely able to perform the first step of tomographic procedure. The walls or the caves are surrounded by the rock or by the soil; and we have no access around them. So that, in the last years, the refraction seismic tomography (Luzio *et al.*, 1990; Macrides and Dennis, 1994) has been developed. The sources and the receivers are laid on the surface according to particular patterns and further cares must be taken in processing data. Two main conditions have to be, at least approximately, fulfilled in order to get more effective results: there must be plane, horizontal refractors and these should not have sudden lateral changes of seismic velocity.

If two or more boreholes can be safely drilled at the

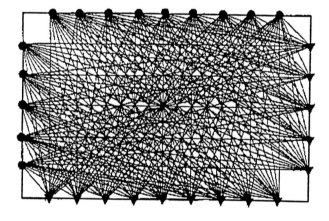

Figure 13.7 : Seismic tomography. Ray tracing covering the whole investigated section. Triangles are sensors, circles are sources.

border of the area to be investigated the crosswell tomography (Worthington, 1984) can be very profitably used. In such a case the source is lowered in a borehole while N sensors are placed, regularly, in another one. The source is then risen up step by step and, at each step, it is activated. At each activation signals are recorded at the N geophones so as to have as many records as source movements, each one with N signals.

Extensive literature and experiences exist on this technique that has the obvious advantage allowing a full scanning of the vertical ground sections between each pair of boreholes. More recently some authors (Gelius Leiv, 1995) have proposed a crosswell 'diffraction tomography', but it is still far from being applicable in archaeology problems.

INSTRUMENTS

A seismic apparatus mainly consist of:

- a recording equipment (seismograph) able to receive an adequate number (6, 12, 24, 48) of voltage signals coming from the geophones;
- a source to generate the elastic impulse;
- a variable number (6, 12, 24, 48) of transducers (geophones) to convert ground vibrations, due to the elastic waves, in the electric signals to be recorded by the seismograph;
- a multipolar cable able to realise the connection between each geophone and the seismograph.

The seismographs especially designed for engineering geophysics are the most suitable for archaeological purpose in so far as they are especially designed to detect signals from shallow targets and to pick up very short time breaks. The geophones normally employed in shallow target prospecting have a high resonant frequency (i.e. 50 Hz or 100 Hz) in order to be able to transduce the high frequencies needed to resolve shallow targets. The sources should also be able to generate high frequencies at high energy, so that seismic rifles are preferred.

NOTES ABOUT COSTS VERSUS BENEFITS

These notes must be considered a rough but reasonable estimate of the actual cost of the information obtainable from seismic methods.

Let us now suppose to realise a seismic refraction profile with such a configuration: 24 geophones with a 1 m geophone spacing and 8 shot points. With an appropriate layout of shots, it is possible to investigate a vertical section of the ground 23 m long and 5 m depth. In good noise conditions we will be able, at least theoretically, to get a detail approximately of 3 m along x (horizontally) and 1 m along z (vertically). The acquisition and processing of these data could cost, today, about 800 US$.

The same detail, with high resolution seismic reflection could be obtained at a cost of about 2000 US$ while a crosswell seismic tomography would give the same detail, or even a better one, with a cost of about 1600 US$.

Four points must be however stressed: usually when a H.R.S.R. survey is performed seismic refraction data are also acquired; costs can be lower when many profiles have to be carried out in the same area; even if the archaeological target is not detected, valuable information on the shallow geological strata are always obtained. Finally all these measurements should be applied by geophysicists mostly because of the greater care that has to be taken dealing with shallow targets.

SOME CASE HISTORIES

In Louis (1978), seismic refraction surveys successfully carried out by the *Fondazione Lerici* at the Etruscan necropolis of Tarquinia are briefly referred to. A more extensive description of the geophysical work performed in that excavation can be found in the publications of *Fondazione Lerici*. The traveltime curves obtained on a tomb are reported and it can be easily seen the effects of the presence of the tomb (Fig. 13.8). A sketch of the traveltime curves that would be obtained on a buried

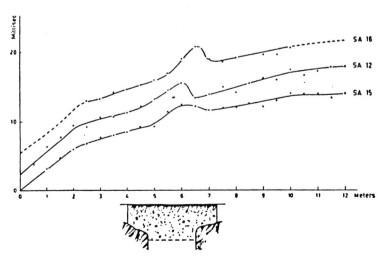

Figure 13.8 : Travel time curves on a tomb (Frédéric, 1978).

wall in a homogeneous soil is also reported with good evidence of the velocity anomaly (Fig. 13.9).

In Brizzolari *et al.* (1990b), an extensive application of the fan shooting technique, integrated with other geophysical surveys, on the Sabinian necropolis of Colle del Forno (Rome) is reported. An extensive description of the field layout and of the apparatuses is given together with the results (Fig. 13.10). In many cases there is a fairly good correspondence with the scan angles showing delayed times and the presence, in that direction, of a *dromos*.

In Owen and Darilek (1976), field experiments to detect an abandoned mine shaft are reported. Extensive use of Rayleigh waves diffraction, detected by a fan shooting layout, has been done with regard either to amplitude attenuation either to first arrival delay (Fig. 13.11). A comparison with reflected and refracted waves anomalies is also referred to (Fig. 13.12). Diffracted Rayleigh waves seem to give the best results. As far as concern strictly archaeological applications care must be taken. The diffraction phenomenon, in fact, takes place when the dimension of the target is of the same order of the wavelength and, as the Rayleigh waves normally have

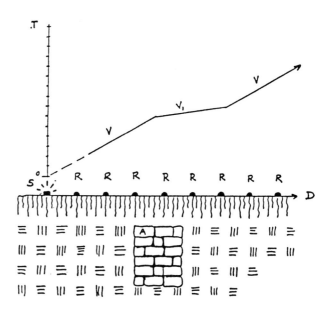

Figure 13.9 : Travel time curves on a buried masonry wall (Frédéric, 1978).

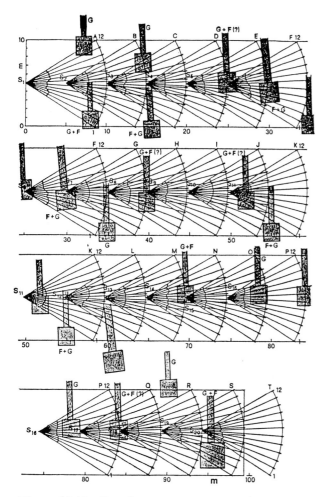

Figure 13.10 : Fan shooting survey on tombs (Brizzolari et al., *1990*).

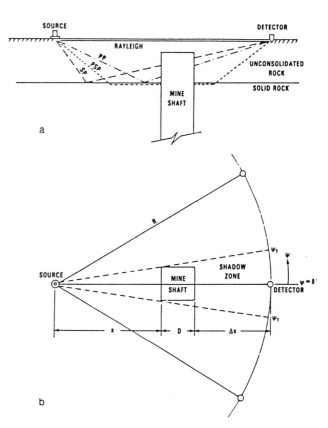

Figure 13.11 : Rayleigh seismic detection of shallow abandoned mine shaft. (a) Seismic wave propagation paths; (b) Scan pattern layout on surface (Owen, 1976).

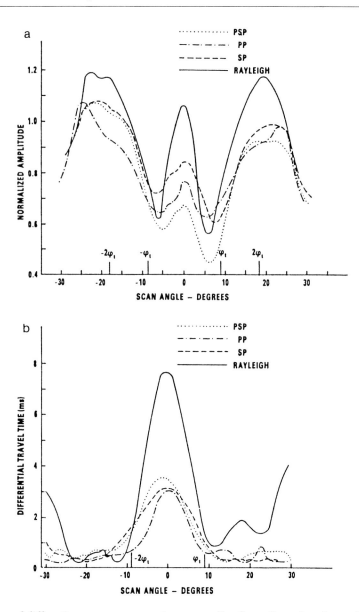

Figure 13.12 : Comparison of diffraction wave propagation anomalies for reflected, refracted and rayleigh waves (the shaft is open to surface). (a) Diffracted wave amplitude versus scan angle; (b) Diffracted wave travel time versus scan angle. Scan angles are in Figure 13.11b (Owen, 1976).

a low frequency, only relatively large (i.e. 4 square meter of section) object could reliably be detected.

In Balia (1992), an experience of high resolution seismic reflection (HRSR) is shown. The work was carried out inside a project of the Italian National Research Council on 'Geophysics applied to cultural properties'. The test site was the archaeological park of Selinunte (Sicily). The HRSR was helpful to delineate the shallow bedrock of the area together with the possible presence of main faults. Some time sections and the respective interpreted geology sections are shown (Fig. 13.13). In the paper a detailed presentation of instruments, acquisition and processing procedures is referred to, together with a valuable discussion on limits and benefits of the method.

In Brizzolari *et al.* (1990a), a tomographic survey using

direct waves is presented. The site is the archaeological area of *Acqua Acetosa* near Rome. A detailed report on apparatus and field layout is reported with sketches of the isovelocity map and the source-receiver positions (Fig. 13.14). Tombs have been located in correspondence with local minima in a fairly good agreement with the positioning obtained with the other techniques.

In Luzio *et al.* (1990), a tomographic seismic refraction survey is referred to. It was carried out at the Roca castle ruins (Lecce). In this work the refraction phenomenon has been taken in account and all the downgoing and upgoing times were estimated and subtracted (Fig. 13.15). So that the obtained isovelocity map has to be assigned to the refractor: a basal limestone (Fig. 13.16). A structural interpretation has then been suggested according to some

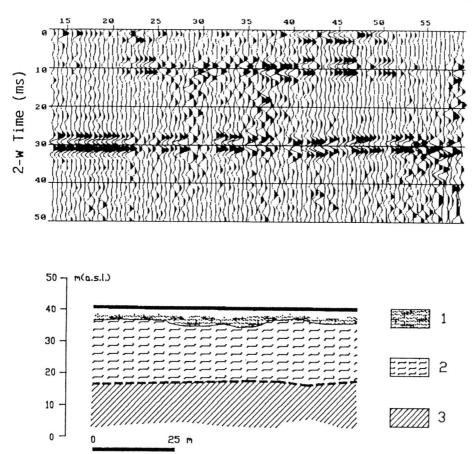

Figure 13.13 : Two way time section from a seismic reflection acquisition (top) with its geological interpretation (bottom). 1 : argillaceous sand with lenses of friable calcarenite; 2 : caly; 3 : basal layer (Balia, 1992).

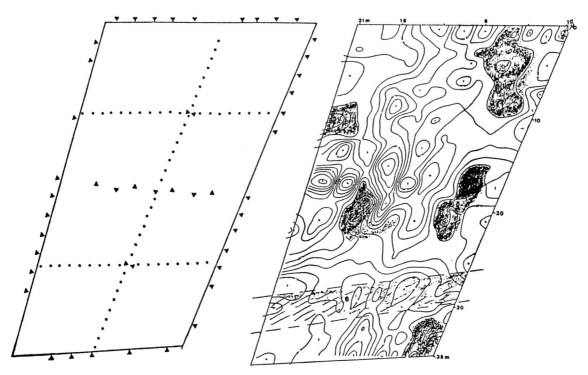

Figure 13.14 : Sources (circles) and geophones (triangles) field layout for seismic tomography (left) with resulting isovelocity map (right). Possible structures are also suggested (Brizzolari et al., 1990).

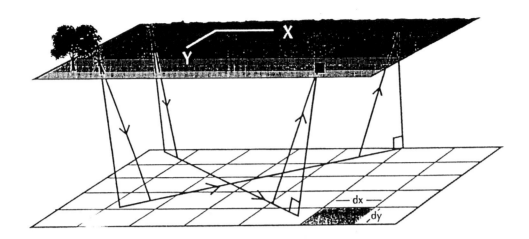

Figure 13.15 : Schematic diagram illustrating basic assumptions in seismic refraction tomography (Macrides and Dennis, 1994).

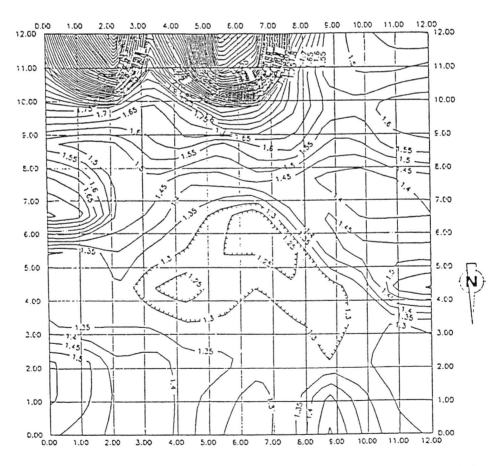

Figure 13.16 : Isovelocity map from seismic refraction tomography (Luzio et al., 1990).

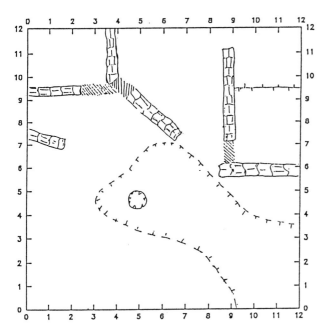

Figure 13.17 : Suggested interpretation of map in Fig. 13.16 (Luzio et al., 1990).

nearby dug structures (Fig. 13.17). Either voids or walls were supposed according to the velocity variation. An extensive report on the concept of the refraction seismic tomography is also given.

REFERENCES

Balia, R. (1992) Shallow reflection survey in the Selinunte national archaeological park (Sicily, Italy). *Bollettino di Geofisica Teorica ed Applicata.*

Brizzolari, E. (1990) Metodo sismico. In *Quaderni dell'I.T.A.B.C.* 1, C.N.R., Roma.

Brizzolari, E., Finzi, E., Orlando, L., Piro, S., Versino, L. (1987) Impiego di prospezioni sismiche, magnetiche ed elettromagnetiche impulsive integrate, per la ricerca di anomalie superficiali. *Atti del 6° Convegno del Gruppo Nazionale di Geofisica della Terra Solida.* C.N.R., Roma.

Brizzolari, E., Orlando, L., Piro, S., Versino, L. (1990) Prospezioni geofisiche integrate nell'area archeologica Acqua Acetosa, laurentina (Roma). In *Quaderni dell'I.T.A.B.C.* 1, C.N.R., Roma.

Brizzolari, E., Orlando, L., Piro, S., Versino, L. (1990) Prospezioni geofisiche integrate nella necropoli Sabina Colle del Forno (Montelibretti, Roma). In *Quaderni dell'I.T.A.B.C.* 1, C.N.R., Roma.

Cassinis, R. (1958) *Metodi sismici nelle prospezioni archeologiche.* Lerici, Roma.

Cook, J.C. (1965) Seismic mapping of underground cavities using reflection amplitudes. *Geophysics* vol.30 n.4.

Frédéric, L. (1978) *Manuel pratique d'archéologie.* R. Laffont, Paris.

Hagedoorn, J.G. (1959) The plus-minus method of interpreting refraction sections. *Geophysical Prospecting* vol.7.

Hawkins, L.V. (1961) The reciprocal method of routine shallow seismic refraction investigations. *Geophysics* vol.26.

Leiv, J. (1995) Generalized acoustic diffraction tomography. *Geophysical Prospecting* vol.43, n.1.

Louis, L. (1978) *Manuel pratique d'archéologie.* Robert Laffont, Paris.

Luzio, D., Margiotta, C., Ranieri, G., Sambuelli, L. (1990) Tomografie sismiche nell'area archeologica del castello medioevale di Roca (Le). *Atti del 9° Convegno del Gruppo Nazionale di Geofisica della Terra Solida.* C.N.R., Roma.

Macrides, C.G., Dennis, L.P. (1994) 2D and 3D refraction statics via tomographic inversion with under-relaxation. *First Break* vol.12 n.10, October.

Owen, E.T. (1983) Detection and mapping of tunnels and caves. In A. Fitch (ed.) *Developments in Geophysical Exploration Methods* n.5. Applied Science Publishers.

Owen, E.T., Darilek, G.T. (1976) *High resolution seismic reflection measurements for tunnel detection.* Interim Tech. Rep., U.S. Army Mobility Equipement R & D Command, Fort Belvoir, Virginia.

Palmer, D. (1980) *The Generalized Reciprocal Method of Seismic Refraction Interpretation.* Society of Exploration Geophysicists.

Rechtien, R.H., Stewart, D.M., Cavanaugh, T. (1976) *Seismic detection of subterranean cavities.* Final Tech. report, U.S.Army Research Office.

Telford, W.M., Geldart, L.P., Sheriff, R.E. (1990) *Applied Geophysics.* Second edition, Cambridge University Press, Cambridge.

Turpening, R.M., Adams, J.W. (1975) *Feasibility study of detecting voids by shear wave refraction methods.* Final Tech. Rep, Bureau of Mines Contract N. H0242030.

Vutukuri, L. (1978) *Handbook on mechanical properties of rocks.* Trantech Publ. Clausthal.

White, J.E. (1983) *Underground sound. Application of seismic Waves.* Elsevier.

Worthington, M.H. (1984) An introduction to geophysical tomography. *First Break*, November.

14. The role of gravity surveys in archaeology

Michele Di Filippo, Tania Ruspandini and Beniamino Toro

INTRODUCTION

The gravity method consists in conducting gravity measurements of the earth surface in order to detect and understand the anomalies produced by abnormal density contrasts between buried masses.

The occurrence of lower-density volumes in a given area induces negative anomalies, whereas higher-density volumes yield positive anomalies.

In archaeology, use is made of microgravity methods. These methods consist of high-accuracy, high-resolution surveys which can pinpoint the gravity anomalies generated by buried bodies of small size and with a sufficient density contrast with the embedding terrain.

The microgravity approach has the advantages of being non-destructive and of requiring no energization of the involved terrain. In effect, this method only measures the change of a natural field and is not affected by electrical or magnetic interferences (a frequent occurrence in anthropic areas).

In urban areas, the anomalies which can be detected are: i) negative anomalies, caused by hypogean cavities (empty or filled with water), such as tombs, galleries, etc.; and ii) positive anomalies, caused by large buried wall masonry and other dense archaeological structures (Fitch, 1983; Di Filippo *et al.*, 1986, 1991; Carrozzo *et al.*, 1992).

For intercepting anomalies, a key factor is the mesh to be selected for gravity measurements. The density of the measuring points should be based on the sizes of the anomalies to be detected. Their size depends on geometry of the disturbing bodies and on depth of their location.

This paper offers some practical and theoretical examples of gravity surveys conducted in archaeological sites.

THE ARCHAEOLOGICAL SITE OF MONTE TESTACCIO

Monte Testaccio, a hill in downtown Rome, was covered by multiple studies as part of a research project on production and marketing of foodstuffs during the Roman Empire (Fig. 14.1). Monte Testaccio is a huge mound of fragments of oil amphorae imported from Spain and, as such, it accommodates invaluable records of the economic history of the Roman Empire. The research was not confined to the fragments of Monte Testaccio but it was extended to those of their place of origin, i.e. Spain. The two types of fragments were compared so as to determine similarities or differences in inscriptions, epigraphs or materials, as well as common or diverse places of origin and destination (Burragato *et al.*, 1993; Blazquez *et al.*, 1994).

Among the various archeological and archaeometric issues concerning Monte Testaccio, a still open one is its internal composition and mode of formation. The Monte Testaccio area was thus investigated through a detailed gravity survey, which was targeted to track the deposit of material, of which Monte Testaccio is made up, over time.

Gravity surveys may reveal *in situ* density distribution, paleomorphology and time distribution of the deposit and give indications for siting of excavations and holes.

The area was covered by 75 gravity stations: 40 on the hill and the remaining 35 at its foot; the difference in elevation was 36 m.

Gravity measures were taken with a LaCoste & Romberg gravimeter mod. D. A total of 10 circuits were set up and each one was repeated in the opposite direction and at different times, which gave a total of 199 measurements. For each station, the elevation was measured and a digital model of the terrain was developed. Gravity measurements and subsequent data processing were made on this model. Gravity anomalies were computed by referring to a density value of 1.35 g/cm^3. This value was derived by applying the Parasnis method to all the stations.

For a better resolution of the gravity effects (due to the heap of fragments which are the constituents of Monte Testaccio), the Bouguer anomalies of the Roman area, that, in this case, corresponding to the regional gravity field (Fig. 14.2), was subtracted from the Bouguer anomalies of Monte Testaccio (Di Filippo *et al.*, 1995a). By

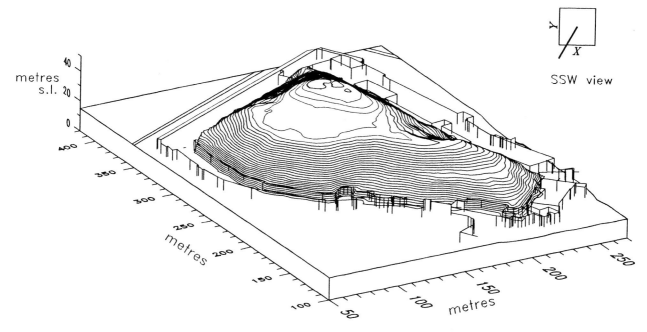

Figure 14.1 : SSW point of view of Monte Testaccio hill (Roma).

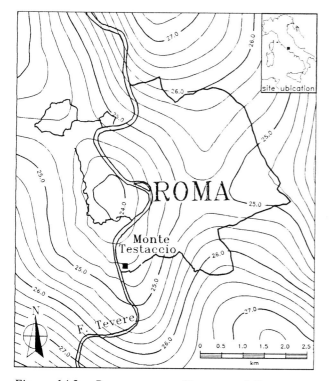

Figure 14.2 : Bouguer anomalies map of Roma area (contour interval 0.250 mGal).

so doing, the effects of the subsoil density changes of a geological nature were subtracted from the recorded anomalies. A residual anomaly map of Monte Testaccio was thus worked out (Fig. 14.3).

The pattern of the observed anomalies is fairly diversi-fied: i) gravity lows in the central part, on the south-east flank and in the western part of the hill (at its piedmont); and ii) one gravity high in the proximity of the stairway which gives access to the archaeological site.

Preliminary processing of the data enabled us to draw some conclusions: i) the gravity low of the central area can be ascribed to a lack of mass, which is supposedly due to density changes in the deepest part of excavations made in previous years; instead ii) the elongated gravity high which lies in the vicinity of the access stairway originates from a denser mass, maybe masonry or wall for containing the piled-up pottery fragments.

Subsequently, the data were processed qualitatively by developing a N-S-oriented bi-dimensional model (Fig. 14.4).

The width, extent and shape of the observed anomalies represent as many constraints on development of the model and on selection of the density contrast. The source of the gravity low lies at a depth of about ten meters and above the surrounding ground level (roughly 14–15 m above sea level) and thus inside Monte Testaccio. This fact conditions the model also in terms of the density contrast to be used in the computation, because the pattern of the computed anomalies should be similar to the one of the recorded anomalies. This is why a gravity model was designed, which assumes two accumulations of ceramic materials: the first one with a density of 1.35 g/cm³ and the second one, underlying the first one, with a density of 1.00 g/cm³.

Consequently, the analysis of gravity anomalies and the bi-dimensional model allowed us to single out a heap of ceramic material which is poorly dense or which has been accumulated chaotically around the core of the hill. Subsequently, the growing size of the heap required containment of the material by building of walls of am-

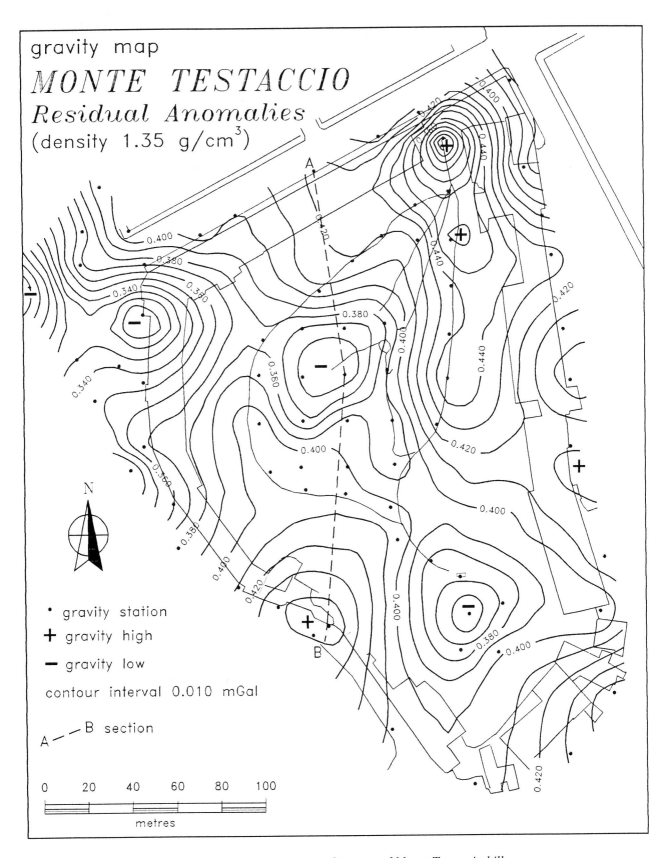

Figure 14.3 : Residual anomalies map of Monte Testaccio hill.

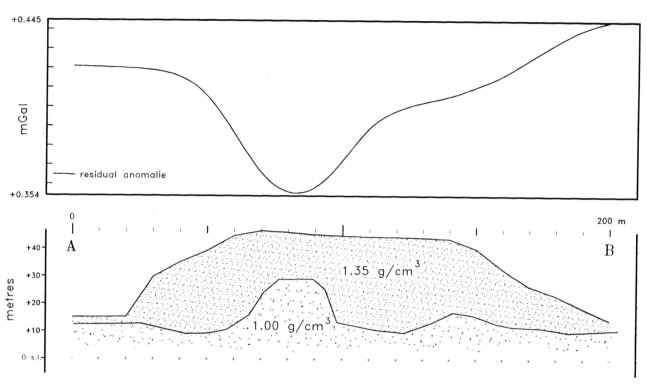

Figure 14.4 : Gravity profile and bidimensional model of Monte Testaccio hill.

phorae. Hence, the first stage of the heap may be regarded as spontaneous and only at a later stage was it used as an organized, controlled and more compact dump.

Given the average density of the constituent material and the volume of the hill (550,000 m³), we computed its mass (743,000 tons). As the average weight of one jar is equal to about 30 kg and its oil content to about 70 kg, we obtained the number of piled-up jars, i.e. roughly 25 millions. This figure corresponds to approximately 1,700 million tons of olive oil which was transported to Rome over the three centuries in which this dump area was active (Di Filippo *et al.*, 1995b).

METHODS FOR GRAVITY SURVEYING
AND FOR PROCESSING THE DATA
FOR THE STUDY OF THE TUMULI

Theoretical models were developed for planning of the gravity surveys which were needed for the study of the tumuli. In particular, tri-dimensional models were used to compute the gravity effects produced by tumuli whose size was similar to the one of the known tumuli and with a greater number of internal chambers (Di Filippo *et al.*, 1993).

Planning of the gravity surveys was based on some morphological models typical of the tumuli, whose diameter ranged from tens to hundreds of meters and whose height went from 10 to 15 m.

The gravity measures were taken via a LaCoste &

Romberg mod. D gravimeter, which measures gravity with the required accuracy (5 μGal) and which can identify small-sized bodies of adequate density.

The measuring circuits were based on no more than 10 stations (connected to one base station) and the time interval did not exceed 30 minutes to control the instrumental drift. Each circuit was repeated in the opposite direction.

A topographic survey of the measuring points was required to reduce the gravity values to the same elevation for each station point.

After the gravity surveys, the gravity measures were corrected for the calibration constant of the gravimeter, lunar-solar attraction and instrumental drift. Then the usual Faye, Bouguer, topographic and latitude corrections were made in order to obtain the anomaly values.

Often, the obtained anomalies do not reflect the effects of one or multiple cavities in the terrain. For this purpose, the cross-correlation method may be useful. The anomaly values can be correlated with those produced by a theoretical model which approximates the geometry of the cavity. The closer the recorded anomalies are to the theoretical anomalies, the higher is the cross-correlation value. In the resulting map, the areas with the highest cross-correlation values are those with the best fit between the theoretical anomaly and the actual anomaly. These are the areas on which archaelogical research should be focused.

Figure 14.5 shows an example of this application. The example assumed a mound with two internal cavities. The cavities were supposed to have a 4 m side and a 3 m height. Their location was selected at random but such

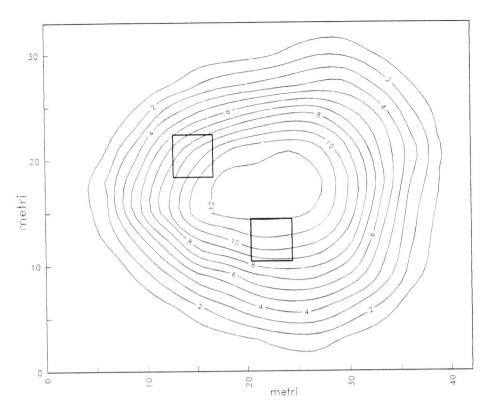

Figure 14.5 : Topographic map of tumulo (contour interval 2 m) with two cavities.

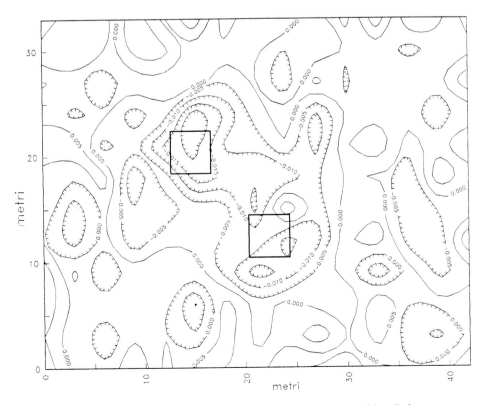

Figure 14.6 : Bouguer anomaly (contour interval 0.005 mGal).

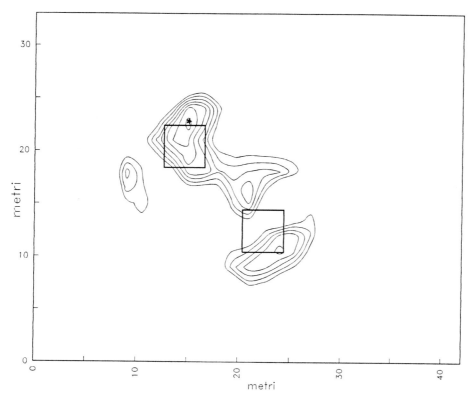

Figure 14.7 : Cross-correlation. The cross-correlation values are higher and the absolute maximum is marked by a symbol. The isolines are correlated with the occurence and the location of cavities.

that their roofs lie more than 3 m above ground level.

To account for random errors, if any (noise), a random value of up to 10 μGal (positive or negative) was added to the value of the observed anomalies, with a view to getting a more realistic experimental picture of gravity. With the 0.4 μGal interval, no distortions were noted in the isolines as a result of the cavities or of the introduced noise.

Figure 14.6 displays the Bouguer anomaly: the cavity-induced negative anomaly is not yet visible, because the introduced random error has an identical same magnitude and masks the picture of the anomalies completely. Conversely, Fig. 14.7 clearly shows the correlation between the gravimetric signal and the position of the cavity: only cross-correlation values are higher and the absolute maximum is marked by a symbol. Obviously, the isolines are correlated with occurrence and location of cavities.

It follows that the method can be used with different theoretical models, so as to reach the optimum correlation value and to gain indications on the most likely location of the cavities.

CONCLUSIONS

The above examples demonstrate that the gravity method is suitable for solving numerous archaeological problems. Gravity surveys are not only non-destructive but also very effective, especially in cases where indirect methods are inapplicable.

Use of the gravity approach in the archaeological site of Monte Testaccio allowed us to obtain invaluable data on the nature, the size and the evolution of the dump over time. The proposed theoretical model plays a crucial role in the planning stage of the gravity surveys. In effect, through the practical and fast method of cross-correlation, both geometry and depth of cavities, if any, can be *a priori* evaluated.

REFERENCES

Blazquez, J.M., Remesal, J., Rodriguez, E. (1994) Excavation arqueological en el Monte Testaccio (Roma). *Memoria Campana.* Instituto de Conservacion Bienes Culturales, Madrid.

Burragato, F., Grubessi, O., Di Russo, P.L. (1993) Le anfore africane di Monte Testaccio: considerazioni sulla composizione. Nota II. *2nd European Workshop on Archaeological Ceramics,* Barcellona.

Carrozzo, M.T., Colella, P., Di Filippo, M., Quarta, T., Toro, B. (1992) Gravity prospecting in the archaeological park of Selinunte. *Bollettino di Geofisica Teorica ed Applicata,* Vol. XXXIV, n.134–135: 101–7.

Di Filippo, M., Maniscalco, A., Marson, I., Palmieri, F., Samir, A., Toro, B. (1986) Studio microgravimetrico per la ricerca di cavità nel centro storico di Zagarolo (Roma). *Atti del V Convegno Annuale del Gruppo Nazionale di Geofisica della Terra Solida:* 999–1009.

Di Filippo, M., Toro, B. (1991) Rilievi microgravimetrici per l'individuazione di cavità sepolte. *Atti del seminario 'Geofisica per l'Archeologia' Porano 21–23 settembre 1991:* 213–25.

Di Filippo, M., Ruspandini, T., Toro, B. (1993) La gravimetria nello studio dei tumuli: modelli e metodi di prospezione. *Proceedings of International Conference Geoarchaeology of tumuli in ancient Europe.* Cosenza 13–15 giugno 1993.

Di Filippo, M., Ruspandini, T., Toro, B. (1995a) Caratteri gravimetrici dell'area romana. *Memorie descrittive della Carta Geologica d'Italia. La Geologia di Roma.*Volume L: 40–2.

Di Filippo, M., Grubessi, O., Toro, B. (1995b) 'Progetto Testaccio': un esempio di applicazione del metodo gravimetrico nell'area archeologica del Monte Testaccio (Roma). *Revue d'Archéométrie*, Périgueux, in stampa.

Fitch, A.A. (1983) *Development in Geophysical Exploration, Methods*, Vol. 5, London.

15. Acoustic methods in archaeology: prospecting on a site of Parco Marturanum

G.B. Cannelli, E. D'Ottavi, A. Alippi

INTRODUCTION

Research on new non destructive techniques for archaeological prospecting is a very important subject, especially in Mediterranean Europe, where numerous remains of antique civilizations are still to be unearthed.

By now, archaeologists are aware that excavation processes, without preliminary hints on the site being studied, can cause irreversible damages to the cultural heritage. It follows that information on antique site location and content should be obtained in the least possible destructive manner.

Various nondestructive techniques have been proposed in a large number of archaeological investigations (Aitken, 1961). In particular, a few geophysical methods are used for archaeological prospectings, among which the most commonly used are soil electrical-resistivity measurements (Atkinson, 1952; Aitken, 1974), magnetometry (Linington, 1970; Aitken, 1974), and ground-probing radar (Vaughan, 1986). Unfortunately, none of these methods is suitable in all conditions. For instance, resistivity measurements are suitable only for certain types of soil contrasts involving different water retention or dissolved ion concentrations. On the other hand, soil resistivity contrast depends upon the recent meteorological history of the site. Magnetic methods do not work in certain unfavorable geologic or cultural situations, such as existence of ferrous minerals, or removed bodies in an antique site, as well as in presence of recent manmade structures like powerlines. Ground-probing radar, probably the most important innovation in archaeology in the last years, is of limited use in the presence of conductive soil where the signal is drastically attenuated and the depth of exploration is severely limited.

Acoustic methods are, perhaps, the most powerful means to explore underground anomalies, but they have been used rarely in archaeological explorations, in spite of their great potential for penetrating every type of materials, thus in detecting their inner structure, as it is largely proved by applications in many fields of science and technology (*Acoustical Imaging*, 1980–1994). When used in geophysical applications, they are commonly called seismic methods, since elastic wave propagation occurs in the earth-medium. But a distinction is to be made between seismic techniques, originally employed for mineral and geophysical explorations at large depth, and high-resolution acoustic methods for very shallow depth investigations, typical of the archaeological research whose depth-range are a few and generally no more than ten meters.

Seismic methods have been widely used for more than 60 years for petroleum research, where the explored depths are generally of several thousand meters. The big anomalies to be detected at those depths need very powerful low frequency waves, but do not involve high resolution problems (Dobrin, 1976). On the contrary, high-resolution seismic methods designed for middle depth explorations (lower than some hundred meters), represent a more complex problem, and require the use of higher frequency techniques. Severe demands are placed on field techniques which really developed only in the last decade, owing to the improvements of numerical acquisition systems and signal processing algorithms. These techniques have been recently used in detection of stratified structure interfaces and shallow aquifers (i.e. large reflectors) (Birkelo, 1987), and the lower depth limit of the investigation range, which has regularly decreased, now begins from the first meters (Cannelli *et al.*, 1989). The detection of diffracting objects (i.e. targets of limited lateral extend) for these small depths increases the difficulty, and very few successful studies, mostly concerning mining activity, are reported in the literature (Greenhalgh *et al.*, 1986; Branham *et al.*, 1988; Stepples *et al.*, 1988). The problem is that reflected and diffracted signals from the elusive target are very weak due to the small size of the object and the drastic cut-off of the useful seismo-acoustic frequency-band by the soil absorption of the acoustic pulse. This latter is then generally obscured by intense coherent noise composed of a high amplitude 'ground roll' (Rayleigh wave) and a number of P-, S- and mode-converted waves generated by the surrounding structures.

As far as concerns acoustic methods exclusively devoted to archaeological prospectings no remarkable results have been published up to now. Only marginal success has been obtained by application of traditional acoustic techniques (Carson, 1962). A more archaeologically successful variant is the 'sonic spectroscope' used in the search of cavities (Carabelli, 1966). But this acoustic apparatus was mainly used in the favourable conditions of relatively homogeneous medium, like walls and similar, which are quite different from the extremely unfavourable wave-propagation conditions in real soil. In fact, this latter is generally a heterogeneous, porous medium with irregular layering, locally varying gas and water content, with embedded various bodies, and thus characterized by a high degree of anelasticity, anisotropy, and internal scattering losses (Cannelli, 1984)

A more recent acoustic technique, tested on a Japanese ancient tomb (Ozawa *et al.*, 1979), used a hammering source to generate sound, four microphones on the soil to receive the echoes from remains, and a large-scale computer system to process data. In spite of the refined and powerful means for signal processing, this method has the same limits of the similar, but cheap technique, used by Italian 'tombaroli' for ages.

In order to overcome some of the above mentioned shortcomings of the geoacoustic method applied to archaeology, and to improve at least some of its unfavourable starting points, recently at Istituto di Acustica 'O.M. Corbino' (IDAC), great efforts have been devoted to the development of innovative tunable directive acoustical devices, together with specially taylored modelling and data processing schemes (Cannelli *et al.*, 1987, 1988).

In this paper, the acoustic-wave echographic apparatus for archaeological prospecting developed at IDAC is described and results are reported of a field survey which was successfully carried out at the Archaeological Park of Marturanum, Barbarano Romano (VT), Italy, to reveal underground Etruscan remains (Cannelli *et al.*, 1987). The archaeological research was supported by Italian CNR in the frame of the Strategic Project: 'Technologies of the Past and on the Past', and it was a unique opportunity to make a useful comparison among different geophysical methods on the same site.

ACOUSTIC-WAVE ECHOGRAPHIC APPARATUS

As far as the limits in current seismic transducer technology are concerned, two main difficulties are met in the exploration of near-surface structure and inhomogeneities of the earth. The first difficulty concerns the seismic source itself and is due to the problem of transmitting, into the ground, acoustic waves in a suitable range of high frequencies. The second one is caused by the inadequacy of common receiving devices in detecting P-waves reflected from small shallow anomalies. It is well-known that traditional acoustic sources for seismic prospecting have an insufficient

resolution due both to the earth's selective absorption of seismic waves in the higher frequency band, and to their intrinsic limits in generating higher frequency waves. In fact, the cutoff frequency of this type of equipment is low, generally within the range 150–250 Hz, but most sources work at frequency values much lower than the above limit (Ben-Manahem *et al.*, 1981). Such frequencies are unusuable when high resolution is required in order to detect small underground inhomogeneities. In fact, to distinguish among these anomalies, the wavelength of the sound must be small compared to the size of the irregularities to be detected.

Furthemore, receiving systems based upon the usual type of geophones are often unsuitable for imaging the shallow anomalies of the earth, although some field techniques have been proposed to enhance the signal to noise ratio (Knapp, 1986). In fact, surface waves, always present and amplified by geophones, mask useful signals constituted by P-waves reflected from underground inhomogeneities.

The apparatus and the corresponding technique proposed by IDAC overcome most of the above-mentioned difficulties, being characterized by some important features such as high directivity and the possibility of intense high-frequency utilization, which are suitable for shallow explorations where both high-resolution and adequate power to penetrate sufficiently deep in the soil are required.

The echographic system consists of a properly assembled pair of paraboloidal transducers which are used for transmission and for reception of acoustic signals (Cannelli *et al.*, 1989; 1990). In the schematic of Fig. 15.1 the mechanical parts of the apparatus are shown, consisting of two similar aluminum paraboloidal domes, with a height of 52.1 cm, focal length of 3 cm, and inside base diameter of 50 cm. The two parts are properly fixed on the ground or dipped into water according to whether the prospecting is on land or underwater. Their offset suitably accounts for the depth of the exploration. This latter can range from meters to hundreds of meters.

The transmitting transducer, already described in detail in previous papers (Cannelli *et al.*, 1987; 1988), is an electroacoustic pulse source in which the acoustic wave is produced by means of an electric spark gap set at the focus of the paraboloidal reflector which is filled with a suitable liquid. The acoustic wave is transmitted to the medium through a neoprene diaphragm which couples the transducer to the earth. The discharge energy is supplied by a high- voltage generator (2500 V) obtained from a 12-V battery through a dc–dc converter and connected to a variable set of capacitors, C_o, within the range 40–360 mF. A block diagram of the electronic system used to power and control the spark gap is reported in Fig. 15.2. By varying the electrical capacitance, C_o, it is possible to change the frequency spectrum of the pulse, as shown in the example of Fig. 15.3. Thus, higher frequencies can be produced that resolve small near-surface inhomogeneities, or lower frequencies can be used to explore anomalies at greater depth. Also, the transducer has a mechanism which allows the acoustic beamwidth to be changed, by moving the spark electrodes up or down with reference to the focal point. The maximum value of the electrostatic energy which can be stored in this transducer is about 1.1 kJ.

The receiving transducer consists of a metallic paraboloid similar to the transmitting one, filled with water and placed at a suitable distance from the latter. A piezoelectric ceramic is set at its focus to detect seismic waves. Fig. 15.4 shows the head of this paraboloid where a

mechanism allows displacement of the detector, D, around focus in order to optimize the transducer yield. In particular, three different movements are possible. The first is vertical along the paraboloid axis and is obtained by a device similar to that used in the transmitting paraboloid. By turning the knurled hub, A, around the paraboloid axis, the box coupling, B, can slide vertically together with the double-pin point, S_1 and S_2, fit on it and designed to execute the other two movements. The detector bearing, P, hinged on C, can move to any angle,

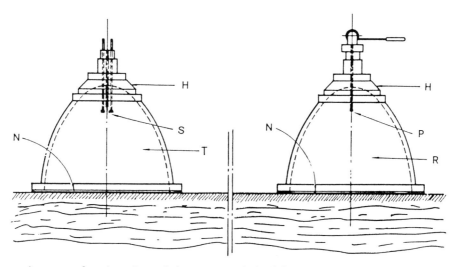

Fig. 15.1 : Schematic comprehensive view of the two paraboloidal transducers of the echographic apparatus. T : transmitting paraboloid; S : spark gap; R : receiving paraboloid; P : piezoelectric ceramic; H : demountable head of the paraboloid; N : neoprene diaphragm.

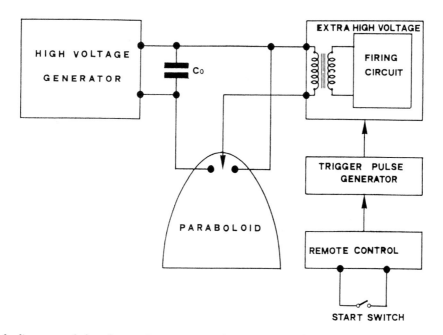

Fig. 15.2 : Block diagram of the electronic system used to power and control the spark gap in the transmitting transducer.

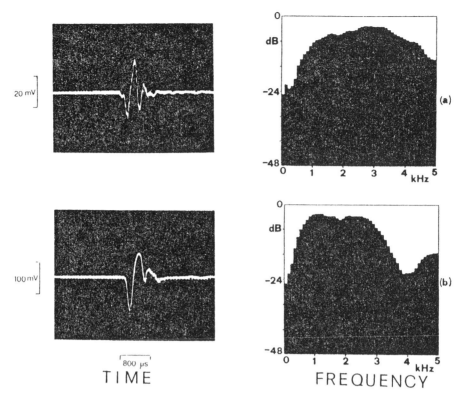

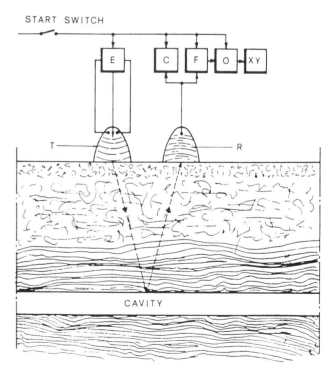

Fig. 15.3 : Frequency spectrum variation of the acoustic pulse by electrical capacitance change : (a) C_o = 40 mF; (b) C_o = 360 mF.

by turning the joint S_2 around the axis bb and the joint S_1 around the paraboloid axis, as better shown by the detail of the double-pin joint and by the view from above, of the head in the same Fig. 15.4. The two possible rotations of P are blocked by means of the clutch arm L, and the clutch screw V, respectively. The combination of these rotations, together with the vertical positioning, allows the piezoelectric ceramic to scan the space around the focus along spherical dome-shaped surfaces of center C.

The need for this mechanical adjustment is due to the fact that the position of optimal focusing of the acoustic beam, does not coincide necessarily with the focus, but often depends on the particular subsoil structure being explored.

A schematic diagram of working of the complete echographic system in the field is shown in Fig. 15.5. The acoustic wave generated by the transmitting paraboloid T, travels in the subsoil up to the anomaly (e.g. a ground-cavity interface), from which it is reflected and sent back to the earth's surface where it is detected by the piezo-electric ceramic at the focus of the receiving paraboloid R. The piezoelectric ceramic can detect signals in the frequency range 0.1–125 kHz with an accuracy of 2 dB. The seismic signal is then sent to a filter F, and to a computer C, for preliminary processing. Also, the signal can be shown on a control storage oscilloscope O, and plotted on X–Y paper graphical recorder.

Fig. 15.5: Schematic diagram of the complete echographic apparatus in the field. T: transmitting paraboloid; R: receiving paraboloid; E: electronic system to power and control the transmitting transducer; C: computer; F: filter; O: storage oscilloscope; XY: paper graphical recorder.

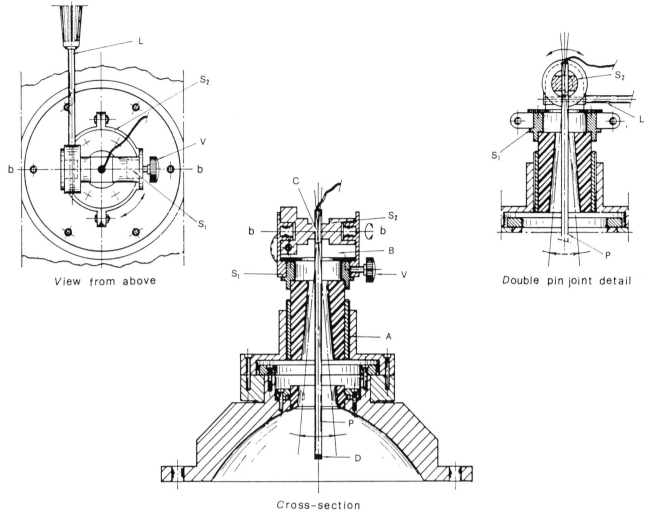

View from above

Cross-section

Double pin joint detail

Fig. 15.4 : Section of the head of the receiving paraboloid and details of the setting mechanism for reaching the optimal focusing point. A : knurled ring; B : box coupling; bb : rotation axis of S_2; C : rotation center of P; D : piezoelectric ceramic; L : clutch arm; P : detector bearing; S_1 : pin joint; S_2 : pin joint; V : clutch screw.

MATHEMATICAL MODEL OF THE ECHOGRAPHIC SYSTEM

A mathematical model was given of the above echographic system in order to evaluate the lateral resolution of the proposed apparatus. It was obtained in terms of impulse-response of the echographic system, derived by the concept primarily introduced by Stepanishen to describe the acoustic transient radiation resulting from a specified velocity motion of a piston or array of pistons in a rigid infinite baffle (Stepanishen, 1971). This concept was then extensively used by various authors in acoustical imaging problems (Makovsky, 1979; Lasota *et al.*, 1980; D'Ottavi, 1987).

A schematic diagram of the geometry used to compute the impulse-response of the echographic system is given in Fig. 15.6. A reasonable assumption is to consider that both the transmission and reception transducers behave like identical ideal pistons vibrating with a specified velocity in infinite planar baffle. Besides, a scalar reflect-

ivity is assumed for the anomaly or for the object being scanned, i.e. this latter scatters uniformly in all directions. In this conditions, the impulse-response of the echographic system is given by the following relation (Cannelli *et al.*, 1987):

$$h(x_1,y_1,z_1) = C \; \frac{2AJ_1\left(\frac{2\pi}{\lambda}d \sin \upsilon\right)}{r\frac{2\pi}{\lambda}d \sin \upsilon} \; \frac{2AJ_1\left(\frac{2\pi}{\lambda}d \sin \upsilon_1\right)}{r_1\frac{2\pi}{\lambda}d \sin \upsilon_1} \quad (1)$$

where C and A are constants, and J_1 is the Bessel function of the first kind whose argument includes the wavelength, l, and the transducer aperture, d.

A set of data were computed from relation (1), by fixing the values of 2p/l.d = 3.925 and the coordinates y = 0, z = 4, then varying the parameter x_o (half distance between the centres of the transducers) within the range 0.0–1.5 m. Results are shown in Fig. 15.7, where each curve can be interpreted, from a physical point of view, as the behaviour

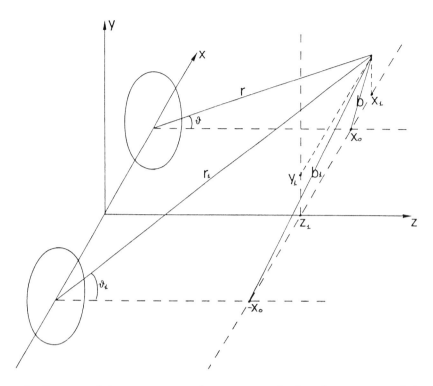

Fig. 15.6 : Schematic diagram of the geometry used to compute the impulse-response of the echographic system.

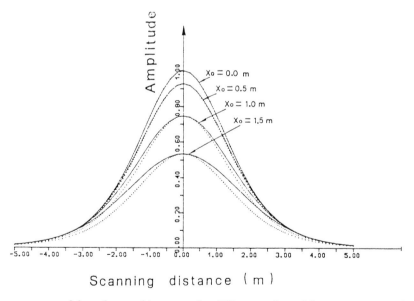

Scanning   distance   (m)

Fig. 15.7 : Impulse-response of the echographic system for different value of the parameter x_o (half distance between the centres of the transducers), for scanning both along the x axis and the y axis (dotted curves).

of the maximum amplitude of the acoustic signal, at the output of the reception transducer, when a point scatterer is placed at coordinates (0,0,4) on the acoustic axis of the echographic system and a scanning is made along the x axis, keeping constant the distance between the two transducers. In the same Fig. 15.7, dotted curves correspond to a scanning along the y axis in the same previous conditions. A comparison of the two set of curves show that the best lateral resolution is obtained by performing a scanning along the y axis. By the same model, it is possible to estimate a lateral resolution of the order of ten centimeters, when an array of these systems is employed in a seismic line.

ARCHAEOLOGICAL SITE DESCRIPTION

The archaeological site where the method was tested is in the area of the Italian 'Parco Archeologico Marturanum'. This area, including the necropolis of S. Giuliano, is placed in the Commune of Barbarano Romano (VT), between the Cimini and Sabatini Mountains. It constitutes the northern slope of the 'Tolfetano-Cerite' complex in the north-western Lazio (Fig. 15.8).

The landscape is characterized by a table-land degrading towards the west, and it is ploughed by a series of ditches, often resembling small 'canyons'. In the proximity of the built-up area of Barbarano, these deep valleys mark the boundary of low reliefs whose tops are made of volcanic tofa typical of the Vico area. These reliefs, characterized by steep slopes, were utilized *ab antiquo* for excavation of hypogeums devoted to sepultures.

The necropolis of S. Giuliano is mainly built by exploiting just the above-mentioned favourable geo-morphologic conditions. It is rich of tombs of the orientalizing period (VII century B.C.), archaic age (VI–V century B.C.) and Hellenistic age (IV–II century B.C.). The great variety of models and different typologies make S. Giuliano very interesting for the study of the funeral Etruscan architecture. In fact, there are numerous niches for cineraries, tumuli, and dado-shaped tombs sculptured into the walls of the tufaceous slopes. The vegetation in the eastern part of the park consists of limited extent of oak-wood and of prevailing pasture, while in the western part it is formed by arboreal cultivation (olive-groves, vineyards, and orchards), and sowable cultivation (mainly cereals) in level grounds.

The exact point of the site where the prospecting was carried out is above the so-called *Bagno Romano*, indicated by an arrow in the picture of Fig. 15.9. It is a room-shaped cavity some meters underground (Fig. 15.10), accessible from the surface through a tunnel (Fig. 15.11).

It represents an ideal remain for testing the echographic apparatus, since a characterization of the most suitable acoustical signal for the prospecting, was allowed to directly monitor the signal by a sensor placed underground vertically below on the transmitter axis.

PRELIMINARY TEST

A preliminary test was performed to assure of the presence of suitable high frequencies in the seismic signal, detected in the soil a few meters away from the transducer. The signature and the spectrum of the acoustic wave generated by the transmitting transducer were monitored by an acoustic sensor properly set underground. In this test, the signal was detected by means of a hydrophone placed at a depth of 3 m on the paraboloid axis.

A schematic diagram of the experiment is given in Fig. 15.12. The hydrophone is placed in water inside a hollow at the open end of the pipe which conveys water from a

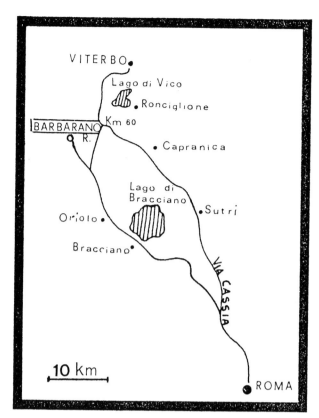

Fig. 15.8 : Sketch of the north-western Lazio area where the 'Parco Archeologico Marturanum', Barbarano Romano (VT) is located.

surface tank. The seismic signal recorded in this way is shown in Fig. 15.13, both in the time and frequency domains. Fig. 15.14 show the same signal filtered by a 1000–2000 Hz bandpass filter. The frequency spectrum exhibits the presence of components around 1000 Hz, suitable for shallow explorations.

RESULTS

Indeed, the use of the frequency band 1000–2000 Hz allowed detection of underground cavities, as shown by the seismogram records of Fig. 15.15. This prospecting was carried out above the tunnel between 3 and 5 m deep, leading to the *Bagno Romano*. A linear scanning was made by insonifying the soil every 1.5 m and moving both paraboloidal transducers (Fig. 15.16), from the initial position above the cavity of the *Bagno Romano* out to 6 m sideways. The optimal distance between the centers of the paraboloid was found to be 1 m in this case. The scanning was normal to the axis of the cavity. A maximum of the reflected signal amplitude is clearly visible in the initial position above the cavity. Gradually decreasing amplitudes are shown by the seismogram record when the paraboloids are further away from the cavity axis. At a distance of

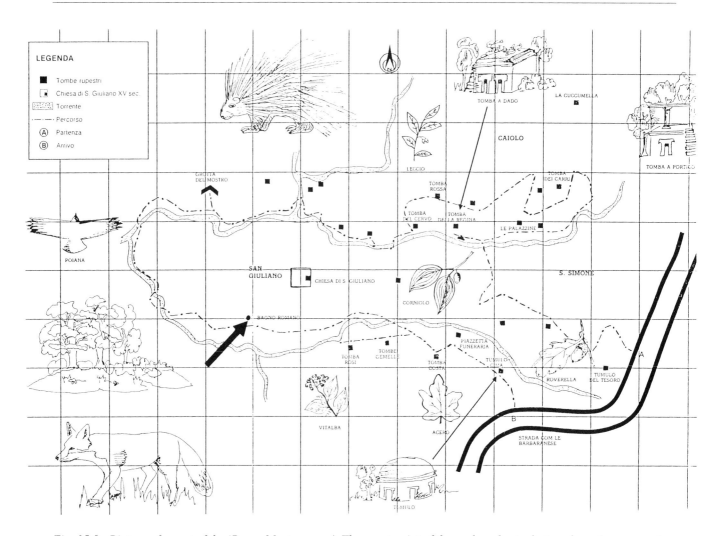

Fig. 15.9 : Picture of a part of the 'Parco Marturanum'. The exact point of the archaeological site, where the prospecting was carried out (the so-called Bagno Romano), *is indicated by an arrow.*

Fig. 15.10 : The so-called Bagno Romano *is a room-shaped cavity some meters underground, accessible from the surface through a tunnel (Fig. 15.11).*

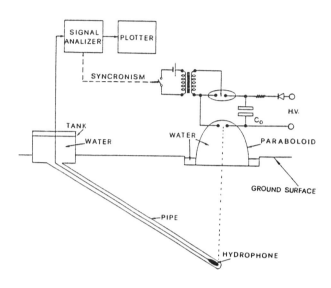

Fig. 15.11 : The tunnel leading to the Bagno Romano.

Fig. 15.12 : Schematic diagram of the experiment for picking up the seismic signal at a depth of 3 m underground.

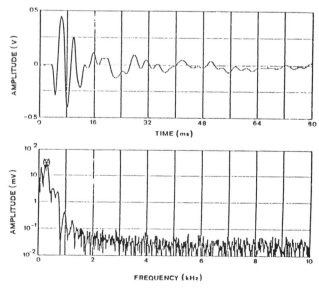

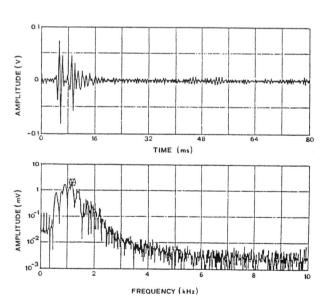

Fig. 15.13 : Acoustic pulse generated by the paraboloidal source at a depth of 3 m underground. Upper diagram : time domain; lower diagram : frequency domain.

Fig. 15.14 : Acoustic pulse generated by the paraboloidal source at a depth of 3 m underground and filtered by a 1000–2000 bandpass filter. Upper diagram : time domain; lower diagram : frequency domain.

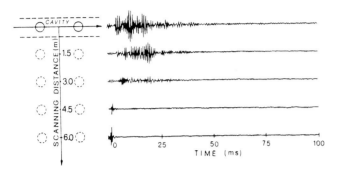

Fig. 15.15 : Amplitude vs time for the acoustical signal reflected from the cavity as a function of the scanning distance.

Fig. 15.16 : The echographic apparatus above the Bagno Romano cavity, during the prospecting.

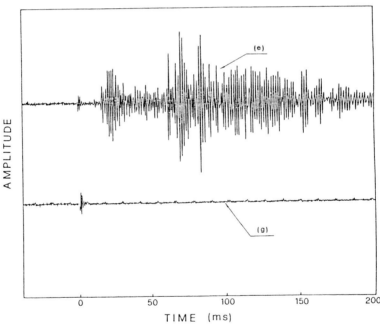

Fig. 15.17 : Comparison of the responses of the echographic apparatus (e) and geophone system (g) on a cavity, in the same experimental conditions.

4.5 m from the cavity axis, the seismic signal is no longer present.

Another test was made on a larger cavity about 3 m deep, in order to compare the receiving performance of the paraboloidal transducer with that of traditional geophones. First, the vertical axis of the cavity was prospected by insonifying the ground with the maximum energy (about 1000 J) available on the transmitting source and by receiving with the paraboloidal transducer. Then, the receiving paraboloid was replaced by 12 high-frequency geophones arranged along the circumference

of the spot corresponding to the missing paraboloid and an acoustic pulse was sent successively into the ground, in the same experimental conditions. Also in this case a 1000–2000 Hz bandpass filter was set in order to cut off surface waves. The results are shown in Fig. 15.17 where comparison is made between the response of the echographic system and that of geophones. While the paraboloidal transducer exhibits a seismogram (e) clearly attributable to P waves reflected from cavity interface, the geophone system shows only a faint signal (g) due to electrical noise. The ringing in the seismogram (e) is very likely due to multiple reflections of the acoustic wave on the cavity interface.

CONCLUSIONS

The acoustic technique described in this paper is characterized by some important features which seem to solve some of the problems met in shallow seismic explorations, particularly in archaeological prospectings.

The echographic system can generate wide band pulses, with variable frequency spectrum which fits different prospecting situations by simple variation of electrical parameters. This allows lower frequencies or higher frequencies to be used according to the need of exploring anomalies at a greater depths or near the surface. Both the transmitting and the receiving paraboloidal transducers of the system are equipped with suitable mechanisms to modify spark-gap and piezoelectric-ceramic positions around the respective foci, in order to optimize their performance.

Seismic detection of the earth's near-surface anomalies seems only possible by a properly designed directive and powerful high-frequency echographic system. In fact, conventional seismic devices, such as geophones, do not allow the P waves reflected from underground anomalies to be distinguished from the prevailing surface waves.

The precise time control for this equipment allows an additional interesting possibility such as electronic beam-forming and scanning when an array of these systems is employed in a seismic prospecting line.

The experimental results shown in this paper, in conjunction with those reported in a previous work (Cannelli *et al.*, 1991), prove that the proposed technique and apparatus can be used on land as well as in underwater acoustic prospecting, and that explorations can be successfully made near-surface where traditional seismic techniques usually fail.

REFERENCES

Acoustical Imaging (1980–1994) Vol.7 to 21, edited by various authors, Plenum, New York.

Aitken, M.J. (1961) *Physics and archaeology*. Interscience Publ. Inc., New York.

Aitken, M.J. (1974) *Physics and archaeology*. 2nd ed., Clarendon Press, Oxford.

Atkinson, R.J.C. (1952) Méthodes électriques de prospection en archéologie. In A. Laming (ed.) *La Découverte du Passé*. Picard: 59–70.

Ben-Manahem, A., Singh, S.V. (1981) *Seismic waves and sources*. Springer, New York.

Branham, K.L., Steeples, D.W. (1988) *Cavity detection using high resolution seismic methods*. Mining Engineering, Febr., 115: 1676.

Birkelo, B.A., Steeples, D.W., Miller, R.D., Sophocleous, M. (1987) Seismic reflection study of a shallow aquifer during the pumping test. *Ground Water* 25(6): 703–9.

Cannelli, G.B. (1984) Geoacoustic measurements of P-wave velocity by seismic refraction technique. *Riv. Ital. Acustica* 8: 39–57.

Cannelli, G.B., D'Ottavi, E., Santoboni, S. (1987) Electroacoustic pulse source for high-resolution seismic explorations. *Rev. Sci. Instrum.* 58, 1254–61.

Cannelli, G.B., D'Ottavi, E. (1987) Rivelazione di reperti archeologici per mezzo di una tecnica ecografica ad onde acustiche. Progetto Strategico 'Tecnologie del Passato e sul Passato', CNR. Riportato (a cura di L. Giomi) in A. Mondadori (ed.) *Enciclopedia della Scienza e della Tecnica*. Milano, Annuario 1988/89: 352–5.

Cannelli, G.B., D'Ottavi, E., Pitolli, L. (1987) Ruolo della risposta impulsiva dei sistemi ecografici ad onde acustiche. *Riv. Ital. Acustica* 2: 33–41.

Cannelli, G.B., D'Ottavi, E., Santoboni, S. (1988) *Electroacoustic pulse source for high-resolution seismic prospecting*. USA Patent N°4,734,894. Date of Patent: March 29.

Cannelli, G.B., D'Ottavi, E. (1989) Acoustical imaging of earth near-surface inhomogeneities by an echographic techniques. In Hiroshi Shimizu (ed.) *Acoustical Imaging*. Noriyoshi Chubachi and Jun-ichi Kushibiki, 17: 731–41 (Plenum, New York).

Cannelli, G.B., D'Ottavi, E. (1989) Echographic technique-based apparatus to detect structure and anomalies in the subsoil. *Rev. Sci. Instrum.* 60: 546–50.

Cannelli, G.B., D'Ottavi, E. (1990) *Echographic technique-based method and apparatus to detect structures and anomalies of the subsoil and/or sea bottom and the like*. USA Patent N°4,899,845. Date of Patent: Febr. 13.

Cannelli, G.B., D'Ottavi, E. (1991) Tuned array of paraboloidal transducers for high-resolution marine prospecting. In G. Wade and H. Lee (eds) *Acoustical Imaging* 18: 501 (Plenum, New York).

Carabelli, E. (1966) A new tool for archaeological prospecting: the sonic spectroscope for the detection of cavities. *Prosp. Archeol.* 1: 25–35.

Carson, H.H. (1962) A seismic survey at Harpers Ferry. *Archaeometry* 5: 119–22.

Dobrin, M.B. (1976) *Introduction to geophysical prospecting*. McGraw-Hill, New York.

D'Ottavi, E. (1987) Caratterizzazione dei corpi opachi alla luce per mezzo di onde acustiche. In *Atti del XV Convegno dell' Associazione Italiana di Acustica, 11–14, (Catania, 22–24 aprile)*.

Greenhalgh, S.A., Suprajitno, M., King, D.W. (1986) Shallow seismic reflection investigations of coal in the Sidney basin. *Geophysics* 49: 1381–5.

Knapp, R.W. (1986) Geophone differencing to attenuate horizontally propagating noise. *Geophysics* 51: 1743–59.

Lasota, H., Salamon, R. (1980) Application of time–space impulse-responses to calculation of acoustic fields in imaging systems. In P. Alais and A.F. Metherell (eds) *Acoustical Imaging* 10: 493–512 (Plenum, New York).

Linington, R.E. (1970) Techniques used in archaeological field surveys. *Philosophical Trans. of Royal Society of London*, A, 269: 89–108.

Macosky, A. (1979) Ultrasonic imaging using arrays. *Proc. IEEE* 67: 484–95.

Ozawa, K., Matsuda, M. (1979) Computer assisted techniques for detecting underground remains based on acoustic measurements. *Archaeometry* 21: 87–100.

Scollar, I., Tabbagh, A., Hesse, A., Herzog, I. (1990) *Archaeological prospecting and remote sensing*. Cambridge University Press, Cambridge.

Stepples, D.W., Miller, R.D. (1988) Tunnel detection by high resolution seismic methods. *Proc. Third Technical Symposium on Tunnel Detection*. Colorado School of Mines.

Stepanishen, P.R. (1970) Transient radiation from pistons in an infinite planar baffle. *J. Acoust. Soc. Am.* 49: 1629–38.

Vaughan, C.J. (1986) Ground-penetrating radar surveys used in archaeological investigations. *Geophysics* 51: 595–604.

16. Integration of high resolution georadar and geoelectrical methods: detection of subsurface shallow bodies

Salvatore Piro

INTRODUCTION

Many subsurface shallow bodies such as small artifacts or wall remains, archaeological features, pipes networks, natural or artificial cavities, can be detected by using geophysical methods which also provide useful information for delimiting excavation areas. The methods most commonly used are resistivity, magnetometry and ground penetrating radar; while other methods, such as seismic, electromagnetic and gravimetric, are used less frequently.

Generally it is difficult to apply geophysical prospecting to small subsurface bodies because of the low values of the signal compared to the noise. The main source of the noise is soil inhomogeneity and/or environmental disturbances. It is possible to overcome these problems: 1) improving data acquisition method (3-D acquisition), 2) improving data processing methods (modeling, application of numerical technique to enhance S/N ratio) and 3) integrating the results obtained with different geophysical methods.

Taking into account that, in the last few years, the integration approach of different geophysical techniques has been discussed and applied (Brizzolari et al., 1992a), the fundamental goal of geophysics for near-surface investigations and environmental applications is to construct a 3-D map (or image) of objects in the subsurface. The goal is simple, but like most goals that are simply defined, achieving the goal is difficult.

All geophysical methods measure variations of one physical parameter of the ground:

- Magnetometry measures the presence, or absence, of material with high magnetic susceptibility;
- Gravimetry measures density contrast;
- Resistivity and electromagnetism measure changes in the subsurface conductivity;
- Induced polarization and complex resistivity techniques measure the electrical polarization of materials;
- Seismic methods measure differences in the acoustic attenuation and velocity of subsurface materials.
- Ground Penetrating Radar measures changes in the

velocity and attenuation of electromagnetic waves through the subsurface.

In this work an integration of Ground Penetrating Radar and Geoelectrical Dipole-Dipole methods have been employed with the aim of detecting superficial cavities (*dromos* chamber tombs) in an archaeological test area (Sabine Necropolis of Colle del Forno, Montelibretti-Roma).

ARCHAEOLOGICAL TEST SITE

Geologically the selected area is characterized by a series of lithoid tuffs, with resistivity values of about 30–80 Ωm, and they are about 10 m thick, lying on Pleistocene-Quaternary sand-clay sediments. At the surface the tuffs are covered with a layer of top soil 20–30 cm thick.

The area of Sabine Necropolis is characterized by the presence of numerous unexplored tombs (Orlando et al., 1987). From the results of archaeological studies, these tombs can be considered as cavities with dimensions of 2x2x1.5 m. The roof is about 0.80–1.0 m below the surface of the ground. The tomb presents a *dromos* with dimensions of 6 m in length and 1 m in width (Fig. 16.1). One of these tombs, so far unexplored, was chosen as a test site. The investigated test area has dimensions of 9x9 m and contains the unexplored tomb.

GROUND PENETRATING RADAR SURVEY

The GPR method is a geophysical detection method based on the use of electromagnetic pulses, which are oriented towards exploring the subsoil. GPR has numerous applications including: mineral detection, determining bedrock or water table depth, archaeological research, civil engineering and environmental applications, detecting networks, searches cables, pipes, tunnels and detecting faults and fractures in rocky formations. The electromagnetic pulses sent into the ground by GPR antenna, propagates at a velocity which depends on the electrical characteristics of the medium (Finzi *et al.*, 1991; Bernabini *et al.*, 1995; Brizzolari *et al.*, 1992b).

Usually measurements carried out with GPR can be significantly influenced by some factors: 1) time varying antenna impulses, 2) reverberation of recorded signals due to multiple reflections, 3) large radiation pattern of commercial antenna, 4) low signal-to-noise ratio.

Generally, during a survey, radar measurements are collected along parallel profiles, with distance of 1 m. This distance between adjacent profiles may not allowe

the identification of the small shallow bodies.

To improve the vertical and horizontal resolution of radar sections a 3-D acquisition, some radar signal processing and representation technique (time-slice) were examined.

The radar system consisted of GSSI SIR-10, equipped with antennas operating at 100 MHz (bistatic mode). To locate the anomalous body a 3-D acquisition method, with sampling interval less than the body's dimensions, was employed. In order to obtain a regular grid over the investigated area, measurements were carried out, not continuously, but at regular spatial interval (20 cm).

Figure 16.2 shows (on the left) the radar field profile, corresponding to the centre of the cavity, carried out with

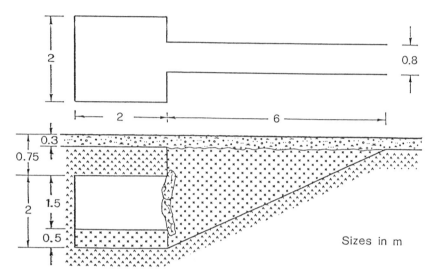

Fig. 16.1 : Schematic representation of dromos *chamber tomb.*

Field data   **Filtered data**

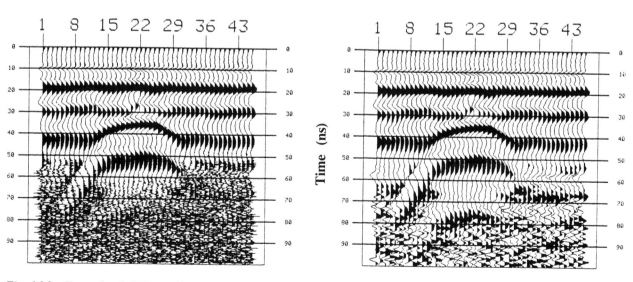

Fig. 16.2 : Example of GPR profile corresponding to the position of the tomb. Field data (on the left); filtered data (on the right). SIR-10 equipped with 100 MHz antenna.

Field data   **Filtered data**

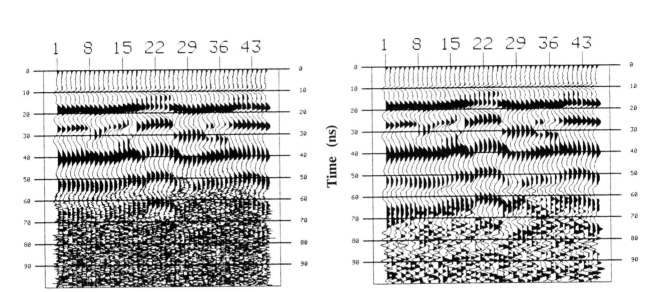

Fig. 16.3 : Example of GPR profile corresponding to the position of the dromos. *Field data (on the left); filtered data (on the right).*

100 MHz antenna. From the analysis of the profile it is possible to observe the anomaly of the cavity with its hyperbolic diffractions.

Figure 16.3 shows (on the left) the radar field profile, corresponding to the position of the *dromos* collected with the same antenna. This is due to two different reasons. First the width of the *dromos* (dimensions of 0.8–1 m) is comparable to the wavelength of the GPR pulse, second the presence of heterogeneity of the corridor produces a scattering of the propagated signal.

All the GPR traces present, also, a low frequency noise, probably due to the ground-antenna coupling, and consequently a low S/N ratio. To reduce this effect filtering (pass-band) was applied on all field profiles. Figures 16.2–3 show (on the right) the results of filtering.

With the aim of obtaining a planimetric vision of all possible anomalous bodies near the cavity, the time-slice representation technique was applied using all processed data. The time-slice can be considered the preferred form of data presentation if the studied area can be investigated with many measurements (Goodman, 1993; Malagodi *et al.*, 1996). The lateral continuation of relatively low-intensity reflections can be easily seen using the time-slice maps, whereas this information cannot be singled out from single radar profiles.

A time-slice represent a cut at a specified time value (depth value) accross the radar trace, in this case. Time slices are calculated by creating 2-D horizontal contour maps (horizontal tomography) of radar intensities.

Figures 16.4–6 show the results of time slices, corresponding to 25 ns, 30 ns and 40 ns (twt) on processed

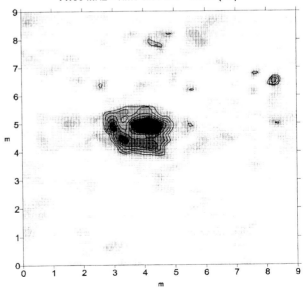

Fig. 16.4 : GPR data. Example of time-slice representation of GPR signal amplitudes. 100 MHz antenna, time-slice at t = 25 ns (twt).

data. With this kind of representation it has been possible to observe other small anomalies due to the tomb entrance.

GEOELECTRICAL DIPOLE-DIPOLE SURVEY

The geoelectric survey consisted of a dc dipole-dipole pseudosection profiling (DPP). Figure 16.7 shows schematically the field procedure of this technique. The electric current is sent into the ground via two contiguous electrodes *a* metres apart, and the potential drop is measured between two other electrodes *a* metres apart in line with the current electrodes. The spacing between the nearest current and potential probes is an integer *n* times the basic distance *a*. In surveying, several traverses are made with various values of $a(1,2,3...)$. The values of the apparent resistivity for each traverse are assigned, along a horizontal axis, at the intersections of two converging lines at 45 degrees from the center of the current dipole and the center of the measuring dipole. These plots then, when contoured, give result to a so-called 'pseudosection' (La Penna *et al.*, 1992; Patella, 1978).

The same test area was investigated, collecting apparent resistivity data with this geoelectric technique. For the measurements, a dipole-distance *a* of 0.5 m was employed. To improve the vertical and horizontal resolution of DPP a 3-D acquisition was employed.

Figure 16.8 shows the pseudosection (vertical tomography) corresponding to the cavity (A) and to the *dromos* of the tomb (B). This kind of representation was made using directly the field apparent resistivity, and therefore the result can be considered a tomography of the first order.

The analysis of this figure shows a clear anomaly associated to the presence of the cavity ($\rho_a = 80\ \Omega$m) and the converging lines at 45 degrees corresponding to the presence of the *dromos*.

In order to obtain a planimetric vision of geoelectric anomalies the slice-representation technique was applied using the same process for GPR data. Figure 16.9 shows the results of the slice corresponding to a depth of 1.5 m.

PRELIMINARY REMARKS

Taking into account the schematic section of the tomb (Fig. 16.1), the thickness of the anomalous body was

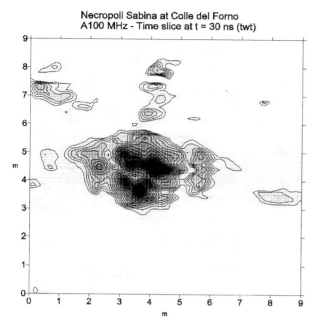

Fig. 16.5 : Time-slice at t = 30 ns (twt).

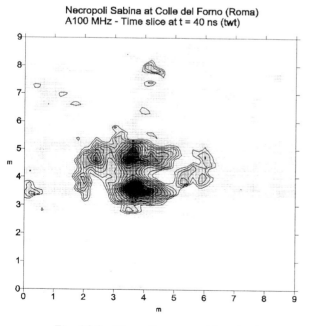

Fig. 16.6 : Time-slice at t = 40 ns (twt).

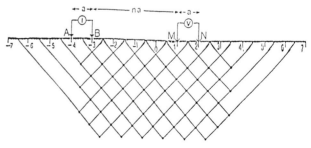

Fig. 16.7 : Schematic representation of geoelectrical dipole-dipole array.

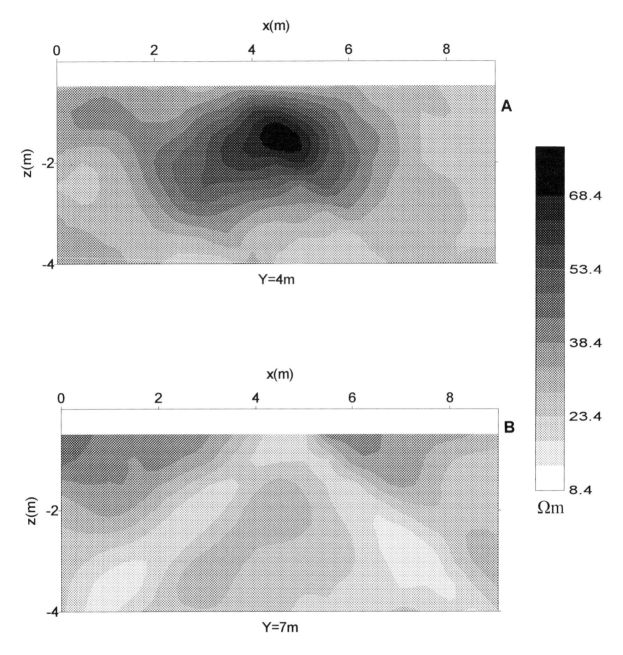

Fig. 16.8 : Examples of dipole-dipole pseudosection corresponding to the cavity (A) and to the dromos *(B).*

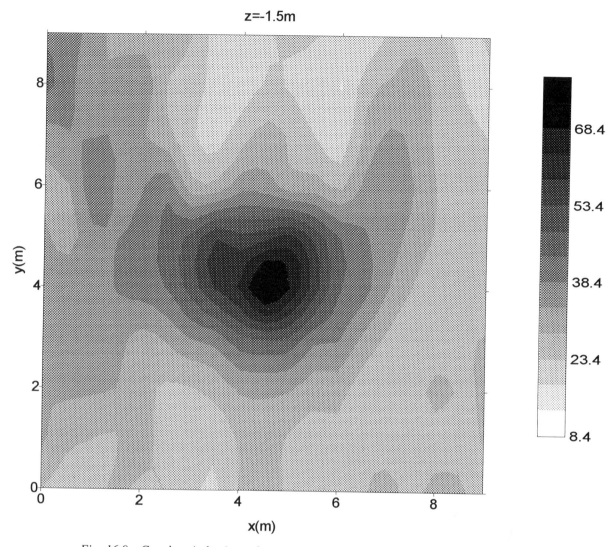

z=-1.5m

Fig. 16.9 : Geoelectric horizontal tomography, corresponding to the depth z = 1.5 m.

reconstructed using GPR and DPP results. In particular for the GPR data, the time of 25 ns (twt) corresponds to the top of the body (approximately 90 cm depth); the time of 30 ns (twt) corresponds to the cavity of the tomb (approximately 2 m depth) and 40 ns (twt) corresponds to the bottom of the body (approximately 3 m depth). These results are in accordance with the archaeological studies of the Sabine Necropolis of Colle del Forno. Moreover, from this experience it is possible to observe that the integrated application of many geophysical methods, the 3-D acquisition and slice-representation permit a planimetric correlation between different anomalies, without the personal influence of the interpreter.

REFERENCES

Bernabini, M., Pettinelli, E., Pierdicca, N., Piro, S., Versino, L. (1995) Field experiments for characterization of GPR antenna and pulse propagation. *Journal of Applied Geophysics* Vol. 33: 63–76.

Bevan, B., Kenyon, J. (1975) Ground Probing Radar for historical archaeology. *MASCA Newsletter* 11: 2–7.

Brizzolari, E., Ermolli, F., Orlando, L., Piro, S., Versino, L. (1992a) Integrated geophysical methods in archaeological surveys. *Journal of Applied Geophysics* 29: 47–55.

Brizzolari, E., Orlando, L., Piro, S., Versino, L. (1992b) Ground Probing Radar in the Selinunte Archaeological Park. *Bollettino di Geofisica Teorica ed Applicata* XXXIV n.134–135: 181–92.

Camerlynck, C., Dabas, M. and Panissod, C. (1994). Comparison between GPR and four electromagnetic methods for stone features characterization: an example. *Archaeological Prospection*, 1.1: 5–17.

Cammarano, F., Mauriello, P. and Piro, S. (1997). High resolution geophysical prospecting with integrated methods. The Ancient Acropolis of Veio (Rome, Italy). *Archaeological Prospection*, 4.4: 157–164.

Cammarano, F., Mauriello, P., Patelle, D., Piro, S., Rosso, F. and Versino, L. (1998). Integration of high resolution geophysical methods. Detection of shallow depth bodies of archaeological interest. *Annali di Geofisice* 41.3: 359–368.

Finzi, E., Piro, S. (1991) Metodo per impulsi elettromagnetici Georadar. *In Atti del Seminario 'Geofisica per l'Archeologia'* Vol.1: 53–70.

Goodman, D., Nishimura, Y. (1993) A Ground-radar view of Japanese burial mounds. *Antiquity* 67: 349–54.

La Penna, V., Mastrantuono, M., Patella, D., Di Bello, G. (1992) Magnetic and geoelectric prospecting in the archaeological area of Selinunte (Sicily, Italy). *Bollettino di Geofisica Teorica ed Applicata* XXXIV, n.134–135: 133–43.

Malagodi, S., Orlando, L., Piro, S., Rosso, F. (1996) Location of archaeological structures using GPR. 3-D data acquisition and radar signal processing. *Archaeological Prospection* 3.1: 13–23.

Neubauer, W., Eder-Hinterleitner, A. (1997). Resistivity and magnetics of the Roman Town Carnuntum, Austria: an example of combined interpretation of prospection date. *Archaeological Prospection* 4.4: 179–189.

Orlando, L., Piro, S., Versino, L. (1987) Location of sub-surface geoelectric anomalies for archaeological work: a comparison between experimental arrays and interpretation using numerical methods. *Geoexploration* 24: 227–37.

Patella, D. (1978) Application of geoelectric dipolar techniques to the study of an underground natural cavity of archaeological interest. *Bollettino di Geofisica Teorica ed Applicata* XXI: 23–34.

Piro, S. (1996) Integrated Geophysical Prospecting at Ripe Tette Neolithic site (Lucere, Foggie-Italy). *Archaeological Prospection* 3: 81–88.

Piro, S. (1999). Multimethodological approach using GPR, Magnetic and Geoelectric Methods to detect archaeological structures. *Prospezioni Archeologiche* (in press).

17. Filtrage numérique des données géophysiques

Jeanne Tabbagh

INTRODUCTION

Dans l'ensemble des données et des informations utilisées en prospection archéologique les données géophysiques présentent un ensemble de caractéristiques propres qu'il convient d'abord de rappeler. Ces données portent sur des paramètres physiques inaccessibles directement au système sensoriel humain (à la vue plus précisément); elles sont acquises par l'intermédiaire d'un instrument de mesure et de ce fait quantitatives. Elles sont 'objectives' en ce sens qu'elles sont indépendantes des préjugés et des hypothèses du prospecteur mais pas complètement de son savoir-faire. Elles peuvent être confrontées à des modèles. Dans son acception la plus générale un filtrage est une modification de ces données; une telle modification n'est pas gratuite: elle vise en général à permettre ou, au moins, à favoriser leur interprétation en facilitant leur lecture, en suggérant des modèles, à partir par exemple de la forme en plan des anomalies, ou même en déterminant directement un modèle par le calcul. Le filtrage comporte cependant une détérioration de l'information originale; il n'est d'une certaine façon qu'un pis-aller et tout prospecteur doit veiller à acquérir, en amont, les meilleures données possibles en particulier en adoptant des pas d'échantillonnage conforme au théorème de Shannon.

Les mesures de prospection sur le terrain faites, il convient de les représenter sous forme graphique pour pouvoir les interpréter, ce qui consiste toujours, dans un premier temps, à repérer des traces de vestiges archéologiques et, d'après leur forme, à identifier la nature de ces vestiges (enceintes, mur, four ....) puis dans les cas favorables, à proposer un rattachement culturel, technique ou chronologique. Un certain nombre de traitements peuvent être apportés à ces données pour améliorer cette lisibilité.

Trois formes de traitement peuvent être mis en oeuvre pour répondre à des difficultés différentes. La première forme vise à réduire les défauts inhérents à la méthode de prospection ou à des imperfections dans l'acquisition des mesures: il s'agit en quelque sorte d'un nettoyage. La deuxième consiste à représenter les résultats de la meilleure façon possible compte tenu des caractéristiques des données elles-mêmes et des habitudes de l'interprétateur (corrections géométriques, amélioration du contraste, choix du type de représentation graphique). La troisième méthode relève de l'interprétation proprement dite et cherche à utiliser des modèles numériques à 3 dimensions pour obtenir plus d'information sur les vestiges détectés que la simple reconnaissance de ces vestiges par leur forme. Elle peut permettre une détection plus fiable pour le type de vestige que l'on cherche si l'on sait à priori en modéliser l'anomalie. Cette troisième forme ne sera pas développée ci-après car elle est très dépendante de la méthode géophysique utilisée.

RÉDUCTION DES DÉFAUTS LIÉS À L'ACQUISITION

Effet de profil

La représentation des données brutes peut présenter des effets de profil. Ceux-ci se traduisent par des stries parallèles aux profils de mesure. Les origines de ce défaut peuvent être très diverses: soit des dérives instrumentales (en particulier effet thermique sur les instruments de mesure), soit encore des variations naturelles dans le temps du phénomène mesuré lui-même et dont la correction n'est pas parfaitement assurée par la procédure d'acquisition (par exemple lorsque les retours à la base ne sont pas assez précis ou fréquents). L'atténuation de ce défaut se fait par 'délignage' qui consiste soit à ramener la moyenne d'un profil à la moyenne générale de la prospection ou à la moyenne de quelques profils voisins. Il est évident que si le délignage élimine en partie ce défaut et rend la prospection plus lisible, il ne peut être parfait: d'une part il ne peut corriger un changement brusque intervenant au cours d'un profil et d'autre part il suppose que la moyenne des profils respecte des hypothèses non tirées des données elles-mêmes (Fig. 17.1).

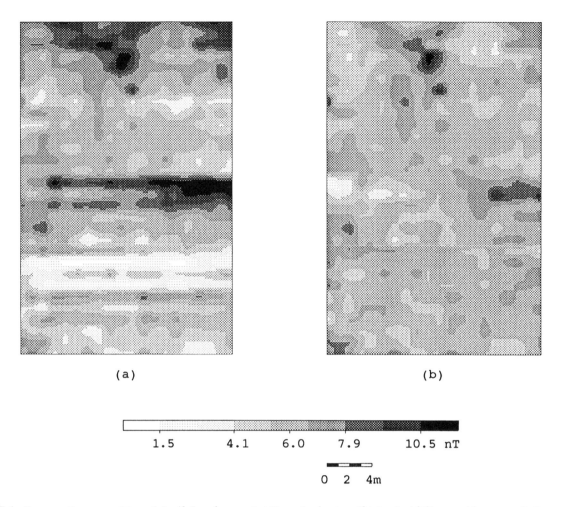

Fig. 17.1 : Prospection magnétique à Ioc'h Landunvez. (a) Données brutes; (b) Après 'délignage' (mesures L. Langouët).

Effet de zone

Des prospections peuvent être effectuées en plusieurs temps, soit à des moments différents soit avec des appareils ayant des caractéristiques un peu différentes. La prospection électrique est en particulier très sensible aux effets climatologiques saisonniers: la résistivité mesurée en un même point à des périodes différentes peut présenter des variations importantes essentiellement en raison de la teneur en eau et de la température du sol (Hesse, 1965). La carte obtenue présente alors des zones ou la moyenne des mesures est très différente, avec un passage frontal en 'marche d'escalier' de l'une à l'autre qui gène la mise en évidence dans chacune d'anomalies plus ténues. Si l'on a pris la précaution à chaque période de faire des mesures d'étalonnage sur une station fixe ou mieux sur un profil recoupant une anomalie détectée lors de la première prospection, on obtient alors un coefficient de correction qu'il suffit d'appliquer à chaque zone pour homogénéiser la totalité de la prospection (Fig. 17.2). A défaut, cette homogénéisation peut être obtenue par réduction de chaque zone à une même moyenne.

Elimination des mesures erronées

Une mesure erronée est une mesure qui ne représente pas le paramètre physique mesuré et qui se caractérise par une valeur très différente des mesures voisines. Elle est jugée aberrante par l'opérateur. Cela se présente en particulier lorsqu'on a automatisé l'acquisition sur le terrain: lors d'une acquisition manuelle l'opérateur fait lui-même ce filtrage en vérifiant la validité de la mesure avant d'accepter celle-ci. Par exemple la mesure de résistivité en déplacement en continu présente des valeurs erronées quand le contact électrique entre le sol et les électrodes est trop mauvais ou inexistant, la mesure enregistrée sera alors très élevée ou nulle suivant le type d'électrode (d'injection ou de mesure) qui n'est plus en contact avec le sol. Le tracé des profils présentera alors, à ces endroits, des pics très visibles à l'oeil et l'histogramme présentera un groupement de valeurs nulles et de valeurs élevées en dehors de l'ensemble des mesures. Pour éliminer ce type de valeur erronée on peut utiliser un filtrage par la médiane.

Pour calculer la médiane d'une série de données, on

classe les données par ordre croissant et la médiane est la valeur centrale qui divise en deux populations égales la série considérée; elle n'est donc pas comme la moyenne, affectée par une valeur très faible ou très élevée. Le filtrage par la médiane consiste à comparer chaque mesure à la médiane de N mesures voisines sur le profil, N étant la largeur du filtre, et à remplacer cette mesure par la médiane si elle est trop différente de celle-ci. Cette méthode permet de choisir, en fonction de la qualité des données, la largeur du filtre et le pourcentage de variation relative qui conditionne le remplacement de la valeur par la médiane. Ce filtre n'affecte en aucun cas les 'bonnes' données; il n'y a pas de lissage des données et seules les valeurs discordantes sont remplacées.

La Fig. 17.3 représente sous forme d'image en noir et blanc une portion de la prospection thermique effectuée le 25 mars 1981 sur le parcours de l'autoroute A42, axe les Fromenteaux-la-Valbonne. Sur l'image (a) on peut remarquer de nombreux petits points blancs qui viennent dégrader la qualité de l'image. Ces parasites sont dus au transpondeur de l'avion qu'il était, pour des raisons de sécurité, interdit d'arrêter. Ces points sont parfaitement éliminés sur l'image (b) sans altérer le reste de l'image.

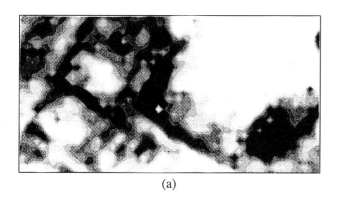

(a)

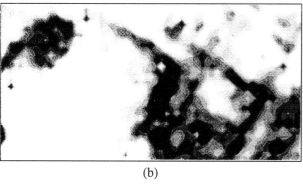

(b)

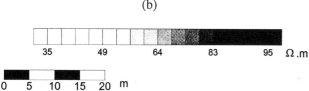

Fig. 17.2 : Prospection électrique à Neuvy sur Loire. Dispositif Wenner a = 1 m. (a) Données brutes; (b) Après correction effet de zone des profils P0 à P15.

Recalage des profils les uns par rapport aux autres

En mesure manuelle, la position de chaque mesure est définie par un système de repérage topographique et elle est le plus souvent indépendante de celle des autres mesures. Il n'y a donc pas d'effet d'ensemble sur une représentation des données. En prospection avec déplacement en continu, l'enregistrement se fait profil par profil et les positions de tous les points le long du profil sont liés les uns aux autres. La méthode la plus économique en temps sur le terrain pour l'acquisition étant d'alterner le sens des profils successifs (boustrophédon), toute imprécision dans la position de l'ensemble des données d'un profil est cumulée avec celle du suivant dans l'autre sens et l'oeil est très sensible à ce défaut. Cela se traduit sur la représentation des données par des 'festons' qui gênent énormément la lecture des anomalies de faible dimension surtout dans la direction perpendiculaire à celle des profils. Pour corriger ce défaut, on calculera pour chaque profil la fonction de corrélation avec la moyenne des deux profils voisins et on en déduira la valeur de l'écart dont il faut faire glisser ce profil pour que la correlation soit maximale. Dans un tel cas, l'opération est bien meilleure si l'acquisition a été réalisée avec un sur-échantillonnage important puisque le décalage est obtenu avec une précision supérieure au pas et que l'on peut rééchantillonner sans hypothèse sur la variation spatiale du paramètre.

La Fig. 17.4 représente une cartographie en densité de gris d'une prospection électrique effectuée à Saint-Martin (Nièvre) avec un quadripôle électrique de mesure en continu. Sur l'image brute (a) une forte anomalie perpendiculaire aux profils de mesure apparaît en festons. Toute l'image de la prospection, à cause de ce défaut, ressemble un peu à une image 'floue'. La correction apportée (b) réduit notablement ce défaut. Cet exemple est très favorable à cette correction à cause du sur-échantillonnage et parce que cette forte anomalie perpendiculaire aux profils entraîne des coefficients de corrélation élevés. S'il y a peu d'anomalies, ou des anomalies très faibles, la méthode risque de ne pas fonctionner correctement.

PRÉSENTATION GRAPHIQUE DES RÉSULTATS

Une fois ces défauts atténués le plus possible, la cartographie permet une représentation du paramètre physique mesuré sur une certaine portion du sous-sol. Les contrastes observés sur cette représentation sont la signature (anomalies) de structures hétérogènes sous-jacentes. La présence des vestiges archéologiques n'est qu'un élément parmi d'autres (pédologiques, géologiques, vestiges récents...). C'est tout le travail de l'interprétation de les distinguer, mais on peut essayer par des techniques de filtrage ou de traitement d'image, de mettre en valeur certaines anomalies. Toutes ces techniques, si elles facilitent souvent l'interprétation et embellissent la représentation

(a)

(b)

Fig. 17.3 : Prospection thermique à Lyon. (a) Sans élimination des points erronés; (b) Après correction par la médiane sur 3 points avec un seuil de 20 (mesures A. Tabbagh).

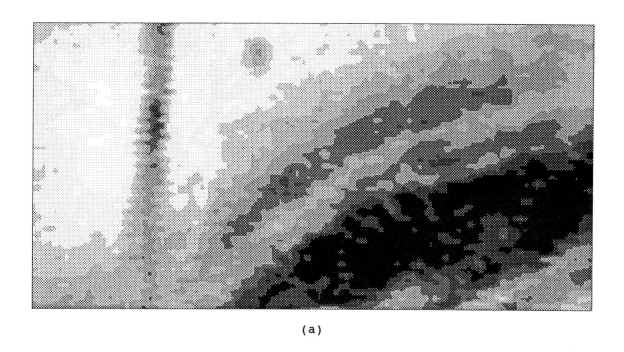

(a)

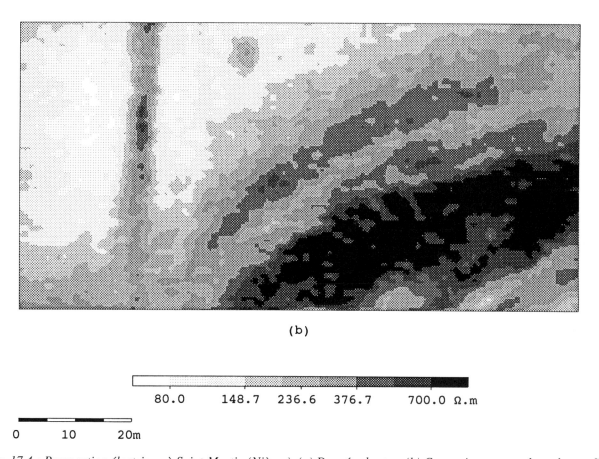

(b)

80.0   148.7   236.6   376.7   700.0 Ω.m

0   10   20m

Fig. 17.4 : Prospection électrique à Saint-Martin (Nièvre). (a) Données brutes; (b) Correction par recalage des profils les uns par rapport aux autres (mesures G. Ducomet, A. Hesse).

des données, constituent néanmoins une dégradation de l'information: l'information la plus complète et, scientifiquement, la plus exacte est celle des données initiales. Ce sont ces données qu'il faudra archiver.

Le mode de représentation des données a aussi une importance sur la facilité d'interprétation. Certains modes de représentation sont plus adaptés que d'autres à certaines prospections.

Parmi les modes de représentation les plus utilisés on peut citer:

- densité de points
- courbes de niveaux
- plages de grisé ou niveaux de gris
- image en noir et blanc à 64 niveaux ou plus
- image en couleur à 64 niveaux ou plus.

Les trois premiers ne représentent qu'un faible nombre de niveaux (N de l'ordre de 10 à 20). Si le paramètre physique mesuré (par exemple la résistivité) varie de 10 à 1000, il faudra découper cette plage en N groupes, et toutes les mesures à l'intérieur d'un de ces groupes seront représentées de la même façon.

Plus la surface de la prospection est importante, plus les variations de type pédologique ou géologique de grande longueur d'onde spatiale sont probables et risquent de masquer l'information archéologique: pour faire ressortir celle-ci on sera obligé de recourir à des traitements.

Par contre, les deux derniers modes de représentation comprennent plus de niveaux, et le nombre de niveaux le plus courant pour une image est de 256. Dans une représentation en image, chaque point de l'image occupe sur l'écran ou sur le papier, une surface de taille très petite. Pour ne pas obtenir une image trop petite, on augmente alors, par des interpolations à deux dimensions, le nombre de points. Pour représenter une petite prospection (20 x 20 points de mesure) sous forme d'image (au minimum 256 x 256) il aura fallu multiplier par 150 le nombre de points. Il est important de ne pas oublier cela lors de l'interprétation.

Ce mode de représentation paraît donc moins dégrader l'information, mais si les écrans actuels permettent d'afficher effectivement les 256 niveaux, la plupart des imprimantes elles, ne savent que faire des points noirs et on emploie des artifices pour représenter, sur papier, des images qui dégradent la qualité.

L'image en couleur paraît donc être une solution intéressante puisqu'une imprimante couleur ordinaire permet d'obtenir plus de 256 nuances différentes pour chaque point. Malheureusement, si la couleur apporte une 'qualité' de représentation indéniable et dans les cas simples une clarté de représentation, l'oeil perçoit beaucoup mieux les faibles contrastes en noir et blanc qu'en couleur. Sur la représentation en niveaux de gris (9 niveaux) de la prospection de Saint-Martin (Fig. 17.4), un oeil exercé pourra discerner une structure carrée entourant une anomalie concentrée est visible: elle est très visible sur l'image en noir et blanc sur écran et très peu apparente sur une image couleur.

Certaines techniques peuvent être utilisées pour améliorer la lisibilité des informations:

- Amélioration du contraste par dilatation d'histogramme
Pour bien utiliser le nombre de niveaux possibles dans le mode de représentation choisi, il faut, partant de l'histogramme des données, bien choisir ces niveaux.

- Lissage des données
L'imprécision des mesures se traduit dans de nombreuses méthodes par un bruit aléatoire haute fréquence qui peut être significativement réduit par un lissage sur une petite fenêtre (3x3) ou (5x5) points , en prenant la moyenne ou la médiane sur cette fenêtre.

La Fig. 17.5 représente une prospection électrique 'en continu' sur le site de Champcelée (Nièvre) . La surface prospectée est importante. La représentation en densité de gris de cette prospection (a) fait apparaître un bruit de fond important. Des anomalies parallèles aux profils et variables d'un profil à l'autre gênent la lisibilité. De fortes régionales sont présentes; par contre les anomalies structurées d'origine archéologiques ont un contraste faible et sont de petites dimensions par rapport à la dimension de la prospection. Le terrain venant d'être labouré, la prospection ne pouvait être faite que dans le sens des labours, et ceci explique ce bruit de fond. Pour l'éliminer sans perdre simultanément l'information archéologique, nous avons fait sur les directions parallèles aux profils une moyenne glissante sur trois points. Il n'était pas nécessaire dans ce cas de prendre une fenêtre carrée puisque l'origine du bruit était très nettement dans une direction. Ce filtrage est celui qui présentait le moins de risques pour les anomalies d'origine archéologique. Le résultat de ce filtrage est représenté sur la Fig. 17.5b.

- Augmentation du contraste
Les structures archéologiques sont le plus souvent 'fines' (murs, fossé) et on doit souvent atténuer les variations régionales qui sont d'origine géologiques afin de faire ressortir les variations locales qui ont plus de chance d'avoir une origine anthropique. Wallis (Wallis, 1976) a proposé une formule permettant d'augmenter le contraste localement sur une fenêtre définie avec un paramètre qui conserve ou élimine complètement les variations régionales:

$$G(j,k) = [F(j,k) - \bar{F}(j,k)] * \left[\frac{A\sigma_d}{A\sigma(j,k) + \sigma_d} \right] + [\alpha m_d + (1-\alpha)\bar{F}(j,k)]$$

Dans cette formule $F(j,k)$ représente le point de coordonnées j,k de la matrice de données initiale. $\bar{F}(j,k)$ est la moyenne d'un fenêtre entourant ce point et $\sigma(j,k)$ l'écart type sur cette même fenêtre. On choisit les paramètres suivant:

m_d moyenne désirée
σ_d déviation standard désirée
α facteur qui contrôle l'élimination ou non des régionales

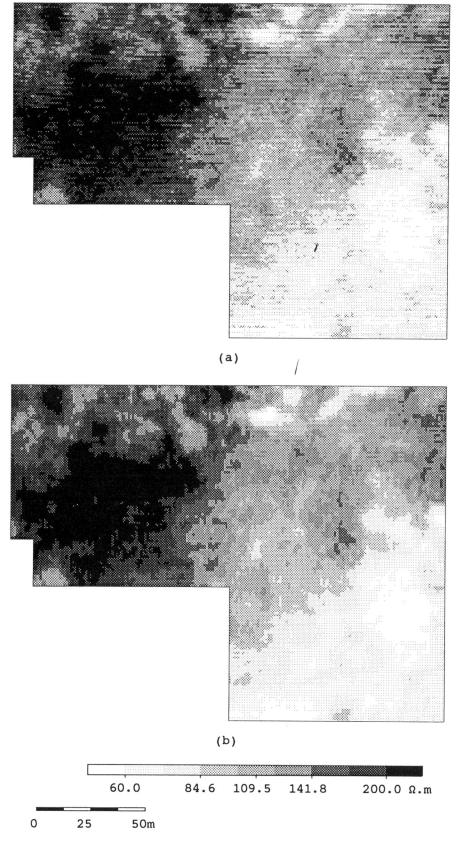

(a)

(b)

60.0   84.6 109.5 141.8   200.0 Ω.m

0   25   50m

Fig. 17.5 : Prospection électrique à Champcelée (Nièvre). (a) Données brutes; (b) Après moyenne glissante sur 3 points dans la direction perpendiculaire aux profils (mesures M. Dabas, C. Panissod).

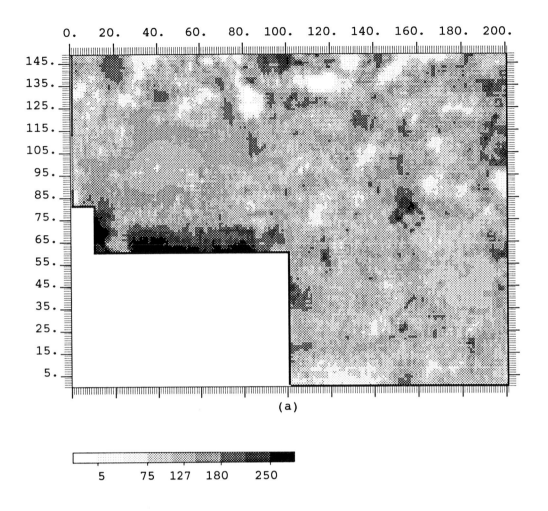

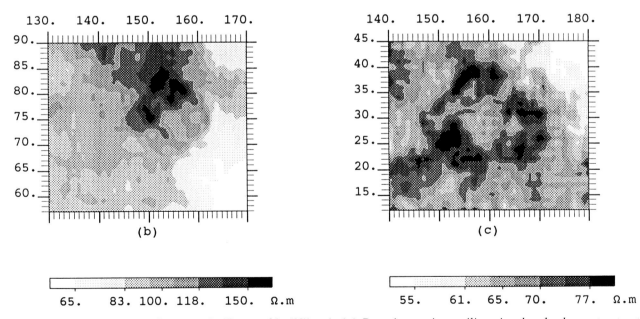

Fig. 17.6 : Prospection électrique à Champcelée (Nièvre). (a) Données après amélioration locale du contraste et élimination de la régionale (Wallis); (b) Agrandissement d'une villa; (c) Agrandissement d'une deuxième villa.

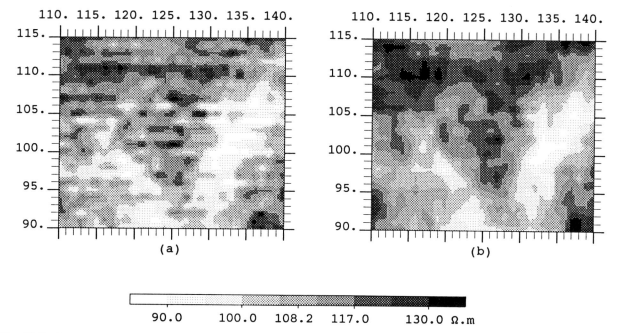

Fig. 17.7 : *Prospection électrique à Champcelée (Nièvre). (a) Agrandissement à partir des données brutes (Fig. 17.5a); (b) Agrandissement de la même zone à partir des données après élimination du bruit (Fig. 5b).*

si α = 1 toutes les variation spatiales de longueur d'onde supérieure à la dimension de la fenêtre seront supprimées.

A est un facteur de gain qui interdit des variations trop importantes quand σ(j,k) est faible.

Nous avons appliqué ce filtrage sur la prospection de Champcelée (Fig. 17.5b) qui comportait d'importantes variations régionales qui masquaient les plus faibles anomalies. Les options choisies étaient les suivantes: fenêtre de 30x30 m, moyenne de 127, déviation standard de 50 et α=1. Sur le résultat de ce traitement (Fig. 17.6a) on remarque mieux deux anomalies carrées, l'une sur le profil 75 entre 140 et 150 m (celle-ci était déja visible sur les Fig. 17.5a et 17.5b) et l'autre sur le profil 25 entre 150 et 170 m, beaucoup moins visible sur les figures précédentes. Pour mieux représenter ces anomalies, nous avons fait un agrandissement sur ces zones en ajustant localement le contraste (Fig. 17.6b et 17.6c) à partir des données de la Fig. 17.5b. Les deux anomalies, qui représentent probablement des constructions gallo-romaines, sont alors très visibles. En examinant en détail la Fig. 17.5a, on peut percevoir de façon ténue une autre anomalie de forme carrée et de même direction que les deux autres *villae* au profil 100, entre 110 et 130 m; celle-ci disparaît sur la Fig. 17.5b ainsi qu'après l'augmentation de contraste. Pour

vérifier cette présence, nous avons agrandi et ajusté les niveaux sur cette zone à partir des données brutes (Fig. 17.5a). Malgré le bruit important dû au labour, la *villa* est très nette (Fig. 17.7a), mais l'élimination du bruit entraîne celle de cette anomalie (Fig. 17.7b).

BIBLIOGRAPHIE

Hesse, A. (1965) *Prospections géophysique à faible profondeur. Applications à l'archéologie.* Dunod: 149 p.

Hesse, A., Daignières, M., Fiches, J.L., Tabbagh, J. (1992) Le quartier bas d'Ambrussum: essai de relecture d'une carte de prospection géophysique. *Revue d'Archéométrie* 16: 5–12.

Pratt, W. (1978) *Digital image processing.* A Wiley-Interscience publication: 750 p.

Scollar, I., Tabbagh, A., Hesse, A., Herzog, I. (1990) *Archaeological prospecting and remote sensing.* Topics in remote sensing 2, Cambridge University Press: 674 p.

Tabbagh, J. (1988) Traitement des données et éliminations des valeurs erronées en prospection électrique en continu. *Revue d'Archéométrie* 12: 1–18

Wallis, R.H. (1976) An approach for the space variant restoration and enhancement of images. *Proceedings symposium on current mathematical problems in image science*, Monterey, California.

18. Soil phosphate survey

Jeremy Taylor

INTRODUCTION AND PRINCIPLES

The basis of all geoprospection techniques in archaeology is that certain human activities change some of the physical and chemical properties of soils that can be measured by one or more methods. Such actions include construction, the generation of humus or other detritus, and activities which cause compaction or aggregation of the soil. At first glance it may appear deceptively simple to interpret the various geophysical or geochemical anomalies recorded and displayed usually in the form of digitised maps or plans. On closer inspection, however, it becomes obvious that archaeological interpretation depends upon variations in measurements of soil properties that can be caused by a highly complex range of anthropogenic and non-anthropogenic sources, a point frequently raised in introductions to the subject (e.g. Clark, 1970; Provan, 1971; Tite, 1972; Aitken, 1974).

Given that distinguishing between the archaeological or non-archaeological origin of geochemical anomalies is a fundamental problem it is a little alarming that so little has been written about the subject despite the fact that most practitioners in the field are often painfully aware of the difficulties. Many misconceptions and assumptions surrounding the interpretation of geochemical results have arisen as a product of a simple failure to clarify the nature of the relevant information and its potential relationship to other aspects of the archaeological record. For this reason it is important to distinguish the different stages in the formulation and interpretation of survey data. If interpretation is not to be erroneous, geochemical data must be treated as largely an unknown, their nature a matter for explanation in terms of the processes which contributed to their formation; their relationship to other aspects of the archaeological record as something for investigation not assumption. It is a point which is particularly significant if we wish to use individual techniques as essentially complementary parts of an integrated approach to the investigation of archaeological landscapes (cf. Bintliff, 1992; Taylor, 1995; Rimmington, in this volume).

A MODEL FOR INFERENCE FROM GEOPROSPECTION DATA

With the above points in mind, Fig. 18.1 outlines the conceptual stages involved in interpreting geoprospection data in the form of a simplified model. The model is composed of three components which describe different aspects of the processes that need to be addressed. The central column simply lists stages in the transmission and transformation of information from the nature of past human behaviour to the recovery and presentation of geochemical and geophysical data. It is shown as a series of steps but in reality the process is a continuum with the soil's properties and structure continually developing and changing up to the moment of survey. It does however, make the critical distinction between the processes which originally affected the soil, those which have subsequently altered it (similar to the post-depositional history of artefacts) and those that influence the recorded data. These are described here as the *Boundary Conditions* (after Carr, 1982) that affect whether archaeological information survives, and in what form. Figure 18.2 summarises some key pre-requisites of these conditions for archaeologists and geochemists to be able to identify and infer archaeological activity. The first of the *Archaeological Conditions* is fairly self-explanatory and the areas of interest here really surround the issues of equifinality and spatial and temporal superimposition. Equifinality is when two or more different actions cause the same end result. In geochemical surveying an example would be when the position of a past midden, an area of tanning, or change in geology produce the same soil phosphate anomaly. This problem has sometimes been recognised in geoprospection but as yet rarely satisfactorily tackled and is discussed at greater length below.

Contemporaneous deposits of soil investigated using soil phosphate or other geochemical techniques are frequently the product of a very wide range of cultural and natural processes spanning considerable lengths of time. If we hope to use a particular technique for archaeological purposes we must be able to separate out at least some of

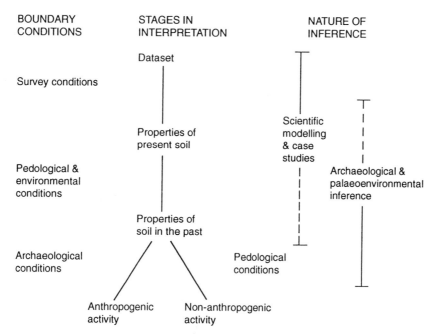

BOUNDARY
CONDITIONS

STAGES IN
INTERPRETATION

NATURE OF
INFERENCE

Dataset

Survey conditions

Properties of
present soil

Scientific
modelling
& case
studies

Pedological &
environmental
conditions

Archaeological &
palaeoenvironmental
inference

Properties of
soil in the past

Archaeological
conditions

Pedological
conditions

Anthropogenic
activity

Non-anthropogenic
activity

Fig. 18.1 : A model for the interpretation of geoprospection data.

these processes in order to untangle the palimpsest of human and pedological history contained within a survey area. This is a problem which plagues all of the techniques to date and which must be a primary concern to archaeologists interested in geochemical prospection.

At first sight the initial *Pedological Condition* (Fig. 18.2 B1) may appear the same as the first *Archaeological Condition* (Fig. 18.2 A1). This however, is not the case, for although they are linked they refer to separate issues of interpretation. The latter, archaeological factor, refers to the kinds of activity that are likely to cause a change in the soil (a matter of archaeological inference); the former refers to whether a specific soil type is affected in such a way that a change can be detected (a matter largely of geochemical investigation). A good illustration of the difference could be a phosphate survey of two middens of identical form, one on a low background P lithology the other on a high or highly variable one. Although the archaeological action is broadly similar the differing lithologies may affect whether each feature is readiliy detectable.

If a particular aspect of past human behaviour affects the soil appreciably then in theory the remaining pedological factor is all that prevents a recognisable soil anomaly existing. For an archaeological feature to be detectable its effect on the soil must remain relatively stable over long periods of time and not have been subjected to considerable alteration, burial or removal. This aspect of interpretation is the realm of post-depositional studies but includes complex geochemical changes as well as those of geomorphology or subsequent landuse. The degree to which particular factors affect the different chemical elements varies and is better assessed in connection with them (e.g.

Bethell and Maté, 1989; Rimmington, in this volume). Broadly, however, all are affected by geomorphology but phosphate analysis is especially sensitive to changing soil structure and chemistry, and uptake by plants and animals when compared to some trace elements.

After having taken archaeological and pedological conditions into account it might seem reasonable to think that recovering the available information is a relatively simple task. Unfortunately the variety of data collection and presentation methods available imposes a number of limitations and alterations on the information archaeologists

---

A) ARCHAEOLOGICAL CONDITIONS
Past human behaviour must be of a type that is likely to cause:
    i)   stable change to soil conditions
    ii) change which is discernible from that created by non-archaeological causes
    iii) change which is spatially and/or chronologically separable from other archaeological events.

B) PEDOLOGICAL AND ENVIRONMENTAL CONDITIONS
The soil type studies must:
    i) be suitable for change in a way that is measurable
    ii) preserve the changes caused by archaeological action through time.

C) SURVEY CONDITIONS
The nature of the data recovered and analysed is affected by:
    i)   the principles and technology of the equipment used
    ii) the design and layout of the survey
    iii) the methods of data storage and presentation used.

Fig. 18.2 : Boundary conditions affecting the recovery of archaeological information from geoprospection.

use for interpretation. Such factors have to be included in assessing phosphate analysis as it not only affects the way inferences are made but ultimately their applicability for the type of landscape survey methodologies desirable to field archaeologists (e.g. Hamond, 1983; Keeley, 1983; Eidt, 1984; Bethell and Maté, 1989; Nunez and Vinberg, 1990).

SOIL PHOSPHATE ANALYSIS AND ARCHAEOLOGY

The basis of phosphate analysis in archaeology is that human activities can strongly redistribute phosphorous in soils. Plants take up P from the soil and in turn can be eaten by animals or harvested and stored. The animals themselves can be moved around, controlled within limited areas or killed and disposed. Faeces can be used as manures, fuel or incorporated in structures as walling (Bethell and Maté, 1989). Thus, as part of human action, P is mobile but once in the soil system is relatively immobile compared to other major soil constituents. In the absence of wholesale soil loss, such changes can persist almost indefinitely and are thus a valuable aid to the location, delineation and internal investigation of areas of intensive past human action. The aims here are largely twofold. First, to briefly comment on different methods of phosphate determination and the soil conditions affecting their utility. Second, to discuss the method's use in landscape based surveys where emphasis is placed on the wider spatial structure of land use and settlement.

Phosphorous compounds are ubiquitous in all plant and animal tissue with concentrations increasing as one progresses up the food chain (Hamond, 1983). Many foodstuffs and particularly meat and fish, are rich in phosphates (usually denoted simply as P) and the processing, storage and disposal of them can lead to considerable enhancement of the soil's P content in certain areas of archaeological activity. The bodies of humans and animals are particularly rich in P and the burial of skeletal material greatly enhances natural P levels, Johnson (1956) suggesting that an interment can increase levels locally by upwards of 50 ppm P. In the vicinity of a cemetery, in use over many years an appreciable P enhancement is therefore probable.

Excreta do not in themselves contain particularly high P concentrations but their high production rate makes them an important source of enhancement. Humans have a relatively low excreta production rate but can be by far the most important animal source of P due to their numbers and tendency to live together in spatially small areas, thus creating high localised enhancement in the vicinity of settlements. This situation appears to hold true for many settlements until the Classical and Medieval periods when the removal of human waste by night soiling became prevalent. In the vicinity of latrines, stables or stock enclosures where excreta are artificially concentrated, P levels can be extremely high.

The detection of enhanced P levels in areas of archaeo-

logical activity is only possible if the bulk of anthropogenic P becomes incorporated within the soil and relatively little is subsequently lost. There is not time or space here to discuss this issue though a number of useful reviews have been published (e.g. Hamond, 1983; Craddock *et al.,* 1985; Bethell and Maté, 1989) with a few brief comments included here. The ability of soil to fix P is primarily dependent on its pH and texture. In alkaline soils the calcium cation is primarily responsible for fixation, in acid soils it is aluminium and iron cations. In neutral soils (pH = 6–7), P is slightly more soluble though only a small proportion is likely to be lost (Eidt, 1977). P in highly acid soils (pH = 1–2) is extremely soluble but this is not a problem in the majority of cases. Fine grained soils are more retentive than coarser ones (e.g. Sjoberg, 1976) and clays are particularly effective (Keeley, 1983). Although the levels of P lost by leaching are negligible in many soils (Cook and Heizer, 1965; Eidt, 1977) it can nevertheless occur under certain conditions such as in iron, calcium and aluminium poor soils or podsols (e.g. Provan, 1971).

Discussions addressing the vexed questions of the chemistry of soil phosphorous are numerous and many contain detailed accounts of how partial and total P extraction techniques are biased in one way or another (Cook and Heizer, 1965; Provan, 1971; Proudfoot, 1976; Eidt, 1977; 1984; Bakkevig, 1980; Hamond, 1983; Bethell and Maté, 1989). There is insufficient space here to do justice to this debate but some areas of general consensus can be cited. Total P extraction techniques (those that measure both organic and inorganic P) are in many ways preferable, as they are less dramatically affected by the particular chemical equilibrium of individual soils. They are however, generally expensive and time consuming, and have been difficult to justify in the majority of archaeological situations. Recently, one possibility of overcoming this has been suggested through the use of EDXRF which, though expensive in terms of initial equipment costs, can process samples accurately and rapidly (e.g. Clogg and Ferrell, 1992). Unfortunately a detailed discussion of the techniques use in archaeology is not yet available and so cannot easily be included here but current estimates suggest that 100 samples per day can be prepared and analysed (Clogg, pers. comm.).

The complexity and slow speed of total extraction techniques has restricted the widespread use of phosphate analysis despite the development of a more rapid field method during the 1960s and 1970s (Eidt, 1977). The problem with the latter and similar partial P extraction methods (e.g. Sieveking *et al.,* 1973; Eidt, 1977; 1984; Craddock, 1984) lies in the fact that they measure a form of inorganic P only. Thus results may vary systematically with chronology, depth, pH, and soil moisture status. They are also only semi-quantitative at best and the ability to standardise such tests must be considered debatable (Hamond, 1983; Karlsson, 1980). At present however they represent the only form of P analysis that has produced sufficient samples within the limited financial resources and time available for most surveys. In this respect discussions of the applicability of field P techniques to particular situations is best reviewed in the light of the experience of surveyors (e.g. Craddock *et al.*, 1985; Keeley, 1983; Edwards *et al.*, 1983) and an understanding of the particular soil environment of the area studied. None of the rapid field methods can be applied to all situations but with judicious use can provide valuable information rapidly and cheaply (Alexander and Roberts, 1978; Hassan, 1981; Conway, 1983; Edwards *et al.*, 1983; Eidt, 1984; Nunez, 1990; Nunez and Vinberg, 1990; Österholm, 1991; Widgren, 1983).

GEOCHEMISTRY AND LANDSCAPE ARCHAEOLOGY

Up to now the discussion has centred on some basic theoretical and methodological concerns surrounding the nature of inference from geochemical survey. These are issues that are primary to understanding how to apply a particular technique to archaeology generally. Here, however, the aim is to assess the specific roles that methods can play in relation to the methodological and practical questions raised in this colloquium.

One key consideration for the use of geoprospection techniques in landscape studies is the spatial scale on which each operates. Geochemical surveys have to balance the conflicting issues of the quantity and quality of areal coverage. None of the techniques described below can hope to match the extent of coverage capable through air photography and field walking but have advantages and disadvantages at a smaller scale which must be considered. The chief compensation of geochemical surveys is the complementary nature of much of the evidence they provide. Trace element and phosphate analyses also present an opportunity to study often overlooked aspects of past human behaviour which leave little or no structural or artefactual trace in the archaeological record. For this reason, soil phosphate analysis is discussed below not only in terms of its individual problems and merits but also as part of a multivariate approach to geoprospection in landscape survey. The advantages of an integrated methodology are further discussed with the aid of some brief examples in the final section of this paper.

Phosphate analysis and general prospection

If by careful preconsideration of local soil conditions it is believed that soil P analysis is feasible then the main hurdle to overcome is the problem of archaeological interpretation. The first consideration is how to separate archaeologically significant variations from pedological ones. There are two main sources for the P found in soils; the parent material, and the actions of humans, animals and plants. The former can partly be assessed by sampling P variation through the soil profile at a number of locations away from

any suspected intensive human occupation within the same lithology. A carefully chosen set of such control samples can provide 'calibration profiles' of changing soil P concentrations both vertically and horizontally. One example of such an approach by Clogg and Ferrell (1992) is shown in Fig. 18.3. These can then be used as reference guides for samples from augering in the main survey. The control profiles will have formed as a result of the processes of pedogenesis for that field and will largely reflect the soils mineralogy but also partly the compound affect of past and present land use (e.g. Migliavacca, 1991). Changing patterns of land use and particularly heavy modern fertilisation will cause both horizontal and vertical trends in these profiles which can be compared to recent land use. Such trends tend to be widespread and can be identified through, for example, trend surface analysis (Clogg and Ferrell, 1992). There are however, a number of theoretical and practical reasons to feel that they will only occasionally mask the effects of P enhancement through activity in the vicinity of past occupied areas. Migliavacca (1991), in an analysis of the effects of modern artificial fertilizers in the Po Plain, demonstrated that, at current levels, it would take 1000 years for modern fertilizers to mask the results obtained at Fabrica dei Soci. In the immediate proximity

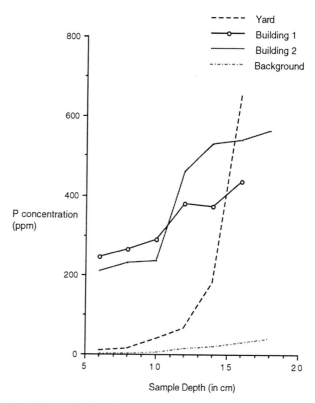

Fig. 18.3 : *Soil phosphate profiles at Woolaw, Northumberland, showing clear distinctions between strata from different archaeological areas (after Clogg and Ferrel, 1992, fig.1).*

of past settlements there is ample evidence to suggest therefore, that large localised P enrichment will occur and be detectable. Unless natural variation in P derived from the parent material or fertilizers is highly variable these localised peaks will still stand out as large residuals from the background trend. In this respect soil P analysis can sometimes act as a useful aid to landscape based archaeological prospection. This is particularly true for studies in artefact poor periods or areas, or when defining foci of past activity that leave few if any discrete structures.

One problem for phosphate analysis in such regional or micro-regional prospection surveys is that augering is a laborious technique with recent work at Shiptonthorpe and Les Girardes requiring four full days to take approximately 360 samples (Taylor, 1995). In order to use augering as a broader scale survey technique the sampling points have to be widely spaced and again little information is available about how sampling interval effects the quality and quantity of soil phosphate survey information. There are however additional complications specific to P survey. First, the qualitative field techniques are, by their nature, crude and only securely applicable on some soils. They cannot be used as readily as, say magnetic susceptibility, to cover tracts of largely unknown land but should be applied only where soil pH, background P levels and texture are suited. Total P extraction could be used far more widely as it is less soil type specific but until faster analyses such as EDXRF are more widely available and cost effective, they are likely to remain of limited use.

ACTIVITY FOCI CHARACTERIZATION STUDIES

Interpretation of the archaeological meaning of particular areas of enrichment is however a far more problematic issue and is better tackled by considering the basic anthropogenic causes outlined above in the context of any other information about patterns of occupation and land use available from other sources. Here data provided by surface collection, topographic survey, trace element analysis, and geophysical survey are very useful as the likely causes of variations in enhancement between the techniques are often complementary.

Given the significance applied to spatial variation for the archaeological interpretation of soil P data it is critical to remember the effect that the sampling strategy has. Soil P data from field survey can only be recovered effectively through augering, a slow and physically demanding method. At present there has been little consideration of this problem addressed specifically to soil P studies but Proudfoot (1976) and Hamond (1983) provide the basis for some consensus on essential requirements. If the horizontal sampling interval is more than 2–5 metres then more than one sub-sample should preferably be taken from around each point in order to cancel out random local variability in phosphate levels. The sub-samples can be bulked to minimise the analytical load. One of the great uncertainties to be faced in sampling

for occupation or use areas is to choose a distance between sampling points close enough to identify changes but not so close as to provide an intolerably large number of samples. This issue is better discussed in considering the particular aims of any individual P survey (Taylor and Clogg, in prep.).

The final problem is to choose the depth or depths at which to sample because movement of phosphorous down the profile and new soil formation in the period after archaeological use can obviously influence the results obtained. In general, vertical distribution patterns have received much less attention than horizontal ones but the work of Sieveking *et al.* (1973), Bakkevig (1980) and Gurney (Craddock *et al.,* 1985) give some guidelines. Ideally samples should be taken at many points down each profile but this leads to an unacceptable proliferation of samples. In practice the best location for sampling on cultivated land depends on the depth of the ploughsoil and local geomorphological conditions. On level ground with little evidence for erosion and new soil formation, sampling is best carried out between 0.15 m from the surface and the base of the ploughsoil. Samples from the top 0.15 m can easily be contaminated by vegetation and recent application of fertilizers and as a rule should be avoided. Samples from below the ploughsoil on level ground will have often come from well below the archaeological land surface and are thus unlikely to be representative of the activities carried out on that surface. Exceptions to this rule come from soils that are prone to leaching where sampling should be carried out at, and below the depth of most interest. In some cases it also possible to recognise surviving archaeological layers below the ploughsoil which should be sampled but it must be remembered that where possible sampling should be to a consistent depth.

INTEGRATED GEOPROSPECTION AND LANDSCAPE ARCHAEOLOGY

One of the advantages of soil phosphate analysis is that it can identify areas of human occupation without the need for discrete archaeological features. What has been lacking to date are detailed attempts to understand whether it can be used to characterize different forms of human activity across the landscape. The suggestions above are only tentative at present but recent integrated studies do indicate that it can be an important element in characterization of anthropogenically altered soils.

Field techniques such as the spot test can, and do, provide evidence for the presence of enhanced P content but for the purposes of landscape studies their interpretation is often unclear. It is seldom that the specific context of high P values suggest a clear derivation (e.g. Hassan, 1981). Only by linking phosphate data with complementary techniques such as magnetic susceptibility or trace element analysis (e.g. Bintliff *et al.,* 1992) or through investigating the interpretative possibilities of fractionation (cf. Eidt, 1984;

Rimmington, forthcoming) is it possible to construct more detailed frameworks for the derivation of a soil sample and thus inference about past land use. Resistivity and magnetometry are at their most effective in identifying discrete physical features within the landscape whether they be of anthropogenic or non-anthropogenic origin. In this respect they can contribute a great deal to the reconstruction of the landscape architecture that structured the use of space. Their speed of coverage limits their application to selective samples from the broader landscape, usually in order to investigate the complex relationship of features at nodes of past occupation.

Fieldwalking, magnetic susceptibility and phosphate analysis can provide useful, and frequently complementary, sets of data about the location, type and (with fieldwalking) date of past land use. Each of these techniques has been used for this purpose with varying degrees of success. Unfortunately they have almost invariably been applied alone or in the limited spatial context of excavation, and consequently have failed to produce even relatively basic models for settlement and land use patterns. Increasingly, models have been developed for fieldwalked data as theory and recovery procedures have improved but many of the conclusions drawn about for example, so-called manuring scatters, have remained largely unchallenged assumptions. The likelihood that any one of the techniques described above is capable of characterising use areas with any accuracy must be considered debatable. In combination, however, it may be possible to produce more sophisticated models designed to help search for more distinctive 'finger prints' of different soil characteristics associated with types of land use. There have been remarkably few attempts to investigate this multivariate approach to use area characterisation but some idea of its value and limitations may be derived by recourse to Bintliff *et al.* (1992) and two brief examples.

Freij (1988) took samples from an area classified by geographers into a number of land use classes on the grounds of their known use and location. The aim was to identify whether one or more of four methods of soil analysis; phosphates, magnetic susceptibility, darkness and density could characterise the land use classifications. His data showed that if only one variable was taken into consideration, it is difficult to determine which category a sample should belong to. Combining two or more variables increased reliability considerably (cf. Fig. 18.4). Samples taken from within a settlement showed a vary wide spread of combined scores, with three samples indistinguishable from the surrounding soils. The remainder however were clearly differentiated by a combination of the two methods. The variability shown was thought to partly reflect the range of activities that took place within different parts of the settlement. The combined scores for the extensively and intensively cultivated land were far harder to distinguish from each other though the former tended to have lower phosphate levels. This is probably due to the greater uptake of P by plants in the intensively cultivated areas that

outweighed the compensatory affect of manuring. Freij's technique worked reasonably well partly because of the consistent lithology on which the survey was carried out, but also because the area had not been subjected to considerable changes in land use over time. In this sense Freij was investigating a well preserved single phase landscape similar to those studied by Widgren in Sweden (1983). In the lowland landscapes of the Mediterranean where centuries of changing land use produce a palimpsest of soil changes, Freij's analysis would be far more difficult to do as the data from any field would represent the sum of all past and present activity. Subtle changes in soil composition caused by past uses such as intensive and extensive arable are likely to have been obliterated by subsequent changes in settlement and cultivation. Only in areas where past human action has been intensive or prolonged (such as settlements or cemeteries) are these properties likely to show as sizeable and characteristic fluctuations from those trends. Thus in the vicinity of past settlements under modern agricultural land such as at Maxey (Craddock *et. al.,* 1985), Cat's Water (Pryor, 1984), Coneybury Henge (Clark, 1983), Fabrica dei Soci (Migliavacca, 1991), Shiptonthorpe (Taylor, 1995) and Les Girardes (Taylor and Clogg, in prep.) soil analyses have been able to distinguish marked

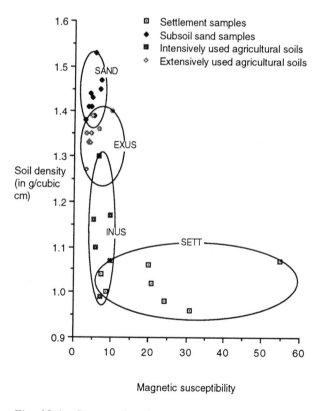

Fig. 18.4 : Scatter plot showing how soils from specific land use categories are distinctive when represented by two-dimentional projections using magnetic susceptibility and soil density. Further variables create further dimensions and can identify clear finger prints for soils from specific contexts (from Freij, 1988, tab.1).

variations in activity which can be confidently separated from action of other periods. Even then, without recourse to trial excavation, it is difficult to date these use areas with any confidence, particularly as linking fieldwalked material to buried soil characteristics is a task fraught with problems.

The second example was provided by the investigation of the Romano-British settlement at Shiptonthorpe, East Yorkshire, England. Here, an attempt was made to see whether there was a reasonable correlation between a combined phosphate/magnetic susceptibility 'fingerprint' for a particular area of the site and its past usage. Samples from areas subsequently excavated or in the immediate vicinity of earlier excavations were compared. As well as classifying the use of these excavated areas samples taken from over the course of the main Roman road were also studied to see if they displayed any consistent phosphate/ magnetic susceptibility ratio. For comparative purposes a series of control samples taken well away from the likely settlement area were also plotted to show the contrast between them and those from the selected 'on-site' areas. The results of this exercise are shown in Fig. 18.5 where samples are classified as *Road, Habitation, Cemetery* and *Background* according to their provenance. The *Habitation* samples were all taken in the eastern end of the 1987–1991 excavation trenches and were subdivided into two categories according to whether they were taken from inside (*buildings*) or outside (*surfaces*) the buildings discovered. The cemetery samples were from the 1985 trench which contained a group of adult cremation, and infant inhumation burials.

Although the number of samples is small and the circumstances of the exercise far from ideal the plot does appear encouraging. The habitation samples display a wide variety of scores (as might be expected of an area where a very wide range of domestic activities would have taken place) but both *Building* and *Surfaces* categories show consistently higher levels of magnetic susceptibility than the surrounding background scores. This suggests that, on a lithology such as Shiptonthorpe's at least (aeolian sand), habitational areas can be realistically distinguished from their surrounding landscape. The *Cemetery* ratios are also encouraging as they are consistent with what might be expected from a combined phosphate/magnetic susceptibility survey. The area, which on excavation revealed no evidence for use other than burial, would be expected to have magnetic susceptibility levels little different from the surrounding country but phosphate levels that were high, presumably from the decay of burials.

The widely dispersed scores from the *Road* samples are not as disappointing as they may at first seem. The nature of the road's usage was such that it would not, necessarily have a distinctive fingerprint, a point which appears valid in the light of a re-examination of the provenance of each sample. Those road samples taken nearest to the known habitation and cemetery areas have broadly similar ratios to them. It is possible that in these areas there is a 'blurring' effect with soil from the adjacent

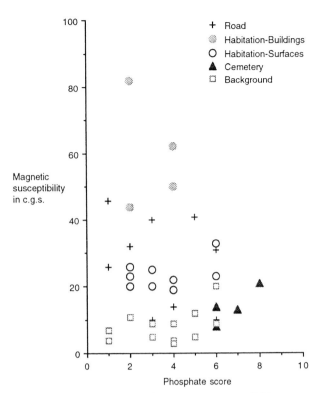

Fig. 18.5 : Phosphate and magnetic susceptibility scores for samples from classified contexts at Shiptonthorpe. Habitation-Buildings samples were taken from inside known Roman buildings, Habitation-Surfaces samples came from surfaces outside them.

enclosures being dispersed by, for example, trampling, erosion or clearance from neighbouring areas. The problems in interpretation that this can lead to have been discussed in more detail in Taylor (1995), but as an initial guide the results of this exercise were used in conjunction with the magnetometer survey and pottery data to identify changing functional patterns across the settlement.

Despite the difficulties of integrated surveys involving relative and absolute chronology, and overlapping use areas, they do provide several advantages. Integrated surveys can help to characterise in a simple way whole settlements not just the fragments recovered by excavation and place them in their immediate local context. Their speed relative to excavation also allows a number of foci to be studied within a region to aid comparison in landscape surveys. Thus, the scale, morphology, and basic structure of a number of the settlements and ancillary foci within a particular region can be inferred and their relationship studied.

Finally, and significantly, integrated surveys can draw attention away from the biases that have inevitably come from a site orientated, excavation based methodology. Projects founded on material from fieldwalking and excavation alone tend to focus on artefactually or structurally rich areas and ignore those that are less obviously responsive. Thus some of the techniques discussed above can, and should be used to help interpret some of these formerly 'blank' areas within methodologies that are not handicapped by the overworked and limiting concept of the 'site' (cf. Haselgrove, 1985; Gaffney and Tingle, 1984; Dunnell, 1992).

REFERENCES

Aitken, M.J. (1974) *Physics and Archaeology.* 2nd ed. Oxford: Clarendon Press.

Alexander, M.J. and Roberts, B.K. (1978) Low Buston: a study in soil phosphate analysis. *Archaeologia Aeliana (fifth series)* 6: 107–16.

Bakkevig, S. (1980) Phosphate analysis in archaeology – problems and recent progress. *Norwegian Archaeological Review* 13: 73–100.

Bethell, P. and Maté, I. (1989) The use of soil phosphate analysis in archaeology: a critique. In J. Henderson (ed.) *Scientific Analysis in Archaeology and its Interpretation.* Oxford University Committee for Archaeology: Oxford: 1–29.

Bintliff, J. (1992) Appearance and reality: understanding the buried landscape through new techniques in field survey. In Bernardi, M. (ed.) *Archaeologia del Paesaggio.* Firenze: Edizioni all' insegna del Giglio: 89–137.

Bintliff, J., Davis, B., Gaffney, C., Snodgrass, A. and Water, A. (1992) Trace element accumulations in soils on and around ancient settlement in Greece. In Spoerry, P. (ed.) *Geoprospection in the Archaeological Landscape.* Oxbow: Oxford: 9–24.

Carr, C. (1982) *Handbook on Soil Resistivity Surveying: Interpretation of Data from Earthen Archaeological Sites.* Evanston, Illinois: Center for American Archaeology.

Clark, A.J. (1970) Resistivity surveying. In Brothwell, D. and Higgs, E.S. (eds) *Science in Archaeology.* New York: Praeger: 695–707.

Clark, A.J. (1983) The testimony of the topsoil. In Maxwell G.S. (ed.) *The Impact of Aerial Reconnaissance on Archaeology.* London: CBA: 128–35.

Clogg, P. and Ferrell, G. (1992) Geochemical surveying in Northumberland. *Universities of Durham and Newcastle Archaeological Reports for 1991*: 40–5.

Conway, J.S. (1983) An investigation of soil phosphorous distribution within occupation deposits from a Romano-British hut group. *Journal of Archaeological Science* 10: 117–28.

Cook, S.F. and Heizer, R.F. (1965) Studies on the chemical analysis of archaeological sites. *University of California Publications in Anthropology* 2: 1–102.

Craddock, P.T. (1984) Soil phosphate survey, Cat's Water, 1973–1977. *Excavation at Fengate, Peterborough, England: The Fourth Report.* Northamptonshire Archaeological Society Monograph 2. Northampton: Northamptonshire Archaeological Society and Royal Ontario Museums, microfiche: 234–41.

Craddock, P.T., Gurney, D., Pryor, F and Hughes, M.J. (1985) The application of phosphate analysis to the location and interpretation of archaeological sites. *Archaeological Journal* 142: 361–76.

Dunnell, R.C. (1992) The notion site. In Rossignol, J. and Wandsnider, L. (eds) *Space, Time and Archaeological Landscapes.* Plenum: London: 21–42.

Edwards, K.J., Hamond, W. and Simms, A (1983) The medieval settlement of Newcastle Lyons, County Dublin: an interdisciplinary approach. *Proceedings of the Royal Irish Academy* 83C: 351–76.

Eidt, R.C. (1977) Detection and examination of anthrosols by phosphate analysis. *Science* 197: 1327–33.

Eidt, R.C. (1984) *Advances in Abandoned Settlement Analysis.* *Application to Prehistoric Anthrosols in Colombia, South America.* Madison: Center for Latin America, University of Wisconsin.

Freij, H. (1988) Some attempts to relate ancient land use to soil properties by means of statistics. In Madsen, T. (ed.) *Multivariate Archaeology: Numerical Approaches in Scandinavian Archaeology.* Aarhus: University of Aarhus.

Gaffney, V.L. and Tingle, M. (1984) The tyranny of the site: method and theory in field survey. *Scottish Archaeological Review* 3: 134–40.

Hamond, F.W. (1983) Phosphate analysis of archaeological sediments. In Reeves-Smythe, T. and Hamond, F.W. (eds) *Landscape Archaeology in Ireland.* BAR British Series 116. Oxford: BAR: 47–80.

Haselgrove, C.C. (1985) Inference from ploughsoil artefact samples. In Haselgrove, C.C., Millett, M. and Smith, I. (eds), *Archaeology from the Ploughsoil.* Sheffield: Department of Archaeology and Prehistory University of Sheffield: 7–30.

Hassan, F.A. (1981) Rapid quantitative determination of phosphate in archaeological sediments. *Journal of Field Archaeology* 8: 384–7.

Johnson, A.H. (1956) Examination of soil from Corrimony chambered cairn. *Proceedings of the Society of Antiquaries of Scotland* 88: 200–7.

Karlsson, L. (1980) Comparative studies of the phosphate survey methods used at Carrowmore, Co. Sligo, Ireland. In G. Burenhult (ed.) *The Archaeological Excavations at Carrowmore, Co. Sligo, Ireland. Excavation Seasons 1977–79.* University of Stockholm, appendix 4.

Keeley, H.C.M. (1983) *The Use of Soil Phosphorous Analysis in Archaeological Prospection.* Ancient Monument Laboratory Report 3851.

Migliavacca, M. (1991) Soil phosphate analysis at Fabbrica dei Soci (Verona). In E. Herring, R. Whitehouse and J. Wilkins (eds) *The Accordia Research Papers* 2: 179–86.

Nunez, M. (1990) Phosphate survey. *Norwegian Archaeological Review* 23: 120–27.

Nunez, M. and Vinberg, A. (1990) Determination of anthropic soil phosphate on Aaland, Norway. *Norwegian Archaeological Review* 23: 93–104.

Österholm, I. (1991) Phosphate surveying of coastal settlements. In Crumlin-Pedersen, O. (ed.) *Aspects of Maritime Scandinavia AD 200–1200.* Roskilde: 269–74.

Proudfoot, B. (1976) The analysis and interpretation of soil phosphorous in archaeological contexts. In Davidson, D.A. and Shackley, M.L. (eds) *Geoarchaeology: Earth Science and the Past.* London: Duckworth: 93–114.

Provan, D.M.J. (1971) Soil phosphate analysis as a tool in archaeology. *Norwegian Archaeological Review* 4: 37–50.

Pryor, F. (1984) *Excavation at Fengate, Peterborough, England: The Fourth Report.* Northamptonshire Archaeological Society Monograph 2. Northampton: Northamptonshire Archaeological Society and Royal Ontario Museums.

Sieveking, G.G., Longworth, I.H., Hughes, M.J., Clark, A.J. and Millett, A. (1973) A new survey of Grime's Graves – first report. *Proceedings of the Prehistoric Society* 39: 182–218.

Sjoberg, A. (1976) Phosphate analysis of anthropic soils. *Journal of Field Archaeology* 3: 447–54.

Taylor, J. (1995) Surveying small towns: the Romano-British roadside settlement at Shiptonthorpe, East Yorkshire. In Brown, A.E. (ed.) *Roman small Towns in Eastern England and Beyond.* Oxbow: Oxford: 39–52.

Tite, M.S. (1972) *Methods of Physical Examination in Archaeology.* London: Seminar Press.

Widgren, M. (1983) *Settlement and Farming Systems in the Early Iron Age.* Stockholm Studies in Human Geography 3. Stockholm: Almqvist and Wiksell International.

19. Soil geochemistry and artefact scatters in Boeotia, Greece

J. Neil Rimmington

INTRODUCTION

Human occupation and activity result in localized and regional changes to physical and chemical soil characteristics. The most obvious archaeological example is the deep A horizons of plaggen soils in north-west Europe, formed by the regular application of byre material (grass and heather sods impregnated with animal excreta) to the surrounding agricultural land (Westeringh, 1988). More often, alteration of the soil is less striking and requires careful soil analysis.

This article is a discussion of ongoing experiments and will therefore concentrate on the theory behind it, with some supporting data. It was carried out in conjunction with the joint Durham and Cambridge archaeological expedition to Boeotia, Greece (Fig. 19.1). The expedition is organised by Dr. J.L.Bintliff, Department of Archaeology, University of Durham and Prof. A.M. Snodgrass, Department of Classical Archaeology, University of Cambridge. Since 1979 over 50 km² of Boeotia has been fieldwalked. This uncovered a landscape, almost continuously carpeted by cultural debris suggested as being mainly the product of manuring. Diagnostic sherds indicate dense occupation of the landscape during the Classical to early Hellenistic period (500–200 B.C.) and during the late Roman period (A.D. 400–600). Subsequent to these periods, population declined dramatically and remained low. Only since the 1880s has population begun to expand. However, the region is still sparsely populated relative to the peak of ancient population densities. Due to this and the relatively non-intensive agriculture, the landscape has remained relatively undisturbed since the main period of settlement. This is ideal for studying human induced changes in the soil geochemistry.

Pilot studies of the soil geochemistry in Boeotia have suggested a 'halo' enhancement of lead, zinc and copper around archaeological sites which are associated with the manure derived sherds (Bintliff *et. al.*, 1990).

SOIL GEOCHEMISTRY IN ARCHAEOLOGY

The use of soil geochemical analysis in archaeology was first recorded in 1911, when Hughes observed phosphate enhancement at occupation sites. This was followed by the work of Olof Arrhenius in the late 1920s and early 1930s. Arrhenius, while employed by the Swedish Sugar Manufacturing Company to map soils of southern Sweden, recognised a correlation between relatively high plant 'available' phosphate in soils and the location of Mesolithic artefacts and medieval settlements. The use of phosphate analysis in archaeology was pursued and refined by subsequent workers, the most notable of these being Lorch in the 1940s.

As analytical procedures have improved other elements were considered. Cook and Heizer (1965) reported that substantial annual additions of nitrogen, phosphorus and calcium enter the soil from food waste, defecation and urination, in the settlements and along paths and roads. More recently, work has started to look at trace elements in the soils of archaeological sites (Davies *et al.*, 1989; Ottaway and Matthews, 1988; Linderholm and Lundberg, 1994). Trace element analysis of soils has advantages over phosphate analysis and the analysis of other major soil constituents. Like phosphate, some trace elements are immobile in the soil environment. Other major soil constituents are more mobile and will be removed from their original point of deposition. Phosphate, like other major soil constituents is, however, essential to plant and animal life. It is, therefore, subject to greater uptake into plants and animals than certain trace elements such as lead.

The ideal anthropic, geochemical indicator should be:

1. Constant in soil concentration across all lithologies.
2. Produced in significant amounts by anthropic processes.
3. Concentrated in the soil environment mainly by human action.

4. Immobile within the soil environment.
5. Non-essential to plants and animals.

No element fulfils all these criteria, but some partially meet them. In pilot studies, lead appears to be the most useful anthropic indicator element (Bintliff *et al.*, 1990), and I will concentrate on this element to build on the above points.

The ultimate, trace element source for a soil is the underlying parent material. However, trace element concentrations vary more widely in soils than rocks. For example, lead ranges from 3 mgkg-1 in mafic rocks to 24 mgkg-1 in granitic rocks (Rowe *et al.*, 1979) while in soils in can range higher or lower and is commonly concentrated

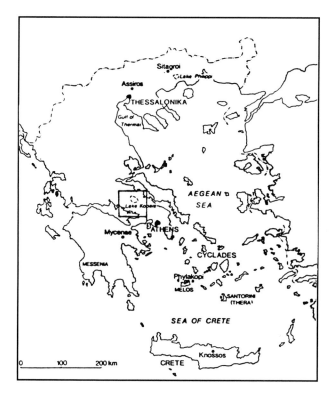

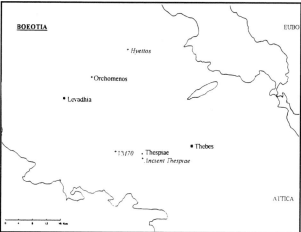

Fig. 19.1 : The location of Boeotia and sites mentioned in the text.

in the organic part of the soil (Swaine and Mitchell, 1960). A trace element concentration across all lithologies is ideal, but does not occur. The best that is achievable is to use elements which have a limited range across parent material, such as lead.

Onto this natural trace element concentration, human activities lay their influence. These influences range from the manuring of land to the dumping of waste from industrial processes and can be intentional (as in these two examples), or incidental such as the emission of airborne particulates from fires (Fig. 19.2). Using a small farmstead as an example, the main intentional change to the soil is the application of manure. This manure would contain a variety of materials such as faecal matter, wood ash, charcoal, food wastes, pottery and byre bedding impregnated with urine and is likely to have been applied more intensively to soils proximal to the source. How does the application of such material influence the soil geochemistry?

The processes of food digestion, excretion and of burning wood act to concentrate some trace elements. Faecal matter and urine are waste products, they emit what the body does not require. Elements that are non-essential to animals are adsorbed to a smaller degree than those that are. The waste product is therefore more concentrated in these non-essential elements, such as lead, than the initial material ingested. Likewise, the process of combustion serves to concentrate certain elements in the original wood. On combustion the major constituents of wood, carbon, hydrogen and oxygen are driven off into the atmosphere as carbon dioxide, carbon monoxide and water vapour, concentrating the other components in the ash. Some particulates are also driven into the atmosphere by combustion and are deposited in the surroundings. Davidson *et al.* (1981) noted this as being a major contributor of metals, such as lead, to indoor air concentrations and to the local environment in a Himalayan village. The combustion of wood is never complete, leaving charred remains which can act to absorb and concentrate trace elements (Jenkins, 1988).

Other wastes such as food wastes and straw will have varying affects depending on their nature. Waste from food preparation will vary according to the type and part of plant discarded. This is of importance since elements are preferentially translocated within the plant during growth (Alloway, 1990). Lead, chromium and mercury accumulate in the root system due to their limited translocation within the plant. Thus, if the food wastes are mainly of roots, they may well contribute to enhanced levels in the soil. Animal food wastes, bone and skin may also influence soil chemistry. Bone studies are well documented, mainly in connection with the reconstruction of palaeodiet, by strontium analysis. By contrast, very little is available on trace element concentrations of skin. Bone added to the soil may have elevated levels prior to addition or it may gain elevated levels by post-depositional processes, for example calcium may be replaced by lead and other 2+ ions.

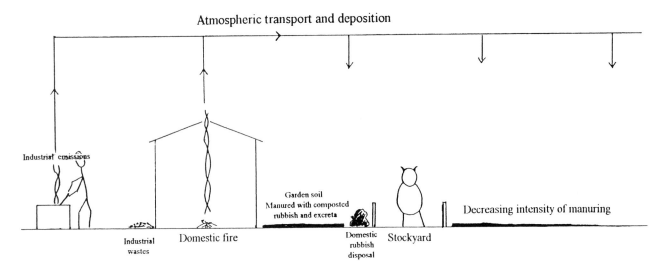

Fig. 19.2 : Sources of inorganic elements to the soil.

Once potential geochemical indicators enter the soil environment, it is important that they are bound tenaciously, preferably in the topsoil, so that sampling can be simple. Lead is relatively immobile in the soil environment and is commonly associated with the organic topsoil with very little down profile movement, suggesting a strong bond with organic matter (Davies, 1990). Lead is also not readily taken up by plants and of that which enters the root system, only a minute portion translocates into the shoots of the plant (Alloway, 1990). Thus, despite limited information, it should be possible to suggest possible indicator elements such as lead by the fact that they fulfil a number of the ideal criteria.

BOEOTIA

General Information

Boeotia forms part of the central mainland area of Greece (Fig. 19.1), connecting Athens with Northern Greece. The climate type is Mediterranean semi-arid, characterised by mild, wet winters and hot, dry summers when compared with other European countries. Average monthly temperatures, at low altitudes, range from 7°C in January to 27°C in July, although summer day temperatures can reach 40°C. Annual precipitation is 695 mm and mainly falls in the winter. Only 95 mm falls between May and September. The geology of the area is mainly crystalline limestone interspersed with intrusive ultrabasic rocks, orogenic deposits, such as flysch and recent marine and freshwater fills. The dominance of calcareous rocks, combined with the strongly evaporative and oxidising climate which does not encourage soils to differentiate from their parent materials, limits the range of soil pH between 7 and 8 (Rackham, 1983). This high soil pH aids the retention of trace elements within the soil.

Boeotia Survey

The Boeotia survey has highlighted an almost unbroken carpet of off-site sherd scatters throughout those sectors of the landscape that were amenable to human settlement (Bintliff and Snodgrass, 1988). The origin of this spread of cultural debris (sherds) is a point of conjecture. Four models of varying importance have been suggested for their origin by Bintliff and Snodgrass (1988) and discussed by subsequent authors Alcock *et al.* (1994) and Snodgrass (1994). It is proposed that the primary agent is manuring (model 4), though the other models below also have an influence.

- Model 1: Accidental factors of loss and breakage. The analogy here is the pots that fell off the donkey's back, or the wine-jug that broke in the fields during the harvest. Consequently low concentrations of sherds occur in otherwise unimportant zones of the landscape. The sheer quantity of sherds found in the landscape could not have been produced by this.
- Model 2: Off-site scatters reflecting losses or discards in the course of behaviour at 'activity foci' or less intensively used locations away from permanent occupation sites. The presence of such scatters should be apparent as local sherd concentration away from occupation sites. This is not apparent in the Boeotia sherd pattern. Large areas of relatively uniform sherd density levels decreasing with distance from a known occupation site.

  The existence of such features is not disputed. Their contribution to the continuous carpet of sherds is not of primary significance and any discrete concentrations have been blurred by erosion and a greater source.
- Model 3: Post-depositional Disturbance of Artefacts Originating in Sites. The discrete concentrations of artefacts ('sites'), have their sherds removed indi-

vidually by natural erosive disturbance and human activity, such as ploughing. Such processes ought to cause highly preferential sherd patterns with regards to landscape. By this one means concentrations should have minimal upslope extension from the source and obstacles such as walls, stream-beds and trackways should cause abrupt changes in sherd density and localised concentration. The Boeotia data show no such preferences.

With greater distance of travel from the source the degree of comunition and abrasion of artefacts would increase. Samples from Boeotia show no additional wearing for far off-site sherds when compared to near site sherds.

- Model 4: Artefacts spread across the landscape through collection and application with manure. This is the most probable explanation for the observed pattern of sherd densities. The artefacts (sherds) are systematically collected along with other wastes such as human and animal excreta, organic wastes, ash and used as fertiliser on the surrounding fields. The concentric pattern to the concentration about the site relating to the greater fertilisation and use of fields near to the settlement (the inner field).

By plotting the densities of sherds in the landscape a pattern of haloes centred around the sites is produced. The size of the halo is proportional to the site size, for example a city might have a halo of 2–3km (Wilkinson, 1989). All have the highest sherd densities in the immediate surrounds of the site structure and decrease with distance away (Fig. 19.3). Likewise, soil trace element pilot studies show a similar pattern (Bintliff *et al.*, 1990) and it is concluded that there is a linkage in their origin. The following sites are illustrations of this association. The first example is from the work of Nicholas Chapman (1990) and the others are my own.

Thespiae City

The ancient city of Thespiae (Fig. 19.1) at its maximum extent occupied 100+ hectares. Its only visible surface remains today consist of occasional building fragments and a late Roman earthwork, hurriedly created for its defence. After localized prehistoric occupation commencing in the Neolithic, the city appears to have been the foci of several small and discrete settlements during the Geometric and early Archaic periods (900–600 B.C.). The population expanded and reached it peak in the 4th century B.C. before suffering a severe contraction during the late Hellenistic and early Roman period (200 B.C.–A.D. 400). During the late Roman period (A.D. 400–600) there was a minor recovery of the city peaking in the 5th to 7th centuries before a final contraction. The city demonstrated a small-scale continuity through the Dark Ages of the Early Byzantine era. It expanded to large village status in the Mid-Byzantine period and, was deserted in late Byzantine and early Turkish times, before a final limited re-occupation in the 17th to 19th centuries (Bintliff, pers. comm., 1995).

Nicholas Chapman collected soils across the city wall of Thespiae in 1990. The transects, therefore ran from intense use within the city with high surface sherd concentrations out into its surrounds and an area lower in surface sherds. The data show a decline in lead, zinc and copper from within the city outwards (Fig. 19.4).

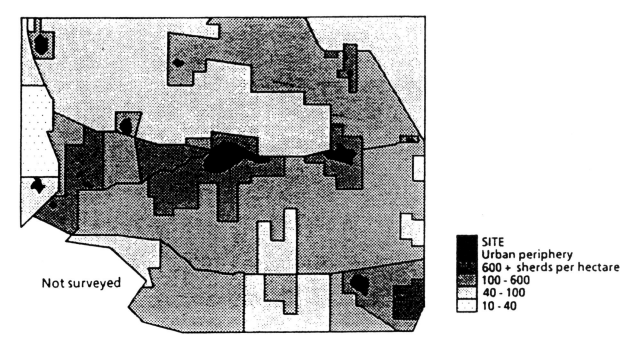

SITE
Urban periphery
600 + sherds per hectare
100 - 600
40 - 100
10 - 40

Not surveyed

Fig. 19.3 : Surface sherd concentrations around sites in Boeotia, Greece (after Bintliff et al., 1990).

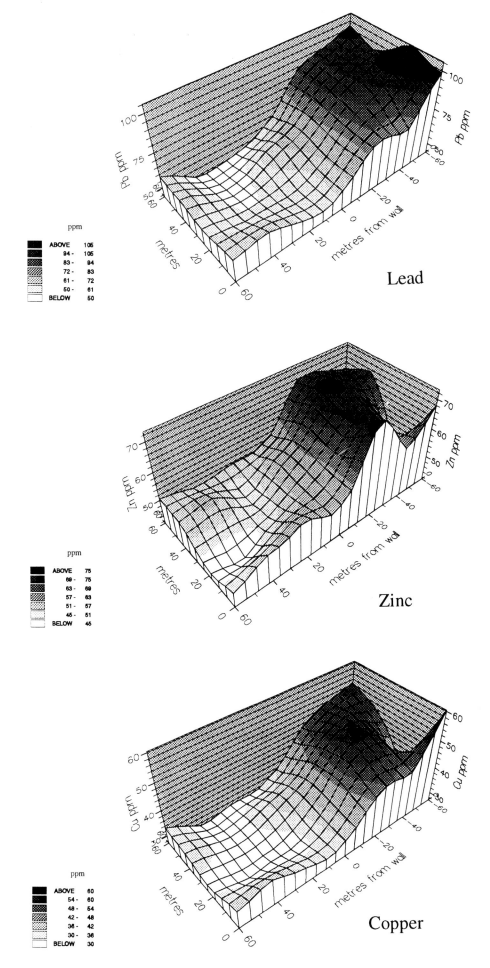

Fig. 19.4 : Surface soil geochemical concentrations in Thespiae (modified from Chapman, 1990).

Hyettos City

The city of Hyettos (Fig. 19.1) had its origins in prehistory. The small acropolis formed a small community throughout the Bronze Age. A dramatic expansion of this village community occurred in the late Geometric/ Archaic period. The settlement achieved city status by the sixth century B.C. and reached its apex in the Classical and early Hellenistic period. The occupied area comprises 28 ha and represents, an estimated 3500 people in a 70%/ 30%, urban/rural split. The population was supported by the production of crops, the exploitation of the rich iron ore and an industrial quarter of the city, which produced rooftiles and pottery with the distinctive magnetite filler. The city continued to exist in a lively but reduced spatial scale through the Roman period until circa A.D. 600 (Bintliff, pers. comm., 1995).

Like Thespiae, the soil samples collected during the 1994 field season and analysed using an inductively coupled plasma atomic emission spectrometer (ICP-AES) show elevated surface soil levels of lead, zinc and copper over the city which declined with distance away (Fig. 19.5). Likewise, phosphate, calcium and strontium show a similar pattern. The phosphate enrichment is to be expected with a concentration of people and their wastes. The results for calcium and strontium could be due to a geological influence

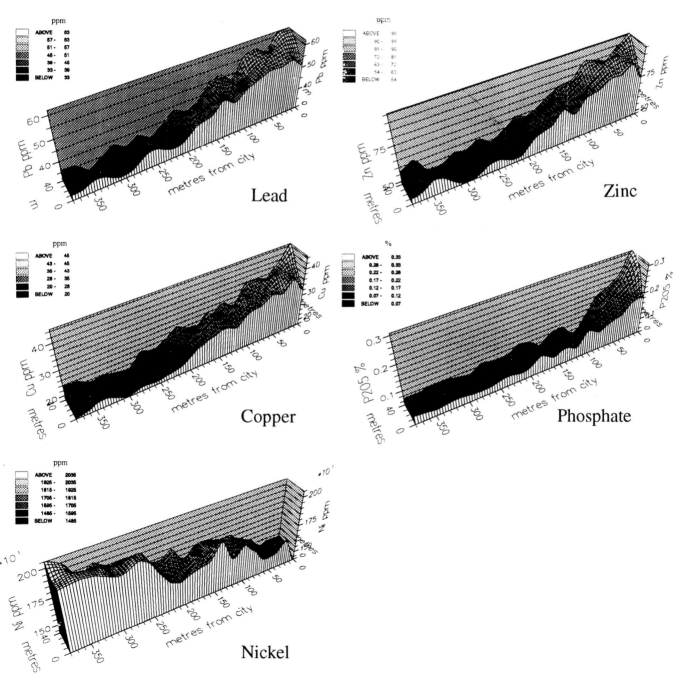

Fig. 19.5 : Surface soil geochemical concentrations at Hyettos.

or the use of limestone in building materials. Results for nickel, chromium and manganese were opposite to those above and provide us with an indication of changing geology as we enter ultrabasic deposits.

VM70

This site is situated on the south-eastern slope of Strongali Hill, in the fertile Valley of the Muses (Fig. 19.1). It is a farmstead, dated as being occupied from the Classical to late Hellenistic period (4th and 3rd centuries B.C.). The area is now covered with olives and grass, obscuring most features, except a field wall and some terraces. The survey results, combined with the work of Chris Gaffney (1990), suggest a structure by tile concentrations, resistivity and magnetic susceptibility (Fig. 19.7) with a concentration of sherds to the east.

During the summer of 1994, soil samples were collected on a grid over the site (Fig. 19.6). ICP-AES elemental analysis of these soil samples highlighted the area of sherd

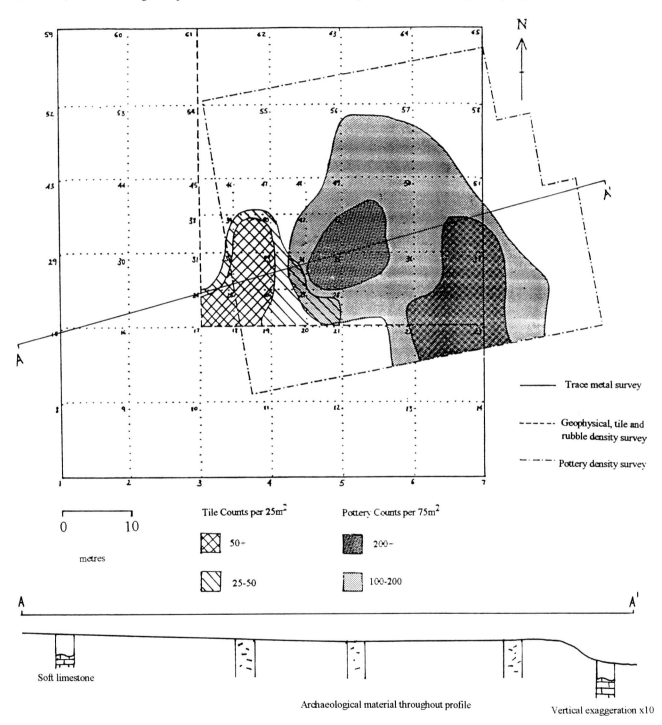

Fig. 19.6 : The relationship between survey grids at VM70 showing information for surface tile, sherd concentrations and soil pits.

Relationship of Sampling Grids and Ceramic Distribution

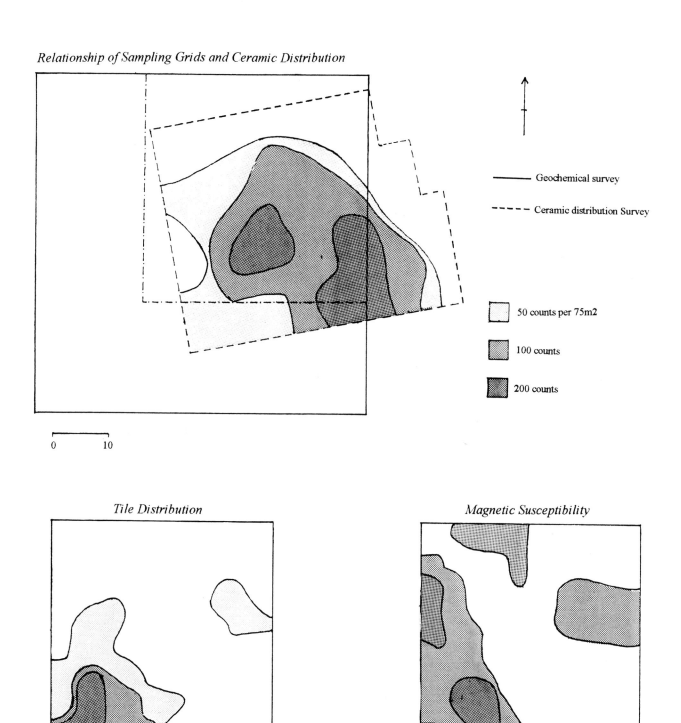

Fig. 19.7 : Tile concentration and magnetic susceptibility data in relation to other grids.

concentration as being enhanced in lead, zinc and aluminium oxide (Fig. 19.8a–c) relative to the surrounds. This correlation was also observed at another farm-site (PP17) reported in an earlier paper (Davies *et al.*, 1989). During this summers fieldwork, soil pits were dug in a transect across this area (Fig. 19.6). These prove the soil to be a man-made deposit. The three central soil pits (SP2, SP3 and SP4) lie within the area of enhancement. They all contain sherds to the furthest depth reached (maximum of 60 cm) and in none was the geology reached. Soil pits 1 and 5, lie outside the area, only exhibit sherds on the surface and in both cases limestone geology was found at the depth of 25 cm. This area of enhancement is bound by a field wall to the south, the farm structure to the west, a

terrace to the east and initial interpretation of resistivity results suggest a linear feature, perhaps a wall to the north. Contrary to what was expected, phosphate (P_2O_5) was not enhanced over the area (Fig. 19.8d). This lack of phosphate may be due to a masking effect caused by the relatively high natural soil phosphate level (0.07%) and to the relatively short period of occupancy.

Despite the poor phosphate results, the evidence promotes the feature as the accumulation of waste material in the farm yard which was subsequently used to manure close to the main farm structure. It certainly supports the theory that both concentration of surface sherds and enhancement of certain trace elements comes from manuring activity.

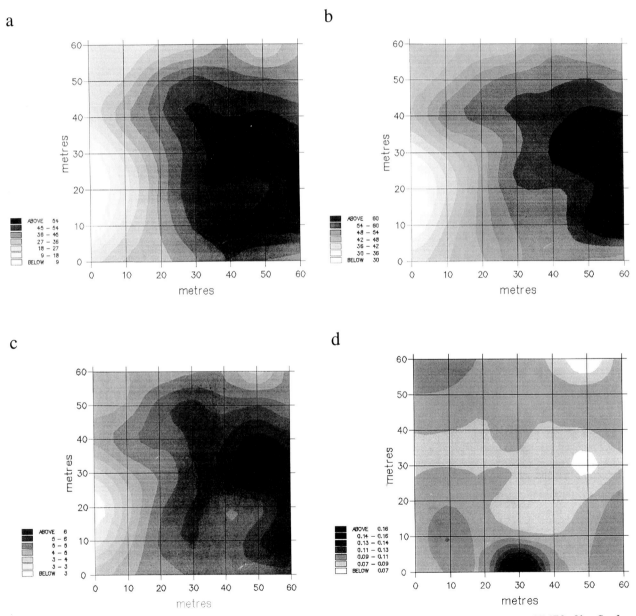

Fig. 19.8 : Surface soil geochemical concentrations. 8a : Surface soil lead concentrations (ppm) at VM70; 8b : Surface soil zinc concentrations (ppm) at VM70; 8c : Surface soil aluminium oxide concentrations (%) at VM70; 8d : Surface soil phosphate concentrations (%) at VM70.

CONCLUSION

The work would indicate that lead, copper and zinc are anthropic indicators. They are enhanced in soils from sites of varying intensity and duration of occupancy and mimic the concentration of sherds within the soil. The soil pits at VM70 indicate that these areas of enhancement are the accumulation of anthropic material. This corroborates the theory of sherds in the soil being manure and rubbish derived.

Aluminium oxide (Al_2O_3) correlates well with the sherds in the soil and may be the product of their weathering. Calcium and strontium at Hyettos were positively correlated with lead and the other anthropic indicators and yet negatively correlated at VM70. This has two possible explanations. The influence could be geological in origin, as it plays a greater influence in soil formation than humans. Or it could be the product of using limestone as a building material which would be greater in the city due to decay and repair or renewal. It may even be a combination of both. This will become clearer with chemical and microscopic analysis of soil profiles.

Phosphate produced variable results. At Hyettos there was a clear distance decline away from the city. At VM70, no enhancement was detectable. The reason for this is twofold. Firstly, the input of phosphorus from manure and rubbish disposal was greater at the city site due to its size and length of occupancy. Secondly, at 0.07 ppm, the background intensity of phosphate in the soil is high and plays a masking influence.

Nickel, manganese and chromium were not good indicators of anthropic activity, but, when all are enhanced, give a good indication of the presence of ultra-basic material.

Other elements could be possible indicators. However, their range is within experimental error and further clarification with more precise analytical techniques is required.

ACKNOWLEDGEMENTS

I would like to acknowledgement Dr. J.L.Bintliff and Professor A.M.Snodgrass for their support in Boeotia. Mike Alexander at the Department of Geography, University of Durham for advice and support. Professor B.E.Davies, Evangelis Terzis, Dr.H.M.Liddiard and Kate Philips of Environmental Sciences, University of Bradford for advice and access to previous data. Dr.Nick Walsh and Sarah James of the NERC, ICP-AES facility at Royal Holloway and Bedford New College, Egham, Surrey for their assistance in analysis. NERC for their financial support.

REFERENCES

Alcock, S.E., Cherry, J.F., Davis, J.L. (1994) Chapter 8: Intensive survey, agricultural practice and the classical landscape. In Morris, I. (ed.) *Classical Greece: Ancient histories and modern archaeologies*. Cambridge University Press, Cambridge: 137–70.

Alloway, B.J. (ed.) (1990) *Heavy Metals in Soils*. Blackie, London.

Bintliff, J.L., Snodgrass, A.M. (1988) Off-Site Pottery Distributions: A Regional and Interregional Perspective. *Current Anthropology* 29, 3: 506–13.

Bintliff, J.L., Davies, B.E., Gaffney, C., Snodgrass, A.M., Waters, A. (1990) Trace Metal Accumulation in Soils on and Around Archaeological Settlements in Greece. In Bottema, S., Entjes-Nieborg, G., van Zeist, W. (eds) *Man's Role in the Shaping of the Eastern Mediterranean Landscape*. A.A. Balkema, Rotterdam: 159–72.

Chapman, N.M. (1990) *Trace Metal Analysis of Soils in Boeotia and Their Possible Use in Identifying Activities on Archaeological Sites*. Unpublished final year dissertation, Department of Archaeological Sciences, University of Bradford.

Cook, S.F., Heizer, R.F. (1965) *Studies on the Chemical Analysis of Archaeological Sites*. University of California Publications in Anthropology 2.

Davidson, C.I., Grimm, T.C., Nasta, M.A. (1981) Airborne Lead and Other Elements Derived From Local Fires in the Himalayas. *Science* 214: 1344–6.

Davies, B.E., Bintliff, J.L., Gaffney, C.F., Waters, A.T. (1989) *Trace Element Residues in Soil as Markers of Ancient Site Occupance in Greece*. Trace Substances in Environmental Health-XXII, 1988 symposium: 391–8.

Davies, B.E. (1990) Chapter 9: Lead. In Alloway, B.J. (ed.) *Heavy Metals in Soils*. Blackie, London: 177–96.

Gaffney, C.F. (1990) *The Schlumberger Array in Geophysical Prospection for Archaeology*. Unpublished Ph.D. Thesis, Department of Archaeological Sciences, University of Bradford.

Jenkins, D.A. (1988) Trace Element Geochemistry in Archaeological Sites. *Environmental Geochemistry and Health*.

Linderholm, J., Lundberg, E. (1994) Chemical Characterization of Various Archaeological Soil Samples using Main and Trace Elements determined by Inductively Coupled Plasma Atomic Emission Spectrometry. *Journal of Archaeological Science* 21: 303–14.

Ottaway, J.H., Matthews, M.R. (1988) Trace Element Analysis of Soil Samples from a Stratified Archaeological Site. *Environmental Geochemistry and Health*, 10(3/4): 105–12.

Rackham, O. (1983) *Observations on the Historical Ecology of Boeotia*. The Annual of the British School at Athens, University Press, Oxford 78: 291–351.

Rowe, A.W., Hawkes, H.E., Webb, J.S. (1979) *Geochemistry in Mineral Exploration*. Second Edition. Academic Press, London:.

Snodgrass, A.M. (1994) Chapter 11: Response: the archaeological aspect. In Morris, I. (ed.) *Classical Greece: ancient histories and modern archaeologies*. Cambridge University Press, Cambridge: 197–200.

Chapter Swaine, D.J., Mitchell, R.L. (1960) Trace-element Distribution in Soil Profiles. *Journal of Soil Science* 11, 2: 347–68.

Van de Westeringh, W. (1988) Man-made Soils in the Netherlands, Especially in Sandy Areas ('Plaggen Soils'). In Groenman-van Waateringe, W., Robinson, M. (eds) *Man-made Soils*. BAR, Oxford: 5–20.

Wilkinson, T.J. (1982) The Definition of Ancient Manured Zones by Means of Extensive Sherd-sampling Techniques. *Journal of Field Archaeology* 9: 323–33.

20. The concepts of 'site' and 'offsite' archaeology in surface artefact survey

John Bintliff

INTRODUCTION

All regional field surveyors now admit that OFFSITE ARCHAEOLOGY (OSA) exists. But reactions to it vary. Some admit its existence but revert to the 'site definition game' as the aim of surface survey. Others sample the landscape and try to separate sites/OSA by mathematical means.[1]

Yet as almost every paper in the excellent volume *Interpreting Artefact Scatters* (Schofield, 1991a) makes clear, the question of recognizing what constitutes a surface 'site' is inseparable from the recognition of how the entire artefactual landsurface has been put into existence in all its variety and complexity. Only an holistic analysis of the subtle variation in surface artefact density across the landscape can lead, at a secondary stage, to the delineation of potential structure in the data, which at a third stage allows inferences concerning a range of past activity residuals in which 'permanent settlement' is just one of many options for interpreting surface phenomena of a particular density or extent. OSA is not something to be distinguished from site archaeology then safely ignored, nor is OSA ever straightforwardly divergent in character from all forms of activity foci or 'sites'.

WHY STUDY OSA?

Allowing for the universal existence of OSA, why should all field surveyors pay detailed attention to it? Here I can only underline the general opinion of the experienced contributors to *Interpreting Artefact Scatters,* where an attitude towards OSA that treats it as a different focus of discussion from the archaeology of surface 'sites' is roundly criticised as outmoded and unhelpful (see especially Allen on the concept of 'the continuous archaeological landscape'). It is necessary to restate the critical arguments here. The field surveyor coming fresh to a survey landscape should have no preconceived model of density levels and their meaning. Before any consideration of 'the site' has to

come the analysis of the inclusive archaeological landsurface. In my opinion, the surface of all regions of Southern Europe that await intensive survey has to be treated as a *terra incognita* even where excavations, standing buildings and extensive survey have given the appearance of a well-researched and understood landscape. I challenge this latter assumption – relying on the known extensive knowledge can be a recipe for failing to uncover unexpected details of the surface archaeology. It needs perhaps little repetition but I shall do so to reinforce the implications of this situation: only on the basis of the empirical presentation of highly-detailed maps of surface artefacts across a region can we begin to analyze the behaviours (including permanent occupation as only one variable) that gave rise to such distributions.

ARE SURVEY METHODOLOGIES GETTING BETTER?

There are times when I feel that we are only just beginning to understand the complexity of surface artefact scatters. The one thing we do know is that surface scatters are never homogeneous – they are the product of multiple human and natural behaviours (Schiffer's [1987] C and N transforms). There can never be (pace Keay and Millett, refs. in Note 1, and others) a magic formula which cuts through the complexity of the data to create simple entities such as '[settlement] sites', leaving everything else as uninvestigated 'offsite'. To operate such a formula merely fools the surveyor into a false sense of security based on circular reasoning.

Although Barker and Symonds (1984: 287) wrote hopefully over ten years ago: 'All survey archaeologists are aware that the amount of surface archaeology they locate is dependent on a complex set of variables which includes the amount of vegetation, the state of ploughsoil, light conditions, and the experience of the personnel. In the Biferno valley survey, for example, some Roman tile scatters "came on and off like traffic lights" ', there is very little sign that since this was published, more recent, even ongoing surveys are aware of this and have adapted their methodologies accordingly!

SURVEY AND SAMPLING STRATEGIES

One area of methodology which seems to be inadequately understood even by current survey projects, is that of sampling strategy. Because we cannot begin a regional survey with a 'control population' to base a sampling strategy on, the urge to take shortcuts in methodology via some supposedly 'representative sample' must be resisted at every opportunity. I therefore cannot support transect strip surveys where thin lines of information are separated by thick lines of ignorance, or transects where data are only collected from 'spot samples' at set intervals (say every 50, 100 or 200 metres) (cf. Coccia and Mattingly, 1992: 222–3, for the same point). If we do not know the structure of the surface data, what grounds do we have for putting any reliance on the representativity of thin transect samples or spot samples across the landscape? The following sequence of figures illustrates what I mean:

Figure 20.1 from the Ager Tarraconensis survey (Carreté *et al.*, 1995) shows what we would now have to consider as poor practice. It demonstrates the sampling strategy across the entire city region, with the fields actually walked shaded in black. A first criticism is that the thin transect strips are unlikely to reveal the complexity of a 2-dimensional settlement system and its correlated spacings. Secondly, we learn that out of the total area of the mapped sample strips (more than 50 km sq) a mere 11 sq km was actually fieldwalked (the shaded areas), producing a highly uneven cover of landscape even within the arbitrary strips. Finally one might add that the strategy employed here – using whole fields as the normal unit of study, removes one's ability to detect trends in density from site cores through haloes to variations in offsite activity. Best published practice: the Nemea (Alcock *et al.*, 1994) and N.W. Keos (Cherry *et al.*, 1991) surveys in southern Greece, the latter shown in Fig. 20.2. Here we can see a large block of contiguous territory as the survey sample, of which a very high percentage has been intensively fieldwalked.

The only improvement I would suggest to these last two examples is to survey in standardised transect blocks to facilitate rapid computerisation (rather than using irregular modern fields) and ensure the most accurate comparisons of surface density across all field survey units (cf. the Hvar and Hyettos survey grids in Figs. 20.3–5).

Let us consider the evidence that sampling strategies such as thin survey transects are potentially or actually misleading.

I will start with the famous 1/5th sample of the island of Melos, where a series of narrow, 1 km-wide strips was laid in parallel across the island, only one in five being fieldwalked (Renfrew and Wagstaff, 1982). It has long

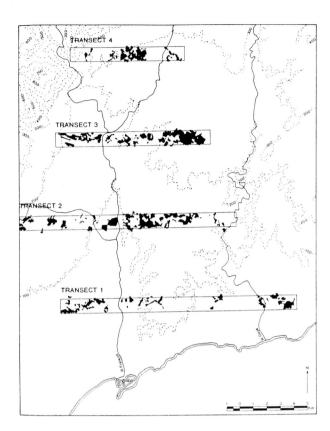

Fig. 20.1: Ager Tarraconensis survey (Carreté et al., 1995).

been apparent (Bintliff, 1984) that such a sample of the landscape works well if settlement/activity patterns are made up of highly numerous foci distributed uniformly across the island's surface, but if population becomes nucleated, you have only a 1 in 5 chance of detecting such nucleations. In this case the major Bronze Age urban centre at Phylakopi in the north-east of the island might well have remained undetected by such a survey, had it not been found through extensive survey last century; without Phylakopi – or the Classical town of Ancient Melos in the north-centre of the island – the development of the island becomes incomprehensible.

Curiously this fundamental weakness in strip-transect sampling was exposed long ago by Stephen Shennan's testing of transect methodology against the modern settlement map on his East Hampshire Survey (Shadla-Hall and Shennan, 1978: 95); 20% transect sampling found a representative sample of the modern farms but missed the only town in the district. The implications of the omission of the giant city of Teotihuacan from a sample survey of the Valley of Mexico were discussed even earlier (and with great humour!) by Kent Flannery in *The Early Mesoamerican Village* (Flannery, 1976: 131–6).

A second example of the dangers of small strip (or its alternative, dispersed box) samples for representing landscapes, where most of the landscape remains unresearched between the sample units, comes from my own recent survey

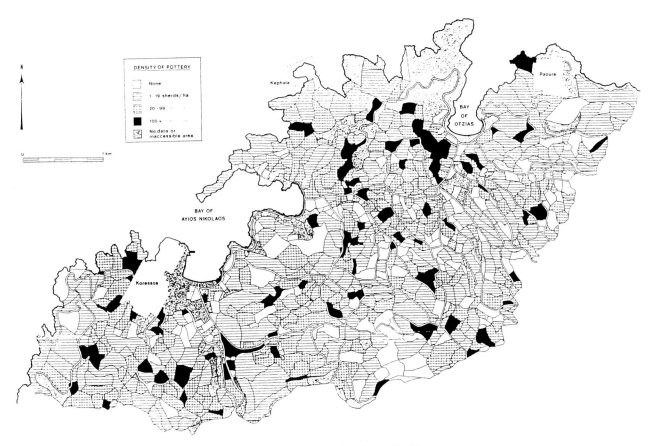

Fig. 20.2: The density of pottery (expressed in sherds per ha) in tracts in the survey area.

experience. This is evidence emanating from a very small sector of the Boeotia Survey in Central Greece.

The fate of the population of the ancient city of Hyettos, in north Boeotia, after the end of Antiquity, and that of its rural hinterland, were still a complete mystery even after French archaeologists had compiled an extensive survey of the site and collated its historical record (Etienne and Knoepfler, 1976). Nothing could be said after the last references to the town in the 6th century AD, until the first appearance of local villages in travellers' accounts dating to the Early Modern period.

It was a fortunate decision that towards the end of the Boeotia Project's ten-year programme of fieldwalking, we took a conscious step to open up an entirely new zone of the province to intensive survey. The ancient city of Hyettos and its territory were a considerable distance from, and geographically quite-contrasted to, the extensive sector of south-west Boeotia where we had concentrated our field-walking during the preceding seven years. Subsequently, over three seasons, we were able both to survey the entire surface of the city and several square kilometres of its surrounding countryside, as a control sample over the results achieved from some 50 square kilometres of rural and urban survey in southwest Boeotia.

The city of Hyettos did indeed appear to lose occupation

in the 6th–7th centuries AD, with limited reoccupation only much later in the High Medieval period. More interesting however for our present purpose were the results of the countryside survey: apart from a dense scatter of Classical Greek farms and Roman villas (predictable from our survey work elsewhere in Boeotia) – whose distribution might well be amenable to a 20% survey, one particular small district of little more than 500 m in breadth provided information about the post-Roman sequence in this region that only 100% fieldwalking cover could have hoped to detect.

No less than five discrete medieval settlement sites have been found in a chain from west to east across this small distance (Fig. 20.3), each apparently representing a specific unique phase in settlement history as well as evidencing overlaps to each other; the entire sequence should begin not long after the abandonment of the city, in the 7th–8th centuries AD and continues up to the late 19th AD centuries. Potentially the associated ceramic assemblages are without parallel in Greece. Given the scarcity of early medieval sites in Greece, and the small size of these particular sites, the chances of recovering such a complete sequence using transect or box sample survey are infinitesimal.

For these reasons I believe that large continuous blocks

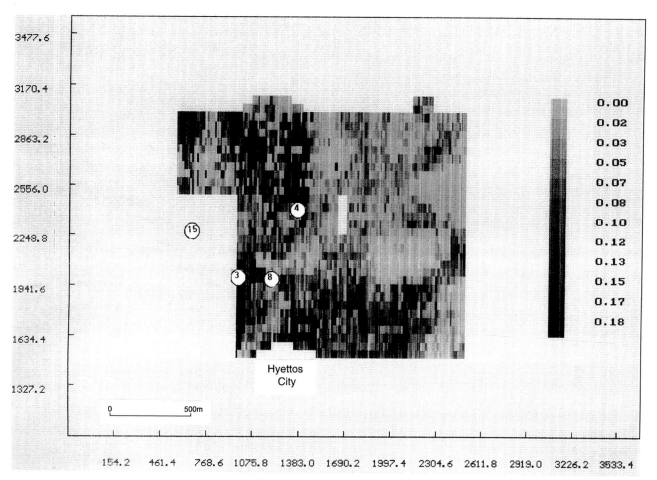

Fig. 20.3: Hyettos survey.

of landscape are the minimal units for surface survey. Ideally these should be sufficiently large to include several contiguous *Siedlungskammer* (districts large enough to support a village settlement), where the vicissitudes of settlement relocation and variations in land use within natural settlement districts are likely to be picked up.

With the exception of built-up areas and other inaccessible sectors, these contiguous areas should be 100% fieldwalked, whilst within them surveyors need to record surface data continuously rather than at arbitrary intervals. This means counting surface artefacts (with manual 'clickers', for example), and collecting in a line a physical sample of the visible material from every transect walked. Given the weight and quantity of Greco-Roman tile that the Mediterranean landsurface often reveals, it may be necessary to count tile *in situ* and confine collection to non-tile artefacts, or collect sample corners of tile pieces.

In advising on intervals between fieldwalkers, we confront once more the problem of sampling. Since a complete 'eye-cover' of the landsurface would require walkers at as little as 1 metre intervals, the prohibitive slowness of such a procedure would prevent an aspiring regional survey from covering more than a single commune. It is generally accepted therefore that what is actually 'seen'

by fieldwalkers is some form of representative sample. As for the limitations of this partial inspection of the landsurface, here at least we have some empirical evidence to assist our decisions.

For field manuring scatters, or site discard 'haloes' produced by deliberate disposal of settlement refuse around and outside of settlement sites (often also for manuring purposes across gardens), the spatial scale of the phenomena is wide and this should allow adequate recognition and recording from surveyors spaced at 10–15 m intervals. But when we turn to the recognition of activity foci – there is no doubt that intervals greater than 5 m produce information loss.

I need to elaborate on this last point. Basically there are two major kinds of activity focus that may create surface traces across an area smaller than 20–30 metre diameter. One is a vestigial surface site, formerly, or potentially, a much larger surface site. The other kind is a group of sites that even under ideal surface conditions is smaller than a 20–30 m diameter circle.

Let us start with vestigial site scatters. There is growing empirical evidence that a small farmsite in the later prehistoric, ancient and medieval periods in the Mediterranean, under suitable conditions of cultivation and surface visibility, may occupy a surface artefact scatter of 20–30 m diameter. This would be recognisable through 15 m-interval fieldwalking. However, there are many observable site transformation phenomena that reduce surface sites of this size to something much more vestigial (frequently to a surface scatter of 10, 5 or even 1–2 metres in diameter). For those of us who regularly revisit sites it has become clear that cultivation processes can alter the apparent size and density, or otherwise obscure and even bury surface sites from season to season, and even within a single field season, whilst vegetation cover can often inhibit recognition of much or all of a small site (our own Boeotia Survey observations are completely confirmed by the much more systematic experiments carried out on the Montarrenti survey, cf. Barker and Symonds, 1984; Barker *et al.*, 1986). Moreover, some sectors of the palaeolandscape are likely to be permanently 'invisible' to survey through erosion, colluviation and alluviation, processes that generally appear to have acted in an accelerated way from later prehistoric times onwards (Allen [1991] calculates that an astonishing 1/5th of the south English Downland surface may have its surface archaeology obscured to survey as a result of these factors; Barker and Symonds [1984: 281] demonstrate major obscuring of the prehistoric landsurface in Italy).

The variable effects of surface vegetation should always be countered through the use of a 'visibility count' in every transect. Grading transects from 1–10 to represent the degree of soil visibility (10 representing a bare soil completely open to view, 1 a transect where all soil was obscured by surface vegetation) allows the preparation of 'visibility corrected' surface artefact density maps of entire landscapes and individual site surfaces. These have proved invaluable in providing more realistic distributions of surface archaeology, and equally more accurate site sizes. This relatively simple method, which we have employed on the Boeotia (Bintliff and Snodgrass, 1985) and Hvar (Bintliff and Gaffney, 1988) Projects, works as follows. A 'raw' density map shows the counts per transect of potsherds seen by each fieldwalker. If the 'visibility' count in a transect is 2/10 and the pot counted was 4, whilst in another transect there were also 4 potsherds seen but the visibility was 10/ 10, on the subsequent 'visibility corrected' map the first transect is given a pot count of 20, whereas the second receives only 4 sherds. For examples of application, see Figs. 20.4–5:

These figures illustrate the same sector of the Hvar Survey; individual fieldwalkers are at 10 m intervals, with the number representing sherds counted on each 45 m long individual transect; numbers in bold are additional sherds on walls or stone cairns as opposed to the field surfaces. Fig. 20.4 shows 'raw' counts on and around a locality that was later identified as a Roman villa site P4. Fig. 20.5 shows a visibility-corrected version of the same map.

As mentioned above, the other class of phenomena where surface scatters can frequently fall well below a

diameter of 20–30 metres are activity foci that were from the time of use always more confined in scale than the farmstead: for example small rural cemeteries, rural shrines, rural farmsheds or other work loci (to mention those attested from Mediterranean survey experience). To illustrate this I could mention two sites from the Boeotia Project, where we can contrast site PP17 – a characteristic family farm of Classical Greek date, where the farmstead plus its surrounding 'halo' can be encompassed within an oval some 60x50 metres – with another site a mere 150 metres distant, site PP11 – a tiny cluster of broken Classical

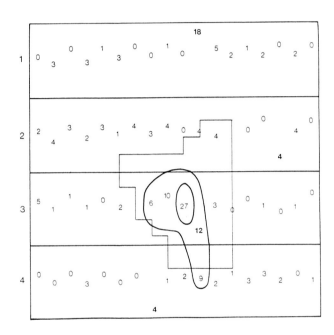

Fig. 20.4: Hvar survey.

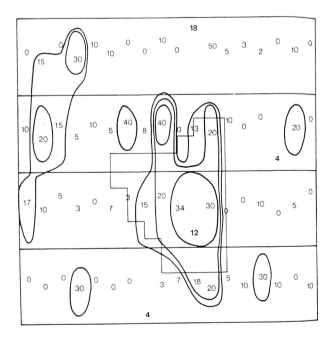

Fig. 20.5: Hvar survey.

fineware confined to a rectangle some 8 metres broad and 25 metres long and interpreted as a small family cemetery.

Clearly surveys carried out at 5 m intervals have far more chance of detecting vestigial sites and the smallest foci of activity, although I see no virtue in such close intervals for the purpose of identifying manuring spreads and site haloes. On the other hand empirical results show that although 5 m interval walking is far faster in surface cover than 1 m interval fieldwalking, it is still extremely slow; over the typical timespan of a Mediterranean survey project – say 3–5 seasons – it results in a very small area being fieldwalked within a chosen survey region. The inherent risk will be that through limitations in the size of the area surveyed, it is very unlikely that the survey will offer a reliable overview of the history of regional settlement.

There is a further powerful argument for not over-emphasizing the 'ideal' of close-interval fieldwalking (5 m or even 1 m intervals). Experimental archaeology and the evidence of site revisiting over many seasons provide good reasons for arguing that even 100% survey at close intervals only 'sees' a sample of the ploughsoil sites and offsite structure; at any one time much of the subsurface archaeology is invisible or barely visible on the surface.

My own preference, following experiments with many different sampling intervals, is to settle for an interval of around 15 m. As a result of such a decision the area covered by survey in a particular field season increases by a factor of 3 (compared to a 5 m interval survey). This decision does nonetheless have varying results on our ability to detect those vestigial sites and very small foci that we have just been discussing. For those site types which the empirical evidence suggests are numerous and spread equally across certain sectors of the landscape, we might feel some confidence in multiplying their number from those seen by fieldwalkers, by the appropriate factor to allow for the landsurface not literally looked at in each transect. Thus the discovery of 5 small cemetery sites by a fieldwalking team spaced 15 m apart and assumed to inspect 1–2 m of ground per walker, might prompt the speculation that some 10 times that number would have been found through fieldwalking at 1–2m intervals between walkers. On the other hand, the discovery frequency of other types of site would have to be seen as qualitative rather than quantitative information, since we cannot assume an isotropic distribution of all site types across the 'unseen' landscape (e.g. rural shrines).

Fortunately for attempts to reconstruct the general demographic characteristics of a region in any particular phase, the proportion of total population likely to be represented by vestigial sites and sub-farmstead sites is often roughly calculable as a small one (Bintliff, 1997). Moreover one can move to semi-quantitative estimates of the latter's likely original complement through revisiting over a number of years; in Boeotia it is our current suggestion that we should perhaps double the number of hitherto-recorded small family farms of Classical Greek date to make allowance for those that would be found through total landscape revisiting over many years, as well as those permanently lost to sight through erosion and burial or permanent vegetation.

The interpretative implications of 'seen' versus 'unseen' sites are not trivial. Thus Todd Whitelaw's outstanding ethnoarchaeological research for the Kea Survey (Whitelaw, 1991) has demonstrated that the number and distribution of Early Modern rural farms on the Cycladic island of Kea is far higher and denser than the pattern of Classical farms found in the same island by intensive archaeological survey. Inferences concerning a contrast in landholding size between the two periods are, however, thrown into doubt if we consider the likelihood that many Classical farmsites lie undetected between those recorded during the field survey.

THE PROBLEM OF VARIABLE DENSITY SITES

Close-order fieldwalking of the landscape, whether at 5 m or 15 m intervals, as we have noted earlier, must be done so as to produce a continuous record of the surface artefacts. However, the resultant surface maps of artefacts are known to be biassed by artefact class: recent research (Boismier, 1991: 18) shows that where occupation sites are recently ploughed, larger objects are preferentially exposed, whilst longer-ploughed sites produce more homogenized smaller pieces. For the discovery of activity foci, this implies that there may well be a bias towards recognizing freshly-disturbed sites during survey itself. The problem is exacerbated in areas with a strong offsite manuring practice, since manure scatters are also typically represented by homogenized smaller, worn pieces.

This degradation of surface scatters with age has implications for older sites: especially where prehistoric pottery is concerned (with fabrics that can be heavily gritted and poorly-fired), the processes of cultivation and weathering exercise a progressive attack on the number and size of prehistoric sherds, which in turn creates a tendency for prehistoric activity foci to become increasingly invisible to surface survey. Although there are exceptions where the high quality of prehistoric pottery enhances its long-term survival (e.g. Minoan Bronze Age ceramics – hence perhaps the extraordinary density of known findspots on Crete), as a general rule there is cumulative evidence from many regions of Europe that the typical surviving surface assemblage likely to represent a small prehistoric farmsite will be completely contrasted to that of the equivalent unit in Greco-Roman or medieval times. Our experience in Boeotia of such phenomena can be matched by those reported from Italian surveys (Di Gennaro and Stoddart, 1982; Barker and Symonds, 1984: 281, 283).

On the Boeotia Survey we would hypothesize that surface-visible pot density (from a fieldwalker height of 1.5 m) for a typical farm of historic times might amount to several hundreds of artefacts, whilst in contrast a typical

Early Bronze Age equivalent could be represented by a handful of visible pieces (perhaps a mere 1–2). This gross differential by period for activity focus/site recognition, might encourage us to establish some numerical procedure (Keay and Millett, refs. in Note 1), in which a magic formula was conjured up to convert sherd density per period into a definition of site density. Such an operation can, unfortunately, easily be shown to be fallacious through practical experience, although it is at first sight attractive via its ability to 'create sites' in an unambiguous and seemingly 'scientific' way. The apparent ease of distinguishing sites through a simple numerical boundary obscures the otherwise obvious failings of the 'magic formula' approach from its practitioners.

We can expose the erroneous thinking behind 'magic formula' density analysis through the following considerations. Settlement sites or other activity foci that have only recently been fully-exposed to cultivation, or else have been given ideal cultivation treatment for surface exposure, will be far more prolific of artefacts than either long-exposed sites or those treated in other modes of farming less conducive to surface visibility (cf. Stoddart and Whitehead [1991] with reference to the Gubbio survey). Sites with either longer phases of occupation/activity, or use by larger numbers of people at any one time, will also provide quantitatively-different signals from those of shorter/less populous use. Finally sites of divergent function e.g. cemeteries, shrines, animal shelters, permanent settlements, are highly unlikely to provide equivalent artefact density levels to each other.

Evidence of the operation of these problems can be seen both on my own Boeotia Project and on the Neothermal Dalmatia survey Project. In the former case for many years, at the start of the survey season, we took students fresh to fieldwalking to the well-known Bronze Age site of Onchestos. This 'hamlet' site, despite its moderate extent, never failed to provide plenty of surface material to allow novice-surveyors to recover prehistoric pottery collections. In complete contrast, another Bronze Age surface site – Palaeokarandas, when I first encountered it on an individual reconnaissance trip, was a prolific Bronze Age surface site of village character; yet a revisit some years later with a full survey team (but under different cultivation conditions) found it reduced to a low-density, 'farmstead' level of ceramic frequency and surface extent.

Also from my Boeotia experience I can adduce a series of Bronze Age rural sites that were only discovered by chance, evading detection by intensive survey. The occasions of discovery are illuminating. Some were revealed retrospectively through the recognition of small numbers of clearly prehistoric potsherds and flints within the much larger collections that had been made at easily-recognized Greco-Roman sites; this suggests that poorly-preserved prehistoric sites would normally escape detection in their own right, whilst even when coinciding with later site occupation the prehistoric presence may be so

slight that only careful post-survey processing will raise the question of early occupation/use. A very similar phenomenon is recorded by Di Gennaro and Stoddart (1982) for the South Etruria survey.

Another occasion of discovery was through close re-examination of transects for quite other purposes, when areas already fieldwalked were revisited to clarify some detail of the historic site distribution, and in so doing a previously-unobserved prehistoric scatter was observed.

When surface sites have been reduced either permanently, or just seasonally, to low-density, vestigial appearance, secondary on-site analysis may require unusually-exhaustive collection procedures. Thus to take the preceding examples of prehistoric sites in Boeotia, the follow-up to the discovery of a handful of visible prehistoric pottery from 1.5 m height was only successful when we subsequently implemented a groundlevel 'hoovering' of the surface (which is best done from a completely prone position on the ground). The result was a few score pieces from such sites.

As must be clear from these case-histories, whenever we are dealing with sites that cover a spectrum from the highly-visible, dense focus to the permanently/ temporarily vestigial category, the creation of firm site-density levels is highly problematic to impossible. The 1–2 sherd lowest common denominator for the recognition of vestigial sites brings us to such a low density level that offsite or non-permanent-settlement activity cannot be separated numerically from what may be a typical vestigial site density (Clark and Schofield, 1991). Both quantitatively and even qualitatively, the number and condition of sherds on such sites when crossed during primary fieldwalking transects, may mimic genuine non-site/offsite discard; only intensive secondary, on-site analysis can clarify the nature of such low-density occurrences, if they are observed, which I would suggest is the exception rather than the rule.

If, as in Britain (Bell, 1981; 1983), offsite manuring was practised in later prehistory, then the statistical realities would cause us to doubt any formula claiming to distinguish between this phenomenon and that of vestigial prehistoric activity foci. It is exactly here, however, that both secondary exhaustive site study and the analysis of the qualitative structure of finds provide the essential way forward. If, and only if, closer study of these questionnable locations using 'site hoovering' reveals clusters of larger, freshly-disturbed fragments emanating from newly-broken-up archaeological deposits can we feel confident in activity focus/ site recognition. One of the Boeotia Survey's Greco-Roman farms, MPA6, produced, retrospectively out of study of its historic assemblage, two fragments of Mycenaean (Late Bronze Age) pottery; on the basis of our previous experience such small quantities raised the unavoidable question as to whether this site was also potentially a small, vestigial prehistoric settlement. Subsequent close 'hoovering' of the site by a Mycenaean specialist, Chris Mee, and a later complete resurvey of the site found not a single further prehistoric fragment, ensuring that an 'offsite' explanation is without doubt the correct one for the presence of these pieces.

These density variations operate at their extreme with prehistoric sites, but are actually a seriously distorting factor in every historic period too. Careful experiments carried out on the Montarrenti survey (Barker and Symonds, 1984; Barker *et al.*, 1986) show that revisiting of particular sites both in the same field season and over a sequence of seasons rarely finds comparable site densities or site extent to previous or later visits, through variations in land use and weather conditions affecting surface exposure of artefacts.

Another good case-study where the difficulty of operating a site-density formula becomes apparent, is that of the Neothermal Dalmatia survey, in presentday Croatia. On the assumption (which as we have seen cannot actually be sustained) that there can be a single threshold density value allowing us to separate all 'settlement sites' from 'offsite scatters', Chapman and Shiel (1988; 1993) employed a simplified variant of the Keay-Millett 'magic formula' to create 'sites' (in their case any sample area with densities of pottery above the mean in each period = sites in that period).

The application problems this posed may be illustrated by reference to Chapman and Shiel's analysis of the surface finds for the Bronze Age. Since the range of potential activity across the landscape in this phase was not taken into consideration, nor the existence of vestigial or complete site exposures, the whole numerically-based analysis was biassed by the existence of 'artefact sinks' – hillfort interiors of trapped soil with high concentrations of pottery. Since only the higher density scatters can be seen as 'sites', these central-places are probably artificially elevating the definition-level of 'site density', leaving the zones of less populous activity elsewhere in the landscape of doubtful status or simply as unclear 'offsite activity' (a problem partially acknowledged by Chapman and Shiel).

Curiously, Chapman and Shiel go on to suscribe to the view I mentionned earlier, that preservation of prehistoric pot in the Mediterranean landscape is poorer than for the Roman and later periods; therefore 1–2 pieces of Bronze Age pottery in a scatter should count for far more in terms of human activity than the equivalent for the Roman era. However, the median density value for Bronze Age finds in the Neothermal Dalmatia survey area was 5 sherds, compared to 4 for the Roman era, placing both pot distributions at a similar level for site definition (actually owing to the bias introduced by 'hillfort sinks' the threshold for recognizing a Bronze Age site was higher than that for a Roman site!).

Turning to the Ager Tarraconensis survey itself, where the concept of an arbitrary 'magic formula' for defining site level density finds its source, the method produces what Keay and Millett (Carreté *et al.*, 1995) themselves admit to be 'nonsense' results; one Late Roman sherd in a field becomes a 'site' since there are many fields lacking any contemporary finds at all. As Clark and Schofield comment wisely: 'Indeed if we concentrated more on the combination of density and content of surface scatters rather than trying to establish their status merely by density, our interpretations of the settlement system... may appear a little more straightforward' (1991: 102).

LITHIC SURVEY

I have yet to nuance my remarks to the lithic/ceramic differentiation. One should never rely on fieldwalkers themselves to decide which artefacts to bring back – leave that to the pottery experts, but even trained field surveyors cannot easily focus their eyes and hands on both pottery and lithic surface finds. Unless we are dealing with unmissable contrasts such as black, shiny, glassy obsidian in a red-brown soil, most Mediterranean surveyors have admitted that lithics are usually missed through a necessary visual focus by fieldwalkers on objects with a pottery appearance that excludes surrounding stones.

On the Tarraconensis survey the recognition of lithic finds in the field was generally limited to experts (Carreté *et al.*, 1995). The Boeotia Survey has experimented with a lithic specialist walking a parallel transect to the normal field team, where he was required merely to collect stone implements and ignore ceramics; he found 1 tool per hectare compared to an average of zero for the rest of the fieldwalking team. My own feeling at present would be to learn from the latter experience by instituting this as a formal procedure. This would be the best means of creating a more realistic sample of the lithic landsurface.

The obvious problem with parallel fieldwalking is equivalence of cover. A single lithic walker would only see a narrow strip of each team transect. Following the arguments presented earlier in this paper, such an approach would be reasonable for mapping general activity levels across the landscape using lithics. But a single lithic walker following a line of some 1–2 metres broad to represent a transect with a frontage of say 100 metres, might well find a poor qualitative sample of activity foci in which lithics dominated.

Bearing in mind my earlier comments on prehistoric coarsewares, this problem of improving recognition of prehistoric activity in general through lithics, brings us back to the associated problem of the contemporary ceramic record. An eye trained to detect historic surface ceramics often misses unpainted coarse prehistoric potsherds; the latter can merge into the surface appearance of the soil whose texture and colour they so often resemble (not surprisingly when usually locally manufactured !). This means that even 'total collection' may miss much prehistoric pottery lying in the ploughsoil. Alongside prehistoric scatters that are easily noted through the size and density of finds (not necessarily a sign of a major site) we have seen that a mere 1–2 pieces of prehistoric material found together could indicate occupation or an activity focus. Only continuous total collection along 1–2 metre-wide strips by each fieldwalker can alert ceramic specialists to the existence of at least some of the potential low-density foci of this kind; all such that are recognized need to be evaluated by a revisit and very painstaking detective work.

EXCAVATION CONTROL

Some field surveyors suggest that another 'magic formula' to resolve many of these problems of variable surface density can be obtained through period-specific conversion rates for the ratio of surface to subsurface pottery, obtained via excavation below surface assemblages. The idea is to compare the ratio of sherds in excavated levels from one or more sites in your region with the surface density at the same sites, then use the result as a formula for interpreting 'scientifically' other, non-excavated surface scatters. What this hypothesis ignores is the obvious fact that 3-dimensional excavation assemblages are prone to all the same distortions that beset 2-dimensional surface archaeology.

Firstly, geomorphic research and experimental archaeology demonstrate that two sites of similar age and size can give widely-divergent surface manifestations as a result of varying pedological and agricultural histories. Archaeological sites undergo varying histories of erosion, and other forms of natural weathering, ploughdamage, exposure and destruction, so that sites of a similar age may have most of their artefact material deep in the subsoil or most of it in the immediate surface layers (cf. Bintliff and Snodgrass, 1988 with references, and Allen, 1991: 45ff and fig.5.3).

Over large areas of temperate North-West Europe humus accumulation deepens the soil profile from above, attenuating the artefact and ecofact content of palaeosols through an expanding A horizon. In semi-arid climates such as characterize much of Mediterranean Lowland Europe, in contrast, surface soil growth may be limited or even outweighed by soil loss, so that soils grow from below through weathering of the C horizon; the effect on palaeosols and their artefactual and ecofactual content would be to concentrate such evidence into the immediate surface and subsoil. For the latter case I am familiar with a number of test excavations in southern Greece where very rich surface sites of prehistoric date revealed almost no surviving deposits below ground due to erosion (for example, Karaousi in the Helos Plain, Bintliff, 1977: 461). As noted earlier, the vicissitudes of cultivation history will also act to vary the dispersal, size and number of artefacts in the soil.

Secondly, the widely-varying functions of sites and other activity foci lead to great contrasts in the density and discard patterns they give rise to.

For both these reasons – the natural and cultural transforms – it is inconceivable that even for a single period or culture one could erect a 'magic formula' tying surface to subsurface finds in a predictive fashion, or expect to find a surface or subsurface density 'typical' for all foci of a period. Only complex quantitative and qualitative analysis can hope to unravel the fascinating variety in both 2 and 3

dimensions that field survey and excavation uncovers. A good example quoted by Schofield (1991b: 4–5) is the problem of Saxon pottery scatters in England: a small number of settlement excavations have shown low pot densities in dug levels, implying a predictive expectation that surface finds would be extremely rare for field survey recognition. However recent field surveys have found a number of very rich surface sites in rural locations.

ANALYZING THE STRUCTURE OF SURFACE ARTEFACT DISTRIBUTIONS

Up to this point we have argued for parallel, continuous counting and collecting of ceramic and lithic material across entire blocks of contiguous landscape as the ideal circumstances for good data recovery. Attention to visibility correction and physical geographic interference must also be introduced to filter the more obvious biasses on the surface distributions obtained. What then are we to make of the often highly-complex artefact distributions that we have now produced, both in total and mapped by individual period?

I want, deliberately, to underline the central message I have just been elaborating: there is no single criterion, qualitative or qualitative, allowing us to isolate localised parts of our surface artefact distributions and term them 'site', 'non-site', 'domestic', 'ritual' etc. – only a multifactorial approach is valid. What will this mean?

For once I find one point of agreement with the approach of Keay and Millett (refs. in Note 1): the starting point for analysis has to be period-specific distributions: as we noted for the most obvious case above – the finding of 1–2 sherds of prehistoric material together is of far greater potential significance for implying a focus of past human activity than the equivalent number of finds for historic times. Period-specific ceramic study is required to allow for taphonomic conditions varying over time, for alterations in discard behaviour, as well as other changes in cultural/technological behaviour which will include variations over time in the availability and demand for artefacts in a given society.

Yet from this basis of mutual agreement we must part immediately from condoning Keay and Millett's subsequent arbitrary manipulations of period-specific data: as we have been at pains to explain – no magic formula will 'read' the period distribution into simple site versus offsite categories.

'OBVIOUS' SITES AND INTUITION

A first point of discussion is the traditional assumption of surface survey: that the densest concentrations, or residuals, of contemporary artefacts are likely to reflect occupation sites. The supposition is a reasonable one, and such scatters require investigation, after primary discovery through fieldwalking, utilising a detailed grid approach.

But we must never ignore the fact that such 'obvious surface sites' are unlikely to represent identical subsurface phenomena. If, as we might normally expect to be the case with such dense scatters – intensive site analysis confirms a domestic settlement – the 'high-density' visible may be due to longer-use within a particular period, greater population at one specific time, or more favourable cultivation practices/surface vegetation cover for revealing larger quantities of artefacts. Isolating the role of such factors requires detailed on-site research: it may not always be possible in the time available to resolve these possible distinctions, nor may the chronological resolution available for ceramic and other finds ensure an adequate control over occupation-length. It is also not unknown that some classes of site may be the most prolific of finds but not in fact represent domestic sites (such as lithic workfloors, cf. Schofield, 1991c:128).

Even though the traditional intuitive assumption that concentrations of finds = occupation sites, is likely to be confirmed through on-site analysis and laboratory study of the finds, we must conclude that there are exceptional cases where this is incorrect. Far more important, though, is the point that past settlement sites and other activity foci take many other surface forms than high-density scatters. To take the 'sites' that might have been found through traditional extensive survey methods as the touchstone of site definition for modern, intensive surveys would be indeed a sad regression of methodology, and we must pay all the more attention to elucidating what the rest of our distributions could reflect in behavioural terms.

OFFSITE MANURING SCATTERS

My own empirical experience would suggest that we need next to try and examine the evidence for extensive manuring in each period, detectable from the widespread carpets of worn potsherds that accompanied more perishable organic rubbish into the cultivated fields. In the Mediterranean the advocates of the 'manuring hypothesis' (Wilkinson, 1982; 1989; 1992; 1994; Barker *et al.*, 1986; Bintliff and Snodgrass, 1988; Hayes, 1991) have argued, at length, on the basis of such evidence, that in certain regions for limited periods there was a highly-significant form of agricultural intensification within cultivable zones using urban and rural settlement refuse. The evidence from France, Italy, Greece and the Middle East has been taken to reflect periodic attempts to sustain high agricultural productivity within unstable 'boom-bust' arable cycles that are linked to overpopulation, market fluctuations and soil fertility decline.

Those who argue against this hypothesis (Wilkinson wittily refers to them as the 'no turd unstoned' school) have seen effective counter-arguments placed against their objections (Wilkinson, to comments in *Current Anthropology*, 1994; Snodgrass, in answer to Alcock *et al.*, in Morris, 1994). Outside of these periods and places there is no *a priori* assumption of widespread manuring activity

Settlement size	Radius of scatter (km)
Hamlets and farmsteads < 1.5 ha	0.2–0.4
Villages 2–9 ha	0.6–1.0
Small town* 10–29 ha	1.3
Large town/city > 40 ha	2.2–6.0
*One example only: site 48 in the North Jazira.	

Fig. 20.6: The approximate radius of significant field scatters surrounding archaeological sites in the Middle East (total sample: 19 settlements).

beyond the empirical evidence recorded in most countries of southern Europe, and the knowledge that Greco-Roman agrarian authors recommend such practices.

Such phases of regional intensive manuring are marked in the landscape by extensive potsherd scatters radiating outward from contemporary sites of all sizes. Urban sites can be associated with the most impressive manuring carpets, extending to distances up to half an hour or more from the settlement (as has been documented by our Boeotia Project in Greece for the cities of Thespiae and Hyettos, and in the Middle East by Wilkinson; cf. Fig. 20.6, from Wilkinson, 1989).

An interesting corollary of intensive, sherd-rich manuring derived from domestic rubbish deposits and targeted to arable land, is the complementary concept of extensive, purely organic, manuring in sectors of lowland landscape devoted to pastoral use, where direct animal manuring through the pasturing of flocks would be linked to a virtual absence of domestic, artefact-rich manure characteristic of cropped sectors. Although argued-for in Britain and France (Hayes, 1991: 82) the model remains to be widely-tested in the Mediterranean (but has been tentatively identified in the Middle East, cf. Wilkinson, 1992). A likely complication in recognizing such sherd-poor sectors in heavily-manured landscapes as potential pastoral land, is the evidence for 'the friction of distance' limiting manuring carpets to some 2–3 kms from a typical medium-to-large urban settlement (evidenced with our own Boeotian city 'carpets', and by Wilkinson, 1989). Beyond such distances, the lack of major offsite ceramic carpets could reflect either remoteness from available domestic rubbish supplies or the dominance of pastoral land use.

Identifying arable manuring scatters within the overall spread of pottery across the landscape is as much a qualitative and 'geographic' analysis as a quantitative one; the homogeneity and abraded nature of the sherds, their 'carpet-like' nature on the surface, their disconnectedness from visible horizons of occupation in road sections and other exposures of the subsoil (Wilkinson, 1992), are all helpful clues where overall pot densities are large and areas covered by surface finds are considerable.

When such characteristics are subdued, as might be expected with potential Bronze Age manuring, where survival factors may reduce manure scatters to the level of vestigial occupation-site scatters (for reasons examined above), then we must accept the likelihood that sample error can create equifinality. Neither the number nor condition of pottery found in primary fieldwalking would distinguish between these two forms of behaviour. Detailed on-site study however could help resolve the interpretative quandary of a small cluster of 1–2 contemporary prehistoric pieces, or more confidently soil pits (but the latter approach has rather prohibitive ethical and bureaucratic drawbacks!).[3]

If one can reach a provisional working opinion on the local existence of offsite manuring, then the main period(s) concerned should be identified from the chronology of the finds themselves. Recognizing discrete activity foci or settlement sites within these manuring zones begins with the most easily-recognizable examples; residuals of higher density than manuring carpets, but of the same age will be isolatable. Other things being equal, manuring over extensive areas, by definition, should be far lower in quantity than the density at source occupation sites. For example, calculations by Peter Reynolds have shown that whereas in the centre of the Greco-Roman city of Hyettos the density of ploughsoil sherds averages 1.5 million per hectare, in the immediately adjacent plain the town's unbroken manuring carpet averages a 'mere' 10,000 sherds per hectare.

Nonetheless, although a large proportion of activity foci/

settlement sites will emerge with clarity as a result of this predictable differentiation, a not insignificant number of foci will not be picked up through this rule. There is an empirically-testified, and probably not uncommon phenomenon in heavily-manured landscapes: when the occupants of a large site manure a zone extending across and beyond small satellite sites, then the resulting offsite densities could be close to site density in the vicinity of the small sites concerned. It appears likely that small sites of the same age as a major manuring horizon may escape detection during fieldwalking as a result of this scenario; small sites of different periods are more likely to be safely distinguished by chronological distinctions, unless they are very low-density, in which case the 'swamping' of the locality by more numerous offsite finds challenges surveyors to unravel a fragmentary landscape of vestigial character from a small number of pieces of ceramic or lithic.

If one suspects the existence of a potential focus within a manuring carpet, and where the density level of that 'anomaly' is not convincingly elevated above its surroundings, then our own work in Boeotia shows that careful attention to the internal structure of the find scatter and attention to the size and degree of abrasion, plus if one is lucky a more concentrated chronological focus than the offsite material as a whole, can all assist in the correct reading of the locality (Figs. 20.7–8): Fig.

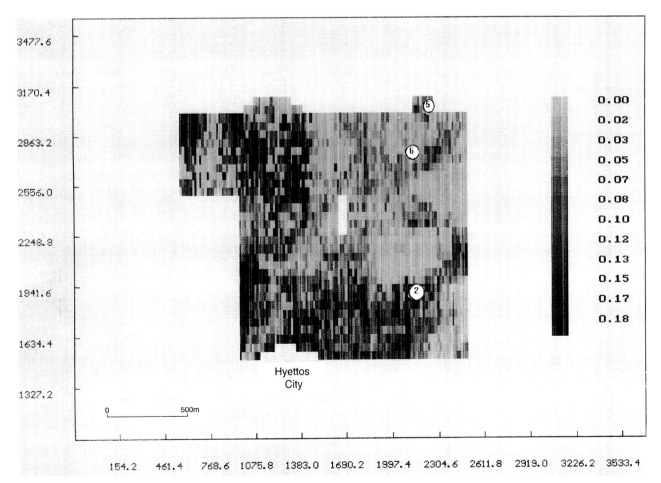

Fig. 20.7: Hyettos survey.

20.7 illustrates the total ceramic density (in sherds per sq.m.) of the landscape north and east of the ancient city of Hyettos. The mosaic is composed of individual fieldwalker transects of 16.7x50 m size. The map is dominated by very large carpets of high density manuring scatters emanating from the city. Only in the lower density outer north-east sector can we see discrete clusters of higher density discard in a very focussed form, two of which mark the location and inner 'halo' of large Roman villa sites (CN5 and 6). In contrast, site CN2 in the outer south-east sector cannot be distinguished from its surroundings in overall density values. Its discovery arose rather from qualitative differences in the freshness of surface material in this locality during primary fieldwalking. A subsequent secondary intensive collection, visibility-corrected (Fig. 20.8), using a 10x10 m total sampling grid, underlined our suspicions that there was a putative rural farmsite of considerable extent within the heavy manuring scatter, since a clear radiating structure of concentric density became apparent at higher analytical resolution. Final confirmation came with laboratory study of the finds collected from the intensive grid, as there was a clear contrast between the outer grid square ceramic with small-dimension, abraded sherds and the inner grid squares with larger-dimension, less worn sherds.

Another form of carpet-like offsite activity can be created by long eras of lithic-based activity across the landscape (a result of behaviour such as hunting, tool manufacture, tool maintenance). Owing to the problems we are only just beginning to address with lithic recognition in Mediterranean ceramic-based survey, much less has been done on such phenomena in southern Europe. But significantly Clark and Schofield (1991: 103ff) make exactly the same points in connection with surface lithic sites in North-West Europe, that I have just been making in relation to ceramic offsite manuring scatters: 'The (...) problem is that southern England – and particularly the river valleys – are one continuous flint scatter. Although areas of high and low density do emerge, to refer to the high density areas as "sites" may be unrealistic'. In fact lithic sites can be seen to have very varied surface manifestations, some appearing quite 'non-site' like; equivalent densities have been found over large regions, such as the Meon Valley, the Avon Valley. 'Surely we are not going to settle for referring to every field as a "site"?' (1991: 104).

ANALYZING INTERMEDIATE-DENSITY SCATTERS

Having dealt with the traditional 'high-concentration' focus with a broad ceramic assemblage as a likely settlement site, and 'carpet-like' scatters with typical abraded, homogeneous features as manuring evidence, we should be left with a series of further residuals which are less concentrated in density than 'rich surface sites' and usually

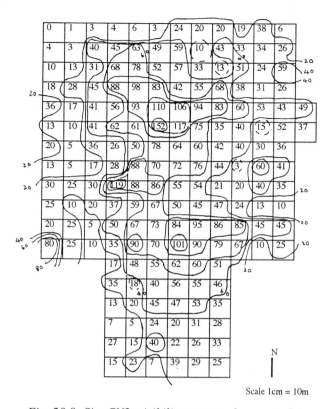

Fig. 20.8: Site CN2, visibility corrected ceramic data.

(but not invariably, see *supra*) more concentrated than extensive manuring evidence.

Those artefact distributions that have not so far been accounted for in our discussion of process and material remains in the landscape are problematic in interpretation. To begin with, as we have seen, vestigial traces can be created under many circumstances and are likely to be common on the surface. Apart from such causes, we may cite severe erosion, artificial transport of earth, casual discard of artefacts during varied activities across the landscape, as some of the likely factors creating additional low-intensity scatters in the ploughsoil. It has to be admitted that many weak foci will escape even close attention in a richly-artefactual landscape, such as many parts of the East Mediterranean. In the West Mediterranean where overall surface artefact densities can be lower, a more subdued site density and manuring density can overlap with these other distributions to create enhanced interpretative problems for field surveyors.

These residuals, generally of intermediate artefact density, which we must now move to explain, could be the result of:

1) Overlapping manuring haloes produced by different but adjacent sites, by manuring of different phases, or sectors given preferential heavy manuring due to local variations in land use. Thus on the Hvar (Croatia) Survey (Bintliff and Gaffney, 1988; Gaffney *et al.*, 1991) a whole series of residual medium-

density foci represented such problem-phenomena: detailed localised re-examination focussed on the character and surface patterning of the finds, their relationship to nearby sites and their degree of abrasion. We deliberately filtered out the lowest level of finds which represents a manuring carpet, to reveal a fairly continuous series of minor or major clusters. Revisiting of all these residuals demonstrated which were in fact small farmsites, whilst the other equally-promising foci were merely overlapping manuring scatters.

2) Residuals could be the result of the immediate 'infield' around an occupation site being used for concentrated rubbish disposal – what we have termed 'haloes' (Bintliff and Snodgrass, 1988), perhaps in the context of intensive cultivation of a market garden nature. Clarification will often come through trend-surface patterning to known sites, whilst the finds may show an intermediate (qualitative) character between extensive field manuring pottery and that of disturbed settlement deposits. It may be noted that our own experience in Greece has demonstrated, through revisiting of landscapes, that site haloes may appear when the site itself has been temporarily made invisible / vestigially-visible as a result of vegetation or cultivation filters (see above); if it is correct that a considerable number of small sites / sites of limited occupation length remain unrecorded in any one survey season, then this class of phenomenon may be quite common.

3) If we have eliminated the above explanations for surface patterning, there is no simple rule to allow us to comprehend what the remaining pottery scatters – normally at intermediate density levels between unusually rich scatters and the average density of manure scatters – might represent. We have argued above that only a multifactorial analysis can assist us further, utilizing:
   • qualitative criteria such as the size and degree of abrasion of material;
   • qualitative criteria of a functional character that may point to cemetery/shrine/domestic human focus/ domestic animal focus/specialist worksite/etc. interpretations;
   • indications from mode of cultivation/vegetation cover at the locality; has the density and extent of the surface scatter been affected negatively by such factors, making its appearance vestigial, or are there grounds for evaluating it as realistic? (This last point is more significant for small scatters rather than larger, and can never be definitively resolved except by continual revisits under varying surface conditions. Only through discovering a large number of such scatters can we create the statistical opportunity to control their interpretation).

I do not therefore have confidence that artefact scatters that are not of the immediately-obvious dense-scatter appearance can be definitively characterized by a single criterion, quantitative or qualitative, least of all by reference to a magic numerical formula. Below the traditional high-density 'site', we find a great variety of important surface manifestations above (and exceptionally even at) the density-level of offsite manuring carpets: small versus large scatters, artefact-poor versus artefact-rich, these varied phenomena are the multicausal products of particular conditions in the season of visiting, variable site function, variable occupation length and variable numbers of people using the location in the past.

Stoddart and Whitehead in central Italy (1991) point out that around Roman town sites it is the densest scatters that stand out above heavy manuring carpets, whereas in more remote areas where manuring is slighter a whole series of less distinctive scatters begins to become apparent across the landscape – scatters that would not be given much significance within a dense urban manuring halo but now demand attention; the moral - we must expect to find and allow for a range of discard behaviours across the landscape. Exactly the same conclusion is stressed by Schofield (1991b: 5), namely that a variety of discard is demonstrable as well as expected from field survey results.

These cautionary remarks ought not to prevent field surveyors from erecting provisional, working-assessments of their artefact scatters. We have argued for as near as possible total surface study leading to the isolation of quantitative and qualitative residuals, which should then be given a secondary intensive study. For a large proportion of residuals this special study may be expected to clarify the likely significance of the scatter, at least within the known limitations of its appearance at the time of discovery. However for the reasons given earlier, in many cases we can expect to misjudge the significance of such scatters, and we must allow for a significant proportion of sites that are temporarily or permanently 'invisible' to surface survey in any one season.

Revisiting can indicate the likely scale of correction for a body of surface sites. Moreover, a very large database of such scatters will hopefully combat the weaknesses of overreliance on the evidence of individual scatters, by providing trends of site types, or approximate frequences by site type. Here again though, we must be alert to the strong likelihood that certain varieties of site are easier to find or characterize. It goes almost without saying that population calculations are fundamentally affected by the care with which we weigh all these factors of site analysis for demographic purposes.

I am optimistic that recurrent visits to localities will gradually eliminate doubts as to the status of most scatters, whilst a careful programme of selective site examination using geophysical and geochemical techniques as well as highly-detailed surface mapping of artefacts can clarify the nature of 'typical' forms of activity as represented in a survey region (Bintliff, 1992).

THE PROBLEMS OF LOW POPULATION AND LOW CERAMIC UTILIZATION IN THE LANDSCAPE

All the above considerations are eminently-practicable for historic periods of dense human population in a survey region, represented by numerous and varied sites. The special approaches required by surveyors to reconstruct regional activity in later prehistory we have already referred to. I would now like to turn to the problems likely to be encountered in the study of historic eras where population might be hypothesized to have been extremely low and/or ceramic use unusually limited per household. Just as we observed in the case of a comparison between small prehistoric sites and prehistoric manuring scatters, the possibility of sample error is strong, as in such circumstances the potential significance of 1–2 sherds found in a locality is inevitably heightened.

In Mediterranean Europe we do have considerable knowledge of the occupational phases in regional landscapes where such problems are apparent. A first example is the poverty of Late Roman finds in the Ager Tarraconensis survey of Eastern Spain, referred to earlier in this paper. To explain this phenomenon, Keay and Millett (refs. in Note 1) suggest that low density Late Roman evidence in the Ager Tarraconensis was due to few rural sites having access to pottery supplies. This is a problematic interpretation, since the Roman town of Tarragona itself appears to have no such shortage, whilst the distances from potential pottery-sources to the rural sites concerned and local topography involved are also no obvious hindrance. The Late Roman scatters identified, furthermore, seem to be very focussed within the small 'windows' of countryside fieldwalked. An equally, if not perhaps more, plausible explanation could be severe population decline across the countryside leading to smaller, less populated sites and reduced levels of manuring and other offsite activity.

Moving on to a second case-study, let us turn to Italy, where a much-discussed difficult period for regional survey recognition is that of Early Medieval settlement. The approach adopted in Italy, problem-orientation, is essential: seeking out known locations of human activity for the difficult period and comparing the material culture found with written sources to see what the surveyor might expect to find (Barker *et al.*, 1986: 293; for the Rieti survey and medieval site search cf. Coccia and Mattingly, 1992: 253).

However as discussed at length above, this is only the start; it is highly unlikely that a single mode of sherd density or scatter extent will prove definable for an entire region even in a single phase. An appropriate field methodology is required to recognize the true variety in surface sites: line-walking and continuous collection provide a firm database, then there ought to be a strong research focus on the study of the finds from weakly-represented periods, to identify new assemblage components. The careful study of assemblage composition from sites identified through problem-orientation allows us to see the kinds of material

likely to represent contemporary activity elsewhere. But we need to be wary of assuming a uniform density or variety of finds: other sites in problem-periods may be as rich in finds as the type-sites are poor.

The source of our difficulties in such periods may be: low population leaving slight ceramic traces across the landscape, and occupying small and low-density sites; or alternatively, denser populations utilizing and discarding low amounts of ceramic per head of population; or finally, a combination of these two scenarios – some experts would see this as the most likely model for the post-Roman centuries in southern Europe.

CONCLUSIONS

1) No assumptions can be made about the structure and meaning of artefact distributions on a regional land-surface prior to intensive survey; the appropriate methodology is one which will allow structure to make itself known through survey sensitivity.

2) You cannot sample in the dark: avoid sample shortcuts wherever possible through fieldwalking large contiguous blocks of countryside of at least *Siedlungskammer* size (that of one and preferably more traditional communes / parishes), counting and collecting surface artefacts continuously in frequent and regular transects (fieldwalkers 5–15 m apart, transects no longer than 50–100 m).

3) A logical procedure should be followed in evaluating in the field the complex patterning revealed through intensive fieldwalking. Period-based analysis of the surface distribution of finds should proceed through a series of stages to look for qualitative and quantitative indications of discrete discard behaviours, whose operation can be seen to create particular parts of the regional artefact scatter structure. Typical examples of these behaviours might be extensive manuring; site halo infield manuring/market gardening; occupation sites of varying size and density – reflecting a wide range of variables, both cultural and natural; non-domestic activity foci e.g. cemeteries, shrines, industrial loci, military loci.

All scatters likely to reflect activity foci should be given a secondary detailed survey using a recording and collecting grid for the counting and sampling of finds (and in some cases complementary mapping of rooftile, and geophysical and geochemical sampling, cf. Bintliff, 1992) [2].

4) The known operation of recurrent distorting factors in the creation of surface sites makes any suggestion of a magic formula allowing easy reading of surface scatters entirely fanciful; sites of the same function and size will give very varied surface densities according to their length of use, history of cultivation, the current state of land utilisation and vegetation cover at time of survey, whilst all cultures create a wide

range of activity foci with highly variable surface manifestations even under identical soil conditions and land use histories.

5) Revisiting and careful, intensive examination of all but the largest sites can assist in reducing interpretative distortions, but experience suggests that a notable proportion of surviving sites eludes even the vigilant intensive survey, especially when employing single-visit fieldwalking of a district.

6) Field survey is an incomplete guide to regional settlement systems, but it is an illusion to suppose that excavation or historical source control is a firmer basis – these approaches are probably even more inadequate for regional settlement reconstruction than largescale intensive survey. In combination however I believe that these three approaches can create Piggott's 'cumulative credibility'; many of the more intractable problems of settlement and population reconstruction and interpretation may be assisted considerably through a dialectic in the field involving information from all three sources of regional information.

NOTES

1   Much effort has been devoted, for example, on the Laconia Survey (Greece) to establishing a mathematical formula for defining the precise edge of 'sites' as opposed to 'non-site' pottery scatter (Cavanagh *et al.*, 1988) without questionning whether discard behaviour involving rubbish disposal might create a more flowing series of transition stages between occupation areas, farmyard zones, gardens, infield and outfield. The central aim of the survey methodology practised on the Ager Tarraconensis Survey (Spain) is the 'discovery' of sites ('ADABS' ie abnormal density above background scatter) through the use of an arbitrary 'magic' formula (any pottery scatter whose density value is within the top eighth or top 10% of all density values for each period qualifies as a likely site) (Carreté *et al.*, 1995; Millett, 1991; Keay and Millett, 1991; the threshold values cited vary confusingly between these publications). The Neothermal Dalmatia Project, using a variant of the Ager Tarraconensis 'magic formula' approach (Chapman and Shiel, 1993), define sites as locations with more than the average density of finds on them.

2   On small rural sites sample units of 5x5 or 10x10 m are efficient sizes. On urban sites our experience in Boeotia suggests that 20x20 m sample units are appropriate for towns up to 20–30 ha in size, whilst for larger urban sites of one to several square kilometres, sample units work well at some 50x50 m in size to combine spatial sensitivity with ease and speed of operating the survey.

3   I would now accept the argument that manure scatters of bronze age date are unlikely to survive till today in well-cultivated ploughsoil, indicating a likely buried feature as the normal source of bronze age pottery scatters (Bintliff et al., in press).

REFERENCES

Alcock, S.E., Cherry, J.F., Davis, J.L. (1994) Intensive survey, agricultural practice and the classical landscape in Greece. In I. Morris (ed.) *Classical Greece. Ancient Histories and Modern Archaeologies*. Cambridge, Cambridge University Press: 137–70.

Allen, M.J. (1991) Analyzing the landscape: A geographical approach to archaeological problems. In A.J. Schofield (ed.) *Interpreting Artefact Scatters*. Oxford, Oxbow: 39–57.

Barker, G., Symonds, J. (1984) The Montarrenti Survey, 1982–83. *Archeologia Medievale*: 278–89.

Barker, G. *et al.* (1986) The Montarrenti Survey, 1985: Integrating archaeological, environmental and historical data. *Archeologia Medievale*: 291–320.

Bell, M. (1981) Seaweed as a prehistoric resource. In D. Brothwell and G.W. Dimbleby (eds) *Environmental Aspects of Coasts and Islands*. Oxford, British Archaeological Reports Int. Ser.94: 117–26.

Bell, M. (1983) Valley sediments as evidence of prehistoric land use on the South Downs. *Proceedings of the Prehistoric Society* 49: 119–50.

Bintliff, J.L. (1977) *Natural Environment and Human Settlement in Prehistoric Greece*. Oxford, British Archaeological Reports Int.Ser.28.

Bintliff, J.L. (1984) Review of Renfrew and Wagstaff, 1982. *Journal of Historical Geography* 10: 88–9.

Bintliff, J.L. (1992) Appearance and reality: Understanding the buried landscape through new techniques in field survey. In M. Bernardi (ed.) *Archeologia del Paesaggio*. Firenze, Edizioni all'Insegna del Giglio: 89–137.

Bintliff, J.L. (1997) Further considerations on the population of Ancient Boeotia. In J.L. Bintliff (ed.) *Recent Research on the History and Archaeology of Central Greece*. Oxford, Tempus Reparatum: 231–52.

Bintliff, J.L., Gaffney, V.L. (1988) The Ager Pharensis/Hvar Project 1987. In J. Chapman *et al.* (eds) *Recent Developments in Yugoslav Archaeology*. Oxford, British Archaeological Reports Int. Ser.431: 151–69.

Bintliff, J.L., Snodgrass, A.M. (1985) The Cambridge/Bradford Boeotian Expedition: The first four years. *Journal of Field Archaeology* 12: 123–61.

Bintliff, J.L., Snodgrass, A.M. (1988) Off-site pottery distributions: A regional and interregional perspective. *Current Anthropology* 29: 506–13.

Bintliff, J.L., Howard, P., Snodgrass, A.M. (in press) The hidden landscape of prehistoric Greece. *Journal Mediterranean Archaeology* (1999).

Boismier, W.A. (1991) The role of research design in surface collection. In A.J. Schofield (ed.) *Interpreting Artefact Scatters*. Oxford, Oxbow: 11–25.

Carreté, J.M., Keay, S., Millett, M., (eds) (1995) *A Roman Provincial Capital and its Hinterland*. Journal of Roman Archaeology Supplement 15.

Cavanagh, W.G., Hirst, S., Litton, C. (1988) Soil phosphate, site boundaries and change-point analysis. *Journal of Field Archaeology* 15: 67–83.

Chapman, J., Shiel, R. (1988) The Neothermal Dalmatia Project. Archaeological survey results. In J. Chapman *et al.* (eds) *Recent Developments in Yugoslav Archaeology*. Oxford, British Archaeological Reports Int. Ser.431: 1–30.

Chapman, J., Shiel, R. (1993) Social change and land use in prehistoric Dalmatia. *Proceedings of the Prehistoric Society* 59: 61–104.

Cherry, J.F., Davis, J.L., Mantzourani, E. (eds) (1991) *Landscape Archaeology as Long-Term History*. Los Angeles, Institute of Archaeology, University of California.

Clark, R.H., Schofield, A.J. (1991) By experiment and calibration: An integrated approach to archaeology of the ploughsoil. In A.J. Schofield (ed.) *Interpreting Artefact Scatters*. Oxford, Oxbow: 93–105.

Coccia, S., Mattingly, D.J. (1992) Settlement history, environment and human exploitation of an intermontane basin in the Central Apennines. The Rieti Survey 1988–1991, Part 1. *Proceedings of the British School at Rome* 60: 213–89.

Di Gennaro, F., Stoddart, S. (1982) A review of the evidence for prehistoric activity in part of South Etruria. *Proceedings of the British School at Rome* 50: 1–21.

Etienne, R., Knoepfler, D. (1976) *Hyettos de Béotie et la chronologie des archontes fédéraux.* Paris, B.C.H. Suppl.3.

Flannery, K.V. (ed.) (1976) *The Early Mesoamerican Village.* New York, Academic Press.

Gaffney, V.L., Bintliff, J.L., Slapsak, B. (1991) Site formation processes and the Hvar Survey Project, Yugoslavia. In A.J. Schofield (ed.) *Interpreting Artefact Scatters.* Oxford, Oxbow: 59–77.

Hayes, P.P. (1991) Models for the distribution of pottery around former agricultural settlements. In A.J. Schofield (ed.) *Interpreting Artefact Scatters.* Oxford, Oxbow: 81–92.

Keay, S.J., Millett, M. (1991) Surface survey and site recognition in Spain: the Ager Tarraconensis survey and its background. In A.J. Schofield (ed.) *Interpreting Artefact Scatters.* Oxford, Oxbow: 129–39.

Millett, M. (1991) Pottery: population or supply pattern? The Ager Tarraconensis approach. In G. Barker and J. Lloyd (eds) *Roman Landscapes: Archaeological Survey in the Mediterranean Region.* London, British School at Rome, Archaeological Monographs: 18–26.

Renfrew, C., Wagstaff, M. (eds) (1982) *An Island Polity. The Archaeology of Exploitation on Melos.* Cambridge, Cambridge University Press.

Schiffer, M. (1987) *Formation Processes of the Archaeological Record.* Albuquerque, University of New Mexico Press.

Schofield, A.J. (ed.) (1991a) *Interpreting Artefact Scatters.* Oxford, Oxbow.

Schofield, A.J. (1991b) Interpreting artefact scatters: An introduction. In A.J. Schofield (ed.) *Interpreting Artefact Scatters.* Oxford, Oxbow: 3–8.

Schofield, A.J. (1991c) Artefact distributions as activity areas: examples from S.E. Hampshire. In A.J. Schofield (ed.) *Interpreting Artefact Scatters.* Oxford, Oxbow: 117–28

Shadla-Hall, T., Shennan, S. (1978) Some suggestions for a sampling approach to archaeological survey in Wessex. In J.F. Cherry *et al.* (eds) *Sampling in Contemporary British Archaeology.* Oxford, British Archaeological Reports, British Ser.50: 87–104.

Snodgrass, A. (1994) Response: the archaeological aspect. In I. Morris (ed.) *Classical Greece. Ancient Histories and Modern Archaeologies.* Cambridge, Cambridge University Press: 197–200.

Stoddart, S.F.K., Whitehead, N. (1991) Cleaning the Iguvine stables: site and off-site analysis from a central Mediterranean perspective. In A.J. Schofield (ed.) *Interpreting Artefact Scatters.* Oxford, Oxbow: 141–8.

Whitelaw, T. (1991) Recent rural settlement and land use. In J.F. Cherry, J.L. Davis and E. Mantzourani (eds) *Landscape Archaeology as Long-Term History.* Los Angeles, Institute of Archaeology, University of California: 402–54.

Wilkinson, T.J. (1982) The definition of ancient manured zones by means of extensive sherd-sampling techniques. *Journal of Field Archaeology* 9: 323–33.

Wilkinson, T.J. (1989) Extensive sherd scatters and land-use intensity: some recent results. *Journal of Field Archaeology* 16: 31–46.

Wilkinson, T.J. (1992) Off-site archaeology. *National Geographic Research and Exploration* 8: 196–207.

Wilkinson, T.J. (1994) The structure and dynamics of dry-farming in Upper Mesopotamia. *Current Anthropology* 35: 483–520.

21. The comparison of surface and stratified artefact assemblages

Martin Millett

INTRODUCTION

In the context of the Populus Programme this paper aims to address a series of issues related to the analysis of ceramic assemblages recovered by field-walking. My aim is make some general points about the use of pottery collected by surface survey which may also have relevance to other categories of artefact such as lithics (for specific discussions of these see the papers in Schofield, 1991). For further development of some of these ideas readers are referred to my contribution to the Siena Populus Colloquium (Millett 1999)

The objective of this paper is to help clarify some of the ways in which artefacts from surface surveys may be used to draw legitimate inferences about material buried beneath the surface. I start from two premises. First, the belief that material found on the surface will have arrived there through a series of different processes as summarized by Haselgrove (1985). His diagram is reproduced here as Fig. 21.1. Second, the composition of excavated ceramic assemblages is the result of the interplay of a series of different factors which subtle analysis of quantified assemblages may enable us to differentiate. I have previously reviewed these factors (Millett, 1987) and a diagram summarizing them is reproduced here as Fig. 21.2.

Let us briefly consider these diagrams. Fig. 21.1 distinguishes the following ways in which artefacts might have arrived in the ploughsoil after a site has been abandoned. These may be summarized as:

- the *ploughing-in* of deposits so that material which was originally on the surface (abandonment refuse; structural debris; accidentally lost artefacts; primary refuse; and secondary refuse distributed as manure) is incorporated into the ploughsoil.
- the *ploughing-out* of such refuse (and any deliberate deposits) originally in buried features as agricultural activity cuts into them.

These different routes emphasize the varying processes by which material recovered from the ploughsoil arrived there and thus illustrate the problems with which we have to cope if we are to extract any meaning from their analysis.

Figure 21.2 attempts to illustrate the ways in which variation between excavated pottery assemblages may be explained. It envisages any particular assemblage as a point in space, and distinguishes the variations between different assemblages as dimensions within space. Thus, changes in the vertical dimension are a result of the passage of time whilst those in the horizontal dimension are the product of contemporaneous variations. The important features of this representation for the purposes of this paper are:

- the emphasis which is placed on the ways in which material deposited at the same place and at the same time can vary in composition.
- the concept that the time dimension is not unidirectional (for instance, post-depositional factors do alter assemblage composition whilst previous site history can also be important).

Although conceived of as a static model to help us understand variation between excavated assemblages (Millett, 1983) it has especial significance when considered beside Fig. 21.1 for when trying to understand a ploughsoil assemblage both the factors of Imposed Time and Residual Time are dynamic. Agricultural practice will be (a) adding both later and earlier material to any assemblage through time as artefacts are ploughed-in from the surface or ploughed-out of buried features and incorporated into the ploughsoil,[1] and (b) continually abrading, fragmenting and homogenizing the material within the ploughsoil.

In order to extract meaning from surface assemblages we need to consider the implications of these points, but there are two other issues about which we also need to take a view. First we must have some overall understanding of the general nature of assemblages, second we need to establish methods of analysis which are appropriate both to particular research objectives and to the character of the surface assemblages under analysis.

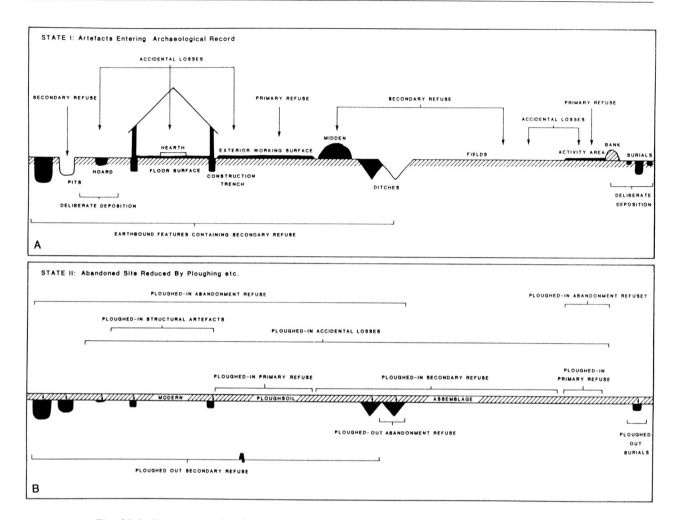

Fig. 21.1: Derivation of a ploughsoil assemblage (B) for an hypothetical settlement site (A).

THE CHARACTER OF ASSEMBLAGES

Before attempting to make comparisons between assemblages, we must ensure that such comparisons are legitimate, and this depends on a full understanding of the materials we wish to compare. In general, the term 'assemblage' is used by archaeologists to signify a group of objects found together in association. However, there are important distinctions to be drawn between excavated- and surface-assemblages which have too often been overlooked or ignored, perhaps simply because the word 'assemblage' has been used without thinking through its various implications. Let us therefore consider the characteristics of excavated- and field-walked assemblages.

Excavated assemblages

When the term 'assemblage' is used to describe excavated material it is generally assumed that the group of material referred to has been found in relatively close proximity. Thus, we would normally treat as an assemblage the finds from a single deposit or perhaps a single phase within a confined area of a site. In other words, treating the material as an assemblage signifies a judgement that the finds are sufficently closely stratigraphically associated to be legitimately studied as a group. If the archaeological judgement is sound, then there will be relatively good stratigraphic and spatial control over the context of the assemblage.

Provided these criteria are met inter-assemblage comparisons can be made reliably. In contemporary archaeological practice, such analyses of pottery rely on several basic principles (see Orton *et al.*, 1993):

- all the pottery from an assemblage should have been retained and studied;
- the study should be based on the analysis of fabric as well as form;
- the pottery is quantified by weight, sherd count, and now commonly Estimated Vessel Equivalent (EVE – Orton *et al.*, 1993: 166–75);
- that due note is taken of the context from which the pottery has been recovered, with an attempt made to understand how the deposit may have been formed.

Provided that consistent methodologies are used, it is thus

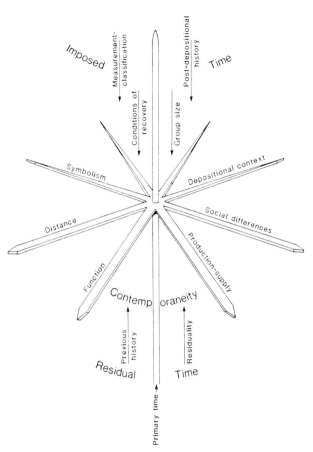

Fig. 21.2: Conceptual model of the relationship between the identifiable variables wich influence the composition of a particular pottery assemblage (from Millett, 1987).

make comparisons between buildings across one phase of a settlement site we will select our assemblages for comparative study using the spatial coherence of their contexts (eg. taking separate rooms of a house) and will hope to identify significant differences between groups deposited at the same date. Such comparative analyses are unlikely to produce statistically robust patterns but this should not detract from their value.

In contrast, for comparisons which seek to identify more general patterns of change through the whole sequence at a site we utilize larger assemblages. The increased sample size will suppress any local variation as the aim is to summarize the overall patterns of change through time. Thus, to measure broad changes in the supply of a particular type of fine pottery used as a table-ware we would need to ensure that we had a series of samples that were both sufficiently large and adequately representative of all the pottery in use at a particular phase to accurately map the trend. It would, for instance, be inappropriate to take material exclusively found in contexts of a specific type (like a kitchen midden) as the contents of such functionally specific deposits would probably deviate systematically from the overall trend site trend. Indeed, as each excavated assemblage is the product of particular circumstances we sould be very cautious of using any single group as representative of a whole site.

These points simply show that even on excavations not all assemblages are the same and any analysis of pottery needs to be sensitive to both site formation processes and to the specific objectives of the research. The best research comparing assemblages within an excavation will thus have selected assemblages the composition of which is consistent with the objectives of the research. By implication, comparisons which are not designed with a particular objective in mind are unlikely to provide very worthwhile or clear-cut results.

Field-survey assemblages

There has been far less published consideration of pottery assemblages from field-walking and it seems that the concept of a 'field-walked assemblage' has rarely been carefully thought through. When we talk of an 'assemblage' from survey we generally mean material which is loosely spatially associated, usually through having been found in the same collection unit (whether a grid square, a line, or the same field depending on the scale at which we are working). This use of the term 'association' thus has a much less specific meaning than in excavation. Since the bulk of recent research suggests that except on steep slopes artefacts are unlikely to have been moved very far by agricultural activity, surface finds from the same origin may retain reasonable spatial coherence and it is this which enables us to draw conclusions from their associations (Taylor, 1996). However, we cannot simply assume that things found together on the surface of a field were deposited at broadly the same time or even associated with the same

possible to identify trends in the ceramic assemblages that are compared with each other. These most commonly reflect major factors like chronology (i.e. through seriation) or changes in ceramic supply. However, other studies have also used the same basic techniques to investigate other of the factors which influence assemblage composition (as summarized in Fig. 21.2). Thus, for instance, spatial patterning within excavated sites can be observed provided there is fine enough chronological control (Millett, 1979; Redman, 1986)

An important point which needs to be considered in these types of analysis is the tension between those comparisons which aim to isolate particular patterns (like functional variation across a settlement) and those which seek to establish general patterns which characterize the site as a whole (for instance changes in the pattern of fabric supply to a settlement). For the first type of comparison it is important that the assemblage is sufficiently specific in its context to be sensitive to the pattern sought. Thus, as we are aiming to investigate subtle patterns of variation we will often need to compare small assemblages and will wish to emphasize variability. For instance, if we are to

settlement unless we have sound evidence to support this premise. Thus we need to define coherent assemblages before we attempt to interpret them or compare them with material from below the surface.

Haselgrove's 1985 paper explored a number of the ways through which surface-finds arrived there (see above). A more detailed exploration of these routes in the consideration of particular surface assemblages provides one way towards a clearer understanding of the formation of particular assemblages at individual sites and may also offer information of broader value (see below). What is clear from the general picture is that assemblages found through surface survey have gone through processes of homogenization. Thus, whether they were originally deposited on the surface or have arrived there as a result of agricultural processes, most have been both mixed together and fragmented so that they generally comprise small and abraded sherds. This means that the pottery is often more difficult to study than the less fragmented material recovered from excavations.

In order to define field-walked assemblages of pottery which are anywhere near as closely associated as those from excavation we need first to analyse the finds. Such analysis and grouping into assemblages must follow the same basic principles as are now used for the study of excavated groups (see above). Surface finds require close study so that they can be grouped by fabric and form as a prerequisite to any conclusions being drawn about their dating. The dating of the pottery of course relies on comparisons with dated finds whose chronology has been established through having being found in stratified deposits in excavation.[2] This form of comparison of excavated- and surface-assemblages is thus fundamental to any further work. However, once we appreciate that surface-assemblages are very different in character from excavated-assemblages we have a starting point from which to develop explicit methodologies which facilitate making other valid comparisons.

Transformations from sub-surface to surface

As already noted material on the surface is in a continuing process of change with agricultural activity continually drawing new material to the surface, whilst also homogenizing and abrading that which is already within the ploughsoil. These processes of transformation are responsible for some of the different characteristics of the two types of assemblage but there has unfortunately been comparatively little systematic research into the precise character of these changes (cf. Taylor, 1996).

One particularly valuable study was that undertaken at Maxey, Cambridgeshire, in England (Crowther, 1983; Pryor and French, 1985: 44–58). On this site a highly detailed surface survey was undertaken before excavation, with each and every individual surface find being precisely located. As a result of the detail in which this work was done, it is possible to see fairly exactly where material in the ploughsoil had derived from and thus to track the route

through which it became a surface find (cf. above). The work raises two particularly important points. First it showed how much of the material in this particular cultural context (the Roman period) was originally derived from surface deposits like middens and not from the destruction of buried earth-fast features. Secondly a careful comparison of the surface-finds and those from those earth-fast features which were subsequently excavated revealed a series of differences in their assemblage compositions which resulted largely from the differential weathering of various fabrics. In particular, it was noted that certain types of heavily-tempered and low-fired fabric had not survived well in the plough soil, presumably as a result of both agricultural abrasion and weathering through frost action.

Although climatic and cultural factors mean that we cannot generalize from the details of these results it does have profound broader implications. First it emphasizes how very detailed work has the potential to provide very clear insights into the processes discussed in theory by Haselgrove (1985). Second, it shows that weathering can have very important differential effects on the composition of ceramic assemblages from the plough-soil. Finally, it demonstrates that we cannot assume that deposits from earth-fast features are necessarily representative of a settlement as only a small proportion of the material need ever have been deposited in them; much of it has always been on a surface.

COMPLEMENTARITY

The above review has drawn attention to the differences between surface- and sub-surface assemblages of artefacts. Although it has been noted that direct comparisons are not unproblematic it should also be recognized that the differing characteristics of these assemblages provide complementary information. Some of these characteristics may be summarized as follows:

Excavated assemblages

Strengths:
- Close chronological control
- Specific spatial control
- Good contextual understanding
- Low fragmentation

Weaknesses:
- Limited geographical extent

Field-walked assemblages

Strengths:
- Broad spatial coverage at a variety of scales
- Recovers material which has always been on the surface

Weaknesses:
- Poor chronological control

By considering these complementary characteristics it is possible to attempt a series of comparisons between excavated- and surface-assemblages which provide information which cannot be provided by either excavation or survey alone. In the remainder of this paper I shall explore a few such possibilities, although my discussion does not aim to be comprehensive.

CONSTRAINTS ON COMPARISON

Before exploring these themes it is important to note a few general points which need to be taken into account. First, it is essential that the purpose of any comparison is made explicit. This is because different kinds of analysis may well require different classificatory systems and different methods of quantification. Thus data prepared for one type of analysis may be entirely inapproriate for another. Second, we need to take care that the results we obtain are not simply a product of the methods of analysis we are using.

To take a simple example, the widely used method of quantification by Estimated Vessel Equivalent (EVE) is less appropriate for material from surface-survey than from excavation (Millett 1999) so we need to take care in using the proportions of fabrics cited in excavation reports unless we know the means by which they have been measured. In quantifying surface-survey material we may need to rely on other methods of quantification which have their own inherent biases – weight (favouring thick-walled vessels) and sherd count (favouring large, thin-walled vessels). Given the problems of fragmentation of surface-survey material there is a danger that differences in the proportions of types represented will be distorted by the method of quantification that has been used. It is thus important to ensure that like is being compared with like.

A common feature of the themes to be explored is a limitation to comparisons which exploit more general patterns within the data. The homogenized, and chronologically mixed character of the surface-assemblages means that we should aim to select similar assemblages from excavations for comparison. Thus, the exploration of more refined patterns of within site analysis which are sometimes possible on excavated pottery are unlikely to work for comparative analyses with surface finds so larger and more generalized excavated deposits should be used. This represent a limit on the uses to which surface survey material can be put.

CHRONOLOGICAL COMPARISONS

Provided that diagnostic fabrics and forms are found in a surface scatter it is generally only through comparisons with excavated sites with dated ceramic sequences that their chronology will be established. The option of automatically seriating surface-survey assemblages is theoretically possible, but this would only work if there were a sufficient number of surface assemblages which were both from short duration occupation and had suffecent overlap in the ceramic types present to provide a reasonable statisical measure of similarity (Doran and Hodson, 1975: 267–84).[3] Equally we would have to be aware of the problems of differential survival of fabrics as evidenced at Maxey since this potentially creates systematic differences between assemblages. In reality it seems improbable that there will be the right combination of circumstances to permit reliable seriation, so we will continue to rely on excavated sequences. In the dating of surface-material it is probably best to try to group it into broad ceramic phases as this enables us to compare one surface assemblage with another. Thus, although not perfect, in the *Ager Tarraconesis* Survey we were able to group a majority of the fabrics into phases of around two hundred years in duration and use these phases to make inter-assemblage comparisons across the survey (Carreté *et al.*, 1995). This gets us away from the difficulties of making comparisons between assemblages with different and highly specific chronological ranges. By extension it may also be sensible to do the same with excavated assemblages, grouping deposits so that we can see the overall composition of ceramic assemblages over similar periods of longer duration than is generally the case. This would enable the broader and more significant trends to be identified. Jeremy Evans and I made an (unpublished) attempt to achieve this to facilitate the comparison of pottery from two sites in Bath in 1979 and it did prove worthwhile.

Even in situations where there is a reasonably well-established ceramic sequence there will probably always remain a proportion of the pottery from a survey which cannot be unambiguously dated. In the *Ager Tarraconensis* Survey (Carreté *et al.*, 1995) this was around forty percent in many of the collection units. Much of this material comprises the most highly fragmented coarse ware which will probably always remain chronologically undiagnostic. It remains possible that in some situations where the ceramic sequence is less well known, potentially diagnostic material might lie unrecognised amongst this material. Provided the pottery has been classified and quantified by fabric, some such pottery could theoretically be isolated by measuring the statistical correlation of the undated fabric with each other fabrics of known date. If the pottery has a higher statistical correlation with other fabrics of a particular date range there would be a case for suggesting that it was contemporaneous. I do not know of any examples where this has been achieved but it remains a potentially important avenue to explore when the situation arises.

BROADENING UNDERSTANDING OF EXCAVATED CONTEXTS

Excavated trenches rarely provide evidence about more than a small proportion of a total settlement and surface-collected material thus has a potentially important role to play in many excavations, extending our knowledge of the changing extent of a site through time. Given this potential, it is surprising how few published examples there are of this type of work. It would appear that using surface-survey to extend our knowledge from excavations is the exception rather than the rule. It would seem sensible to use field-survey to look at the context of an excavation and establish the known extent of the settlement through its various phases using dated pottery in the excavation to provide the chronology (cf. Keay *et al.*, 1991; Bintliff and Snodgrass, 1988).

In doing this we do need to remain aware that the volume of pottery circulating at any particular time is not a constant (Millett, 1991). Equally we must remain aware that the processes which create the surface evidence may result in the masking of particular phases. For instance, on an urban site later phases may seal earlier deposits which will only become visible on the surface when brought to the surface by processes like the cutting of deep foundations. Thus, the absolute numbers of sherds on the surface cannot legitimately be used simply to measure changes in site size or occupation intensity. This is to say no more than that such results will need careful interpretation, not that these kinds of research are not worthwhile.

DISTRIBUTION ANALYSES

Perhaps the area where there is most to be gained from a comparison between surface- and excavated-assemblages is in the use of pottery for examining broader patterns of distribution at a regional scale. This type of analysis was a commonplace during the 1970s (eg. Hodder and Orton, 1975) but has subsequently become less popular. This is surprising since many past studies obtained reasonably good results with very poor data – Hodder typically set a threshold of a minimum of 30 sherds in any assemblage when he was looking at the distributions of single manufactured types (eg. Savernake ware, Hodder, 1974). Even using these poor quality data he was able to produce reasonably convincing results so it is surprising that this type of analysis has only rarely been followed up using the much larger and more representative samples of pottery collected by field-survey. Although the archaeological theory which lay behind that phase of Hodder's work now looks rather dated the methods do have a more enduring value.

This use of the mass of pottery from field survey is restricted by problems of methodology, especially the problem of how satisfactorily to compare unstratified assemblages with each other. These problems are being discussed in my Siena paper (Millett 1999) and it is to be hoped that in future the use of good quality field-survey data will revolutionize our attempts at mapping changing artefact distributions within past landscapes.

CONCLUSIONS

In a paper such as this it has not been possible to go very deeply into discussion of the issues. However, I trust that by raising a number of points and exploring a little of the background it has become clear that there are a variety of factors which mean that making comparisons between assemblages is not straightforward and drawing conclusions can be problematic. Equally I hope that I have been sufficiently positive in suggesting some of the ways in which progress can be made as I am firmly convinced that there is much more that can be done in developing worthwhile approaches to the analysis of surface finds.

ACKNOWLEDGEMENTS

I am grateful to a number of people who have wittingly or unwittingly stimulated my thouhts about field-survey finds over the years. I am particularly grateful to Simon Keay and John Schofield with whom I have had innumerable discussions during the course of the *Ager Tarraconensis* Survey. I have also benefitted greatly from discussions with Jeremy Taylor whilst supervising his PhD – I have learnt much from him but trust that I have not unwittingly borrowed anything from his thesis.

NOTES

1   In this sense it is doubtful whether any ploughzone assemblage should ever be treated as a 'closed group'. This should caution against their uncritical use for establishing ceramic chronologies.

2   This is how most pottery is currently dated. Other methods of dating pottery are possible (see below and Orton *et al.*, 1993) but it is vital to appreciate how most current chronologies have been derived. A failure to appreciate this can potentially lead to fundamental errors of interpretation.

3   To these general constraints on seriation must be added the need to ensure that any surface assemblages used are not contaminated by earlier or later material (see above). Of course, this will be almost impossible to achieve in areas where there is any significant presence of off-site material of other periods.

REFERENCES

Bintliff, J., Snodgrass, A. (1988) Mediterranean Survey and the City, *Antiquity* 62: 57–71.

Carreté, J.-M., Keay, S.J., Millett, M. (1995) *A Roman provincial captial and its hinterland: the survey of the territory of Tarragona, Spain, 1985–90*. Michigan: Journal of Roman Archaeology Supplement 15.

Crowther, D. (1983) Old land surfaces and modern ploughsoil: implications of recent work at Maxey, Cambs., *Scottish Archaeological Review* 2/1: 31–44.

Doran, J.E., Hodson, F.R. (1975) *Mathematics and computers in archaeology*. Edinburgh University Press.

Haselgrove, C.C. (1985) Inference from ploughsoil artefact assemblages. In C.C. Haselgrove, M. Millett and I.M. Smith (eds) *Archaeology from the ploughsoil:* 7–29. Sheffield: Dept of Prehistory and Archaeology.

Hodder, I.R. (1974) The distribution of Savernake Ware, *Wiltshire Archaeological Magazine* 69: 67–84

Hodder, I.R., Orton, C. R. (1976) *Spatial analysis in archaeology.* Cambridge University Press.

Keay, S.J., Creighton, J., Jordan, D. (1991) Sampling Ancient Towns, *Oxford J. Archaeol.* 10/3: 371–83.

Millett, M. (1979) An approach to the functional interpretation of pottery, in M. Millett (ed.) *Pottery and the archaeologist:* 35–48. London: Occasional Publication of the University of London Institute of Archaeology 4.

Millett, M. (1983) *A comparative study of some contemporaneous pottery assemblages from Roman Britain.* Oxford University D.Phil. thesis.

Millett, M. (1987) A question of time? Aspects of the future of pottery studies, *Bulletin University of London Institute of Archaeology* 24: 99–108.

Millett, M. (1991) Pottery: population or supply pattern. In G. Barker and J. Lloyd (eds) *Roman Landscapes:* 18–26. London: British School at Rome.

Millett, M. (1999) Dating, quantifying and utilizing pottery assemblages from surface survey. In R. Francovich and H. Patterson, *Extracting Meaning from Ploughsoil Assemblages*: 53–59.

Orton, C., Tyers, P., Vince, A. (1993) *Pottery in Archaeology.* Cambridge University Press.

Pryor, F.M.M., French, C.A.I. (1985) *Archaeology and environment in the Lower Welland Valley.* East Anglian Archaeology 27.

Redman, C. L. (1986) *Qsar es-Seghir: an archaeological view of medieval life.* New York and London: Academic Press.

Schofield, A.J. (ed.) (1991) *Interpreting artefact scatters.* Oxford: Oxbow Books.

Taylor, J. (1996) *Iron Age and Roman landscapes in the East Midlands: a case study in integrated survey.* Durham University PhD thesis.

22. Définition ou hiérarchisation des sites? Approche intégrée en Gaule Méditerranéenne

François Favory and Claude Raynaud

INTRODUCTION

Absorbés dans l'exploration des grandes agglomérations protohistoriques et antiques, les chercheurs ont longtemps laissé en friche les problèmes de typologie de l'habitat et de réseaux de peuplement de la Gaule méridionale. Hors les murs de l'*oppidum* ou de la cité, quelque pionnier s'aventurait parfois dans un vaste champ de questions sans réponses, touchant bientôt aux limites d'une documentation indigente (Février, 1978). Les choses ont évolué depuis lors, d'abord grâce à un projet collectif soutenu depuis 1981 par le Ministère de la Culture, relayé par plusieurs Actions Thématiques Programmées du C.N.R.S., enfin par la création en 1990 du Groupement de Recherche 954 du C.N.R.S. Fédérant une trentaine de chercheurs œuvrant dans la vallée du Rhône et sur le littoral, cette communauté a su renouveler les méthodes de terrain et d'analyse tout en enrichissant la documentation, action dont témoigne un récent bilan (Favory et Fiches, 1994). Poursuivant son action dans le cadre d'un programme de l'Union Européenne, cette équipe a pu analyser de manière statistique près d'un millier de sites de la période gallo-romaine, base documentaire d'une ampleur inédite et dont les résultats mettent à mal nombre d'idées reçues (Van der Leeuw, 1995).

D'abord polarisés sur la période romaine, ces chercheurs pratiquent de plus en plus largement les approches diachroniques, s'ouvrant d'abord vers le Moyen Age, avant d'investir tout récemment la protohistoire. A terme, il s'agit donc d'une tentative globale de définition et d'interprétation des hiérarchies d'occupation du sol, autour des pôles de pouvoir et d'initiative agraire que furent successivement l'*oppidum* gaulois, l'agglomération ou la *villa* antique, puis le *castrum* et le village médiéval. Une autre dimension de ce programme consiste à inclure dans les recherches spatiales la fouille extensive d'un ou de plusieurs 'sites' de référence, et d'asseoir ainsi l'analyse des données de surface sur un corpus de données stratigraphiques.

LA DÉFINITION DES SITES: PROBLÈMES, POSITIONS

Le développement des études a provoqué l'affinement progressif des méthodes d'identification et d'enregistrement des établissements, avec une interrogation lancinante autour du concept de 'site', diversement résolue selon les équipes et les disciplines. Cherchant à poser une définition 'objective', factuelle, du site archéologique, les recherches se sont d'abord portées majoritairement sur le calibrage des données céramologiques et des matériaux de construction, saisis comme marqueurs chronologiques et qualitatifs, réputés à même de renseigner sur la durée d'occupation et sur la position socio-économique des établissements.

La pratique de prospections systématiques, tentant d'appréhender l'impact de l'anthropisation sur l'ensemble du territoire en ne se limitant plus aux seuls habitats, imposait en premier lieu de cerner la limite entre les concepts de 'site' et 'non site'. En ce domaine, nos équipes ont mis à profit l'acquis expérimental de l'école britannique, démarche archéométrique qui s'impose progressivement à l'ensemble de la discipline (par exemple Haselgrove, 1985; Wilkinson, 1989). Application d'une grille d'échantillonnage ou de tests, prospection en carroyage, traitement statistique du mobilier de surface, cette méthodologie connaît de premières applications en Languedoc, dans le cadre d'un programme sur le Bassin de Thau (Favory et Fiches, 1994: 256–7; Bermond et Pellecuer, à paraître). Sur un territoire d'une quinzaine de km², 250 tests de 100 m² disposés en carroyage tous les 500 m ont fait l'objet d'une collecte exhaustive du mobilier de surface. Cette démarche a mis en évidence les étapes de la mise en valeur agricole. Entre autres apports, un tel travail débouche sur une lecture systémique du territoire, qui n'est plus seulement perçu à travers un semis discontinu d'établissements, mais apparaît sous l'angle de densités d'occupation, fortement contrastées selon que l'on se trouve au cœur, en périphérie ou à l'écart des pôles

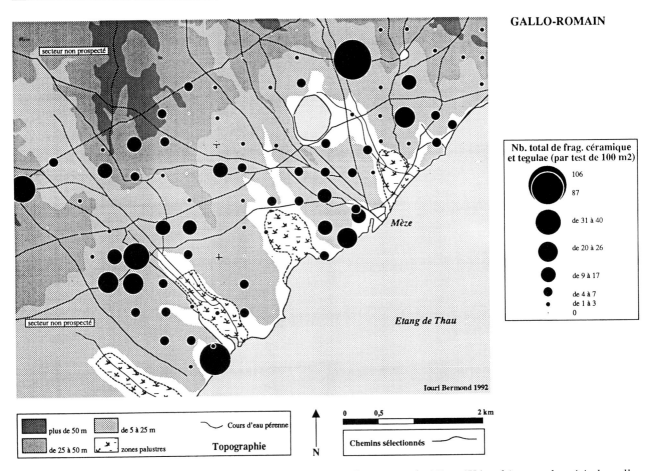

Fig. 22.1: Prospection en carroyage: résultats des tests dans le secteur de Mèze (Hérault), pour la période gallo-romaine (doc. Iouri Bermond).

d'initiative agraire (Fig. 22.1). Le classement des densités d'indices par tests souligne des seuils statistiques matérialisant la distinction entre les sites d'habitats, à forte densité de vestiges, et les zones agraires à épandage de fumures, à faible densité (Fig. 22.2).

On peut certes regretter qu'une approche d'une telle finesse demeure exceptionnelle en Narbonnaise, pour diverses raisons tenant à la faiblesse des crédits alloués aux programmes de prospection, au poids des traditions méthodologiques, ou encore à l'urgence des opérations en milieu péri-urbain, où les impératifs de sauvegarde du patrimoine l'emportent légitimement sur l'expérimentation scientifique. Une telle méthodologie ne peut être mise en œuvre sans adéquation à l'échelle spatiale, ni sans évaluation de sa 'rentabilité' en fonction des objectifs scientifiques assignés aux différents projets. En particulier, en dépit d'avantages indéniables au chapitre de l'appréhension statistique, la prospection en carroyage ne peut prétendre livrer une carte suffisamment riche pour nourrir une analyse hiérarchique des 'sites' et de leur polarisation au sein de réseaux, comme peut le faire une approche plus exhaustive (Favory *et al.*, 1994). De telles considérations expliquent en grande partie que cette démarche ne soit pas encore pratiquée dans la basse vallée du Rhône, où se développent plutôt des prospections 'en ligne', sans grille de test.

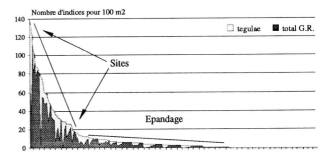

Fig. 22.2: Prospection en carroyage: classement et interprétation des densités de mobilier, pour la période gallo-omaine (doc. Iouri Bermond).

Les ramassages réalisés de cette manière empirique ne perdent pas pour autant de leur intérêt, comme le montre l'exemple de la commune de Calvisson, en Vaunage. Dans ce territoire de 3 km², l'enregistrement des données répond à la notion d'*unité sitologique,* définie comme une fraction de territoire présentant une image de surface homogène en termes de mobilier et de topographie. L'*unité sitologique* peut englober de la plus petite formation anthropique, concentration d'artefacts sur quelques mètres carrés reflétant une activité fugace, jusqu'à la plus grande extension de vestiges, épandages de très faible densité sur plusieurs hectares, en passant par les différents types d'habitats permanents. Pour 206 unités sitologiques enregistrées à Calvisson, on a calculé puis classé la densité de mobilier pour 100 m², obtenant pour chaque période des courbes très comparables à celles fondées sur la méthode en carroyage. On observe par exemple, pour la période gallo-romaine, un seuil entre 18 et 24 indices/100 m² (Fig. 22.3), seuil identique à celui observé à Mèze, en dépit d'un mode de collecte bien différent.[1] Quand bien même les différences seraient-elles plus marquées, l'essentiel n'est évidemment pas d'obtenir des données identiques, mais d'observer des analogies de classement. Il est d'autant plus significatif de relever, à Calvisson, une bonne corrélation entre l'interprétation empirique, pratiquée dès la découverte sur le terrain, et l'analyse de la densité d'indices. Les zones présumées correspondre à un épandage agraire se classent de façon très cohérente au bas de la courbe, entre 0,05 et 5 indices/100 m², tandis que les habitats supposés se rangent majoritairement au dessus du seuil de rupture, allant jusqu'à plus de 100 indices/100 m². Subsiste tout de même entre les deux classe une marge d'incertitude entre 5 et 18 indices/100 m², qui semble englober des zones à cultures plus intensives en périphérie d'habitat, des annexes vouées à l'exploitation du terroir (aires de stockage, de travail), ou encore de modestes habitats temporaires. Dans cette tranche intermédiaire, l'analyse des densités n'offre évidemment aucun moyen de discrimination, seule l'ampleur de l'*unité sitologique*, ainsi que des données qualitatives (topographie, taille et aspect des indices, anomalie pédologique, etc.) permettant à l'approche empirique de proposer une interprétation d'attente. On voit donc finalement comment, loin de s'opposer, les deux approches – empirique et formelle – se confortent.

DÉPASSER LES HIÉRARCHIES EMPIRIQUES

Ces approches 'archéocentriques' ont fait preuve d'efficacité et conservent leur place dans nombre d'opérations, mais la persistance du problème de définition *fonctionnelle* et *hiérarchique* du 'site', régulièrement reposé, trahit aussi les limites de la démarche. C'est peut-être qu'en s'appropriant le concept géographique de 'site', l'archéologue s'est hâtivement débarrassé des dimensions spatiales du problème, mettant plutôt l'accent sur les aspects temporels et qualitatifs. Certes, ces méthodes ne dédaignent pas la taille des 'sites', ainsi que leur position par rapport aux grands traits du relief et du réseau de communication, mais l'approche demeure quelque peu rhétorique dans la mesure où l'analyse croisée des données est rarement entreprise. Force est de reconnaître en effet que l'interprétation des données se fait encore trop souvent à deux niveaux distincts, les paramètres strictement archéologiques supportant l'essentiel des interprétations tandis que les données spatiales et inter-sites se voient

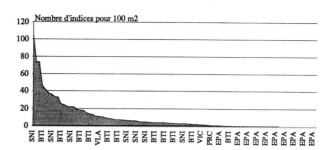

Fig. 22.3: Prospection en ligne à Calvisson (Gard): classement et interprétation des densités de mobilier, pour la période gallo-romaine (Cl. Raynaud). Identifications d'attente: BTI: établissement rural en dur, non luxueux: ferme ou hameau. EPA: épandage agraire (fumures). SNI: site de nature indéterminée, petit établissement peu bâti. VLA: villa.

généralement confinées dans un rôle illustratif, réinjection *a posteriori* de la matière géographique initialement évacuée. On connaît la figure réthorique du site-carrefour, que l'on ne manque pas de souligner à propos d'une agglomération alors qu'il pourra passer inaperçu dans le cas d'un petit établissement dispersé, ou même étonner dans le voisinage d'une *villa*. Il est clair dans ce cas que la position spatiale du site intervient en bout d'analyse, comme élément de valorisation d'une interprétation préétablie.

Il y a donc là une réflexion à mener sur le statut de l'information archéologique de surface, favorable à l'individualisation et à la localisation des 'sites', mais tout à fait insuffisante pour leur caractérisation hiérarchique. De cette dichotomie entre une dimension temporelle survalorisée et une dimension spatiale marginalisée, découle la schématisation routinière des classifications archéologiques.

La publication périodique d'un atlas des *Formes de l'habitat rural en Gaule Narbonnaise* (Pellecuer, 1993 et 1994), en multipliant les analyses morphologiques et fonctionnelles de sites fouillés, a contribué ces dernières années à une prise de conscience de l'insuffisance des interprétations classiques. La traditionnelle opposition habitat groupé / habitat dispersé, avec ses subdivisions agglomération / hameau et *villa* / ferme conserve sa valeur opératoire pour une analyse globale de l'implantation humaine, mais elle ne peut rendre compte de contrastes régionaux et micro-régionaux dans le mode de développement des réseaux et dans la polarisation des systèmes agraires qui les sous-tendent. On en citera pour preuve la diversité des formes de la *villa* dont les nombreuses variantes, depuis la demeure confortable à peine dégagée de sa *pars rustica*, jusqu'au somptueux établissement palatial, doivent traduire différents modes et niveaux d'insertion de la grande propriété au sein de structures agraires dont on commence à discerner la variabilité régionale (Van der Leuw, 1995). De même, l'affinement des prospections a provoqué la multiplication des tout petits 'sites', couvrant quelques centaines voire quelques dizaines de mètres carrés, sur lesquels plusieurs fouilles ont révélé des aménagements fugaces ne correspondant pas obligatoirement à des habitats, et que l'on range désormais dans la classe d'attente 'annexe agraire' (Pellecuer, 1993; 1994; Favory *et al.*, 1994).

En définitive, plus encore que pour la localisation des 'sites', leur classement hiérarchique impose désormais de dépasser les postulats traditionnels et de développer une approche expérimentale.

HIÉRARCHIES STATISTIQUES

L'analyse statistique des données a été entreprise, depuis le milieu des années 80, avec l'ambition d'une part d'enrichir le corpus des critères archéologiques en leur assurant une valeur statistique, et d'autre part d'insérer l'analyse des établissements dans une approche dynamique et spatiale, en caractérisant leur rôle respectif dans la structuration du paysage et leur position dans les réseaux de peuplement.

De nombreuses analyses multivariées ont donc été pratiquées, à la fois sur des échantillons régionaux différents et dans le cadre d'équipes diverses au sein du G.D.R. 954, pour aboutir, en 1992–1994, à une analyse portant sur près de 1000 établissements gallo-romains du Languedoc oriental et de la vallée du Rhône (Van der Leeuw, 1995; Favory *et al.*, 1995). Cette démarche collective a fortement influencé l'élaboration des critères d'analyse dont le catalogue actuel résulte d'une maturation et d'une expérimentation de longue haleine, fruits de discussions régulières au sein d'un groupe d'une dizaine de chercheurs. Momentanément concentré sur la période gallo-romaine, cette démarche garde comme objectif d'appréhender progressivement les deux millénaires s'étendant du début des Ages du Fer à la fin du Moyen Age.

Dès le départ, l'approche a conjugué des descripteurs de type archéologiques et des descripteurs géographiques, croisés dans le cadre d'une Analyse factorielle des correspondances (A.F.C) et d'une Classification ascendante hiérarchique (C.A.H), méthodes complémentaires d'analyse des données (Sanders, 1989; Girardot, 1983; 1995).

Les *descripteurs archéologiques*, initialement au nombre de 6 puis élargis à 9 lors de la dernière analyse, rendent compte de l'information livrée par les gisements de vestiges affleurant le sol et par l'environnement immédiat. Depuis la première expérience (Favory, 1987–1988), ce codage de l'information archéologique a été progressivement adopté par l'ensemble des équipes, afin de comparer les différents essais typologiques (Leveau et Provansal, 1993: 165–82; Favory *et al.*, 1995):

- *Superficie* (6 modalités)
- *Matériaux* (6 modalités)
- *Mobilier* (4 modalités)
- *Indices d'activité* (7 modalités)

- *Date d'implantation* (14 modalités)
- *Durée d'occupation* (6 modalités)
- *Occupation antérieure* (3 modalités)
- *Pérennité* (2 modalités)
- *Période d'occupation* (13 modalités)

Ces descripteurs ont évolué vers un affinement des classes et une amélioration de leur représentativité. Ce processus a été encouragé par l'augmentation progressive du nombre d'établissements soumis à l'analyse, qui a autorisé la création de classes plus homogènes, tant au plan de la superficie des gisements, de la nature des matériaux utilisés dans l'architecture qu'à celui des découpages chronologiques. En revanche, en ce qui concerne la description du mobilier et l'exploitation des témoignages susceptibles d'éclairer les fonctions productives des établissements (*Mobilier, Activité*), on a dû, malgré des tentatives d'innovation découragées par l'inertie des résultats statistiques, s'en tenir à l'organisation initiale des descripteurs. La pratique intensive de l'Analyse de données a ainsi relégué au second plan ces descripteurs qualitatifs, peu discriminants en regard du classement des 'sites', tandis qu'elle soulignait l'efficience d'autres critères, chronologiques en particulier.

L'une des améliorations a porté sur le découpage du descripteur *Date d'implantation*, grâce à l'affinement des datation des céramiques, affranchies du découpage académique fondé sur l'histoire institutionnelle. Désormais les descripteurs *Date d'implantation* et *Durée d'occupation* adoptent un découpage séculaire, affiné encore dans le cadre du projet ARCHAEOMEDES,[2] jusqu'au demi-siècle.

Les exigences liées à l'ouverture de l'éventail chronologique de l'analyse ont aussi contribué à diversifier la structuration des descripteurs archéologiques. Dès lors qu'on se fixe pour ambition d'appliquer l'analyse des données à un corpus d'établissements appartenant à des cultures différentes, nettement caractérisées par une architecture et un mobilier spécifiques, on doit affaiblir l'impact des indicateurs chronologiques sur la typologie, car ils concourent à structurer des classes homogènes par période, ruinant toute possibilité de comparaison. Il convient donc, au contraire, de confronter les établissements concernés à des descripteurs capables de briser le déterminisme chronologique et de susciter des regroupements et des différenciations significatives au plan spatial et/ou hiérarchique. Dès 1989, une expérience est tentée pour confronter, dans une même analyse, les établissements antiques et alto-médiévaux du territoire de Lunel-Viel (28 sites, 52 caractères: Favory et Fiches, 1994: 209–30). On introduit à cette occasion un descripteur recensant la présence ou non de tombes près de l'habitat (*Statut*) et on enrichit le descripteur *Matériaux* de deux nouvelles modalités: *absence d'indices*, pour les constructions en matériaux périssables, et *terre crue et tuile*.

L'expérience Archaeomedes innove en ajoutant le descripteur *Occupation antérieure*, qui permet d'enregistrer le plus simplement possible la discontinuité dans l'occupation d'un 'site', et d'éviter un découpage chronologique très complexe pour rendre compte de ce phénomène (2 modalités *Ant1*, *Ant2*). L'adoption de ce descripteur va permettre de mesurer l'impact éventuel d'une occupation antérieure sur la réussite d'une nouvelle implantation, à condition que cette ancienne occupation ne soit pas trop éloignée dans le temps.

Comme on vient de le mesurer, l'enquête diachronique suppose aussi qu'on interroge le corpus avec un questionnaire plus large. Ce faisant, on est conduit à modifier la perception traditionnelle de l'établissement, pour s'intéresser à sa position dans l'espace. Autrement dit, on dépasse l'unité documentaire centrée sur l'établissement et sur ses qualités intrinsèques pour l'appréhender dans son rapport à l'espace environnant qu'il contrôle et exploite, et qui le contient. La perspective était nouvelle, du moins en Narbonnaise, lorsque J.-L. Fiches élabora en 1985 une série de descripteurs consacrés à l'implantation géographique des établissements et à fournir des indices susceptibles d'éclairer les conditions de leur succès ou de leur échec, évalué en termes de taille et de durée d'occupation (Favory *et al.*, 1988):

- *Terroirs* (4 modalités)
- *Sols* (4 modalités)
- *Pente* (5 modalités)
- *Distance à la voirie* (6 modalités)
- *Orientation du parcellaire incluant le site.*

Les quatre premiers descripteurs recensaient l'information au point topographique occupé par l'établissement. Les analyses suivantes vont améliorer ces descripteurs, puis innover en calculant, à partir du rapport aux chemins, le *nombre de dessertes aboutissant au site* et, à partir de cette information, le *nombre de relations avec des établissements contemporains*. Ces descripteurs s'imposent à l'expérience parmi les descripteurs les plus discriminants.

De même, l'analyse intègre un nouveau descripteur qui enregistre le degré de pérennisation dans le paysage contemporain de l'habitat disparu: *Paysage* (4 modalités). Ce descripteur va jouer un rôle très structurant dans la hiérarchisation de l'habitat, singulièrement quand il comporte les établissements du haut Moyen Age.

Une nouvelle analyse, appliquée à un corpus de 108 sites gallo-romains du Lunellois, décrits par 40 caractères (Favory et Fiches, 1994: 209–17), va résoudre le problème de la redondance, entre caractères géographiques et pédologiques, en constituant des catégories géo-pédologiques (7 modalités).

La réflexion engagée dans le projet Archaeomedes va partir, pour l'essentiel, de l'acquis de la dernière analyse sur le Lunellois. En ce qui concerne les descripteurs paysagers, on a dû résoudre le problème posé par la disparité documentaire constatée au sein des fichiers régionaux de données. Il importe donc d'élaborer, pour l'ensemble des 934 sites retenus, une documentation homogène. La mise

au point des descripteurs environnementaux a été menée avec le concours d'un laboratoire spécialisé dans le traitement de l'imagerie satellitaire (UNISFERE, Université de Besançon) et d'un laboratoire néerlandais qui a développé un système d'information Géographique spécifique (RAAP, Université d'Amsterdam).

Notre approche du rapport entre site archéologique et milieu environnant se fonde sur les analyses effectuées pour l'essentiel par UNISFERE. RAAP lui a fourni des fichiers élaborés par le SIG, à partir de données spatialisées et géoréférencées acquises sous forme de fichiers numériques ou par digitalisation de données livrées par la cartographie disponible. En outre, ce laboratoire a calculé la distance de chaque site au cours d'eau ou au plan d'eau le plus proche et a mesuré le degré de la densité viaire, c'est-à-dire le nombre de chemins alentour du site, qui est un indicateur de la capacité des établissements à structurer l'espace environnant:

- *Distance à un cours d'eau* (7 modalités)
- *Distance au réseau viaire actuel* (4 modalités)
- *Nombre de chemins* (4 modalités)

La description du milieu physique a porté sur deux de ses composantes, conçues à la fois comme les plus facilement exploitables à partir des sources documentaires disponibles et accessibles, et comme les plus stables, – appréciation toute relative, bien entendu –, ce qui importait dans une démarche qui prétend caractériser le milieu tel qu'il existait entre 21 et 15 siècles avant l'actuel. Il s'agit d'une part du *relief* et des effets qu'il induit, singulièrement du point de vue de l'exposition solaire et de l'exposition aux vents dominants, d'autre part du *contexte pédologique*, de stabilité variable selon les profils topographiques et hydrographiques considérés. L'analyse a été effectuée à deux échelles, selon les variables. Une partie d'entre elles porte sur l'emplacement même de l'établissement: pourcentage et orientation de la pente ou absence de pente, rayonnement solaire, exposition aux vents dominants. L'autre partie contribue à caractériser les alentours du site dans un rayon d'un kilomètre (proportions de secteurs plats et des différentes classes de pentes) ou de 500 m (associations de sols). Cette seconde classe de paramètres est chargée de décrire le cadre physique où s'exerce l'activité agro-pastorale et de suggérer, en respectant les compétences et les limites des forces productives de l'époque, une typologie qualitative des milieux exploités par les occupants des habitats étudiés. Les calculs ont permis de dégager une typologie des milieux topographiques (Van der Leuw, 1995: 143–68) et une typologie des finages occupés par les sites gallo-romains (*Pédologie*: 7 modalités).

LES RÉSULTATS

L'analyse statistique multivariée appliquée aux 934 établissements de la base Archaeomedes et aux seules variables archéologiques a confirmé la structure de la typologie issue de l'analyse consacrée antérieurement à 108 sites du Lunellois, en Languedoc oriental, ce que suggérait déjà la comparaison des tris à plat, donnant la fréquence de chaque variable. La CAH calculée sur les résultats de l'AFC répartit les sites en 11 classes (Figs. 22.4–5), dont quelques sites fouillés éclairent la signification (Van der Leuw, 1995: 60–7):

- *Classe A* (202 sites; 22%): très petits sites du Ier s., brève durée, vocation agraire sans habitat.
- *Classe B* (67 sites; 7%): établissements d'occupation supérieure au siècle, vocation agraire pour partie, petits habitats pour d'autres.
- *Classe C* (34 sites; 4%): petits établissements de facture indigène, à durée d'existence brève; habitats temporaires ou annexes agraires.
- *Classe D* (154 sites; 16%): petits sites de la fin de la République et du Ier s. de n. è., durée brève; aucun site fouillé n'éclaire cette classe.
- *Classe E* (125 sites; 13%): sites petits et moyens, de facture modeste, à durée excédant un à plusieurs siècles; fermes développées.

- *Classe F* (75 sites; 8%): petits sites tardo-antiques à occupation brève; annexes agraires.
- *Classe G* (85 sites; 9%): sites moyens tardo-antiques et de durée moyenne; petites fermes ou habitats temporaires.
- *Classe H* (75 sites; 8%): taille moyenne, implantés à la fin du Ier s. av. n. è. et au Ier s. de n. è.; fermes indigènes aisées et petites *villae*.
- *Classe I* (66 sites; 7%): taille moyenne à grande, implantés à la fin du Ier s. av. n. è. et au Ier s. de n. è.; *villae*.
- *Classe J* (42 sites; 4%): grands sites durables, confortables; petites agglomérations ou grandes *villae*.
- *Classe K* (22 sites; 2%): plus grands sites; grandes agglomérations ou grandes *villae*, dotées d'ateliers artisanaux.

Parallèlement à l'AFC, de nombreux tris à plat ou croisés ont été effectués sur la base de données, dont on évoquera quelques résultats significatifs. La phase de création et de diffusion de l'habitat rural, dispersé et groupé, atteint son apogée au Ier s. ap. J.-C., au terme

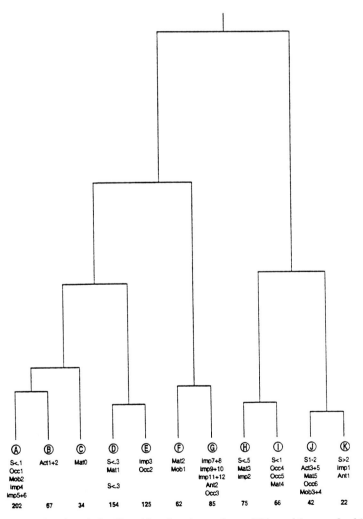

Fig. 22.4: Graphe simplifié de l'arbre de la Classification Ascendante Hiérarchique calculée sur les résultats de l'AFC sur les seuls critères archéologiques.

d'une croissance rapide, puis le nombre d'habitats tend à se réduire à partir du IIe s. La rétraction du peuplement est enrayée, dans certaines régions, par une seconde phase de créations aux IVe-Ve s. La projection spatiale des statistiques régionales montre que le développement le plus précoce de la romanisation du peuplement s'opère dans la basse vallée du Rhône, sans doute sous l'impulsion de la colonie grecque de Marseille, alliée de Rome. Ensuite, le front de la colonisation agraire progresse le long de la vallée du Rhône, jusqu'à la fin du Ier s. ap. J.-C. Ce sont les régions qui connaissent l'essor le plus tardif, les zones marginales par rapport au noyau géographique de la romanisation, qui enregistrent une reprise des créations au bas Empire.

Ce que montrent les courbes générales, entre autres aspects, c'est que la taille des établissements constitue seulement un indicateur partiel de la hiérarchie fonctionnelle, et exprime un statut qui a tendance à s'objectiver dans une durée spécifique. Autrement dit, les petits sites n'évoluent pas comme les sites de taille moyenne ou de grande taille. Le critère archéologique de taille des sites acquiert donc toute sa valeur heuristique seulement à l'issue du croisement avec les facteurs de durée et d'implantation.

Cette lecture appelle donc à nuancer l'interprétation du développement subit et éphémère du haut Empire: le croît des sites n'exprime pas uniquement l'envolée des exploitations mais marque tout autant la création d'un équipement agraire de 'front pionnier'. Sans contredire l'interprétation purement économiste, cette dimension technique introduit donc dans le raisonnement une pondération de l'essor de l'habitat dont l'ampleur est probablement surévaluée par la prise en compte indifférenciée d'exploitations de taille moyenne ou réduite et d'annexes *inhabitées*. On peut donc proposer une nouvelle lecture des courbes de fréquence des établissements. Loin de s'effacer, l'opposition entre haut et bas empire pourrait toutefois changer de sens. Ce ne serait plus tout à fait une opposition entre prospérité et déclin d'un certain modèle de développement, mais aussi un contraste entre des réseaux comprenant beaucoup d'installations dispersées et des réseaux moins diffus, plutôt regroupés ou fortement polarisés. Après avoir occupé une fonction de relais techniques entre les pôles d'initiative et les champs, ce vaste dispositif d'annexes agraires et d'habitats temporaires devint obsolète et fut délaissé lorsque le système atteint son profil d'équilibre. Le niveau important des abandons ne constitue donc pas le signe d'une déprise rurale uniforme, mais celui d'une maturation des réseaux d'habitat passant par une réduction du nombre des unités de résidence et des locaux d'exploitation.

L'évolution de la durée des établissements corrobore et amplifie celle de leur superficie. Aux réseaux du haut empire

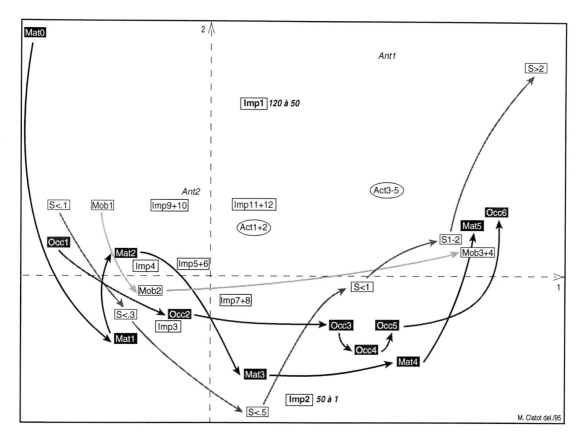

Fig. 22.5: Graphe du plan des axes 1 et 2 de l'AFC initiale sur les critères archéologiques (inertie de l'axe 1: 7,74%; axe 2: 6,31%) (DAO: M. Clatot, C.R.A).

gros d'installations modestes et éphémères, s'opposent les réseaux du bas empire marqués par des implantations vastes et durables. La dualité entre des sites à occupation brève, inférieure à 2 siècles, et les occupations longues avec, entre les deux, quelques sites à occupation moyenne, peut donc s'interpréter comme la complémentarité entre, d'une part, les maillons d'un front pionnier, annexes agraires dont l'installation s'insère dans le cadre d'un programme d'équipement du territoire et, d'autre part, des pôles d'initiative agraire, supports durables du peuplement et du système productif. La valeur d'un abandon de site devient éminemment relative dans le cadre d'une telle approche.

Si l'on considère maintenant le rapport entre le milieu physique et l'évolution des réseaux d'habitat, on observe que si les conditions environnementales ont visiblement joué un rôle dans les choix des sites d'habitat, la structure spatiale, une fois mise en place au Ier s. ap. J.-C., s'est érodée de façon égale, presque indifféremment des conditions d'implantation. La répartition globale des implantations montre un intérêt particulier pour les contacts, des coteaux, les terroirs aux sols minces et naturellement bien drainés ou les finages à terroirs associés. Cette distribution spatiale des installations gallo-romaines, qu'on imagine placées au cœur des terroirs exploités, concrétise les observations et les conseils livrés par l'agronomie latine, qui valorise ces types de milieux, propres à la culture des espèces méditerranéennes, céréales, vigne, olivier, légumineuses. Les régions planes n'offrent qu'un intérêt moindre, tandis que les reliefs vigoureux sont dissuasifs. Une A.F.C de 'second niveau', opérant à la fois sur les descripteurs paysagers et sur les classes A à K obtenues par la première A.F.C, intégrées comme descripteurs autonomes, a permis d'entrer dans l'intimité de ces rapports site/habitat.

En ce qui concerne le phénomène très révélateur de la réoccupation d'un site abandonné par un habitat antérieur, on constate qu'il caractérise de manière dominante des classes de sites installés soit en plaine, dans un milieu relativement drainé, soit dans un paysage de contact, entre plaine et coteau, à versants faiblement à moyennement inclinés, toujours bien exposés et dotés d'un bon ensoleillement. Ce sont là les milieux les plus attractifs durant l'Antiquité gallo-romaine, ceux où l'on trouve le plus grand nombre de sites confortables et durables, mais qui enregistrent aussi le plus grand nombre de sites précaires. Autrement dit, les milieux les plus attractifs sont à la fois ceux qui accueillent le plus de sites durables et le plus de sites précaires. Les qualités naturelles du milieu, si elles expliquent le choix initial, ne constituent donc pas un facteur de découragement de l'entreprise agro-pastorale. En effet, l'habitat et ses occupants ne désertent pas le milieu lorsque celui-ci enregistre ainsi l'abandon de certains sites. Après la mise en place du front pionnier et la stabilisation de l'habitat en réseaux hiérarchisés et fonctionnels, certains établissements seulement sont abandonnés: les plus petits, les plus modestes et, en même temps, comme le montre leur fouille, les plus spécialisés

dans une activité. Cette spécialisation explique la modestie de leur taille et de leur mobilier, et c'est probablement elle qui est la cause de leur précarité: si, par exemple, la viticulture régresse, les installations spécialisées dans le vignoble en subiront la conséquence plus rapidement et plus vivement que les autres établissements.

Dernier exemple des possibilités offertes par la méthode, le croisement des données pratiqué par l'AFC révèle toute son efficacité en ce qui concerne le problème épineux des établissements réoccupant un site occupé antérieurement. Ceux-ci ne représentent qu'un dixième de la population analysée, mais forment un groupe cohérent, essentiellement localisé dans la classe K où se concentrent par ailleurs les sites les plus grands, les plus confortables et les plus durables, agglomérations ou *villae*. Les établissements qui réussissent paraissent donc en bonne part des installations opportunistes, sachant exploiter les avantages d'un site et d'un environnement déjà aménagés par des occupants antérieurs.

La manipulation et l'exploitation de la base de données ainsi constituée sont désormais proposées aux diverses équipes archéologiques grâce à une base interactive *ArchéBase*, créée par J.-J. Girardot sous HyperCard, extensible à de nouveaux sites (on envisage le doublement du nombre de sites en 1995) et à de nouvelles variables. Les utilisateurs peuvent, à volonté, sélectionner tout ou partie des données archivées, pour travailler soit sur leur fichier régional, soit un groupe de régions, opérer la sélection en définissant des critères archéologiques ou environnementaux pour extraire l'information recherchée, combiner différents types de critères de sélection... Dès lors, chacun peut explorer le profil d'une classe de sites dont il aura lui-même défini les contours, et exporter les résultats de sa sélection vers d'autres applications statistiques (tri à plat, tri croisé, matrice ordonnée, AFC et CAH). Cette possibilité d'enquête multiforme ouvre des perspectives inédites pour la recherche sur l'habitat rural.

VERS UNE APPROCHE SYSTÉMIQUE: DES RÉSEAUX HIÉRARCHISÉS

Au delà de la typologie des 'sites', l'analyse multivariée permet ainsi de préciser les modalités des processus de dispersion et de concentration des réseaux d'habitats, polarisés par des agglomérations ou par des établissements au statut architectural et fonctionnel supérieur (des *villae*?) à celui des établissements dispersés alentour. Un *réseau d'habitats* se présente comme un dispositif spatial cohérent, regroupant à une période donnée des établissements aux fonctions diverses, liés entre eux par des relations fonctionnelles et hiérarchiques. La forme dominante de ces réseaux est structurée à partir d'un pôle d'initiative agraire, dont la fonction organisatrice est relayée par des habitats intermédiaires, hameaux ou fermes de taille moyenne et dont le contrôle et la maîtrise de l'espace agro-pastoral s'exercent concrètement grâce à

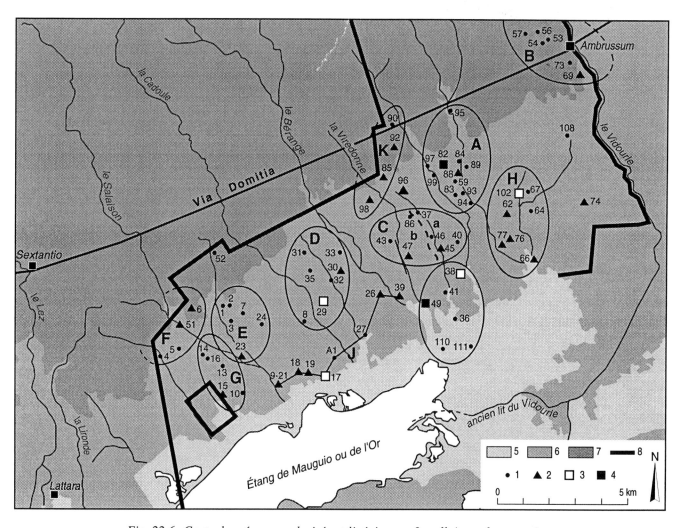

Fig. 22.6: Carte des réseaux polarisés et linéaires en Lunellois, au haut empire.

des locaux et des aires techniques spécialisées, installées au plus près de l'activité de production, ainsi que par des petits habitats occupés de manière temporaire à l'occasion de certaines activités. On parle alors de *réseaux polarisés* (Fig. 22.6).

Un second type de réseau, associant des établissements de rang sensiblement égal et n'ayant pas ou peu suscité l'émergence de 'sites' annexes, a pu être identifié en Lunellois. En marge des réseaux polarisés et dans le contexte spécifique d'un littoral lagunaire, ce voisinage d'établissements de rang moyen évoque une économie domaniale, dans ce que l'on propose de qualifier, faute de hiérarchie explicite, de *réseaux linéaires* (Favory *et al.*, 1994: 170–80).

Avancée significative vers une analyse systémique du peuplement, cette perception des réseaux devra dans les études à venir rendre compte des différentes strates et stratégies d'appropriation du territoire, depuis le niveau de l'exploitation paysanne ou domaniale, jusqu'aux réseaux supérieurs exprimant la polarisation des

campagnes autour de la ville. De premiers essais de modélisation et d'analyse formelle de ces réseaux sont en cours, en étroite collaboration avec les géographes de l'équipe P.A.R.I.S. (CNRS – Université Paris I).

NOTES

1   Un premier élément de discordance des densités provient de la prise en compte dans le Bassin de Thau des fragments de tuile, tandis que ceux-ci ne sont pas comptés en Vaunage. L'usage de la tuile, y compris de la *tegula*, semble désormais trop courant durant tout le Moyen Age pour que l'on puisse, dans une collecte de surface et singulièrement hors habitat, attribuer avec certitude ces matériaux de construction à une période précise. Pour Calvisson, le calcul de la densité des zones d'épandage a été réalisé en multipliant par 3 le nombre d'éléments collectés, car dans ces unités sitologiques la collecte est réalisée selon un maillage (1 ligne de prospection tous les 6 m) trois fois plus lâche que dans les 'sites' (1 ligne tous les 2 m). Une autre pondération a été introduite sur l'ensemble des résultats de Calvisson en divisant la densité

d'indices par un coefficient de 1 à 5 tenant compte de la durée d'occupation de chaque unité sitologique (1: <1 siècle, 2: 1 à 2 siècles, ... 5: >4 siècles).

2   Le programme ARCHAEOMEDES 'Understanding the Natural and Anthropogenic Causes of Soil Degradation and Desertification in the Mediterranean Basin', dirigé par Sander Van der Leeuw, professeur à l'Université de Cambridge, a été financé par la Direction Générale XII de la Commission des Communautés Européennes – Science, Recherche et Développement – au titre du Programme Environnement (IV.3. Désertification des régions méditerranéennes), dans le cadre du contrat EV5V.-0021 (1992–1994).

BIBLIOGRAPHIE

Bermond, I., Pellecuer, C. (A paraître) Villa et territoires en Narbonnaise: le domaine de la villa des Prés-Bas (Loupian) et l'agglomération de Mèze (Hérault). A paraître dans la *Revue Arch. de Narbonnaise*.

Favory, F., Fiches, J.-L., Girardot, J.-J. (1987–1988) L'Analyse des données appliquée à la typologie des sites gallo-romains dans le Beaucairois (Gard): matériel de prospection et environnement paysager: essai méthodologique. *Gallia* 45: 67–85.

Favory, F., Fiches, J.-L. (dir.) (1994a) *Les campagnes de la France méditerranéenne dans l'Antiquité et le haut Moyen Age. Approches microrégionales*, Documents d'Archéologie Française, vol.42.

Favory, F., Girardot, J.-J., Raynaud, Cl., Roger, K. (1994b) L'habitat gallo-romain autour de l'étang de l'Or (Hérault). Hiérarchie, dynamique et réseaux du IIè s. av. au Vè s. ap. J.-C. *Mélanges Pierre Lévêque*, vol.8, Paris: 123–215.

Favory, F., Girardot, J.-J., Raynaud, Cl., Tourneux, F.P. (1995) Mobilité et résistance de l'habitat rural gallo-romain en vallée du Rhône: indicateurs de l'attraction ou de la répulsion exercée par le milieu? In S. van der Leeuw (dir.) *L'Homme et la dégradation de l'environnement*. APDCA, Juan-les-Pins (Actes des XVe Rencontres Internationales d'Histoire et d'Archéologie d'Antibes, Juan-les-Pins, 20–22 octobre 1994).

Girardot, J.-J. (1983) Micro-informatique et procédures conversationnelles des données. Le logiciel 'Anaconda'. *Cahiers de Géographie de Besançon* 25: 231–63 (Actes du 11e colloque sur les Méthodes Mathématiques Appliquées à la Géographie. Besançon).

Girardot, J.-J. (1995) Analyse statistique de l'habitat rural antique. Méthodologie. In: Van der Leeuw, 1995: 4–11.

Février, P.-A. (1978) Problèmes de l'habitat du Midi méditerranéen à la fin de l'Antiquité et dans le haut Moyen Age. *Jahrbuch des Römisch-Germanisch Zentralmuseums Mainz* 25: 208–47.

Haselgrove, C., Millett, M., Smith, I. (dir.) (1985) *Archaeology from the ploughsoil*. Sheffield.

Leveau, P., Provansal, M. (dir.) (1993) *Archéologie et environnement: De la Sainte-Victoire aux Alpilles*. Aix-en-Provence.

Mercier, C., Raynaud, Cl. (1994) L'habitat rural en Gaule méditerranéenne du VIè au XIè s. Approche régionale et étude de cas. *Actes des XIVè Journées d'Archéologie Mérovingienne*. Rouen: 193–206.

Mercier, C., Raynaud, Cl. (A paraître) Genèse d'un terroir en Languedoc oriental: Dassargues (Hérault) du IVè au XIIè s. A paraître dans *Castrum* 5, Actes du Colloque International de Murcia, 1992.

Pellecuer, C. (éd.) (1993) *Formes de l'habitat rural en Gaule Narbonnaise* 1, Juan-Les-Pins.

Pellecuer, C. (éd.) (1994) *Formes de l'habitat rural en Gaule Narbonnaise* 2, Juan-Les-Pins.

Py, M. (dir.) (1993) *Dicocer. Dictionnaire des céramiques antiques (VIIème s. av. n. è.-VIIème s. de. n. è.) en Méditerranée nord-occidentale (Provence, Languedoc, Ampurdan)*, Lattes (Lattara 6).

Raynaud, Cl. (dir.) (1990) *Le village gallo-romain et médiéval de Lunel Viel (Hérault). La fouille du quartier ouest (1981–1983)*, Les Belles Lettres, Paris.

Sanders, L. (1989) *L'analyse statistique des données appliquée à la Géographie*. GIP RECLUS, Montpellier.

Trément, F. (1993) Le secteur des étangs de Saint-Blaise: Pour une approche archéologique et paléoécologique d'un milieu de vie. In Ph. Leveau et M. Provansal (dir.) *Archéologie et environnement: De la Sainte-Victoire aux Alpilles*. Aix-en-Provence: 83–105.

Van der Leeuw, S. (dir.) (1995) *Dégradation et impact humain dans la moyenne et basse vallée du Rhône dans l'Antiquité*, I-II, Université de Cambridge (Archaeomedes Project 'Understanding the natural and anthropogenic causes of soil degradation and desertification in the Mediterranean basin', vol.3).

Wilkinson, T.-J. (1989) Extensive Sherd Scatters and Land-Use intensity: some recent results. *Journal of Field Archaeology* 16–1: 31–46.

23. The Pisa Territory Project

E. Marchisio, M. Pasquinucci, E. Pranzini and G. Vigna Guidi

FOREWORD

The Pisa Territory Project is studying both the ancient and medieval city and the north-western portion of Tuscany that includes south Versilia, the lower Arno River Valley (west of S. Miniato) and the Fine and Cecina River Basins (the last belonging in ancient times to the *ager Volaterranus*). This area is diachronically studied from Palaeolithic to Late Middle Ages, integrating the archaeological and written (including epigraphical) sources (ancient and medieval) with the environmental ones. Geophysical (in its different specializations) and geochemical research is progressively extended to surveyed areas and, whenever possible, checked with stratigraphical excavations in sites of particular interest.

A geomorphological/archaeological map and the naturalistic, archaeological and historical commentary was recently published (Pasquinucci in Mazzanti *et al.*, 1994; Pasquinucci and Menchelli, 1995).

In the off site, the patterns of Prehistorical evidence and the distribution of Protohistorical and Etruscan (pre-Roman) settlements, has been studied thanks to intensive surveys. Ancient ports have been identified along the ancient coastline, including *Portus Pisanus*, *Vada Volaterrana*, and minor ones.

In the second half of the first century BC veterans received plots (presumably of different sizes) in a vast *centuriatio* covering the lower Arno valley and south Versilia. *Villae* were constructed along the *limites*. At least in some districts their activities lasted till the end of the Roman empire.

In late republican and imperial periods, ship-building, timber trade, stone quarries, agriculture (cereals, wine), *amphorae*, *dolia* and table ware kilns are documented by literary, epigraphical and archaeological sources.

The up-to-date evidence is going to be transferred in a GIS.

One of our targets is the long-term history of the territory, from Palaeolithic to Middle Ages, with special emphasis on the patterns of settlements in their environ-ments, and on economical and social history. *(M.P.)*

Integrating various research tools in archaeological studies, such as satellite-, airplane- and ground-based remote sensing, together with geophysical tools, namely magnetic, seismic and geoelectrical ones, poses numerous problems.

Firstly, the different resolution of data produced by these methodologies does not allow a complete mutual validation. Secondly, ground-based remote sensing and geophysical researches hardly produce a full and homogeneous coverage like the one given by lower resolution airborne and space platforms.

Thirdly, underground information retrieved from surface radiance data is a 'second order approximation' to the truth, whereas that produced by geophysical surveys is a 'first order' one.

Not all these theoretical problems arise during each research, since these methods are often addressed to the solution of different problems.

Magnetic surveys, together with ground-based remote sensing generally support the identification of archaeological sites, while geoelectrical data and satellite remote sensing have been used to identify ancient environment to address *in situ* researches. Seismic campaign and the use of airborne scanners meet both these two goals. However, the increasing resolution of the new space sensors and the penetrating power of microwaves is producing a great interest in the new generation satellites even for site analysis.

In the Pisa plain various techniques have been used to support the archaeological research, from small scale palaeoenvironmental reconstruction, to spot analysis in sites where following excavations could confirm the non destructive studies.

The usefulness of these methods clearly stands out from the obtained results, whereas their integration is still far from being effective.

A brief description of the main results achieved is hereafter given.

LANDSAT DATA PROCESSING AND INTERPRETATION

Multispectral medium-to-high resolution satellite data proved to be of great use for lithological discrimination in alluvial plains (Pranzini and Della Rocca, 1986), giving an useful base for any palaeogeographical analysis of these environments.

Lithological recognition is mainly based on the different capability of sediments to hold water that strongly reduces bare soil reflectance; soil texture, organic matter contents and mineralogical composition also exert some influence on soil spectral signature (Alessandro *et al.*, 1991).

General image interpretation or specific processing, such as that provided by the Tasseled Cap transformation (Kauth and Thomas, 1986; Crist and Cicone, 1984) or by decorrelation methods (Maselli *et al.*, 1991) help in extracting information on soil wetness, that can be correlated to sediment texture if the morphology is known.

A multitemporal approach to the problem of soil identification is presently carried on, based on the suggestion that soils have different changes in wetness during the season. This can be studied both comparing various images acquired during the year, and with a Principal Component Analysis of a set of data constitued by numerous one-band images, as presently carried on for this research.

The following step is the correlation of sediment texture to sedimentary environment, a well tested extrapolation in geological studies. Once the sedimentary environments have been recognized, their evolution must be studied as well as their mutual relationship.

The knowledge of the existence of a certain landscape feature derived from old documents can direct image processing towards its identification. In this case no standard elaboration can be applied but man-controlled transformation until the feature does not emerge.

Coastline evolution

The Pisa plain, like most of the coastal plains and all of the Italian river deltas finds its origin in woodland clearance consequent to the expansion of cultivated areas (Pranzini, 1989).

Coastal accretion is easily recognized in Landsat images as dry foredunes alternate with wet swales; when covered by vegetation, the two environments host different vegetal associations.

Discordance in ridge alignment can witness erosional phases and changes in the accretion rates. Some buildings standing on these areas, such as harbours and sighting towers, are shoreline markers that can date each phase.

In the Pisa plain the innermost shoreline, clearly identifiable on Landsat images (Figs. 23.1 and 23.2) even if razed by human activity, can be dated in the eighth/fifth century BC, according to archaeological and geomorphological evidence (Pasquinucci, 1994).

Hydrographic network evolution

Natural river course changes are an essential process in alluvial plains formation and quite often historical sources locate rivers away from their present position.

The abandoned courses can be detected on Landsat images as bright or dark bending lines, as they can be dryer or wetter than the surrounding plain.

Sometimes geomorphologic studies have not been able to identify the old river courses that historical sources tell about. This is the case of the lower Serchio River course that, according to *Strabo* (5.2.5), should have joined the Arno River near Pisa.

Landsat image processing (infrared bands composites, band 5 and 7 filtering and wetness and co-wetness transformations) proved that this historical source is reliable: a palaeochannel can be followed from the present Serchio River alluvial deposits to the border of Pisa town (Fig. 23.2).

The lower part of this course crosses an area that image processing and interpretation prove to have been a large swamp, as old maps confirm.

The existence of the palaeochannel has been proved by geoelectrical soundings; in fact, below a few meters thick clayey deposit, coarser sediments have been found. The swamp probably originated when the area remained away from the two aggrading rivers (Pranzini and Della Rocca, 1986).

The higher reflectance of clayey soils along the old river course is to be explained with the draining exerted from the underlying porous sediments on the upper layer.

Similar results were not achieved in the eastern part of the plain, where medieval documents and a few present day site-names show the existence of a Roman route connecting Pisa with the upper Arno valley. Here names like *Quarto, Quinto, Sesto, Settimo, Octavo, Tredecim* refer to villages located along a bending road which should have been built on the River bank (Ceccarelli Lemut and Pasquinucci, 1991). Many palaeochannels were detected on Landsat processed images, but none of them connect, the villages in the right sequence (Fig. 23.3). All the plain was built by a shifting river and it is difficult to meet the right one, even if this position must have been quite stable (naturally or artificially) during a considerable period of time.

The same *Strabo* (5.2.5) tells us that the Arno River had three separate mouths. Image processing clearly shows that three lobes of coarser sediments enter the lagoon in the southern part of the plain (Fig. 23.1). It is not sure that they were contemporaneously deposited, but may be that under flood conditions the River could run separate courses in the same time before abandoning them.

Swampy areas

Coastal plain evolution has been characterized by long phases in which large swampy areas were formed. Some ancient sites were surveyed at the borders of such areas, where protected harbours could be built.

Rutilius Namatianus, at the beginning of the fifth century AD, gives a detailed description of the Pisa harbour, from which it is possible to guess that the lagoon South of Pisa (*Portus Pisanus*: Pasquinucci, 1994) was, at that time, still widely open to the sea. The surrounding agricultural soils and this lagoon were partially drained by the Romans but, when Roman hydraulic works were left untended during the Early Middle Ages, the lagoon expanded again.

Although the lagoons were reclaimed during the last two centuries, their traces are still visible on Landsat images, but the intensive cultivation makes their correct mapping fairly difficult (Pranzini and Della Rocca, 1986). Multivariate statistical analysis carried out in order to remove the influence of vegetation cover from Landsat

TM images proved to be a valuable tool in the mapping of lagoons (Maselli *et al.*, 1991); the same is true for multi-temporal analysis (Bravetti *et al.*, 1989). These processing techniques were applied to the study area and a detailed map of ancient swampy areas was obtained.

Detailed studies on the agreement between satellite data and historical sources sometimes show discrepancies that only a third research tool, here geoelectrical sounding, can solve. Such discrepancies emerge, for instance, when the course of the Roman *Via Aurelia* north of Pisa is considered.

According to Landsat images and soil analyses, this area seems to have been swampy, therefore absolutely unsuitable to host a main road. Further image processing aimed at enhancing soil wetness shows that the swamp is

Fig. 23.1 : Landsat MSS image acquired on 13 September, 1978. Difference between the Second Principal Component and the Green Vegetatio Index. Bright areas correspond to fine sediments and, very likely, to areas occupied by swamp during historical times.

divided in two parts by a strip of dryer sediments (Fig. 23.2) just in the alleged position of the road (Ceccarelli Lemut and Pasquinucci, 1991).

Vertical geoelectrical soundings show the presence of sands one meter below the plain. Although the origin of these deposits is not clear (river or beach sands?), it is sure that the Roman road was running north of Pisa along a sand ridge that only later was buried by swamp sediments (Pasquinucci, 1994). *(E.P.)*

GEOPHYSICAL RESEARCH

The aim of geophysical prospecting for archaeology is rather straightforward: surface geophysical non-intrusives methods can detect a series of possible objectives (remains of walls, floors or other structures, pipes, cavities, pits,

etc.). The methodology is much less straightforward, but it is not the topic of this paper. In general, surface geophysical methods are too slow and costly to cover homogeneously large areas.

When programming a geophysical application to landscape archaeology in the territory of Pisa, the total absence of budget to cover the costs limited the size of the project. We had to choose some demonstration-tests as a 'proof of the concept' to show the validity of some survey techniques to study some specific archaeological problems. We found two very different examples, one on a 'geographical' scale, but feasible with surface geophysics methods, and the other where there was no structural artifact at all.

The first test involved the verifying uncertain segments of certain *limites* of the Roman *centuriatio* in the *ager Pisanus*. The *centuriatio* was recognized and studied by classical means: topographical maps, aerophotography,

Fig. 23.2 : Landsat TM image acquired on 18 March, 1986. Cowetness (i.e. inverse of the wetness image produced through the Tasseled Cap transformation (Crist and Cicone, 1984). Dark areas in the plain correspond to wet soils.

etc. Several different geoelectrical arrays were tested on a few uncertain segments of *limites*, and 2-D finite-element modelling was used to interpret the results.

Another experiment was performed on a small archaic site at Isola di Coltano. The difficulty was that, after visiting the place, we realized that there was none of the typical remains that are the usual objectives of a geophysical survey, like walls, floors, etc. So we addressed an indirect research to one 'effect' of the human activity: the heating of the soil under the fireplaces by means of a high-resolution magnetic survey. A very strong cultural noise, mainly due to the nearness of a high-traffic railway made the challenge difficult.

The Roman 'centuriatio' in the ager Pisanus

Frequently unpreserved segments of *limites* can be hypo-thetically extrapolated from the continuity with respect to the known grid, but – in absence of any other evidence – there is uncertainty about their actual existence. Excavation of course is costly, and the land owners usually do not appreciate it. On the other hand, due to the high quality of Roman surveyors, an hypothetical *limes* – be it a small road or a ditch – can be located within a few meters. This makes a geophysical approach economically convenient.

For our tests we chose the geoelectrical method (which in this situation we thought to be more reliable than electromagnetic methods). The approach was the execution of a series of very thick resistivity profiles or pseudosections across the hypothetical *limites*.

We performed several tests in two areas, east of Pisa (Ripoli, Navacchio) and West (between the Via Aurelia and the San Rossore pinewood).

Some 2-D preliminary modelling was used to optimize

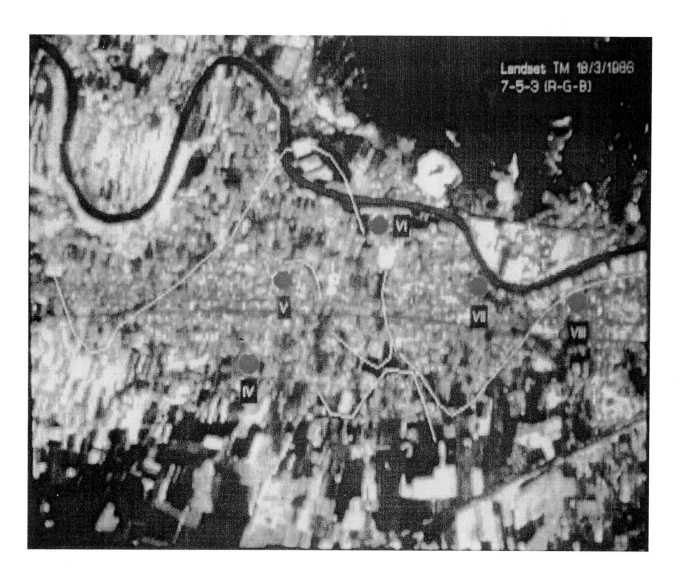

Fig. 23.3 : Landsat TM image acquired on 18 March, 1986. Infrared bands composite. Detected palaeochannels are drawn together with the position of sites with sitenames derived from Roman milestones.

the survey. On each profile we tested different electrode arrays by means of multidipolar cables, without moving the electrodes. Different spacings were used in order to obtain pseudo-depth sections.

The first test site, was near San Sisto. All the profiles across the continuation of a known *limes* showed clear anomalies with all the used electrode arrays (Wenner, dipole-dipole, pole-dipole).

A bi-dimensional modelling (by the Finite Element Method) was carried out and there were found theoretical responses fitting very well the anomalies (Fig. 23.4). The corresponding models look like a roadbed under about 0.5 m of soil, with a lateral ditch in the northmost profile. As the Wenner responses seemed to be the clearest, in the further tests we used only this array. The results were positive.

In conclusion, it was shown that it is possible to ascertain an hypothetical *limes* by a geoelectrical survey. The survey must be thick and accurate, but it is fast and rather economical (very economical if compared to an excavation).

An accurate modelling can be seen as a step forward in the interpretation of the geophysical anomalies as rather well defined archaeological objects.

An archaic site at Isola di Coltano (Pisa – Italy): archaeological and palaeoecological research

Excavations have been carried out since 1993 in the area of Isola di Coltano in the plain south of Pisa (Italy), on the location of an archaic village formerly individuated through systematic surface surveys in a cereal (*durum* wheat) cultivated field.

Fire hearths display magnetic fields because of the magnetic susceptibility of the heated soil remnants that exist after firing. Fired rock and pottery produce magnetic anomalies through thermoremanent magnetization. It is therefore possible to locate ancient fireplaces by means of magnetometric measurements.

The surveyed area extends about 12 m north-south and 11.5 m east-west. Magnetic survey was carried out on the site on a very closed spacing grid (0.25 m x 0.5 m) with the aim of looking for any possible anomaly due to ancient fireplaces.

During preliminary tests it was noticed the presence of strong electromagnetic noise due to power lines and – much worst – to a DC powered railway running about 2.5 km west of the site. Therefore it was necessary to use particular contrivances (working with two magnetometers) during the field survey. A rather complex data processing then allowed to obtain a very clean and detailed magnetic map of the site. In particular, there were three anomalies within the excavation area, which seemed interesting indications of the presence of fireplaces.

Further excavations were performed in June 1995 on the base of these data; and evident indications of ancient fireplaces were found exactly in correspondence of the magnetic anomalies.

On the site (30 m north–south and 18 m east–west large at least) two rectangular test sites were opened, respectively:

I: 11 m north-east/south-west by 6 m north-west/south-east;

II: 4 m nord-east/south-west by 5 m nord-west/south-east.

In the two test sites underneath the humus (about 0.40 m thick) westwards inclined strata (−65/−87 below sea level) were individuated, formed after the destruction of ancient structures and characterized by a high number of hut plaster fragments and of *impasto* pottery and half-fired clay-finds.

Such anthropized strata lean over naturally formed levels, constituted by silt with calcareous nuclei and crushed malacologic finds due to an entry of low salinity marine environment and probable formation of a lagoon.

This natural event may be dated to an age before the seventh century BC for the absence in the settlement of microclastic schist ceramic, which production started precisely at that age.

The remains of two more life phases were put in evidence through deeper excavations in test site I: they can be dated to *c.* the ninth-eighth century BC. Between them there interpose an analogous natural deposit constituted by grey-yellowish silt with several malacologic finds, mainly *cerastoderma edule* (with joined valves, a clear indication of autochthony) formed in presence of low salinity marine environment. *(M.P.)*

The magnetic survey

From the results of the archaeological recognition it appeared distinctly that it could be interesting a recognition of fireplaces or kilns probably present in the settlement. Magnetometry is undoubtedly considered the best technique for the research of those objectives (Aitken, 1974; Gibson, 1986). Magnetometric surveys can furnish information about the presence of fireplaces as, at times, the temperatures reached and/or the continuous presence of a permanent fireplace cause the phenomenon of residual thermo-remaining magnetization (TRM).

This phenomenon is due to the magnetic properties of magnetite (Fe_3O_4) and haematite (a-Fe_2O_3) which are dispersed as tiny particles in the ground. In raw clay magnetic domains (which can be imagined as elementary magnetic dipoles) are oriented at random and the overall magnetic effect is null. With the increase of temperature above a few hundreds Cels. degrees thermic excitation of the crystalline reticulum allows some magnetic domains to freely rotate in space and line up with terrestrial magnetic field. Therefore at the moment of cooling there is a new situation where dipoles alignment is preserved and their single effects sum up originating a faint magnetization. That magnetization allows the location of the fired clay artefacts through a magnetic field measurement

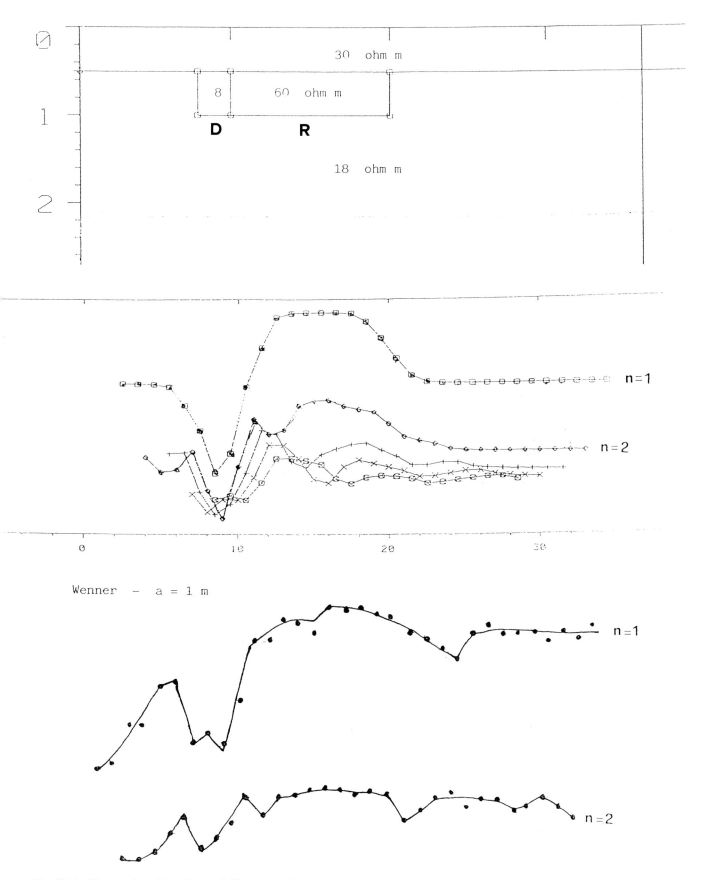

Fig. 23.4 : The results of the 2D-modelling: 4a : The section of the model, showing a roadbed (R) and a ditch (D) under a half-meter overburden.

(Aitken, 1974). The expected value of the anomalies due to the effects of the prolonged firing of the soil amounts to a few tens nT (Gibson, 1986).

The survey was performed with the use of a proton magnetometer Geometrics G856A with 0.1 nT resolution in the base station and a proton magnetometer-gradiometer EDA Omni Plus as mobile instrument. In the second instrument the vertical gradient of the Total Magnetic Field (CMT) is automatically calculated by the instrument: the reading of the high sensor is subtracted from the reading of the lower sensor(situated 0.5 m below the other one), carried out at the same time. The mobile instrument can also measure the CMT with 0.1 nT resolution.

Following Gibson indications (Gibson, 1986) it is possible to survey magnetic anomalies due to fireplaces with good results both with total field surveys (at *c.* 0.4 m from the soil) and with gradient surveys. In order to have an immediate check of CMT values from the instrument display it was necessary to overturn the gradiometer sensor, because CMT visualization is referred to the higher sensor. The inferior sensor was kept at 0.3 m from the ground.

Twenty-four profiles S-N were carried out for the survey, spaced 0.5 m with a gap between every profile survey of 0.25 m. The area so investigated resulted a rectangle of 12 m south-north by 11.5 m west–east.

The survey presented some interesting characteristics:

A: Expected anomalies had small values, estimable 10–20 nT *c.*;

B: The site was 'magnetically clean', that is there were no evident remains of anthropic activities (nails, iron splinters) which could negatively influence the measures, also after a sufficiently accurate exploration;

C: The site was about 2.5 km far from a very busy railway and about 1 km far from an ad high-tension-power line: power lines can occasionally be place of tension peaks that, creating an induced electromagnetic field, can have negative effects on magnetic surveys. The railway, with a continuous current power line, is, at every speed variation of the passing trains, a powerful source of electromagnetic fields: the effects, depending on the intensity supply power of the engine, is of about a few tens nT at 1 km distance (Palangio *et al.*, 1991). CMT peaks produced by passing trains were therefore of the same magnitude order of the anomaly being sought.

A confirmation of the particular situation of environmental magnetic noise results from the comparison between Figs. 23.5 and 23.6. Figure 23.5 shows two CMT recording hours at the base station.

Figure 23.6 shows the recording carried out by L'Aquila Geomagnetic Observatory at about the same time of the same day.

In spite of the frequency difference of the surveys (about 10 s for the base station and 60 s for the observatory) it is patent the higher noise in the magnetic field on the investigation site. The particular intensity of the noise (till 40 nT peaks) and its random and impulsive characteristics suggested the performing of surveys as more as possible contemporary at the mobile gradiometer and at the base station. In that way it was possible to make the best corrections to the mobile CMT readings to the time variations of the field. The base station was set about 5 m north of the measurement rectangle and the surveys synchronization was made orally. The distribution of the two magnetometers reading time phase displacement resulted with an average of 1.8 s and standard diversion of 5 s.

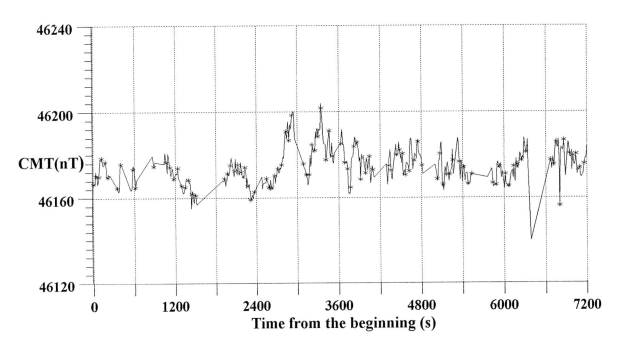

Fig. 23.5 : Two CMT recording hours at the base station.

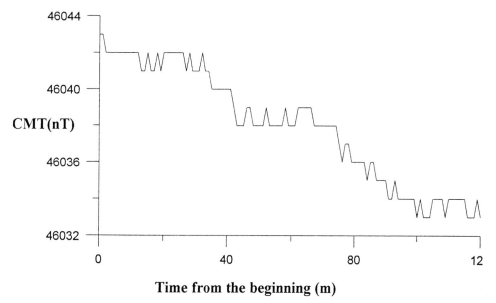

Time from the beginning (m)

Fig. 23.6 : The recording carried out by L'Aquila Geomagnetic Observatory at about the same time of the same day.

Raw data (a CMT map obtained by the inferior sensor and a CMT vertical gradient map) are respectively presented in Figs. 23.7 and 23.8. A first compared analysis of the two maps is enough to show that, in the examined situation, the CMT map can give a more detailed information, and it is already possible to guess the oblique rectangular profile of the *scotico* and a limited series of anomalies. On the contrary the gradient map looks quite confused and full of punctiform anomalies and the *scotico* profile is only vaguely visible.

The CMT map treatment consists of the subtraction of the base station readings from the mobile instrument readings. The times of the two instruments were synchronized through linear interpolation of the base station recording but, because of the above mentioned smallness of time phase displacements between the two readings, it was possible to see that the with and without synchronization resulting maps were practically identical.

Figure 23.9 shows the CMT map corrected for time variations, obtained by the sensor at 0.3 m from the ground. In this map there is a much clearer *scotico* rectangle and the number of interesting anomalies is significantly smaller. In particular there are three anomalies approximately corresponding to the 5 m profile at the progressive distances of 2 m (C), 6 m (B) and 10 m (A). Other evident anomalies are visible at *c.* 11 m along the 9 m (D)profile, on the *scotico* edge, and along the 11m profile at *c.* 9 m corresponding to the *scotico* north-west edge. Nevertheless the last anomaly could also be caused by the presence of the edge itself. According to this map excavation tests were proposed corresponding to anomalies A, B, C and D.

Finally it was calculated (subtracting gradient data from the last mentioned map) a CMT map at 0.8 m level of the superior sensor (Fig. 23.10). In this map the *scotico* profile is less patent and there appear some punctiform characteristic anomalies.

The most interesting results were those of the corrected map of total magnetic field at the inferior sensor. Gradient surveys, instead, did not give the expected results. They originated a map that, although it contained useful information, presents also many chaotically distributed peaks.

The archaeological investigation results

In the areas indicated for the investigation part of the floored levels of a hut was individuated. It was possible to uncover small and medium size stones of the inferior part of the raising floor and, near them, several plaster fragments with clear traces of the lathwork which covered the walls. It is possible to attribute to this settlement phase the three lenses constituted by coal (that will be analized by the Groningen University Laboratory), ashes (in course of analysis in Pisa) and *concotto* material.

On the location of the anomalies – indicated as A, B, and C on the CMT magnetic map – were found:

A: Presence of calcined stones (organogenic limestone of the area) arranged to form an oval shape;
B: Presence of burnt bones (in course of determination);
C: Circular section fictile element, usually interpreted as a fireplace refractory element;

Externally to A and B there are clear lenses of coal (in course of analysis).

Conclusions

The two small-scale applications were successful as

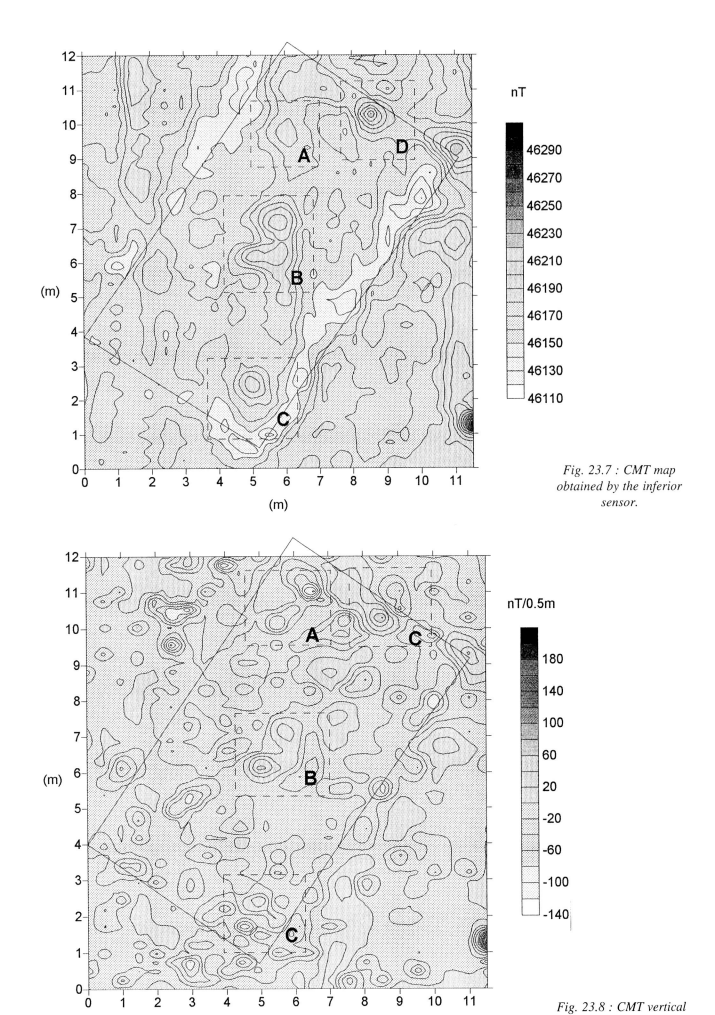

Fig. 23.7 : CMT map obtained by the inferior sensor.

Fig. 23.8 : CMT vertical gradient map.

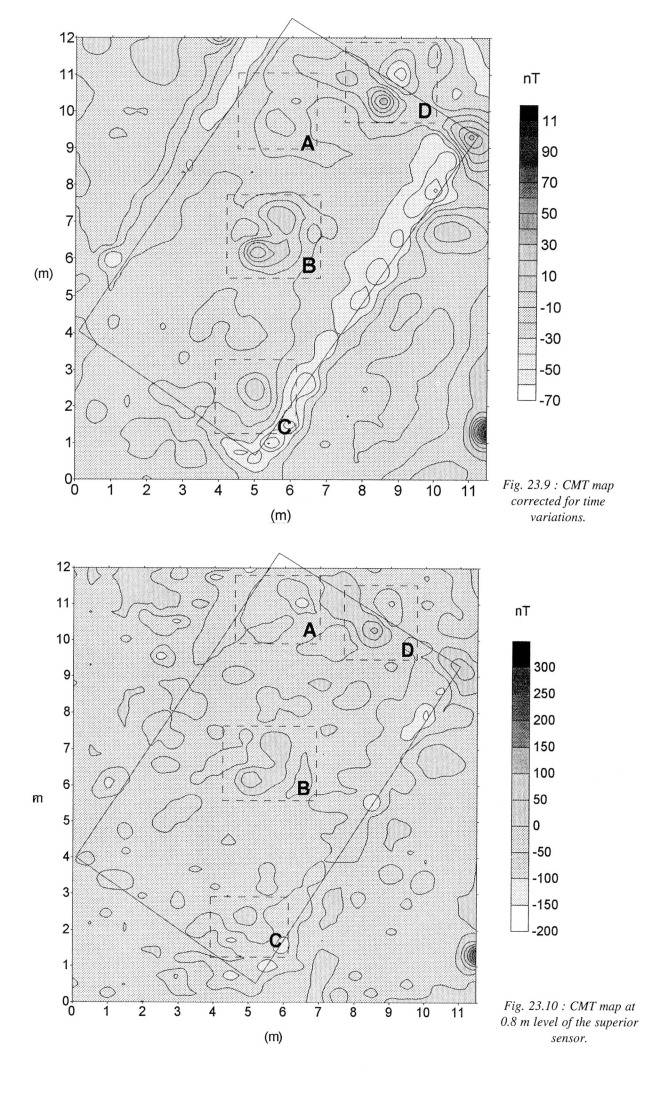

Fig. 23.9 : CMT map
corrected for time
variations.

Fig. 23.10 : CMT map at
0.8 m level of the superior
sensor.

'proof of the concept' on the capability of geophysical survey to support archaeological investigation.

The magnetic survey in Coltano proved the possibility of finding the dim anomalies caused by old fireplaces in magnetically noisy environments, provided that a good technique is used to monitor time variations and a good processing of the data is performed.

The geoelectric survey for the *centuriatio* was positive, but the most interesting aspect seems to be the possibility of using a new tool for the interpretation of the data, the bidimensional modelling, to show a quantitative section of the subsoil that clearly indicates the presence of an old road-bed. *(E.M.)*

GEOCHEMICAL RESEARCH

Chemical analysis of samples from Coltano (Pisa – Italy)

Three samples were taken in the areas of the site at Coltano where geophysical methods pointed out the presence of hearts. Samples were then subjected to chemical analysis in order to detect whether they had a chemical composition similar to that commonly exhibited by ashes. The parameters chosen were: pH, EC (electrical conductivity), total K (potassium), soluble K (potassium), total Ca (calcium), total Mg (magnesium) and total P (phosphorus).

Results showed some differences among samples. EC varied in the range $0.24–0.56$ mS cm^{-1}, pH in the range $1.2–2.5$ g kg^{-1}, total Mg in the range $3.7–5.0$ g kg^{-1}, and total P in the range $0.65–2.17$ g kg^{-1}. All chemical data were therefore much lower, in most cases about ten times, than those expected for ashes and they varied in ranges commonly found in soils, these findings were also confirmed by the results of a further sempling to a depht of 1 m carried out in an area adjacent the site. *(G.V.G.)*

ACKNOWLEDGEMENTS

Thanks to Dr. S. Menchelli, Ms. A. Del Rio, Mr. P. Bonet, Ms. R.D. Bonet for participating to the excavatios.

Thanks to Dr. A. Meloni from the National Institute of Geophysics for kindly making available the data of the Geomagnetic Observatory of L'Aquila.

Thanks finally to Dr. Ing. P. Costantino and G. Costantino for their contribution to the geomagnetic surveys realization.

REFERENCES

Aitken, M.J. (1974) *Physics and Archaeology*. Clarendon Press, Oxford.

Alessandro, V. *et al.* (1991) Lo studio dell'umidità dei suoli per mezzo di dati Landsat: analisi e valutazione delle elaborazioni in uso. *Proceedings Fourth Meeting Associazione Italiana di Telerilevamento, Pisa, Italy, 1990*: 195–206.

Bravetti, L. *et al.* (1989) The use of Multitemporal Landsat TM Images for Soil Moisture Assessment in a Coastal Plain of Central Italy. *Proceedings International Conference Global Natural Resource Monitoring and Assessments. Preparing for the 21st Century, Venice, Italy*: 1406–7.

Ceccarelli Lemut, M.L. and Pasquinucci, M. (1991) Fonti antiche e medievali per la viabilità del territorio pisano. *Bollettino Storico Pisano* 60: 111–39.

Crist, E.P. and Cicone, R.C. (1984) A Physically Based Transformation of Thematic Mapper Data, the TM Tasseled Cap. *Institute Electrical Electronic Engineers Transactions Geoscience and Remote Sensing* Ge 22, 3: 256–63.

Della Rocca, B. *et al.* (1987) Studio geomorfologico della Pianura di Pisa (Toscana). *Geografia Fisica e Dinamica del Quaternario* 10: 56–84.

Gabbani, G. *et al.* (1992) Indagini geoelettriche per il controllo a terra di dati Landsat TM rilevati sulla pianura di Pisa. *Proceedings Third Meeting Associazione Italiana di Telerilevamento, L'Aquila, Italy, 1989.*

Gibson, T.H. (1986) Magnetic Prospection on Prehistoric Sites in Western Canada. *Geophysics* 51 (3): 553–60.

Kauth, R.J. and Thomas, G.S. (1986) The Tasseled Cap – a Graphics Description of the Spectral-Temporal Development of Agricultural Crops as Seen by Landsat. *Proceedings Symposium Machine Processing of Remotely Sensed Data, West Lafayette*: 4B41–4B51.

Maselli, F. *et al.* (1991) Monitoraggio dell'umidità dei suoli mediante metodi statistici di decorrelazione di immagini TM. *Proceedings Fourth Meeting Associazione Italiana di Telerilevamento, Pisa, Italy, 1990.* Firenze: 207–18.

Maselli, F. *et al.* (1990) Studio dell'evoluzione geomorfologica recente della pianura di Grosseto per mezzo di dati Landsat: problemi metodologici e risultati preliminari. *Proceedings Second Meeting Associazione Italiana di Telerilevamento, Bolzano, Italy, 1988.* Pisa, Editore Giardini: 211–26.

Palangio, P. *et al.* (1991) Rumore elettromagnetico prodotto dalle ferrovie elettrificate. Effetti sulle misure magnetotelluriche e geomagnetiche. *Atti del X Convegno Nazionale del Gruppo Nazionale di Geofisica della Terra Solida C.N.R., Roma,* 2: 745–60.

Pasquinucci, M. (1994) Il popolamento dall'età del ferro al tardo antico. In R. Mazzanti (ed.) *La pianura di Pisa e i rilievi contermini. La natura e la storia.* Roma, Memorie Società Geografica Italiana 50: 183–204.

Pasquinucci, M. and Mazzanti, R. (1985) Le fonti 'storiche' nello studio delle aree costiere. In E. Pranzini (ed.) *La gestione delle aree costiere.* Roma, Edizioni delle Autonomie: 172–92.

Pasquinucci, M. and Menchelli, S. (1995) Paesaggio agrario e produzioni artigianali nell'Etruria Settentrionale Costiera (Ager Pisanus e Volaterranus). In N. Christie (ed.) *Papers of the Fifth Conference of Italian Archaeology. Settlement and Economy in Italy 1500 BC to AD 1500.* Oxford, Oxbow Monograph 41: 209–17.

Pieri, M. and Pranzini, E. (1989) Geomorphological evolution of the Pisa plain in historic times deduced from Landsat TM data. *Proceedings International Conference Global Natural Resource Monitoring and Assessments: Preparing for the 21st Century, Venice, Italy*: 1395–98.

Pranzini, E. (1989) A Model for Cuspate Delta Erosion. *Proceedings Sixth Symposium Coastal and Ocean Management. American Society Coastal Engineering, Charleston, South Carolina*: 4345–57.

Pranzini, E. and Della Rocca, B. (1986) The Analysis of the Evolution of Coastal Plains through Remote Sensing: a Case Study. *Memorie Società Geologica Italiana* 30: 319–31.

24. Two examples of using combined prospecting techniques

Darja Grosman

INTRODUCTION

The subject of this paper is two very different projects. 'The Roman Countryside Project' represents a microregional study, focused on its predicted central site. The second, called 'Archaeology on the Motorways of Slovenia', is a large scale inter-regional research, carried out for rescue purposes. The reason for presenting them together is that both combine a set of prospecting techniques – fieldwalking, geophysical survey, aerial reconnaissance and air photo interpretation – as basic methodology. Though they are not the only studies in Slovenia applying archaeological prospecting, the systematic use of the above mentioned techniques, preceded or followed by excavations, distinguishes them from the rest. I will try to point out some of the problems we encountered, both in methodology and interpretation.

Fieldwalking and geophysical survey were introduced almost simultaneously as field techniques in our country (Chapman *et al.*, 1988: 145–75; 201–45), but are in principle applied separately. The compatibility tests were usually done for a single technique. The geophysicists compare results from resistivity, magnetometry or magnetic susceptibility surveys (Mušič, 1990; 1995), on a single or various areas and sites. On the other hand the artefact scatters from various surface and sub-surface collections were analyzed for possible similarities or differences in quantities or to test the supplementary use.

In geochemical surveys, only the first steps have been made (on-site survey on Rodik/Ajdovščina), that is why none of the projects described, declare it as compulsory. As for air photo interpretation and aerial reconnaissance the situation is different. The archives of vertical photos, in Slovenia and abroad, cover the western part of the country from the mid 1930s: the rest has systematic coverage from the early 1950s; in 1970, the civil service was established in Slovenia, working in a three years' cycle for coverage. The verticals, which were done for ordnance surveys, were partly accessible, but under strict military control. They have never been systematically studied or considered as a possible source for specific archaeological information until recently (Stančič and Slapšak, 1988). Oblique photos were 'forbidden'; despite this fact everybody who flew did it, and many collections, existing today, were made in the last decade for tourist advertising. To become air-borne, just because archaeology could be seen from the air, was declared extremely extravagant.

THE ROMAN COUNTRYSIDE PROJECT

When we were preparing the 'Roman Countryside Project', which should integrate these techniques in one system, our primary intention was to test the proposed methodology in different conditions on already known sites (preferably tested with excavation). We hoped that the existing stratified data and reference collections could help us better understand what we were seeing on the surface or what was projected on it.

To avoid the obvious trap of 'concluding too much from too little', we invited archaeological institutions from the neighbouring countries, Italy, Austria, Slovakia and Hungary, to join us, each researching its own case study. Systematic archaeological prospecting was a novelty to many of our colleagues, so we provided a manual on research strategies and procedures, which was supported by three courses on theory and methodology in spatial and landscape archaeology.

The proposed sample was a Roman villa as a central settlement and economic unit in a microregion. There were two main reasons for this choice. The first was, that it represents a specific model of settlement in the Roman rural organization of the countryside, unknown before, yet partly reflecting the prehistoric use of space. The second was the long tradition in studies of Roman villas in this region, for many of them had been excavated or tested by excavation. The main problem of the excavators was to define and understand the functional use of the areas beyond the excavated parts, primarily to define the borders of the site and the activities in its immediate surroundings.

The zones chosen for survey were: the villa (on-site), the immediate surrounding of the villa (in-field), and parts of the out-field area, specially relations to the nearest rural settlement structures, for example another villa, an isolated farm or small village, and the communication routs.

It was decided that all data would be organized into three analytical complexes:

1) data concerning the settlement pattern and other relevant data needed to understand the archaeological situation of the area (including plan of the villa, building material, duration and development of the villa, analysis of small artefacts and other nonresident structures and remains for the on-site zone);

2) environmental data of the microregion (geology, geomorphology, pedology, modern vegetation and land use) including data of possible natural resources;

3) relevant historical data on microregional scale (historic and epigraphic sources, historical analysis and studies).

Due to the nature of the organization of the project, involving groups from different countries, some additional consensus was necessary. Air photo interpretation and especially aerial reconnaissance were optional as was the geochemical survey, but we suggested that, if possible, they should be applied too. The sampling strategies had to follow two basic principles: 1) the researched areas should be covered by a representative sample, 2) the samples should be comparable between themselves (in size, in method and conditions of observation).

Instead of going into details, let me present our case study and point out some of the difficulties we experienced.

CASE STUDY

We had a slightly modified plan, when we decided to take a non-typical example, from more than hundred known villas (Lubšina-Tušek, 1981); it can be classified as very 'poor' on information (Breščak, 1990). However, we needed to survey one of several Roman sites in a smaller research area, within the territory (*ager*) of the Roman town of *Neviodunum* (Drnovo). The emphasis was on finding the relation between the Roman rural sites and the settlements along the main Roman road (*via publica*) from *Emona* (Ljubljana) to *Siscia* (Sisak), passing through *Neviodunum*, that was initially built for military purposes during Roman occupation. It was a lucky coincidence, that our colleagues from the Regional Heritage Office in Novo Mesto started almost at the same time a rescue excavation on a part of a Roman villa at Velike Malence / Groblje (Sv. Martin) (as the preliminary results are not published yet, the information is available thanks to P. Mason and U. Bavec), on the border of our research zone, and we expect good possibilities

for comparison. They gradually included geophysical survey and surface collection on the fields around the villa, to evaluate the archaeological potential and adequately extend the protective measures, and we hope excellent comparative results for a larger area.

The selected site lies in a small village called Rigonce (the field name is Gradišnica, explained by the local people as 'poor housing area') and is situated on the right bank of a former meander of the river Sotla. The region called Posavje lies in the south-east of Slovenia, where the Pannonian plain enters the Sub-alpine zone. It is a part of the lowland, where the rivers Krka and Sotla flow into the Sava, forming a very fertile basin of gravel, sand and clay (Stritar, 1990), surrounded by Sub-alpine and Dinaric hills. The smaller villages east of the town of Brežice, the local centre, are scattered around the largest one, Dobova, on the left bank of the river Sava; on the right one the villages are located aside the modern road at the bottom of the northern slope of Gorjanci. The lower terraces on both sides of Sava were continuously flooded until the sixties, when the river was regulated. The territory has been often referred to as 'Brežice gates', for it represents one of the best transit routes from South-East into Central and Western Europe.

Rigonce marks the eastern boundary of our research area, the western boundery is where the Roman road crosses the river Krka and Krška vas. The region has been reasonably well studied, historically and archaeologically. It is particularly known through excavated cemeteries (Late Bronze Age to Slavic period), a hillfort, the Roman road, several excavated settlement structures from the Roman period and a number of medieval castles. The nearest known Roman settlement sites from Rigonce are 2.5 km to the south-east and 2 km to the west, the old road is less than 3 km away. The Roman border of the municipal territory of *Andautonia* (Ščitarevo) must be situated somewhere in the vicinity (river Sotla?).

METHODOLOGY

On-site

After collecting and analyzing the existing archaeological and environmental data, we started the work with geophysical survey and simultaneously fieldwalking. In all segments of the work, three types of information were collected and separately recorded: 1) building material, 2) pottery and other artefacts from all periods, 3) structures or features visible on the surface. Wherever the surface was not open (meadows), we tried to persuade the people to let us pit-shovel on their land.

Nearly half of the surface was inaccessible, because of houses and roads, the rest were gardens, small fields and meadows. We covered 65% of the predicted site area, using a single grid for fieldwalking, pit-shoveling and geophysical survey (28% coverage).

In-field / out-field area

As we had decided to look at a larger area than the proposed microregional territory of a villa, we selected two transects (Fig. 24.1); a 1 km transect from the site to the road and the other on both sides of the Roman road; in the second field campaign we started to work on the third and fourth transects, north-west from the first one. The minimum coverage in the transect was 20% and the cadaster was used as the basic grid. We continued to record separately all three types of information, only this time we were counting. The reason we chose counting instead of collecting were: 1) optimal visibility conditions allowed the distinction between different categories of material, 2) the attempt to monitor the appearance and disappearance of the scatters in different agricultural cycles.

Initially air photo interpretation was undertaken on the stereo pairs of the last recorded situation (CAS 92); they were then compared with the verticals from 1959, 1961, 1972, 1975, 1981 (1:17500). The transect (2 km wide) along the road was interpreted separately, on the verticals (1:5000), for the years 1975 and 1992 and compared against cadastre maps (1:5000).

Aerial reconnaissance has only started recently. It was carried out by flying six parallel lines at a 1,5 km distance in two directions over the whole territory four times this year.

Problems and results

The project was initiated as a test for methodology, so apart from monitoring the collections (comparing results from the surface with pit-shoveling and with results from geophysics), a set of other observations was added. We systematically recorded soil conditions, visibility on the surface, type of crop or vegetation, use of agricultural machines, maneuvering, field drainage, rubble deposits, moving of soil and gravel extracting.

On-site surveying caused less problems than we expected, apart from the size of the grid, or more accurately the quantity of the finds on the surface. The comment should be made that in certain areas of a site like a villa, parts are completely covered with archaeological material, so that the size of a grid unit should be carefully chosen, for it can hide the possible detectable functions of the areas.

Our standard collection unit was originally 4x4 m, but

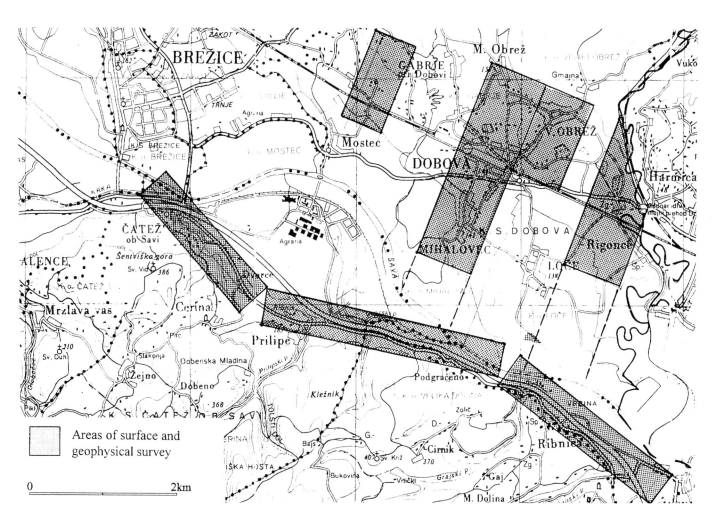

Areas of surface and geophysical survey

0   2km

Fig. 24.1 : Areas of systematic surface and geophysical survey.

the number of finds collected in it grew in some units to over 200 and dropped in the next ones to 10 and less. We reduced the unit to 2x2 m and achieved some control over the problem. It is a time consuming process, and should be applied only when artefacts or building material on the surface are below a certain size.

The work in the village and its environs soon showed some specific anomalies in the distribution of the finds. The division of the area into small fields and gardens, that are in constant use, produces an accumulation of finds on their edges. The larger building material like stones, bricks and especially roof tile are removed and deposited along the roads, paths or garden fences in the village. As no heavy machines are used for ploughing the artefacts are extremely well preserved.

Resistivity and magnetometry surveys were undertaken, using the same grid as in fieldwalking (Fig. 24.2). Only the gardens were left out, because there was too much disturbance and redistribution recorded. Both techniques produced satisfactory results, showing some massive antique destruction of the buildings (possible ruins) in the east sector, which could explain the presence of coins and fibulae collected on the surface. In the western sector of the alleged villa no buildings or other structures were detectable with geophysics. We eventually understood it when we walked the surface. There was almost no building material present and the distribution of artefacts was very regular. But when the features visible on the surface (mortar and pebbles) were plotted, they showed a clear raster of four buildings, that were later identified on the vertical photos from the eighties.

In the in-field zone, the quantities of finds dropped dramatically. The building material and artefacts were equally represented. This time we only counted, but we walked all the surfaces twice. The cereal fields were checked after harvesting and when they were prepared for the winter sowing, the maize fields in early spring (germination period) and in mid summer (before ripening).

The test showed that of all the factors, the different soil conditions had the strongest influence on the presence of finds. The study area covers several leveled river terraces cut by brooks; it is tectonicly still active and is slowly sinking, so it is accumulating the water from the basin. Near the river Sava, the sandy clay on the fluvioglacial gravel seems to be less invasive than the gravel/sand foundation underneath the thin layer of topsoil on the upper terraces. The finds were present in the clay in the same quantity and there were no obvious disturbances in the distributions. The finds get less as one moves towards the river untill they totally disappear. This is caused by deposits accumulating when the land is flooded; gradually they covered the old surfaces, which was recorded in the drenage channels we checked. The areas with the thin topsoil and the gravel underneath produced a different picture. The situation was completely changed from one ploughing to the next. In the fields, used in cycles so that the soil can recover, every fresh ploughing cuts the gravel

and sand, breaking and grinding archaeological material into small pieces. They are easily moved on the surface and frequently washed from it. More than half of the tested surfaces showed a change in quantities and distribution and caused enormous trouble in defining different types of finds.

Soil conditions were also an important filter that was applied, when air photos were interpreted. As there has been no previous systematic work done, no classifications of sites, structures of features were available. We applied a three step selection process on all detectable anomalies in the photos. Clearly definable geological features were eliminated on the first stage. Then they were checked for change of modern cadaster. In the last seventy years the land has gone through several very 'aggressive' cadastral changes. As private landownership was never abolished, the major impact on the land division after the Second World War, was the introduction of the agricultural land maximum. The fields look like small stripes with a extreme diversity on crops and agricultural cycles.

The rest was classified for type of mark and possible type of site (structure, feature). The number of potential sites grew dramatically, yet we remained skeptic. It is encouraging, that some of the scatters we would not dare to call sites, appeared in our catalogue derived from the air photo interpretation. Aerial reconnaissance brought less information because the weather conditions were extremely unsuitable; only the dry period in the autumn brought out some good soil marks on the upper terraces. Nevertheless the low altitude obliques give excellent possibilities for the study of sites in their immediate surroundings.

INTERPRETATION – PROBLEMS AND RESULTS

Roman period

The first and biggest problem we had to resolve, was whether our villa site can really be defined as a villa. We were able to detect the border of the habitation area, both by finds distributions and geophysics, in the eastern sector, whilst the signs were much weaker in the west, but there were no doubts as to where the buildings ended. The size of the site and the plan of the identified buildings were unusual. Both strongly suggested that what we have found looks rather like a small village rather than the organized space of a Pannonian Roman villa (two/four blocks with in rectangular courtyard), as suggested by E. Thomas (Thomas, 1964: 10). A similar example was found near the Roman road-station *Praetorium Latobicorum* (Trebnje) (Breščak and Waters, 1990) on this same *via publica*. Due to the remarkable difference in the quality of data for the separate sectors within the site, detailed functional definition of the areas, apart form houses, seem impossible, though in some cases the geophysical data and finds allow to predict the inside and outside areas of 'house-blocks'. The complex

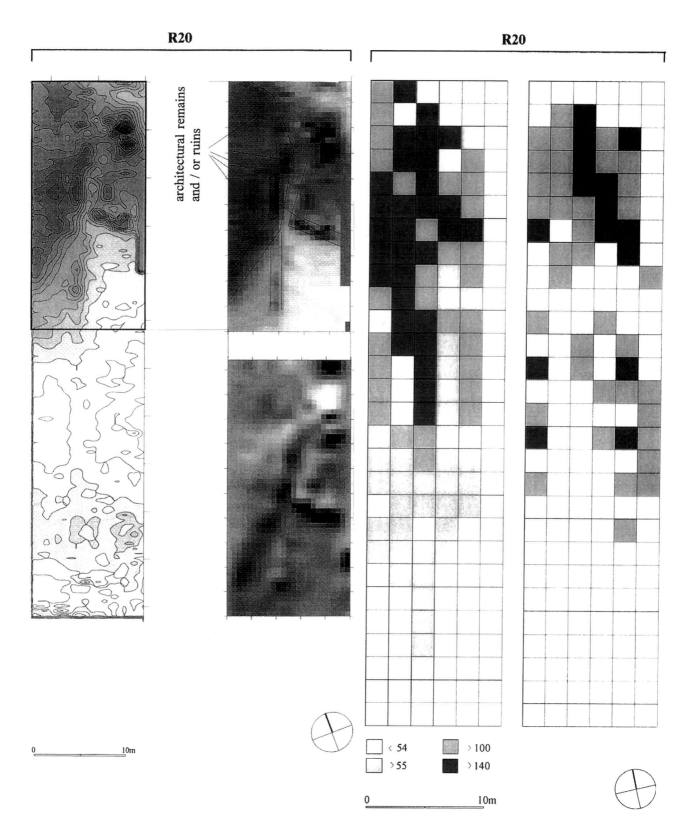

Fig. 24.2 : Rigonce/Gradišnica. Comparison of results: left: soil resistivity survey; right: surface collection, separately all artefacts and building material.

situated on a river bank extends to the north almost to a 600 m long and 25 m wide ditch, today called the 'old road'. North of the ditch three large abandoned gravel pits are visible, all three of them harboring a Roman well. Unfortunately no specific comment can be made of how this zone was used.

The intensive occupation of the site in Rigonce / Gradišnica is the late 2nd and 3rd–4th century AD, with some older finds, the same as in the wells. This corresponds with the organization of the municipal territory of *Municipium Flavium Latobicorum Neviodunum*, founded by veterans (Petru and Petru, 1978: 30), and with its most prosperous time. This does not necessarily mean that countryside was fully reorganized at the time when the town was founded; even the town's name shows the tradition in the allegedly Celtic ending -*dunum*.

The nearest cemetery (Dobova/Na Gomilicah, with 30 graves) is less than one kilometer away to the north. It is definitely older (1st and the beginning of the 2nd century AD) (Petru, 1969: 38–9), with only two skeleton graves that could be dated later, so it is difficult to relate it to the Rigonce site. The excavators also suggested that the cemetery could be directly associated with a settlement/ villa on the same location, as some building material was found during the excavation (Stare, 1954: 126). Our survey showed a larger concentration of building material 100 m to the west. Unfortunately datable material was scarce. The finds from two wells situated here (Guštin, 1977: 207) support the idea, that in Dobova/Na Gomilicah and Rigonce/Gradišnica (though we did not find a cemetery) we have two separate settlements, each with a small cemetery and a well.

It is a pattern we identified several times. Apart from Rigonce and Dobova/Humek, all sites are dated in the 1st and 2nd century AD. In Mihalovec, west of Rigonce, the graves were found near walls, still visible on the field surface (Guštin, 1984a: 152). Dobova/Sela certainly represents another example. A number of graves were devastated in early 50s by gravel extracting. Rescue excavation recorded the few untouched graves, a corner of a house and an empty well (Stare, 1954: 124). When we worked on the site, we checked the area, north of the gravel pit, with grid walking and geophysics. We got a complex of several houses and a corresponding distribution of building material and pottery.

The location Dobova/Humek has only the cemetery (1st and late 2nd – 4th century AD) (Guštin, 1982: 190) stones retaining mortar were reused for a grave con-

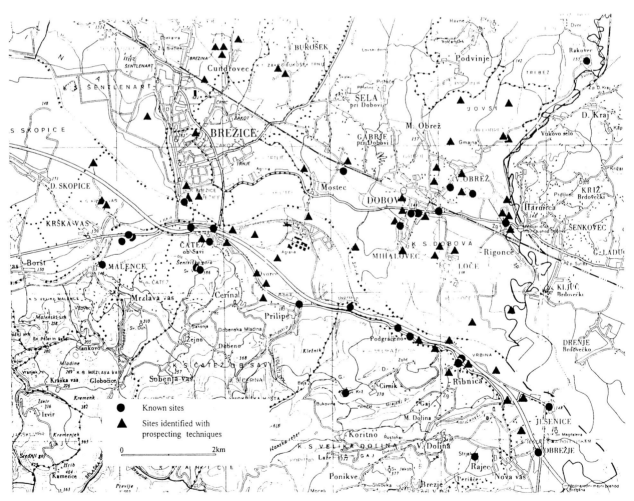

Fig. 24.3 : Map of archaeological sites of Posavje.

struction in one of the Slavic graves (late 8th century) at the same location, which suggests that the stones could have been taken from some ruins or constructions in the vicinity.

The situation is slightly different along the Roman road (Fig. 24.3). From Čatež to Obrežje, several sites were identified and partly excavated during the construction of the road Ljubljana-Zagreb in 1960–61. Two milestones, one at Čatež (*Antoninus Pius*) (Petru, 1960–61: 29) and one at Obrežje (*Septimius Severus*) (CIL III 4623 + add. p.1794), some destroyed evidence of the road itself, two buildings and a grave in Podgračeno and a four house complex with a small cemetery in Ribnica, where the excavator locates the Roman post station *Romula*, on account of the mileage (Petru, 1969: 20), mark the road. All finds are dated in 1st century AD; only the cemetery in Ribnica was used until the 3–4th century AD. An abandoned quarry allegedly exploited in the Roman period (Premerstein and Rutar, 1899: 32) complets the situation known before we started.

The survey showed that there are twelve more potential sites from the Roman period, only two of them with finds from the 3th century AD. Some parts of the road, parts of walls and larger pits, were recorded during the survey. It appears that the land beside the road was intensively used during the 1st century. Nothing indicates an organization of space that would suggest military presence, although they built the road. The planned geophysical survey on some of the potential sites will hopefully clarify this chaotic picture.

No features have been found that could be identified as traces of land division or a field boundary system. The 'dots and spots' in the photographs, possibly linked to this phenomenon, didn't correspond to any particular artefacts scatters or features and structures recorded on the surface.

If the weak cropmark, west of Cundrovec, visible in a vertical air photo (Fig. 24.4), really represents a corner of a military camp, with a wall and a ditch construction (the site has not yet been checked in the field, and was not

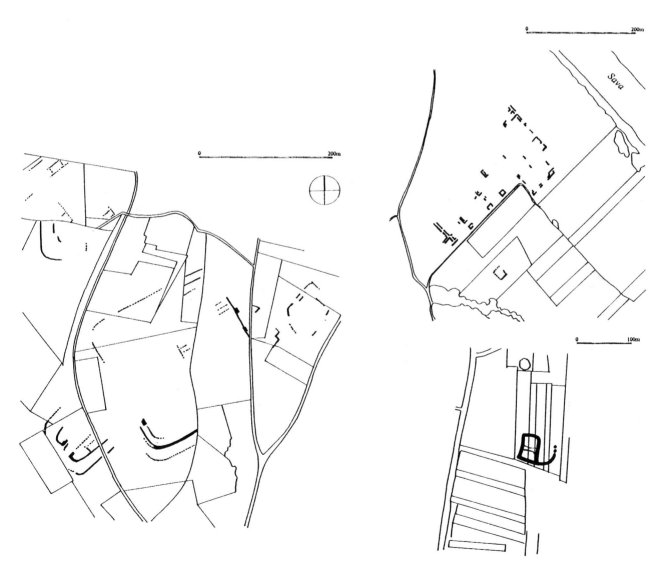

Fig. 24.4 : Three examples of crop marks and soil marks recorded on vertical photographs.

clearly visible in this year's aerial reconnaissance flights) it would change dramatically the situation. No doubt, that it would also rise a number of specific questions related to the situation in the region before the Roman occupation (Šašel, 1974: 198).

Pre-Roman situation

The continuous occupation of the land from the Late Bronze Age is demonstrated through the cemeteries. There are three prehistoric hillforts (Libna, Sv. Vid by Čatež, Velike Malence) dominating the region with no earlier phases recorded on them, and we don't know how the low land was used. When we discussed Roman period cemeteries, we left out the fact that all those mentioned are multi-period: Late Bronze Age (Urnfield period, 12th–9th century BC), Roman period (1st–2nd / 2nd–4th century AD) and Slavic period (8th–9th century AD). The Early Iron Age tumuli (750–400 BC) and the Late Iron Age flat cemeteries (3rd–1st century BC) are on separate locations.

We do not know where the people, buried in the 300 graves from Dobova/Na Gomilicah, lived in the Late Bronze Age. The research on the Iron Age hillfort settlements of Libna (Guštin, 1976), and Sv. Vid by Čatež (Ciglenečki, 1981) cast no light on it. Even B. Saria, who has excavated a prehistoric rampart and a 'one meter thick prehistoric layer' on the hillfort in Velike Malence/Gradišče (Saria, 1930: 8), made no comment on a possible use of the settlement in this early time.

Hillforts with barrows represent a well known and studied settlement pattern in the Early Iron Age. Most of them have a Late Iron Age phase too, but it is difficult to relate them directly to a particular cemetery. Two extremely different types of sites (cemeteries) from the Late Iron Age should be mentioned here. The ones, where the traditional set of arms in the graves is enriched or substituted with the Roman military equipment, like legionary helmets (for example Novo mesto/Beletov vrt [Knez, 1992], Mihovo [Windl, 1976: 807], Verdun [Breščak, 1986]), and those graveyards (with weapons), that suddenly stop being used in the 1st century BC (Dobova / Kosovka [Guštin, 1981] and Brežice/Sejmišče [Guštin, 1984b: 114–20]).

The results, regarding pre-Roman periods, that were obtained with surveys, are more than discouraging, and did not add anything to the understanding of the situation. Little to virtually no prehistoric finds were detected on the surface. We will have to take this poor information and either intensify the survey, or perhaps try geophysics, where single sherds were found in order to test the quality of our first results.

Post-Roman situation

The information is even less than for the prehistoric period. In the late 4th century the defence wall of the hillfort of Velike Malence is 'reactivated' and a church is built in the centre; other settlement forms are unknown. Our surveys gave a similar result as for the pre-Roman period. The material dated in the late 4th and the 5th century, apart form the cemeteries, shows no evident concentrations. The presence of Slavic graves in the multi-period cemeteries seem to support Šašel's theses that evidence of the second wave of Slavic colonization should be searched for on or around Roman period sites (Šašel 1972). We remained unsuccessful.

On several vertical photographs and during reconnaissance flights an oval structure with one, possibly two ditches and a set of large dark spots (possibly pits) were identified east of Mali Obrež. If these really are archaeological sites, they will have to be defined and dated with the work on the ground.

ARCHAEOLOGY ON THE MOTORWAYS OF SLOVENIA

Slovenia has an enormous diversity of landscape types with specific environmental conditions and regional differences. In less than 300 km, the landscape changes form Adriatic coast and Karst to Alpine and Sub-alpine zones and into the Pannonian plain. An archaeological rescue operation carried out in this various regions is, from the methodological point of view, above all a challenge.

The project called 'Archaeology on the Motorways of Slovenia' is an attempt to introduce systematic prospecting, combined with excavation in rescue archaeology. It will probably influence future applications of prospecting techniques and survey archaeology in the country in general, which is one of the reasons to present it even though it is still in the starting phase.

The 350 km of roads were planned avoiding the areas under protection. According to the law all the new finds had to be reported; as consequence, the constructions could be stopped for the purpose of recording the destruction or rescue excavations. The unsatisfactory situation for both sides, archaeology and the developers, led to a proposal of a new arrangement. All the planned road transects were declared potential 'archaeological zones', left to be systematically surveyed before the construction of the motorways. This suggestion was accepted and that is why the basic strategy for an archaeological research had to be prepared. The scheme represents an organizational structure and a set of procedures laid out to enable the use of diverse prospecting end excavation techniques and support the participants to coordinate their work in the best possible way.

At the moment only the proposed methodology can be presented, for the first approved transects are still beeing worked on. The preliminary reports can only give us some insight on the methodological problems that emerged during fieldwork.

The archaeological research in the transects is divided in three steps (Fig. 24.5): 1) archaeological assessment of the area, using different prospecting techniques for identification and definition of new/potential sites or off-site activities, 2) preventive measures, involving necessary excavation on them, and 3) rescue interventions.

Two databases should be set up for each transect: 1) environmental database including digital elevation model, geology, pedology, hydrology, modern vegetation and land use maps, and aerial photography – vertical from two different periods and existing/available obliques, and 2) archaeological database including the sites and monuments record from the zones aside to the transects, notes from bibliography and supplementary information from local archives, collections, etc.

In the first stage, the existing data should be analyzed, especially aerial photographs for potential archaeological information and for recording status of the known sites in the zone. An important role is played by the surface potential, showing the extent of a surface that will be accessible during the period of research. In the second stage, the transect should be surveyed, using fieldwalking or pit-shoveling; the proposed sample is 10%. A geological profile should be made and reconnaissance flights should be carried out, preferably two, recording also the status of the sites detected in surface survey on the whole

transect. If new sites are identified, they should be walked in the grid, a geophysical survey (resistivity and/or magnetometry) and possibly a geochemical survey should be carried out. Additional test excavation might be necessary to establish the depth of stratigraphy, a functional determination, occupation period and to acquire a reference collection. After that the decision should be made whether to excavate the site or not (Fig. 24.6).

From the beginning of the project three problems seem to be pre-programmed:

1) the lack of trained personal, particularly field supervisors respectively artefact specialist skilled in work with survey finds, both resulting in

2) slow and difficult discussions over necessary modifications in applied methodology, and

3) the time pressures when fieldwork is undertaken in less favourable conditions, producing weak results.

There is also no doubt that separate methodologies will have to be developed for specific regional use. A separate decision will be necessary for the integration of this data into existing sites and monuments data base at the National Heritage Service. It can be expected that after this project the prospecting techniques will be more widely accepted than it is the case now.

Both projects described here show an approximate picture of how systematic archaeological survey has developed in the last few years in Slovenia. From the first experience we collected in the late 1980s, participating in the Hvar Project (Gaffney *et al.*, 1992), a series of small scale projects, like the 'Roman Countryside Project', to this last attempt to overcome the extremely unproductive work in rescue archaeology with the 'Archaeology on the Motorways project'. In both cases, the emphasis was on testing the combined use of various prospecting techniques, the perspectives and limitations that can be observed, and establishing a link to the data deriving from excavations. The question of site definition from each separate set of data, or from all of them, is becoming more an more important. To use the present 'broad definition' of a site, some general observation can be made on both projects.

In the first project the main difficulties and problems resulted from the choice of the site and will stay unsolved unless we test it with excavation or try eventually some new techniques. Nevertheless we have learnt a lot about the influence of different factors on the movement of finds, disappearing and reappearing features and structures from underneath the surface, working on both the site and the area. An obvious problem exists in defining settlement sites from the periods (pre- and post-Roman), which do not produce any obvious surface scatters, even on arable land. In this case, we have not succeeded in remedying this situation. In spite of the chaotic conditions in the modern cadaster, aerial reconnaissance may at the moment be our best chance to move forward. After spotting 'suspicious' marks, intensive prospecting on the

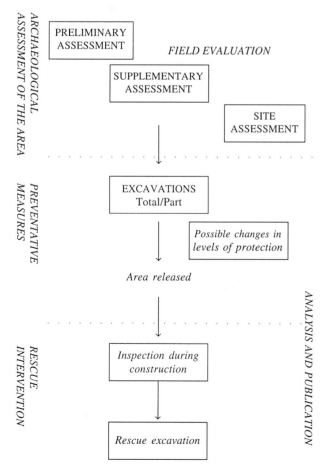

Fig. 24.5 : Three levels of archaeological research in a transect.

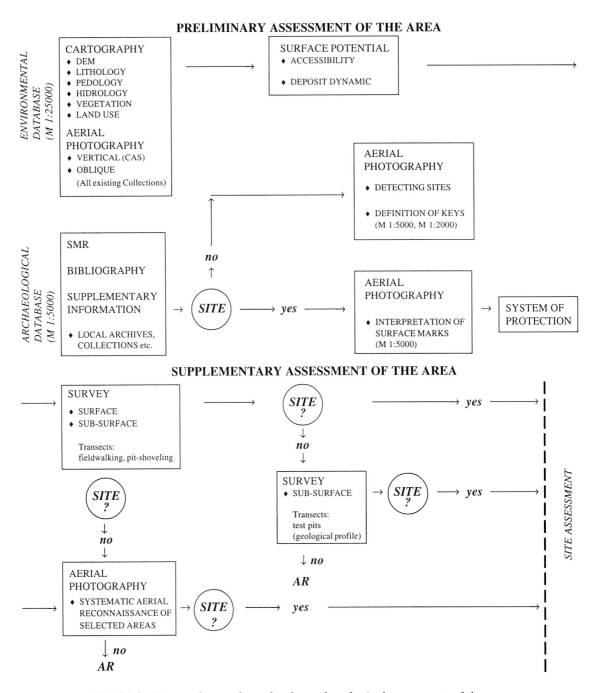

Fig. 24.6 : Proposed procedures for the archaeological assessment of the area.

ground could be initiated. Ultimately the settlements in the low land will have to be found in order to better understand and interpret the developments in the landscape of the Posavje region. As for the second project we should be able to say more about the problems deriving from applied methodology, only after the first final reports are available. Particularly the integration and analysis of the diverse quantities and qualities of data may cause some unavoidable changes in the methodology. Though it may seem a boring and time consuming task to test our methods again and again, it usually tells us how quickly we can slip from quality to quantity data.

REFERENCES

Bintliff, J., Gaffney, V. (1988) The Ager Pharensis/Hvar project. In J. Chapman, J. Bintliff, V. Gaffney, B. Slapšak (eds) *Recent developments in Yugoslav Archaeology*. British Archaeological Reports 431: 151–75.

Breščak, D. (1986) Verdun pri Stopičah. *Arheološki pregled* 25 (1985): 120.

Breščak, D. (1990) Rigonce. *Varstvo spomenikov* 32: 185.

Breščak, D., Waters, A. (1990) Benečija pri Trebnjem. *Arheološki pregled* 29 (1988): 122–4.

Chapman, J., Bintliff, J., Gaffney, V., Slapšak, B. (eds) (1988) *Recent developments in Yugoslav Archaeology*. Part Three: Slovenia, British Archaeological Reports 431: 201–45.

Ciglenečki, S. (1981) Čatež ob Savi. *Varstvo spomenikov* 23: 224.

Gaffney, V., Bintliff, J., Slapšak, B. (1992) Site formation processes and the Hvar Survey project, Yugoslavia. In A.J. Schofield (ed.) *Interpreting Artefact Scatters*. Oxbow Monographs 4: 59–77.

Guštin, M. (1976) Libna. *Posavski muzej Brežice, Knjiga* 3.

Guštin, M. (1977) Dobova. *Varstvo spomenikov* 21: 206–8.

Guštin, M. (1981) Keltische Gräber aus Dobova, Slowenien. *Archaeologisches Korrespondenzblatt* 11: 223–9.

Guštin, M. (1982) Dobova. *Varstvo spomenikov* 24: 190–1.

Guštin, M. (1984a) Antične najdbe iz Posavja. *Arheološki vestnik* 36: 147–60.

Guštin, M. (1984b) Prazgodovinski vozovi na ozemlju Jugoslavije. In: *Keltski voz, Posavski muzej Brežice, Knjiga* 6.

Guštin, M. (1990) Velike Malence, Arheološka najdišča Dolenjske. *Arheo:* 67–70.

Knez, T. (1992) Novo mesto II, keltsko-rimsko grobišče. *Carniola Archaeologica* 2.

Lubšina-Tušek, M. (1981) Tlorisna zasnova rimskih vil v Sloveniji. *Časopis za zgodovino in narodopisje* št.2: 153–203.

Mušič, B. (1990) Principi in mošnosti meritev elektriãne upornosti tal v arheologiji. *Arheo* 11: 19–24.

Mušič, B. (1994) *Geofizikalne raziskave v arheologiji*. MA thesis (unpublished).

Petru, P. (1960–61) K trem novim napisom iz spodnjega Posavja. *Arheološki vestnik* 11–12: 27–45.

Petru, P. (1961) Podoba antičnega podeželja na Dolenjskem in v spodnjem Posavju. *Dolenjski zbornik*: 193–202.

Petru, P. (1969) Rimski grobovi iz Dobove, Ribnice in Petrušje vasi. *Razprave SAZU* 6: 5–53.

Petru, P., Petru, S. (1978) Neviodunum. *Katalogi in monografije* 15.

Premerstein, A., Rutar, S. (1899) *Römische Strassen und Befestigungen in Krain*.

Saria, B. (1930) Drugo začasno poročilo o izkopavanjih na Gradišču pri Veliki Malenci. *Glasnik Muzejskega društva za Slovenijo* 11: 5–12.

Slapšak, B (1988) The 1982–1986 Ager Pharensis Survey. Potentials and limitations of 'wall survey' in karstic environment. In J. Chapman, J. Bintliff, V. Gaffney, B. Slapšak (eds) *Recent developments in Yugoslav Archaeology*. British Archaeological Reports 431: 145–9.

Stančič, Z., Slapšak, B. (1988) A modular analysis of the field system of Pharos. In J. Chapman, J. Bintliff, V. Gaffney, B. Slapšak (eds) *Recent developments in Yugoslav Archaeology*. British Archaeological Reports 431: 191–9.

Stare, F. (1954) Topografska raziskovanja okrog Dobove. *Arheološki vestnik* 5/1: 123–31.

Stritar, A. (1990) *Krajina, krajinski sistemi. Raba in varstvo tal v Sloveniji*.

Thomas, E. (1964) *Römische Villen in Pannonien*.

Windl, H. (1976) Zur Chronologie des Gräberfeldes von Mihovo, Unterkrein/Dolenjska. *Annalen des Naturhistorischen Museums Wien* 80: 877–92.

Šašel, J. (1972) Problem naseljevanja vzhodno-alpskih Slovanov. *Kronika* 20: 3–6.

Šašel, J. (1974) Die Limes-Entwicklung in Illyricum. In: *Actes du IXe Congrès International d'Etudes sur les Frontières Romaines*, Mamaia 6–13. Sep. 1972: 193–9.

25. Expérience de croisement de méthodes de prospection sur le site des Girardes à Lapalud (Vaucluse, France)

Frédéric Trément avec la collaboration de P. Clogg, P. Druelle, G. Ducomet, J.-P. Mariat and J. Taylor

INTRODUCTION

L'un des objectifs attribué à l'équipe de Pise dans le cadre du programme POPULUS était d'expérimenter une série de techniques d'exploration non destructives des sites archéologiques repérés en prospection dans une perspective paléodémographique. L'aménagement du TGV-Méditerranée est apparu comme une opportunité exceptionnelle pour tester un certain nombre de méthodes et d'hypothèses sur le peuplement de la moyenne vallée du Rhône. Le coordinateur des opérations d'archéologie préventive, J.-O. Guilhot,[1] a accepté de financer un projet combinant une série de méthodes sur l'un des sites de la zone d'emprunt des Girardes à Lapalud (Vaucluse) (Fig. 25.1). Trois techniques ont été mises en œuvre du 15 mai au 6 juin 1995: échantillonnage du matériel de surface, relevé microtopographique et prospection géochimique. Les résultats obtenus ont pu être confrontés avec ceux de la prospection électrique réalisée sur la parcelle en question dans le cadre d'une opération d'évaluation par une équipe de l'AFAN. Le site fait actuellement l'objet d'une fouille. Ce sera l'occasion de vérifier la validité des hypothèses avancées ici, et de mieux comprendre la nature du rapport entre vestiges enfouis et image de surface.

PRÉSENTATION DU SITE

Contexte géographique

Le site est implanté au nord-est du village de Lapalud, au lieu dit Les Girardes, dans une parcelle bordant à l'est la voie ferrée de la ligne Paris-Marseille (x=788,65; y=3226,25; z=47 m NGF) (Fig. 25.2). Le champ en question, planté de tournesols au moment de l'opération, est délimité à l'ouest et au sud par deux routes goudronnées, à l'est par un chemin de terre. Parfaitement plat en apparence, il présente l'aspect d'un rectangle de 235x170 m allongé dans le sens est–ouest, d'une superficie

Fig. 25.1: Vue du site des Girardes (cl. F.T.).

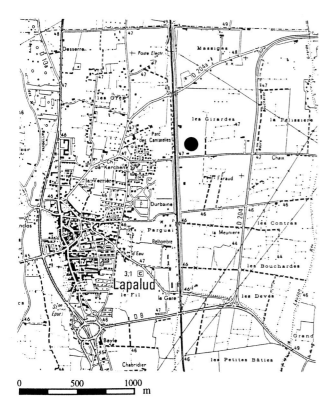

Fig. 25.2: *Localisation du site.*

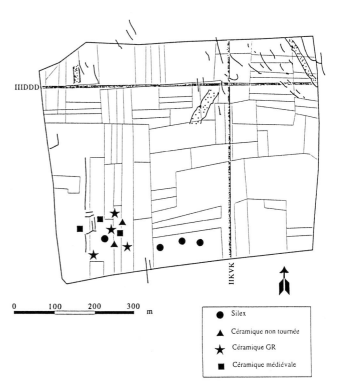

Fig. 25.3: *Positionnement du cadastre B d'Orange et des traces repérées sur photographies aériennes avec indices de sites (d'après G. Chouquer, A. Fernandez et G. Alfonso).*

d'environ 4 ha. Une ferme du XIXe siècle, encore utilisée comme hangar agricole, jouxte la route au sud. Le paysage, aujourd'hui dominé par la centrale nucléaire de Tricastin, se caractérise par une extrême platitude. Il correspond à d'anciennes terrasses rhodaniennes drainées depuis plusieurs décennies vers le canal de Donzère-Mondragon. Auparavant, les sols demeuraient gorgés d'eau, voire complètement immergés, durant une partie de l'année (la nappe était située vers 1,30–1,60 m de profondeur à la fin du mois de mai). En témoigne, dans les tranchées de reconnaissance ouvertes au sud de la parcelle, le caractère nettement hydromorphe des limons dont la couche, épaisse d'une quarantaine de centimètres, recouvre 12 m de grave.[2] Dans la parcelle étudiée, les carottages réalisés pour l'analyse géochimique laissent penser que le recouvrement limoneux n'excède guère 30 cm. Toutefois, la surface de la grave n'est pas régulière: elle forme en effet des ondulations et des poches où se sont accumulées argiles et concrétions carbonatées liées aux fluctuations de la nappe.

Vestiges superficiels

Le site a été découvert lors de la phase de prospection pédestre par l'équipe responsable du lot 21. G. Alfonso, R. Chemin et M. Taras avaient observé au milieu de la parcelle fraîchement labourée une importante concentration de silex, de céramique non tournée, de céramique gallo-romaine et médiévale répartis sur une superficie d'environ 2 ha (Fig. 25.3). Les prospecteurs ont effectué un échantillonnage

des différentes catégories d'artefacts visibles en surface et signalent en outre la présence de silex dans la parcelle adjacente, située immédiatement à l'est du chemin de terre, en bordure de la route goudronnée. Un second parcours, réalisé par notre équipe, a confirmé à la fois l'abondance remarquable du matériel sur la plus grande partie de la parcelle (à l'exception de sa marge orientale), soit environ 3 ha, sa polarisation autour d'un centre que l'on peut situer approximativement au milieu de la parcelle, au N–NE de la ferme, enfin la chronologie de l'occupation. Celle-ci se caractérise par une longévité et une continuité exceptionnelles, puisque la plupart des grandes phases de la Préhistoire récente, de la Protohistoire, de l'Antiquité, du Moyen Age et de l'époque moderne sont représentées: Néolithique ancien cardial, Néolithique final/ Chalcolithique, Age du Bronze, Age du Fer, Haut Empire, Antiquité tardive, Haut Moyen Age, Moyen Age classique, Epoque moderne, Epoque contemporaine et actuelle.

Apport de la photo-interprétation

L'examen des clichés verticaux systématiquement effectué par G. Chouquer et A. Fernandez pour l'ensemble du tracé du TGV a donné des résultats particulièrement intéressants dans ce secteur. L'emprunt des Girardes était en effet très sensible du fait que deux axes du cadastre B d'Orange s'y recoupent, à 500 m au nord-est du site: le *kardo* IIKVK et le *decumanus* IIIDDD (Fig. 25.3).[3] La photo-analyse a mis en évidence des paléochenaux d'orientations divergentes dans cette zone. Un réseau plus fin et plus organisé apparaît au contact du site lui-même: il se caractérise par une série de traces d'orientation méridienne parallèles au *kardo*. A l'extrémité nord-ouest du site, des traces perpendiculaires d'axe est–ouest sont également visibles. On ne peut s'empêcher de les mettre en rapports avec les très nombreux vestiges de fossés d'orientation similaire observés dans la tranchée de reconnaissance ouverte immédiatement au sud de la parcelle. Ceux-ci ne sont malheureusement pas datés à ce jour.

MÉTHODES UTILISÉES

Le choix des techniques s'explique à la fois par la volonté de tester une méthode rarement utilisée en France – la prospection géochimique –, le souci de mieux comprendre les processus de distribution superficielle des artefacts en liaison avec les phénomènes 'post-dépositionnels' (ramassage de surface, microtopographie), enfin l'opportunité offerte par la présence d'une équipe de prospection géophysique sur le tracé du TGV. D'un point de vue pratique, le but était de mettre en œuvre une procédure de diagnostic sur un site de grande dimension et certainement très dégradé en vue d'en optimiser la fouille. Parmi les nombreux problèmes méthodologiques liés à la nature même du site (dimension, occupation multi-période), il faut évoquer celui de l'anthropisation – localement très intense – liée aux bouleversements récents engendrés par le remodelage du parcellaire (arrachage des haies), aux travaux de bonification (drainages, amendements), à l'aménagement de la voie ferrée, au voisinage de plusieurs routes et surtout à la présence d'une ferme contemporaine sur le site même. Ce sont là autant de facteurs de contamination et de perturbation susceptibles d'avoir brouillé l'image superficielle de ce dernier.

Echantillonnage du matériel superficiel

L'abondance et la dispersion considérables du matériel archéologique constituaient un premier problème, dans la mesure où ils témoignaient d'un état d'arasement très avancé des vestiges. La faiblesse de la sédimentation limoneuse (30 à 40 cm en moyenne) fournissait un argument supplémentaire, invitant à considérer avec d'autant plus d'intérêt les informations révélées en surface par un site probablement très dégradé, voire complètement détruit par les labours modernes. D'autre part, le mobilier présentait un aspect extrêmement fragmenté, dû aux pratiques aratoires récentes (girobroyage). Son identification s'en est trouvée ainsi singulièrement compliquée. Une stratégie d'échantillonnage s'imposait en conséquence, ainsi que la mise au point d'un système de quantification des artefacts.

Après un parcours minutieux de l'ensemble de la parcelle (soit une superficie de 4 ha), une zone de plus forte concentration de matériel a été repérée à environ 70 m au nord de la ferme. Dans un premier temps, il s'avérait

nécessaire de préciser de manière 'objective' les limites de cette concentration. Une grille d'échantillonnage composée de 54 carrés de 5 m de côté espacés de 20 m a été mise en place, soit une superficie de 1350 m² correspondant à 3,4% de la surface totale de la parcelle (Fig. 25.4a). Ces valeurs peuvent paraître insuffisantes d'un point de vue statistique, mais on verra qu'elles sont parfaitement représentatives de la distribution globale du mobilier, du fait d'un compromis optimal entre la superficie des quadrats et leur espacement.

Dans chaque quadrat, l'intégralité des artefacts a été ramassée grâce à une collecte minutieuse, réalisée par trois personnes se déplaçant à genoux. Seuls des fragments d'une dimension inférieure à 5 mm ont pu échapper à la vigilance des prospecteurs. Le matériel a été lavé et pesé globalement après séchage. Les matériaux de construction ont été isolés et séparés en deux groupes en fonction de leur couleur: *tegulae* et *imbrices*

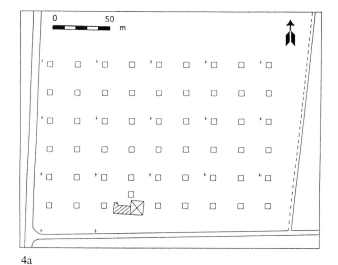

4a

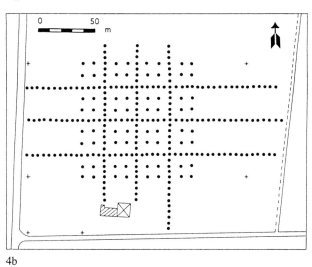

4b

Fig. 25.4: Echantillonnages. 4a: Quadrats d'échantillonnage des artefacts 4b: Implantation des carottages géochimiques.

rouges, assurément antiques (nombreux rebords); tuiles à pâte jaune, de datation plus incertaine. Ces matériaux ont été pesés séparément avant d'être rejetés. Ont également été pesées les autres catégories de matériaux de construction tel que le mortier, le béton de tuileau et les fragments d'enduit peint, ainsi que certains indices d'activité tel que les fragments d'amphores, de *dolium* et les scories. Ces dernières catégories ont également été dénombrées, tout comme les silex. La céramique (vaisselle et amphores) a fait l'objet d'un comptage portant sur le nombre de fragments et de bords. Toutes les périodes ont été prises en considération, depuis le Cardial jusqu'à nos jours.

Microtopographie

Bien que parfaitement plat en apparence (les cotes IGN indiquent 47 m NGF de part et d'autre de la parcelle), le terrain a donné l'impression, au bout de quelques jours de travail, de présenter un léger renflement correspondant à la zone de plus forte concentration d'artefacts. Il a donc été décidé de procéder à une microtopographie de l'ensemble de la parcelle en fonction d'une maille de 5 m. Le résultat de cette initiative s'est avéré capital pour la compréhension des processus qui ont présidé à la production de l'image du site en surface.

Prospection géochimique

La prospection géochimique a été réalisée dans le cadre du programme POPULUS par une équipe du Département d'Archéologie de l'Université de Durham (P.C. et J.T.).

Echantillonnage et prélèvements

Au total, 284 carottages ont été effectués au moyen d'une tarière à main. Deux mailles d'échantillonnage ont été utilisées: – une maille de 10 m dans un carré de 100 m de côté couvrant la zone de concentration optimale des vestiges visibles en surface; – une série de trois transects parallèles et espacés de 30 m dans le sens est–ouest et une série de trois autres transects dans le sens nord–sud, avec une résolution de 5 m (Fig. 25.4b). Cette double configuration offre l'avantage de couvrir la plus grande partie de la parcelle, de pouvoir effectuer des pseudo-sections avec une résolution suffisante, et enfin de pouvoir cartographier précisément les limites et l'organisation interne du site. Dans chaque carotte, deux échantillons ont été prélevés à 20 et à 40 cm de la surface, soit 568 analyses. Signalons enfin qu'une série de 20 carottages a été réalisée selon deux transects parallèles à la tranchée de reconnaissance ouverte dans la parcelle située immédiatement au sud, en vue d'étalonner les teneurs moyennes des sols dépourvus de vestiges archéologiques. Cette tranchée a donné en outre une idée précise de la stratigraphie du sous-sol.

Analyses[4] (P.C.)

Des prospections basées sur des analyses de phosphates contenus dans les sols ont été fréquemment entreprises sur des sites archéologiques, avec des résultats inégaux. Les problèmes tiennent à la difficulté d'obtenir des résultats qualitatifs et à la prise en compte des seuls phosphates plutôt que de leur combinaison avec les autres éléments contenus dans le sol. Les méthodes chimiques pour la mesure précise des phosphates requièrent beaucoup de temps et nécessitent un travail de laboratoire, tandis que celles qui ont été développées pour des mesures rapides sur le terrain sont au mieux seulement semi-quantitatives et fréquemment dépendantes du type de sol.

Pour surmonter ces problèmes et obtenir une pleine compréhension du sol, une méthode utilisant l'énergie de dispersion de la fluorescence-X (*Energy Dispersive X-Ray Fluorescence*: EDXRF) a été développée pour fournir rapidement un résultat quantitatif indépendant du type de sol et avec un minimum de préparation des échantillons. Cette méthode permet d'analyser précisément les éléments majeurs et mineurs présents dans le sol (à l'exclusion de ceux dont le nombre atomique est inférieur à 11); les éléments choisis pour l'analyse préliminaire sont les suivants: Na, Mg, Al, Si, P, S, K, Ca, Ti, V, Mn, Fe et Sr. La technique donne la concentration *totale* des éléments présents; dans le cas du phosphate, elle donnera la quantité totale présente à la fois dans la fraction organique et inorganique du sol.

La préparation des échantillons implique leur séchage, destiné à éliminer l'humidité, leur broyage mécanique, pour obtenir un grain de taille homogène, et enfin la production sous pression d'une pastille (environ 0,4 gr.). L'analyse multi-éléments prend habituellement 150 à 160 secondes.

La présentation des données est réalisée selon différents degrés de complexité. La distribution horizontale des éléments est présentée sur une carte par des courbes de niveaux correspondant aux concentrations. L'analyse de la variation globale des valeurs (*trend surface analysis*) est utilisée pour discriminer la tendance 'régionale' et les structures localisées, autorisant ainsi une compréhension plus détaillée de la distribution des éléments. Enfin, une restitution en trois dimensions est réalisée pour faciliter la 'visualisation' des données.

Prospection électrique (P.D., G.D., J.-P. M.)

Les mesures de résistivité ont été effectuées avec le système tracté RATEAU équipé d'un dispositif d'acquisition automatique des données: résistivimètre + carte d'acquisition + PC + radar (comptage distances) (Fig. 25.5). Le dispositif tracté utilisé dans ce cas est un quadripôle (deux électrodes d'injection, deux électrodes de potentiel) d'un mètre de côté (a = 1 m); sa profondeur d'investigation est d'un mètre. Les profils sont faits tous les mètres et sur chaque profil la mesure est déclenchée tous les 0,10 m. La maille conservée pour la cartographie est de 1x1 m. L'opération a nécessité cinq jours de travail pour 10 hectares prospectés.

PRINCIPAUX RÉSULTATS

Microtopographie

La microtopographie a mis en évidence des dénivellations relativement importantes au sein d'un terrain qui paraissait complètement plat au premier abord (Figs. 25.6–25.7a). Les variations altimétriques sont de l'ordre d'une soixantaine de centimètres. Au centre et au nord de la parcelle, on observe un point haut qui culmine à 47 m NGF et présente un pendage régulier et assez prononcé à l'est, au sud et à l'ouest. En revanche, la moitié sud de la parcelle se caractérise par des cotes généralement inférieures à 46,50 m NGF. La ferme moderne a été visiblement aménagée sur un niveau de remblai dominant une série de petites cuvettes. La question est de savoir si l'éminence observée au nord correspond à une formation naturelle,

liée aux ondulations de la grave sous-jacente, ou bien à la présence de vestiges archéologiques enfouis et révélés en surface par une forte concentration d'artefacts.

Echantillonnage de surface

Présentation générale

Les 54 quadrats ont livré plus de 133 kg d'artefacts, dont plus de 118 kg de matériaux de construction – essentiellement des débris de *tegulae*. Les 15 kg restants correspondent à des tessons de céramique (vaisselle, amphore, *dolium*), des fragments de verre, de brique de chauffage, de basalte (meules, dont deux molettes), de métal (clous, outils, ornements en bronze et en plomb), à des scories et des silex. Parmi les matériaux de construction, on note la présence de mortier, de béton de tuileau, d'enduit peint de couleur rouge, de briques et de débris d'ardoise. Si l'on considère que seulement 3,4% de la superficie du site a été prospectée, on peut supposer que la masse totale d'artefacts présents en surface s'élève à 3 ou 4000 kg et on peut estimer le nombre de fragments de céramique à 30 ou 40000. Dans les secteurs où s'observent les plus fortes concentrations, on trouve jusqu'à 12 kg d'artefacts par quadrat, soit près de 0,5 kg/m² (Fig. 25.7b). Ces valeurs élevées suggèrent une très forte dégradation des structures enfouies, ce que la finesse de la couverture sédimentaire laissait clairement entrevoir. Les vestiges ont probablement été 'raclés' jusqu'aux fondations.

Malgré la faiblesse de l'échantillon prospecté, l'image obtenue est d'une qualité remarquable. La distribution des artefacts, organisée de manière concentrique autour de plusieurs noyaux, obéit à des règles quasiment mathématiques, à tel point que la composition des échantillons peut faire l'objet de prévisions très précises. La question est de savoir dans quelle mesure cette organisation reflète celle des vestiges sous-jacents. L'image visible en surface a pu être conditionnée, *a priori*, par les techniques de labour et par la microtopographie. Mais l'étude de la

Fig. 25.5: Vue du système tracté RATEAU en action sur le site (cl. G.D.).

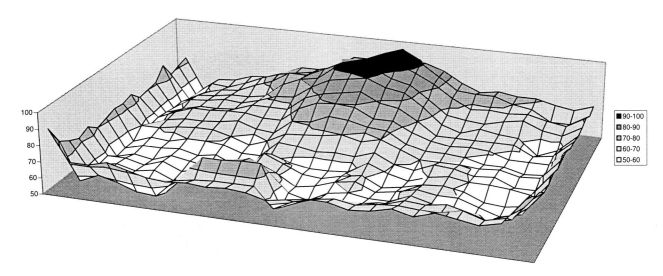

Fig. 25.6: Visualisation 3D de la microtopographie.

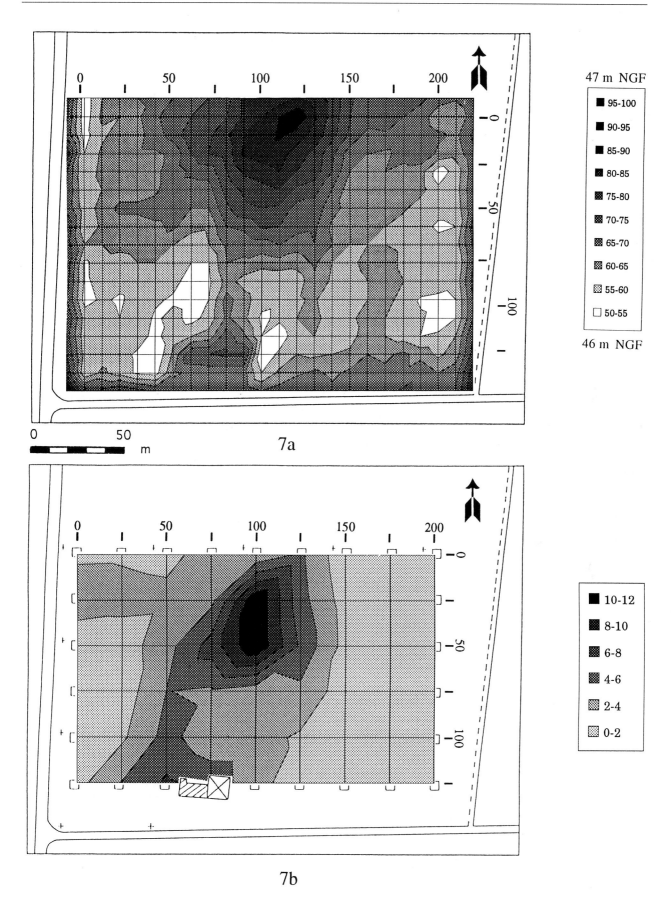

Fig. 25.7: Corrélation entre microtopographie et distribution des artefacts. 7a: Microtopographie de la parcelle étudiée;
7b: Distribution des artefacts (poids en kg).

dispersion des artefacts dans l'espace et dans le temps milite en faveur d'une forte corrélation entre image et structures enfouies.

Analyse chronologique
La chronologie du site est extrêmement longue, puisqu'elle s'étend du Cardial à nos jours, mais toutes les périodes ne sont pas représentées également (Fig. 25.8a). Sur 1491 fragments de céramique, 1,9% se rapportent à la Préhistoire récente, 11,7% à la Protohistoire, 37,6% à l'époque romaine, 26,5% au Moyen Age et 22,3% à l'époque moderne. Sur 222 bords, ces proportions sont respectivement de 0,9%, 8,1%, 32,9%, 27% et 31,1%. Rapportées à la durée de chacune de ces périodes, et compte tenu de l'intense remaniement des niveaux sous-jacents par les labours modernes, ces proportions suggèrent une occupation relativement limitée durant le Néolithique et l'Age du Fer, beaucoup plus dense à l'époque romaine, au Moyen Age et à l'époque moderne. Néanmoins, il faut bien garder à l'esprit que pour les périodes anciennes, la céramique ne reflète que très indirectement et certainement très partiellement les activités humaines. En outre, 17 quadrats ont livré des éclats de silex retouchés.

L'examen typologique du mobilier ne permet guère de préciser la chronologie des périodes antérieures à la conquête romaine, du fait en particulier de la fragmentation extrême des tessons. Le mobilier cardial se compose de fragments peignés à décor caractéristique. D'autres sites de cette période ont été repérés dans les environs. Un cordon peut-être rapporté au Néolithique final/Chalcolithique, des débris d'amphore marseillaise (dont une lèvre d'amphore Py 1) au début de l'Age du Fer, des tessons de céramique campanienne B et de céramique italique à la Tène II/III.

Le mobilier augustéen (sigillées italiques, parois fines) est rarissime. En revanche, celui des deux premiers siècles de notre ère est abondant, essentiellement représenté par les sigillées sud-gauloises et les céramiques communes calcaires (Figs. 25.8b–c). Parmi les sud-gauloises, on note une seule forme précoce (Drag.27a). Les formes Ritt.8b et Drag.24/25 sont caractéristiques du Ier siècle, les types Drag.18/31 et Drag.35 ont une diffusion beaucoup plus longue, tout comme la coupe Drag.33 qui est ici très largement majoritaire (47% des bords).

La présence de nombreuses productions régionales à pâte siliceuse micacée (urne A1A de COM-EM, urne A2/3, plat C3/4, mortier D1 de COM-OM) indique une continuité d'occupation au IIIe et peut-être au IVe siècle (Py dir., 1993; Trément, 1996). En revanche, les productions rhodaniennes à vernis argileux (Lamb.1/3, 2/37 et 3/8) sont très discrètes. La sigillée claire A (H.23), l'Africaine de cuisine (H.196) et la D.S.P. ne sont représentées que par quelques tessons. La sigillée claire C et D fait complètement défaut.

Les céramiques communes grises constituent de loin la catégorie de mobilier la mieux représentée sur le site, avec 340 fragments, dont 61 bords. Le répertoire

typologique, assez varié (formes A1, A2, A4, A5, A6, B5, D1, E), atteste une occupation aux Ve, VIe et VIIe siècles. Proportionnellement, les formes les plus tardives (VIe/VIIe siècle) sont majoritaires.

Quelques tessons à pâte grise et glaçure verdâtre interne et un fond de verre à pied trahissent une présence humaine au Bas Moyen Age. Enfin, l'époque moderne est très bien représentée par de la céramique glaçurée des XVIIe, XVIIIe et XIXe siècles.

La quantification globale par siècle du mobilier céramique antique (céramiques fines, communes et amphores) souligne la prépondérance des Ier–IIIe siècles et des Ve–VIIe siècles (Fig. 25.8d). La question reste de savoir dans quelle mesure les artefacts les plus récents sont sur-représentés.

Analyse spatiale
L'examen de la distribution spatiale des artefacts montre que l'on n'est pas en présence d'*un* seul grand site, mais d'une juxtaposition et d'une superposition complexe d'implantations de dimensions relativement réduites. La masse des artefacts se concentre globalement au centre de la parcelle sur une superficie de 2000 m², mais le poids des matériaux de construction antiques y étant très largement majoritaire, il est nécessaire de raisonner sur les densités de tessons caractéristiques de chaque période.

Le mobilier de la phase cardiale se concentre au sud et surtout au sud-ouest de la parcelle, sur une superficie d'environ 1000 m² (Fig. 25.9a). Les densités relativement fortes en bordure de la zone explorée laissent supposer l'existence d'une implantation située plus au sud, sous la route.

Le matériel protohistorique, très mal daté, se concentre dans la moitié ouest de la parcelle autour de deux noyaux, sur environ 1 ha (Fig. 25.9b). Les densités sont comparables aux précédentes au sud-ouest, légèrement plus élevées au nord-ouest.

Le mobilier du Haut Empire est présent sur l'ensemble de la parcelle. La céramique sigillée sud-gauloise se concentre en deux points: à l'extrémité nord-ouest de la parcelle et aux environs de la ferme moderne, dont la construction a peut-être contribué à faire remonter du matériel (Fig. 25.9c).

Le mobilier des IIe et IIIe siècles, essentiellement représenté par les 'céramiques communes oxydantes micacées' (COM-OM) et les 'céramiques communes à engobe micacé' (COM-EM), est plus largement diffusé sur le centre de la parcelle autour d'un noyau distant d'une trentaine de mètres de la principale concentration de sigillée sud-gauloise (Fig. 25.9d).

La céramique commune grise tardive est présente en abondance sur les deux-tiers occidentaux de la parcelle, soit entre 1,5 et 2 ha (Fig. 25.9e). Les densités sont beaucoup plus élevées que celles des catégories de mobilier précédentes, de l'ordre de 3 à 4 fois supérieures. Les tessons s'organisent en halo autour d'un noyau localisé à une vingtaine de mètres à l'est du précédent (1 à 2

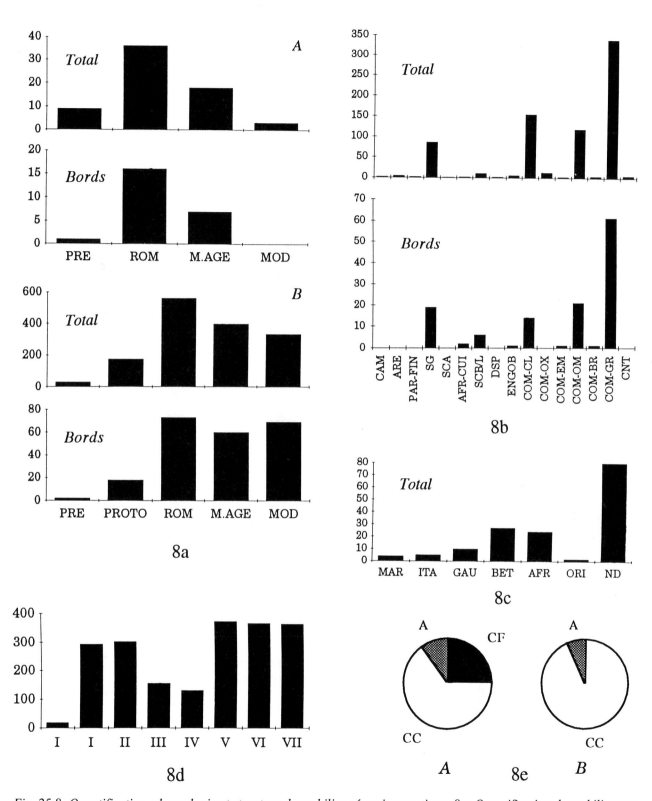

Fig. 25.8: Quantification, chronologie et structure du mobilier céramique antique. 8a: Quantification du mobilier par phases culturelles. A: Prospection non systématique (équipe AFAN) – B: Prospection systématique par quadrats; 8b: Quantification des céramiques antiques; 8c: Quantification des amphores; 8d: Profil chronologique du site par siècles (Ier s. av. J.C. – VIIe s. ap. J.C.); 8e: Composition globale du mobilier antique. A: Haut Empire – B: Antiquité tardive. CF: céramique fine – CC: céramique commune – A: amphores.

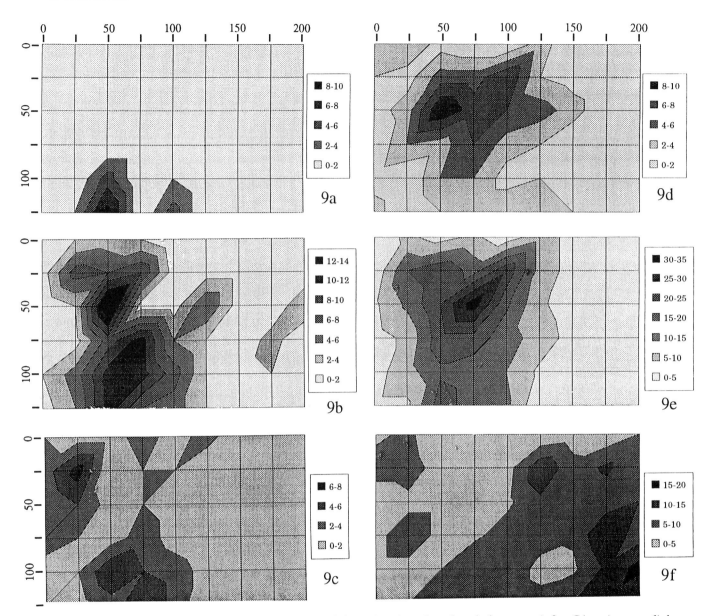

Fig. 25.9: Evolution de la distribution spatiale du mobilier céramique (nombre de fragments). 9a: Céramique cardiale; 9b: Céramique protohistorique; 9c: Sigillée sud-gauloise; 9d: Commune oxydante micacée; 9e: Commune grise; 9f: Céramique glaçurée.

tessons/m²). Les densités demeurent supérieures à 1 tesson/m² sur une surface de 3 à 4000 m².

Contrairement aux catégories de céramiques précédentes, les productions glaçurées modernes, datées principalement des XVIIe et XVIIIe siècles, ne s'organisent pas autour d'un noyau. On constate que leur densité diminue progressivement du sud-est vers le nord-ouest selon un dégradé régulier (Fig. 25.9f). Il faut voir là vraisemblablement l'effet d'épandages de fumures que l'on peut mettre en rapport avec la présence d'une importante exploitation agricole d'époque moderne à environ 200 m au sud-est.

Analyse typologique de l'habitat antique
Les indices les plus nombreux se rapportent à l'habitat antique et alto-médiéval, que l'on peut respectivement

dater des Ier–IIIe siècles et des Ve–VIIe siècles et qui peut être interprété à travers la grille d'analyse typologique utilisée dans le cadre du programme ARCHAEOMEDES (Favory et Fiches dir., 1994):

• Superficie. Il est difficile de déterminer la superficie de l'établissement du Haut Empire, qui a été vraisemblablement recouvert par l'occupation de la fin de l'Antiquité et du Haut Moyen Age. On peut proposer une fourchette allant de 2 à 5000 m².
• Matériaux de construction. La masse des matériaux de couverture en surface peut atteindre près de 0,5 kg/m² (Fig. 25.10a). Deux types de tuiles ont été distingués en fonction de la couleur de leur pâte. Les tuiles rouges, de loin les plus abondantes, sont constituées uniquement de *tegulae* (Fig. 25.10b). Elles

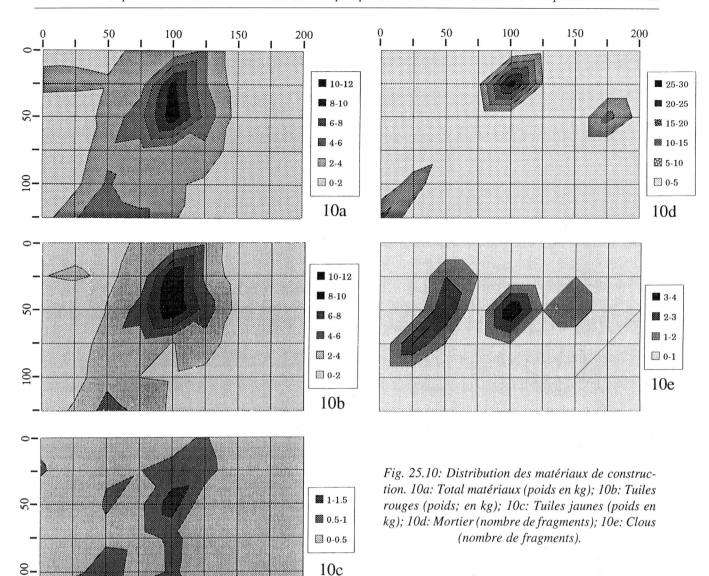

Fig. 25.10: Distribution des matériaux de construction. 10a: Total matériaux (poids en kg); 10b: Tuiles rouges (poids; en kg); 10c: Tuiles jaunes (poids en kg); 10d: Mortier (nombre de fragments); 10e: Clous (nombre de fragments).

se concentrent au milieu de la parcelle, plutôt vers le nord, sur environ 2000 m². Elles sont indiscutablement liées à un habitat antique construit en dur. Les tuiles jaunes, beaucoup moins abondantes, se rencontrent davantage vers le sud (Fig. 25.10c). On les attribuera pour cette raison à la petite ferme moderne.

On remarquera avec intérêt le décalage très net entre les zones de concentration de *tegulae* et de vaisselle antiques. En revanche, la concentration de tuiles rouges coïncide exactement avec la légère éminence mise en évidence par le relevé microtopographique. Les tuiles rouges sont associées à du mortier, à du béton de tuileau et à des clous (de charpente?) (Figs. 25.10d–e).

• Activités. Les indices d'activités sont relativement nombreux. Activité de transformation, tout d'abord, avec quelques débris de meule en basalte au niveau de la zone de concentration de *tegulae*. Activité de stockage, ensuite, dont témoigne, exactement au même endroit, une concentration de débris de *dolium* (Fig.

25.12a). Les amphores sont plutôt rares (Figs. 25.8c, 25.8e, 25.11a–b). On note quelques fragments d'amphores marseillaises, italiques et gauloises très dispersés. Les amphores bétiques, légèrement mieux représentées, se superposent aux sigillées sud-gauloises contemporaines. Les amphores africaines et orientales se concentrent légèrement à l'est des céramiques communes grises, et leur dispersion affecte la même orientation diagonale (Fig. 25.11c). Activités artisanales, enfin, avec deux importantes concentrations de scories de forge au centre et au sud de la parcelle (Fig. 25.12b). La première est peut-être en rapport avec l'établissement antique; la seconde pourrait résulter d'un apport de remblai lié à la construction de la route ou de la petite ferme.

• Niveau de vie. On soulignera l'absence de tout signe d'apparat pouvant témoigner d'un souci de luxe de la part des occupants – mosaïque ou élément architectonique. Seuls indices d'un confort mesuré, quelques fragments d'enduit peint et de briques

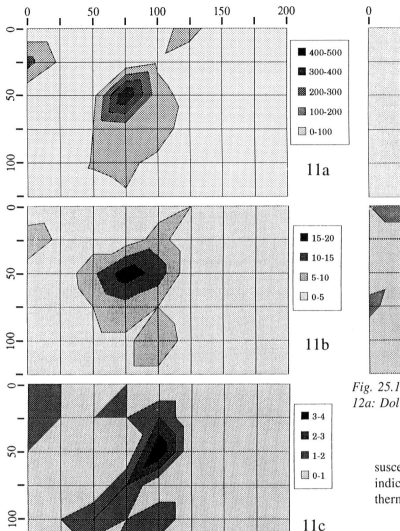

Fig. 25.11: Distribution spatiale des amphores. 11a: Total amphores (poids en grammes); 11b: Total amphores (nombre de fragments); 11c: Amphores africaines (nombre de fragments).

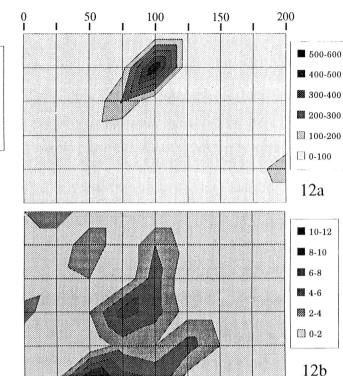

Fig. 25.12: Distribution spatiale des indices d'activités. 12a: Dolium (poids en grammes); 12b: Scories (nombre de fragments).

d'hypocaustes viennent s'ajouter à un usage apparemment courant du verre dans le mobilier et peut-être sous forme de vitres. Quelques petits objets décoratifs doivent être mentionnés, bien que mal datés: en particulier, une plaque de bronze décorée d'une fleur et tenue par un anneau, ainsi qu'un élément d'armature en plomb décoré de pointillés. La même modestie se retrouve dans la composition globale du mobilier céramique: au Haut Empire, la vaisselle commune représente 65,2% des tessons, la vaisselle fine seulement 24,7% et les amphores 10,1%. A la fin de l'Antiquité, la vaisselle commune totalise 92,5% des fragments, la vaisselle fine 0,5% et les amphores 7% (Fig. 25.8e). Ces proportions sont comparables à celles des établissements reconnus en prospection sur la rive occidentale de l'Etang de Berre (Trément, 1994; 1995; à paraître [a et b]), qui sont interprétés comme de modestes exploitations agricoles

susceptibles, néanmoins, de présenter parfois quelques indices de confort (peintures murales, installations thermales).

Prospection électrique (P.D., G.D., J.-P. M.)

La carte d'isorésistivité dans son ensemble est remarquable par son réseau complexe d'anomalies linéaires (rectilignes et curvilignes) conductrices, la variété de leurs formes, de leurs tailles et de leurs orientations, et d'autre part, du fait de la partition de l'espace qui naît de leur agencement; nous noterons que celle-ci est manifestement différente au sud et au nord (Fig. 25.13a).

Si ces anomalies linéaires sont très certainement dans leur grande majorité d'origine naturelle, elles constituent néanmoins l'environnement immédiat des installations humaines supposées. Il y a par ailleurs de bonnes probabilités pour que certaines d'entre elles résultent, au moins partiellement, de l'action humaine. C'est le cas dans toute la moitié nord de la carte. En effet ce secteur révèle, outre l'affleurement de grandes régionales de graviers, un système d'axes E–O, sous forme d'anomalies fines ou de simples limites, témoignant, de toute évidence, de traces parcellaires.

Etant donné l'étendue de la surface prospectée et l'échelle des documents présentés, l'information de détail (éventuelles structures archéologiques: murs, etc.) ne peut être analysée ici.

La carte faite sur la parcelle expérimentale (4 hectares) montre la jonction de trois larges anomalies conductrices

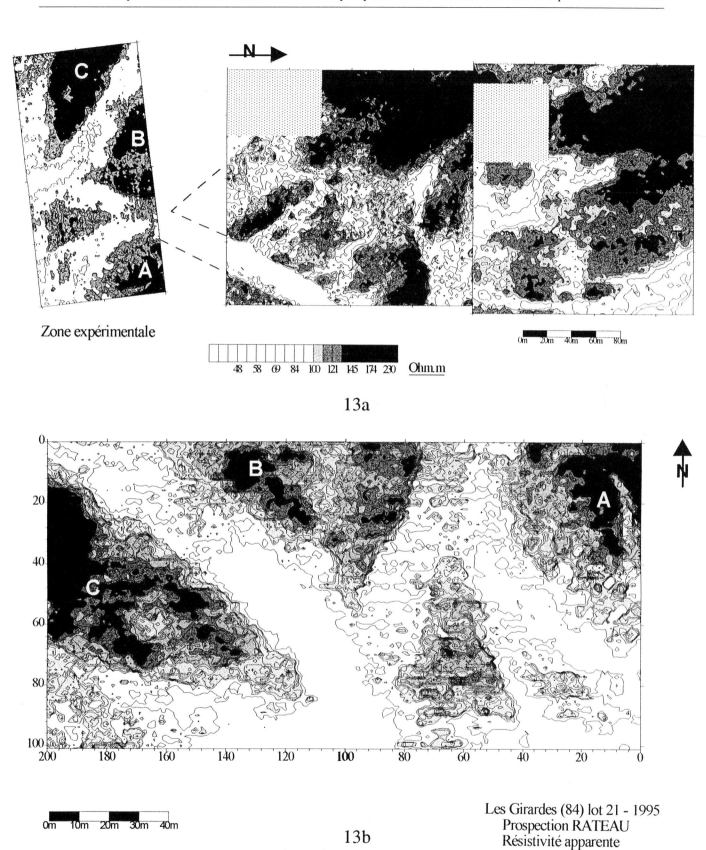

Zone expérimentale

48 58 69 84 100 121 145 174 230   <u>Ohm.m</u>

0m 20m 40m 60m 80m

13a

0   20   40   60   80   100

200 180 160 140 120 100 80 60 40 20 0

0m 10m 20m 30m 40m

13b

Les Girardes (84) lot 21 - 1995
Prospection RATEAU
Résistivité apparente

Fig. 25.13: Prospection électrique (G.D., P.D., J.-P.M.). 13a: Prospection électrique du secteur des Girardes. Clefs de lecture: en gris foncé et noir, les plus fortes valeurs de résistivité; en gris clair et blanc, les terrains conducteurs. L'échelle de gris permet d'apprécier l'amplitude de la variation de cette résistivité: 50 Ohm.m à 150 Ohm.m environ, ce qui témoigne d'un sous-sol physiquement très diversifié: les grandes régionales de forte résistivité (noir) au nord décrivent très certainement les affleurements du gravier; les anomalies conductrices (blanc), très souvent linéaires, doivent correspondre à des structures en creux, géologiques et/ou archéologiques, remplies de limons. 13b: Détail de la parcelle étudiée.

linéaires (largeur maxi: 25 m), dont on retrouve le prolongement dans la parcelle prospectée plus au nord; une quatrième anomalie, moins bien marquée, se lit dans l'angle SO de la carte (Fig. 25.13b). Il est probable que nous sommes là en présence d'importantes structures en creux (remplissage: limons; encaissant: gravier) de la même famille que celles reconnues en fouille au NE, ou repérées par photo-interprétation.

Ces structures délimitent quatre zones de plus forte résistivité (variations du toit de la grave) qui ont été désignées, pour les sondages mécaniques, comme cibles prioritaires; parmi celles-ci, trois présentent des anomalies remarquables par leur forme, à savoir:

- Zone A: une anomalie conductrice (structure en creux), linéaire, étroite et incurvée; sa taille est compatible avec celle d'une structure anthropique.
- Zone B: un massif de plus forte résistivité marqué par une certaine orthogonalité; ce secteur correspond à l'anomalie observée lors du relevé microtopographique et aux concentrations de matériaux de construction. L'intérêt qu'il présente résulte essentiellement de cette accumulation d'indices; en effet, l'anomalie elle-même ne présente pas suffisamment d'évidence pour que nous puissions de façon certaine conclure à l'existence de structures bâties; dans l'hypothèse où cet endroit recèlerait les vestiges d'un établissement antique, ceux-ci ne peuvent donc être que très superficiels et arasés.
- Zone C: une grande anomalie résistante annulaire (couronne de fortes valeurs) centrée sur une poche de terrains conducteurs (aménagement du milieu naturel?); elle est adossée à une masse de plus forte résistivité qui s'étend au delà des limites de la carte (affleurement de la grave?).
- Une quatrième zone (triangle de résistivité moyenne), située au S–SE, peu lisible à cette échelle (et affectée par l'effet de profil), n'est peut-être pas sans intérêt.

Si l'on s'en tient à une description physique (quantitative), chacune de ces zones doit être considérée comme signalant une plus forte concentration de matériaux résistants (graviers essentiellement, mais les épandages de matériaux de construction peuvent également prendre leur part dans cet accroissement de la résistivité) et/ou un point haut de l'ondulation de la surface de la grave. En conséquence, même dans le cadre de cette lecture minimum, ces nappes de résistivité demeurent archéologiquement sensibles dans la mesure où, vu le contexte très défavorable offert par ces terrains inondables, elles ont pu constituer des lieux plus propices à l'occupation humaine.

Dosages de phosphates[4] (J.T.)

La grille d'échantillonnage utilisée aux Girardes se compose de deux éléments: – une série de longs transects au fil desquels les échantillons ont été prélevés tous les 5 m; – une grille centrale de 100x100 m, avec une maille d'échantillonnage de 10 m (Fig. 25.4b). Bien que l'analyse

des échantillons soit achevée, le rapport définitif est encore en cours de rédaction. Comme on peut le voir sur les Figs. 25.14 et 25.15, les résultats sont très encourageants, la carte des courbes de niveaux de phosphate montrant une élévation significative des taux sur toute la superficie de l'habitat identifié. Les transects nord–sud ne semblent pas affectés par la présence de la petite ferme moderne à l'extrémité méridionale de la parcelle, si ce n'est peut-être dans leurs quinze derniers mètres, où une légère augmentation des taux de phosphate pourrait être attribuée à cet établissement. En résumé, les résultats obtenus sont entièrement satisfaisants; l'objectif est maintenant d'analyser leur distribution et leur signification en utilisant l'analyse de la variation globale des valeurs (*trend surface analysis*).

CONCLUSION

L'expérience conduite sur le site des Girardes s'est donc révélée totalement positive, dans la mesure où les informations recueillies de manière très serrée sur le terrain au moyen de techniques variées se recoupent et se complètent sans se contredire. L'anomalie mise en évidence par la microtopographie correspond à la fois à une forte concentration de matériaux de construction (*tegulae*, mortier, béton de tuileau, clous) et de mobilier (vaisselle, amphore, *dolium*) antiques et alto-médiévaux, à une zone de résistivité élevée et à une élévation très nette du taux de phosphate dans le sol (Fig. 25.16a). Cette convergence d'indices laisse peu de doute sur la présence de structures enfouies. Il est possible d'aller plus loin dans l'interprétation, en particulier grâce à l'apport des ramassages de surface et de la géochimie. La prospection électrique, en revanche, nous renseigne davantage sur les conditions géologiques et topographiques locales, du fait d'une résolution insuffisante et d'une profondeur d'investigation trop importante pour mettre en évidence des structures d'habitat. En particulier, il est clair que l'implantation alto-médiévale s'est opérée sur un point haut de la grave, dans un secteur peut-être plus abrité de l'humidité (Fig. 25.16b). A l'inverse, les indices d'occupation préhistoriques, protohistoriques et du Haut Empire se concentrent dans les points bas. Le problème est de savoir s'ils correspondent à des implantations *in situ* ou bien à des concentrations secondaires d'artefacts, sous l'effet des agents climatiques et anthropiques. La distribution des phosphates indique une activité humaine majeure dans la partie la plus haute du terrain. Trahit-elle la présence de la seule occupation alto-médiévale dans ce secteur? Ou bien les occupations antérieures ont-elles fait l'objet d'un lessivage et d'un déplacement consécutif des artefacts vers les points les plus bas? Cette dernière hypothèse paraît la plus recevable, car la cartographie des indices d'activités et des matériaux de construction les plus lourds indique clairement la présence d'un établissement antique construit en dur dans la partie haute

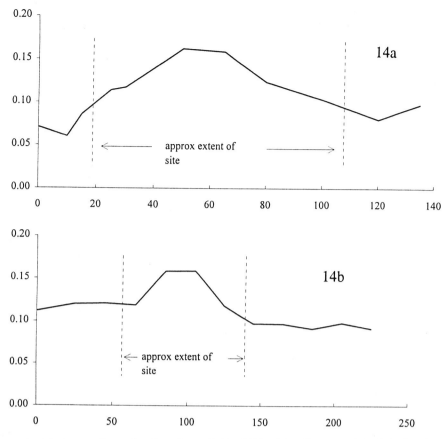

Fig. 25.14: Transects géochimiques. Taux de phosphate (P.C., J.T.). *14a: Transect Nord–Sud (P5); 14b: Transect Ouest–Est (P2)*

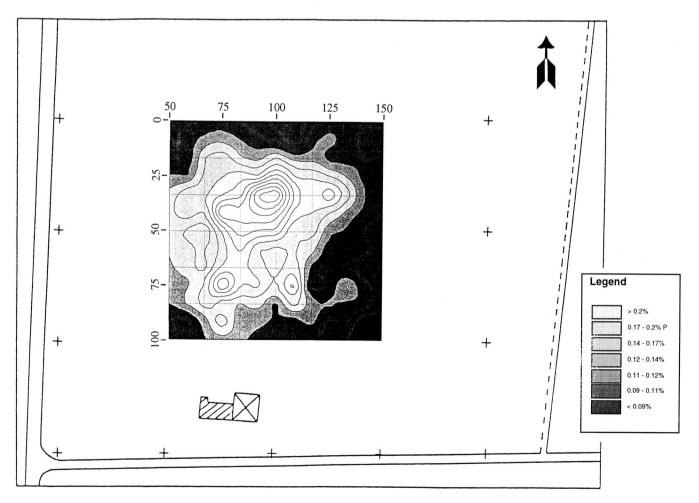

Fig. 25.15: Distribution des phosphates sur la zone d'habitat (P.C., J.T.)

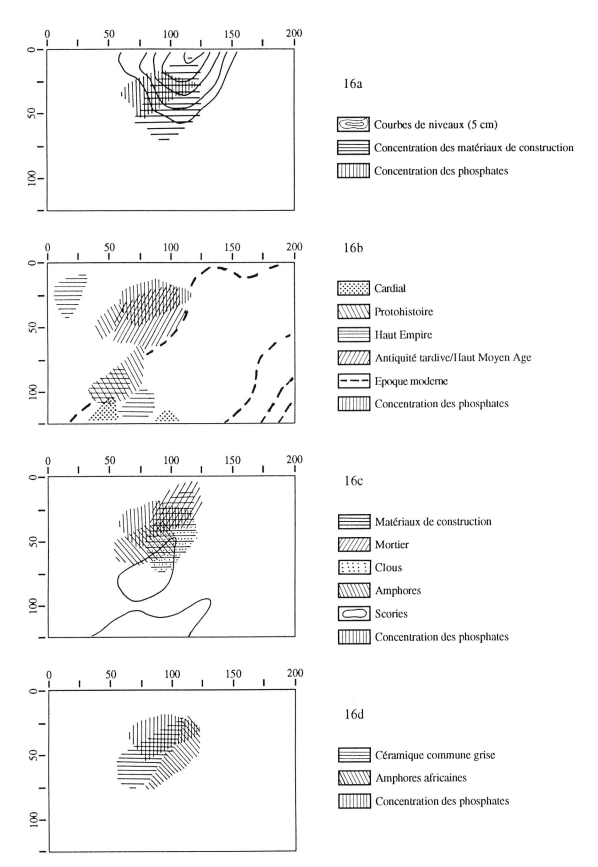

Fig. 25.16: Synthèse des données archéologiques, topographiques et géochimiques. 16a: Corrélation entre topographie, artefacts et géochimie. 16b: Synthèse chronologique des occupations. 16c: Synthèse fonctionnelle de l'habitat antique. 16d: Interprétation fonctionnelle de l'habitat alto-médiéval.

de la parcelle. La superposition des informations donne l'image d'un établissement aux activités diversifiées, juxtaposant fonction domestique, stockage et petit artisanat au sein d'espaces bien distincts (Fig. 25.16c). Cette situation est particulièrement évidente aux Ve–VIIe siècles (Fig. 25.16d): on observe pour cette période une juxtaposition très nette des aires de distribution du mobilier usuel (céramique commune grise) et des indices de stockage (amphores africaines). Or la première se confond partiellement avec la zone de concentration maximale des phosphates, indiquant une intense activité domestique.

Néanmoins, dans la perspective d'une fouille, un certain nombre de nuances doivent être apportées. Tout d'abord, les carottages montrent clairement que la partie la plus haute de la parcelle, où se concentrent les matériaux de construction antiques, a été remaniée jusqu'au substrat. Les éventuels vestiges auront donc vraisemblablement été fortement 'raclés' par les labours modernes, ce que confirme la prospection géophysique. Ensuite, l'organisation du site est complexe, et il reste à expliquer la distribution spatiale des différentes catégories d'artefacts à travers le temps. Il semble, en particulier, que l'occupation médiévale ait recouvert celle du Haut Empire, expliquant probablement la sous-représentation de ce dernier. Pour les époques plus anciennes, les indices sont beaucoup plus ténus, mais la zone paraît bien avoir été occupée dès le Néolithique ancien. D'un point de vue démographique, l'apport le plus remarquable de cette expérience est de montrer comment ce qui avait été interprété comme un 'gros site' dans un premier temps s'est révélé être en réalité une juxtaposition d'occupations finalement moins importantes que prévu. Il est difficile, dans ces conditions, d'évoquer une véritable continuité d'occupation sur la longue durée. La continuité joue en revanche entre le Haut Empire et la fin de l'Antiquité. Du point de vue typologique, l'utilisation des descripteurs du programme ARCHAEOMEDES conduit également à nuancer l'image d'une grande *villa* implantée à proximité de l'intersection d'un *kardo* et d'un *decumanus* de la centuriation d'Orange B. On est là vraisemblablement en présence d'un établissement agricole relativement modeste mais étendu – grande ferme ou hameau –, qui se met en place à l'époque augustéenne et se développe dans le courant du Ier siècle. L'occupation perdure jusqu'à une date avancée du Haut Moyen Age, avec une incertitude au IVe siècle, selon un schéma désormais bien connu dans la basse vallée du Rhône.

NOTES

1 Que Jean-Olivier Guilhot trouve ici l'expression de notre gratitude pour le soutien qu'il nous a prodigué, ainsi que Valérie Bel, responsable du secteur Orange-Valence (AFAN). Nos remerciements vont également à l'équipe de prospection de Guy Alfonso, René Chemin et Maryannick Taras (AFAN), ainsi qu'à Olivier Pinnel et Nathalie Vaury pour leur aide sur le terrain. L'opération a été financée par l'AFAN et par POPULUS.

2 Tranchées de reconnaissance réalisées sur l'ensemble du lot 21 par G. Alfonso, R. Chemin et M. Taras (AFAN).

3 Informations aimablement communiquées par G. Chouquer et A. Fernandez lors de la réunion de travail du 29 mai 1995 à Orange.

4 Texte traduit de l'anglais par F.T.

BIBLIOGRAPHIE

Favory, F. et Fiches, J.-L. (dir.) (1994) *Les campagnes de la France méditerranéenne dans l'Antiquité et le haut Moyen Age. Etudes microrégionales.* Documents d'Archéologie Française 42.

Meffre, J.-C. (1994) Espace rural autour de Vaison-la-Romaine (Vaucluse): habitats et morphologie agraire à l'époque gallo-romaine. In Favory *et al.*, 1994: 117–33.

Py, M. (dir.) (1993) *Dicocer. Dictionnaire des céramiques antiques (VIIe s. av. n.è.–VIIe s. de n.è.) en Méditerranée nord-occidentale (Provence, Languedoc, Ampurdan).* Lattara 6.

Trément, F. (1993) Le secteur des étangs de Saint-Blaise: Essai d'approche quantitative de l'histoire de l'occupation du sol. In P. Leveau et M. Provansal (dir.) *Archéologie et environnement: De la Sainte-Victoire aux Alpilles.* Université de Provence, Aix-en-Provence: 165–82.

Trément, F. (1994) *Histoire de l'occupation du sol et évolution des paysages dans le Secteur des Etangs de Saint-Blaise (Bouches-du-Rhône). Essai d'Archéologie du paysage.* Thèse de Doctorat Nouveau Régime, dactyl., sous la direction de Ph. Leveau. Université de Provence, Aix-en-Provence, 3 vol., 1036 p., 234 fig., 15 pl., annexes, 167 fiches.

Trément, F. (1995) Les Soires. Saint-Mitre-les-Remparts (Bouches-du-Rhône). *Formes de l'habitat rural en Gaule Narbonnaise* 3.

Trément, F. (1997) (Avec la collaboration de P. Columeau) Un établissement agricole gallo-romain: Le site des Soires à Saint-Mitre-les-Remparts (Bouches-du-Rhône). *Revue Archéologique de Narbonnaise* 30: 33–61.

Trement, F. 1999. *Archéologie d'un paysage: les étangs de Saint-Blaise (Bouches-du-Rhône).* Paris, MSH, Documents d'Archéologie Française, 74.

26. Du site au réseau: archéologie, géographie spatiale ou géographie historique

Philippe Leveau

INTRODUCTION

Dans une réunion où se trouvent confrontés des archéologues issus de traditions culturelles différentes, il est nécessaire de se poser la question de l'effet de ces différences. Les exposés qui ont été présentés au cours de la réunion de Pise ont eu pour objet l'identification et l'évaluation des sites archéologiques. Pour un archéologue de tradition culturelle anglo-saxonne, à ce moment, s'impose une réflexion sur la notion de site; la relation existant entre archéologie de terrain et échantillonnage spatial s'impose comme une évidence. En revanche en France, les constructions méthodologiques sont mal considérées en archéologie parce que l'on n'en voit pas l'intérêt. On pourra le déplorer mais c'est un fait: l'archéologie est considérée comme une science des périodes anciennes de l'humanité et non comme une science des systèmes culturels. Un archéologue français se demandera, lui, s'il était bien utile de se poser la question de savoir ce qu'est un site archéologique et citera le Monsieur Jourdain de Molière qui écrit en prose. Il faut donc le convaincre de l'utilité d'une telle réflexion pour le 'terrain' et, à son intention, j'observerai que, si dans les années 1980 encore, en France, les glissements dans l'extension du concept de site étaient bienfaisants pour argumenter face aux aménageurs et s'ils ont même contribué au développement de l'archéologie de sauvetage, en 1995, en revanche, la rigueur dans la définition d'un site (à sauver) s'impose si l'on ne veut pas discréditer l'ensemble des opérations que l'archéologie doit justifier. Nous sommes évidemment là en présence de deux traditions culturelles.

Mais une réflexion sur le site archéologique ne peut pas faire l'économie de quelques explications sur le mot lui-même. Dans le vocabulaire géographique en effet, 'site' désigne l'assise d'un établissement ou d'une activité et le terme a une connotation locale, plus précise et plus concrète que 'situation' (Brunet *et al.*, 1992: 413). 'Situation' renvoie à un environnement et évoque une conjonction de facteurs naturels et humains expliquant pourquoi un groupe humain s'est établi sur un 'site' et y a exercé une activité. Les archéologues emploient le mot dans une de ses dérivations liée à la problématique de leur discipline: les structures dont le site constitue l'assise ont été détruites ou sont enfouies; s'il en subsiste une partie, le plus souvent ce que l'on voit ne permet pas d'en indiquer le statut. L'archéologue ne peut parler avec certitude que de cette assise, soit du site; un 'site archéologique' est donc d'abord un 'gisement' (Leroi-Gourhan, 1988: 425–6). On comprend donc que, par extension, on parle de 'site archéologique' pour un lieu où l'observation relève la présence de structures ou d'objets liés à une présence humaine. Sans doute en est-il de même dans les autres langues!

La discussion autour de la notion de site me paraît pouvoir être conduite en fonction des ses deux utilisations. La plus simple sans doute est d'ordre patrimonial: un site est localisé par un point porté sur une carte archéologique; son extension doit être précisée. Ce sera la première abordée. Plus complexe est la définition de son statut; elle peut être approchée par une définition interne (nécropole, agglomération ...) d'ordre typologique; mais ce statut est également défini par la place du site dans un réseau.

LE SITE: LES DÉFINITIONS

Abordées sous l'angle du patrimoine, les choses donc paraissent simples: pour en assurer la protection, on inscrit dans un inventaire une construction ou un gisement dont l'importance aura été reconnue par une autorité habilitée (commission, 'expert'...); le site est identifié à partir d'indices; un périmètre sensible est défini. Le site est alors un gisement qu'un archéologue est susceptible de fouiller parce qu'il contient des données intéressant sa discipline. Il sera situé sur une carte et son extension sera définie par une évaluation. Tout cela était parfaitement clair.

Le site archéologique:
élargissement de la notion et ses limites

En France, la réflexion sur le concept du site archéologique est liée au développement de la prospection. En 1982, A. Ferdière et E. Zadora-Rio organisaient une Table Ronde (Ferdière et Zadora-Rio, 1986) qui donna lieu à la publication d'un volume sur *La prospection archéologique; paysage et peuplement*. Il s'agissait alors d'inciter les archéologues français à s'ouvrir à une archéologie 'visant à une reconstitution de l'occupation du sol qui ne soit pas limitée aux seuls sites fouillés mais s'étende à l'environnement naturel et humain'. Dans l'introduction au colloque, E. Zadora-Rio s'interrogeait donc sur la notion de site et en retraçait l'histoire (Zadora-Rio, 1986). Elle soulignait l'évolution des contenus de ce terme et insistait sur la nécessité de poursuivre l'élargissement de son champ archéologique. Son objectif principal était de conduire les archéologues français – spécialement médiévistes – à élargir leur intérêt (les sites pris en compte) à des structures auxquelles ils ne prêtaient pas attention (ainsi 'les buttes de moulins, les "mottes à conils", les viviers, les digues d'étangs, etc.... qui figurent dans les manuels de prospection anglais') et de tenir compte de la diversité des traces que les activités humaines laissent dans le paysage.

E. Zadora-Rio insistait aussi sur la manière dont les sites pouvaient être reconnus. Ces traces (indices) varient en effet selon deux facteurs: le temps et l'intensité de l'occupation mais elles dépendent aussi du recouvrement des sites. Dans cette perspective, celle de la prospection de gisements, l'essentiel du problème est, comme l'avait souligné A. Hesse dans le même colloque, l'adéquation entre l'image au sol et l'image en profondeur; celle-ci va commander le diagnostic porté sur le site et la stratégie de fouille. Les indices de sites dépendent de caractéristiques propres à chaque époque. Celles-ci sont elles-mêmes liées à des caractéristiques culturelles: certaines époques laissent moins de traces ou, plutôt, des traces moins faciles à saisir – ainsi l'époque médiévale –; certaines données tendent à occuper le champ de l'observation comme dans les ramassages les céramiques antiques.[1]

A ces caractéristiques culturelles, s'ajoutent les données historiques relatives au paysage: les sites de bas de pente sont concernés par les dynamiques de recouvrement et d'enfouissement alors que l'érosion affecte les sites en position haute. Il s'agit d'une réalité physique qui peut être établie à partir d'une recherche menée en relation avec les environnementalistes. Prenons le cas d'un site près d'Aix-en-Provence, celui de Bramefan. Des fouilles sur cet *oppidum* installé sur d'étroites terrasses naturelles à mi hauteur de l'abrupt versant sur de la Montagne Sainte-Victoire, montrent que l'agglomération de la fin du second âge du Fer a été implantée sur un site occupé au début de la période; celui-ci a été décapé par une très forte érosion en relation avec la péjoration climatique qui caractérise cette période; celle-ci explique la disparition des sites de la fin du premier âge du Fer.[2] De ce fait, en prospection,

à densité égale, les sites correspondant aux périodes anciennes apparaîtront mieux sur les hauteurs après disparition des niveaux récents tandis que dans les zones basses la visibilité des sites correspondant aux périodes récentes sera meilleure. De ce fait, la période médiévale est donc doublement défavorisée: les niveaux médiévaux des sites de hauteur ont subi en première ligne la crise du 'petit âge glaciaire', qui a recouvert les sites de bas de pente. Il est donc impossible d'évaluer un site sans réaliser une carte des susceptibilités (ce qui se fait largement en Italie et que l'on commence à faire en France). Cette prise en compte du recouvrement et de la conservation variable du site (taphonomie) est un fait relativement nouveau pour les périodes de l'Holocène récent: la problématique a été longtemps ignorée des archéologues français travaillant sur les périodes historiques.

La fabrication des cartes archéologiques conduit d'autre part à poser le problème du site qui y figure. Le site visible peut être le point d'apparition (d'émergence) d'un ensemble enfoui. Se pose alors la question de la relation entre la trouvaille et son assise, c'est-à-dire le site. L'archéologue est donc contraint de définir le statut qu'il lui attribue. Cette définition fait appel à des concepts relevant de la géographie humaine (un site urbain, un village,... vont être définis par des critères précis) et ils renvoient aussi à une problématique archéologique dont l'incidence est importante car on ne traite pas et on ne fouille pas de la même manière un site préhistorique et un site historique. L'étude taphonomique ne permet pas seulement de situer un gisement dans un paysage sensiblement différent de l'actuel; elle concerne directement l'évaluation et la compréhension du site. Pour la France, on citera pour l'exemplarité qu'ils lui donnent, le site néolithique et protohistorique de Mengion dans la Drôme étudié par A. Beeching et J.-L. Brochier: 'Ce site de deux hectares et demi a fourni en ramassage de surface des milliers de silex taillés. Simplement répertorié, ce n'est qu'un point de plus sur les cartes. Une approche plus approfondie par vues aériennes, analyse d'image à l'ordinateur, combinée à des prospections au sol par tranchées, montre que les zones archéologiques n'occupent, vraisemblablement en position secondaire, que les paléo-vallons d'un relief aujourd'hui disparu. Les conditions paléo-environnementales, taphonomiques, de ce site, ainsi révélées, sont indissociables de son exploitation archéologique et de sa gestion patrimoniale' (Beeching et Brochier, 1991). Ces méthodes devraient évidemment être utilisée de manière plus fréquente pour les sites des périodes plus récentes; leur utilisation éviterait d'énormes erreurs d'évaluation faites sur des sites en zone basse. Ainsi dans la région parisienne, la conservation de l'agglomération secondaire de Ponchartrain a été totalement sous évaluée parce que l'on n'avait pas conscience des changements récents du paysage; on a cru le site d'une intérêt médiocre alors que le nivellement d'une topographie contrastée par une nappe alluviale récente avait assuré une conservation exceptionnelle à un site allant du second âge du Fer au haut Moyen Age.

Site archéologique et point; archéologie 'hors site' et 'sans site', fouilles 'inter-sites'

Dans la discussion qui suivit la communication d'E. Zadora-Rio, A. Ferdière proposa 'd'élargir la notion de site et de ne plus étudier seulement, surtout quand on parle d'archéologie rurale, les fermes sans étudier les champs, les chemins et les étangs' (Ferdière, 1986). Un site existe en effet dans un contexte, un environnement. Ces directions sont maintenant admises par tout le monde et prises en compte dans les stratégies actuelles de fouille et les prescriptions. Ainsi on ne se contente plus d'observer les parcellaires et les tracés fossiles sur les photos aériennes; l'observation est complétée par une fouille. Lorsqu'un établissement rural est fouillé, l'opération est, autant que faire se peut, étendue au paysage et aux aménagements ruraux. Fouiller un champ, un fossé, une route,... apparaissent comme des opérations dont la légitimité s'impose. En 1995, en France, les choses ont bien changé: la consultation des *Bilans Scientifiques* publiés par les Services Archéologiques Régionaux permet d'appréhender la diversité des sites fouillés et de mesurer l'intérêt porté aux traces d'activités agraires de toutes les époques: prairies et champs cultivés remontant à l'âge du Bronze, parcellaires antiques ou médiévaux, traces de plantation et de labours...

La question posée par A. Ferdière était donc bien réelle. L'extension de la notion de 'site' et la prise en compte d'indices parfois ténus posent en effet problème car 'site' ne se comprend pas sans espace 'hors site' ou 'sans site'. Traiter l'ensemble d'une surface comme une succession ininterrompue de sites archéologiques revient à renoncer à se poser des problèmes autres que techniques. Des fossés, des champs, des prairies, des parcellaires, des terrasses sont des structures agraires; ils relèvent de l'attention de l'archéologue. Mais s'agit-il bien de sites archéologiques? Pour ma part, je réponds catégoriquement non. Si tout était 'site', la notion même ne voudrait plus rien dire; elle n'aurait plus d'intérêt et il faudrait inventer un autre mot. La relation entre site et habitat paraît fondamentale et permet d'établir une distinction entre 'site' et 'gisement'; 'site' est plus lié à établissement humain que 'gisement'. Admettons donc simplement qu'il existe une archéologie du hors site. C'est l'archéologie agraire dont l'émergence en France a été marquée par la parution de l'ouvrage *Pour une archéologie agraire*, dirigé par J. Guilaine (Guilaine, 1991). Pour le milieu non méditerranéen, on en trouvera une remarquable illustration dans le volume où O. Buchsenschutz et P. Meniel ont réuni des contributions relatives aux premiers résultats de des opérations de sauvetage à très grand échelle en milieu rural (Buchsenschutz et Meniel, 1995).

On se gardera donc d'étendre la notion de site aux données géomorphologiques qui l'éclairent. La géomorphologie intervient directement (mais seulement) pour les indications taphonomiques.

SITE, SITUATION ET RÉSEAU; LE DÉBAT SUR L'ESPACE

Envisagé dans l'espace géographique, le site est un point sur une carte, alors que l'habitat est un tissu de points. Cette distinction pose le problème des relations que les sites entretiennent entre eux, donc celui du réseau. La répartition des sites sur un espace géographique n'est pas en effet un phénomène aléatoire: elle est la résultante d'une série de facteurs qui varient selon les époques.

'Archéologie spatiale', prospection et espace

Quand on aborde la question de la relation entre 'sites' et 'espace', il importe de traiter 'espace' avec une précision égale à celle dont on a fait preuve pour 'site'. Or l'expression 'archéologie spatiale' que nous utilisons, recouvre des objectifs et des méthodes très différents dont le seul point commun est de concerner l'espace.

Son aspect le plus simple est la prospection archéologique qui permet une cartographie des sites dans l'objectif patrimonial que nous avons évoqué. Confectionner des cartes, y placer des points et, éventuellement, en proposer une identification, est un travail de topographie ou de cartographie. Celle-ci enregistre la présence de sites mais n'en enrichit pas la compréhension.

En Grande-Bretagne est né un courant, la *new archaeology*, qui a cherché à appliquer aux données archéologiques les méthodes d'échantillonnage utilisées par la géographie quantitative (la *new geography*). Ces tentatives abordaient le problème de l'impossible exhaustivité de toute prospection; la méthode se proposait de prédire la présence de sites archéologiques et évaluer (de prédire) l'occupation d'un territoire. Mais le point de vue déterministe qui était celui de Binford a été rapidement remis en question. La méthode a été amendée et nuancée de façon à permettre des applications. Ainsi des chercheurs hollandais ont proposé une utilisation pratique des données de l'archéologie et du paysage pour réaliser une carte prédictive du potentiel archéologique des Pays-Bas (Verhagen, 1995). En fait la pratique a évolué vers un objectif différent. Des grilles d'unités de prospections sont définies; elles permettent de ranger les données et d'obtenir une image probable de l'occupation du sol. La solution la plus courante a été la prospection systématique par transects selon des figures géométriques (Bintliff, 1994 et à paraître). Il s'agit toujours de techniques d'évaluation et il ne faut évidemment pas leur prêter l'ambition de décrire la réalité de l'occupation du sol ni de produire les données de base d'une réflexion sur le réseau. La modélisation du peuplement intervient seulement pour attirer l'attention sur des anomalies dans la connaissance des sites: la comparaison entre le modèle et la réalité est susceptible d'orienter la recherche de nouveaux sites.

En France, les méthodes tirées des sciences cognitives sont donc rarement utilisées, – pour les périodes historiques au moins –, tout simplement parce que l'archéologie n'est pas rangée parmi ces sciences et parce que leur utilisation ne répond pas aux objectifs de la collectivité scientifique. L'objectif principal est d'écrire une histoire et non de 'reconstituer des systèmes culturels à partir d'informations incomplètes ou souvent biaisées'.[3] Ceux qui ont pratiqué la prospection pour écrire l'histoire du peuplement et de l'occupation d'un espace, ont préféré poursuivre pendant parfois de longues années des recherches systématiques sur un espace réduit élargissant ainsi à une micro région l'étude d'un site. A la méthode de l'échantillonnage et du transect, ils ont préféré la prospection en extension.[4] Une réflexion sur l'habitat au sens de 'réseau de sites occupés' nécessite en effet le repérage de tous les sites.

Statut des sites,
réseaux et systèmes d'occupation du sol

Pour définir le statut d'un site dans un territoire donné et à une époque précise, les archéologues recourent habituellement à l'approche typologique qui permet la description intrinsèque d'un corpus d'objets. Dans sa définition traditionnelle, un type est défini par une série de caractères et une typologie regroupe des individus en ensembles; la méthode typologique est à la base de toutes les études portant sur la culture matérielle. Les caractères internes d'un site sont définis et comparés à un référentiel constitué d'un ensemble de critères. On pourra ainsi définir des faciès caractérisés par la domination d'un type. Cette approche isole le site de l'espace et doit être complétée par une autre approche qui consiste à placer le site dans un réseau. Cette dernière permet d'en préciser la fonction. Les deux approches sont parfaitement complémentaires.

Des études classiques ont été réalisées en Grande Bretagne pour l'âge du Fer et l'époque romaine par Hodder (Hodder et Orton, 1976; Hodder et Millet, 1980). Dans cette 'archéologie spatiale', on parle d'approche 'inter-site' (régionale) et on applique aux sites des traitements dérivés de la géographie spatiale. Prenons l'exemple d'un débat qui, en France, oppose les archéologues et les historiens à propos de l'habitat aggloméré antique. Les spécialistes de l'Antiquité ont proposé une distinction portant sur le statut du site, entre agglomération chef-lieu de cité et 'agglomération' dite 'secondaire'. Cette dernière fait l'objet d'un quiproquo: la question du statut de l'agglomération dans le réseau est en effet confondue avec celle de la définition des caractères urbains (ou non) de telle ou telle agglomération. Le terme 'secondaire' est mal compris. Il s'agit d'une approche qui a été développée surtout en France: les Italiens et les Anglais préfèrent parler de 'petite ville', ce qui n'est pas la même chose car une agglomération secondaire peut être aussi importante que le

chef-lieu de la cité. Compris ainsi le concept dissimule la réalité urbaine d'une agglomération et ne permet pas de prendre en compte la différence qui existe à l'intérieur de cette catégorie entre des agglomérations urbaines et des villages. En réalité 'secondaire' désigne simplement la place de l'agglomération dans le système d'organisation administratif de la cité romaine, son statut administratif. Une typologie de ces agglomérations pourra être réalisée à partir de leurs fonctions ou de caractéristiques urbanistiques internes les distinguant des chefs-lieux. Mais une telle typologie des agglomérations secondaires n'est pas réalisable, si l'on n'a pas déjà dressé une liste des sites concernés, si le statut du site n'a pas été défini par la place qu'il occupe dans le réseau. Par ailleurs – et l'on retrouve aussi la nécessité de la chronologie – il est évident qu'un tel concept concerne la période romaine et je me garderai de me prononcer sur la possibilité de l'étendre à la période médiévale durant laquelle s'impose en France d'autres systèmes politiques. Ensuite on pourra distinguer à l'intérieur des agglomérations secondaires celles qui sont des villes, des petites villes ou des villages où domine la ruralité.

La notion de réseau polarisé m'a servi dans l'interprétation des cartes de répartition de sites identifiés en prospection autour de *Caesarea* (Leveau, 1983 et 1984: 483–5). Dans ce cas – mais il se retrouve dans le reste du monde romain – les caractéristiques économiques de l'époque romaine impériale permettent en effet d'attribuer aux *villae* une place particulière dans l'habitat rural: ce sont les centres des domaines qui constituent l'assise foncière des aristocraties municipales. La carte de leur répartition (données humaines) dessine un demi cercle englobant une zone physiquement contrastée où se juxtaposent collines, vallées encaissées et petites plaines (données physiques): la ville en occupe le centre et le rayon est déterminé par l'éloignement maximum par rapport à la ville selon la '*loi du moindre effort*'. La mise en place et le fonctionnement d'un tel réseau polarisé par la ville correspondent au haut Empire; à la fin de l'Antiquité, le contrôle du centre urbain sur la campagne demeure très certainement efficace, mais alors il s'exerce par le relais d'agglomérations rurales. Si l'on modélise cette relation, on s'appuiera sur la ressemblance fonctionnelle existant entre la *villa* romaine et la grande ferme coloniale: l'une et l'autre sont liées à la pénétration d'un système économique fondé sur l'économie de marché à l'intérieur du monde rural. Poursuivant la comparaison des cartes, on observe que, si, sur le littoral, la répartition des *villae* romaines correspond à peu près à celle des fermes coloniales, les choses changent dans l'arrière-pays montagneux. Au XIXe siècle, la résistance des tributs à la colonisation française a bien entendu joué son rôle. Mais une autre série de données joue un rôle non négligeable pour expliquer l'absence de colons européens dans l'arrière-pays, les données technologiques. La topographie interdisait en effet l'usage de la charrue dans la montagne; de ce fait, des terres qui, jusqu'à l'époque de son introduction par les colons au XIXe siècle, ne présentaient pas une infériorité agronomique notable par rapport à celles du littoral, se sont trouvées déclassée. Au contraire, durant l'antiquité, l'araire était utilisée en plaine comme en montagne et l'incidence du facteur topographique était, de ce fait, moindre (Leveau, 1977).

Dans les deux cas évoqués, il s'est agi de systèmes hiérarchisés. Mais tout système n'est pas hiérarchisé. Il a évidement existé des sociétés qui ne se conformaient pas à de tels modèles spatiaux. Ainsi, pour revenir à des exemples pris en Gaule du Sud, on observera qu'à la fin de l'âge du Fer, l'habitat y est organisé de manière moins inégalitaire qu'à l'époque romaine (Leveau, 1993). Il existe aussi des systèmes totalement différents. Ainsi à l'espace de l'agriculteur qui s'organise en cercles concentriques autour de sa ferme s'oppose l'espace itinérant des chasseurs cueilleurs (Leroi-Gourhan, 1964: 233–6). Les préhistoriens appelaient d'ailleurs 'station' ce que nous appelons 'site'.

CONCLUSION

L'approche par le site n'est plus la seule et son dépassement s'inscrit dans l'histoire de l'archéologie. Prenons une présentation classique de l'histoire de l'Archéologie, celle de R. Ginouvès. Il a montré comment la discipline avait connu un élargissement continuel de ses champs et de ses contenus. Née de l'intérêt porté aux objets anciens ou aux monuments comme chefs d'oeuvre de l'art proposés comme modèle, elle s'est ouverte à l'étude de tous les produits culturels (artefacts) et, de là, à toutes les créations du travail humain. L'archéologie a rapidement intégré l'apport des disciplines naturalistes susceptibles de renseigner sur les relations entre l'homme et le milieu ou sur le milieu naturel lui-même. Ainsi est née une archéologie du paysage et des systèmes écologiques, dont l'objectif est de 'saisir les phénomènes culturels à travers les phénomènes naturels' (Ginouvès, 1985).

NOTES

1   Ce problème n'est pas propre à l'archéologie; ainsi la palynologie est particulièrement concernée.

2   Travaux en cours sous la direction de M. Jorda (Institut de Géographie de l'Université d'Aix-Marseille). Les fouilles du site sont réalisées par une équipe de l'Université de Tübingen.

3   Je cite ici une phrase de l'avant-propos de l'ouvrage de F. Djindjian (1991): IX. Celui-ci présente comme une évidence, ce qui est un souhait: que l'archéologie appartienne aux sciences cognitives.

4   L'expression 'prospection en extension' me paraît préférable à celle de prospection 'extensive' proposée dans le colloque sur *Les Structures de l'habitat et l'occupation du sol dans les*

pays méditerranéens. Les méthodes et l'apport de l'archéologie extensive, Rome-Madrid, 1988. Rappelons au passage que ce colloque a été l'occasion d'un dialogue de sourds entre des archéologues et historiens qui ont opposé une 'école anglo-italienne' à une école 'franco-espagnole' (sic) (entendons par là l'opposition entre d'une part des archéologues adoptant les techniques de l'Académie Britannique de Rome, et de l'autre des archéologues suivant la pratique dominante dans les Ecoles Française de Rome et de Madrid).

BIBLIOGRAPHIE

Beeching, A., Brochier, J.-L. (1991) Quelle carte? carte de quoi? *Les Nouvelles de l'Archéologie* 45: 12–4.

Bintliff, J. (1994) Territorial Behaviour and the Natural History of the Greek Polis. *Geographica Historica* 7 (Amsterdam): 207–49.

Bintliff, J. (dans ce volume) The concept of 'site' and 'offsite' archaeology in surface artefact survey.

Brunet, R., Ferras, R., Théry, H. (1992,) *Les mots de la géographie.* Paris: 413.

Buchsenschutz, O., Meniel, P. (sous la dir. de) (1995.) *Les installations agricoles de l'âge du Fer en Ile-de-France.* Paris.

Djindjian, F. (1991) *Méthodes pour l'archéologie.* Paris.

Ferdière, A., Zadora Rio, E. (sous la dir. de) (1986) *La prospection archéologique; paysage et peuplement.* Paris.

Ferdière, A. (1986) in A. Ferdière et E. Zadora Rio (sous la dir. de), *La prospection archéologique; paysage et peuplement.* Paris: 14–5.

Ginouvès, R. (1985) L'archéologie et l'homme. *Atlas de l'Archéologie, Encyclopaedia Universalis.* Paris: 11–9.

Guilaine, J. (sous la dir. de) (1991) *Pour une archéologie agraire.* Paris.

Hodder, I., Millet, M. (1980) Romano-British villas and towns. *World Archaology*, 12, 1: 69–76.

Leroi-Gourhan, A. (1988) *Dictionnaire de la Préhistoire:* 425–6.

Leroi-Gourhan, A. (1964) *Technique et langage.* Paris: 233–6.

Noyé, G. (1988) *Les Structures de l'habitat et occupation du sol dans les pays méditerranéens. Les méthodes et l'apport de l'archéologie extensive.* Rome-Madrid.

Hodder, I., Orton, C. (1976) *Spatial Analysis in Archaeology.* Cambridge University Press, Cambridge.

Leveau, P. (1993) Agglomérations secondaires et territoires en Gaule Narbonnaise. *Revue Archéologique de Narbonnaise* 26: 277–99.

Leveau, P. (1984) *Caesarea de Maurétanie. Une ville romaine et ses campagnes.* Paris.

Leveau, P. (1977) L'opposition de la montagne et de la plaine dans l'historiographie de l'Afrique du Nord antique. *Annales de Géographie*: 201–6.

Leveau, P. (1983) Le rapport ville-campagne dans l'Antiquité romaine: *villa*, ville, village. *Annales ESC*: 920–2.

Verhagen, P. (1995) La carte du potentiel archéologique en Hollande. Une méthode de prédiction fondée sur les données de l'archéologie et du paysage. *Les Nouvelles de l'Archéologie* 61: 34–9.

Zadora-Rio, E. (1986) La prospection archéologique et l'évolution de la notion de site. *La prospection archéologique; paysage et peuplement.* Paris: 1–13.